未来教育技术研究与探索

RESEARCH AND EXPLORATION OF
FUTURE EDUCATIONAL TECHNOLOGY

李小平	张　琳	姜丽萍	李　镇	
吴晓兵	赵丰年	王克勇	史　彦	等 著
孙志伟	孙清亮	丁　玉	许　琼	
毛　旭	董银银	徐建强	程庆梅	

北京理工大学出版社
BEIJING INSTITUTE OF TECHNOLOGY PRESS

内容简介

本书站在教育技术学未来发展的角度上,探索了人工智能和教学智慧之间的关系,探索了未来教育的技术机理、教育资源的发展规律,对未来的新理念、新思想、新概念、新应用进行研究,提出了教育智能化认识论、教育智能化设计思想技术方法和共融等理论,并在本团队研究的基础上,给出了研究实例。

本书对教育技术专业研究生教学具有一定的理论意义和实用价值,对未来人工智能与教学融合开发将起到重要的指导性作用。

版权专有　侵权必究

图书在版编目（CIP）数据

未来教育技术研究与探索 / 李小平等著. -- 北京：北京理工大学出版社，2021. 11

ISBN 978-7-5763-0710-8

Ⅰ. ①未… Ⅱ. ①李… Ⅲ. ①教育技术–研究 Ⅳ. ①G 43

中国版本图书馆 CIP 数据核字（2021）第 241441 号

出版发行 /	北京理工大学出版社有限责任公司
社　　址 /	北京市海淀区中关村南大街5号
邮　　编 /	100081
电　　话 /	（010）68914775（总编室）
	（010）82562903（教材售后服务热线）
	（010）68944723（其他图书服务热线）
网　　址 /	http://www.bitpress.com.cn
经　　销 /	全国各地新华书店
印　　刷 /	保定市中画美凯印刷有限公司
开　　本 /	710毫米×1000毫米　1/16
印　　张 /	24.75
字　　数 /	363千字
版　　次 /	2021年11月第1版　2021年11月第1次印刷
定　　价 /	89.00元

责任编辑 /	徐　宁
文案编辑 /	国　珊
责任校对 /	周瑞红
责任印制 /	李志强

图书出现印装质量问题，请拨打售后服务热线，本社负责调换

前　言

在5G和人工智能（AI）高速发展的今天，教育技术如何顺应潮流，如何定位智能在教育教学中的位置，用什么样的方法对未来教育和未来技术展开研究，是教育工作者最为关心的问题。笔者站在未来问题的观点上，重新审视教育技术，审视哪些技术能为教育所用，审视教育与未来技术的隔阂，审视教育工作者对未来认识的不足，提出未来环境下的教育技术工作者应该做什么、应该如何提前应对的问题，探索人工智能思想和人的智慧思想应该如何进行融合的问题，讨论如何展开教学智能化的问题。

笔者在研究教育技术机理、发展规律的基础上，站在教育资源发展的观点上对教育资源的机理、教育资源的发展规律进行了系统的探索，对未来的新理念、新思想、新概念、新应用进行了研究，并对未来技术对教育的影响、驱动进行了预测性分析，站在工科与文科综合研究角度，提出了新的研究方法；对教育智能化认识论、教育与高科技之间的关系观点、智能思想对教育的渗透观点进行了阐述；给出了在智能环境下大数据的发展形态和智能资源的发展形态，系统地给出了教育智能化的设计思想、技术方法、共融研究理论。提出了对未来问题、未来教育的预测研究方法，给出了在教学形态发展的变化当中教学应该如何因势利导的设计理念，给出教育者应该如何主动去设计智能、如何适应智能、如何衡量智能化、如何让智能为教学服务的思想。

本书第0章阐述了本书的研究意义，在归纳本团队教育资源建构和教育传播研究成果的基础上，对未来智能环境下的创新问题、未来教育资源智能传播问题、教育资源形态问题、多元异构智能网络控制问题、VR/AR跨界融合问题、影视课程编导问题、人体感知问题进行了深入的分析和探索，给出了本书的研究路线和研究方法，为后续章节研究进行了铺垫。

本书第1章在团队研发成果的基础上系统地探索了未来教育技术的相关理论，给出了未来技术环境下教育技术延展理论，探索了人工智能环境下的教育观点，对智能环境下的行为理论进行了研究，探索了教育智能熵理论问题和智能度量方法，对教育技术心理学问题展开了研究。

第2章系统地论述了教育资源建构，包括教育资源发展历程、资源生态演绎、教育资源机理与分析以及VR/AR的教学思维，提出了教育资源大数据的挖掘方法、教育资源智能化影响等多种机理，并对教学形态驱动教学创新展开了探索。

第3章给出了教育智能化设计研究的相关系列观点、思想、方法、应用和部分实现过程。探索了教育智能化下的思想、认识观、智能观、应用观，系统地分析了教育智能所面临的问题。着重讨论了教育智能化的共融思想，并在教育资源问题的实现、教育思想的获取、教育智能系统的设计观点、教育智能自动构建、拟人机器学习问题、教育智能会话、智能界面设计、培训过程智能应用设计、应试教育当中所面临的智能化的转变上进行了深入的探索，站在人体感知的角度提出了基于人体感知的精准虚拟教学体验空间设计的方法。

第4章对教育大数据及方法问题进行了研究，系统地整合了智能环境下大数据挖掘的方法，进行了教学智能环境下表情符号挖掘方法的设计，探索了教育特性与网络特性相互渗透的问题。

本书是基于北京市教育科学"十三五"规划2019年度重点课题"未来教学资源智能建构下的内容传播及创新环境建构"（课题编号：CHAA19081）展开的研究，具有一定的前瞻性，拓展了教育技术研究领域，可作为研究生"教育技术前沿"课程教学用书，对教育技术工作者、教育智能软件开发人员有一定指导性作用。

参加本书写作执笔的有：张琳、姜丽萍、李镇、赵丰年、吴晓兵、王克勇、史彦、孙志伟、孙清亮、丁玉、董银银、许琼、徐建强、王镇、程庆梅。

参加本书教育技术设计和开发工作的有：张立华、康晓伟、马昕、叶振华、荆玉焕、孙文妮、崔英玉、赵静、谭雁白、吴珺、戴世发、尹萍、赵燕南、陈维芳等，在此表示衷心的感谢。

本书写作过程中得到了中国教育技术学会长杨志坚教授和副会长张少刚教授的大力支持，在此表示衷心的感谢。

笔　者
2021年6月5日

目 录

第 0 章 导论 1
  0.1 概 述 1
  0.2 未来教育技术的研究 9
    0.2.1 阶段性研究 10
    0.2.2 创新性问题的研究 12
    0.2.3 未来教育框架技术的研究 13
    0.2.4 教育资源智能传播的研究 13
    0.2.5 教育智能化方面的研究 15
    0.2.6 教育资源形态研究 15
    0.2.7 基于多源异构大数据的智能网络教学控制的研究 17
    0.2.8 以军工为领 AR/VR 跨界融合研究 18
    0.2.9 教育智能图像行为分析的研究 18
    0.2.10 教育资源论的研究 18
    0.2.11 影视课程学及课程编导论研究 19
    0.2.12 人体感知问题的研究 19
    0.2.13 融合性研究 20
    0.2.14 逆向思维借鉴性研究 20
    0.2.15 未来教育技术印证性研究 20

第1章 未来教育技术相关理论 23
1.1 基于第五代移动通信技术的网络教育应用研究 23
1.1.1 5G在网络教育中的应用 23
1.1.2 第五代移动网络教育核心技术 28
1.1.3 异地多源异构的课程框架建构模式 29
1.1.4 资源银行交换设计与研究 32
1.2 5G的发展历程、特点及其对教育理论的延伸 38
1.2.1 5G的发展历程 38
1.2.2 5G的特点 40
1.2.3 5G对教育理论的延伸 42
1.3 教育智能化同化、顺应、迁移问题的研究 46
1.3.1 知识图谱的同化顺应问题 48
1.3.2 机器学习迁移问题 49
1.3.3 教学过程同化顺应问题 50
1.3.4 教育其他智能过程中同化顺应体现 51
1.4 智能环境下行为理论问题的研究 51
1.5 教育技术心理学问题研究 57
1.5.1 教育技术心理学问题的研究 58
1.5.2 平台设计心理学应用效果案例分析 62
1.5.3 未来教育技术心理学的设计 63
1.5.4 认知过程的智能化问题 70

第2章 教育资源建构 72
2.1 教育资源发展历程 72
2.1.1 教育信息化发展与教育资源 73
2.1.2 网络教育资源与教学、技术、环境的关系 86
2.2 资源生态演绎 87
2.2.1 多媒体知识形态 88

	2.2.2 微课程等形态与环境	92
	2.2.3 教学资源组合与升华	95
	2.2.4 艺术形态的渗入	100
	2.2.5 教育资源智能化生态	104
2.3	教育资源机理与分析	108
	2.3.1 网络课程资源外界理论产生机理	108
	2.3.2 网络课程资源派生机理	108
	2.3.3 网络课件资源建设影响机理	110
	2.3.4 网络课件资源形成技术机理	110
	2.3.5 网络课件资源产生诱因机理	111
	2.3.6 VR化教学机理分析	114
2.4	VR/AR的教学思维	121
	2.4.1 VR/AR教学思维研究	122
	2.4.2 VR/AR教学适用性问题研究	124
2.5	基于游戏教学的数据挖掘方法	132
	2.5.1 教学数据挖掘视点	134
	2.5.2 教学数据挖掘方法	135
	2.5.3 游戏教学数据挖掘方法应用研究	141
2.6	基于知识图谱设计的VR教学资源建构研究	151
	2.6.1 教育资源知识图谱的设计	151
	2.6.2 VR教育资源知识图谱特性	153
	2.6.3 VR教育资源知识图谱的作用与描述	157
	2.6.4 基于知识图谱的VR教育资源智能建构	171
2.7	英语游戏化体验设计	176
	2.7.1 问题的提出	176
	2.7.2 游戏化与英语教学关系问题的研究	177
	2.7.3 英语游戏化体验概念设计	179
	2.7.4 英语游戏化体验融合性设计	181

  2.7.5 功能设计与能力评价 192
 2.8 工科视角下的创新机理与创新模型研究——以游戏化教学创新实践为例[1] 194
  2.8.1 创新的内涵 195
  2.8.2 学科角度的创新理念 199
  2.8.3 创新机理与创新环境问题的研究 204
  2.8.4 基于游戏的创新模型建构 211

第3章 教育智能化的设计与研究 218
 3.1 教育智能概论 218
  3.1.1 人工智能 218
  3.1.2 教育智能化 219
 3.2 教育智能的认识观点 222
  3.2.1 教育深度学习问题的讨论 223
  3.2.2 教育的迁移学习 224
  3.2.3 自然语言的表示学习 224
 3.3 教育智能化共融思想 225
  3.3.1 人机共融智能的概念 225
  3.3.2 人机共融智能的定义与特性 226
 3.4 资源智能环境的建构 232
  3.4.1 教师在智能资源过程中的作用 233
  3.4.2 学生在智能资源过程中的作用 233
  3.4.3 网络环境及加工 234
 3.5 教育智能思想的获取 237
  3.5.1 教育智能思想获取的意义 237
  3.5.2 教育智能思想获取的对象和内容 237
  3.5.3 教育智能思想获取的途径 238
  3.5.4 教育智能思想获取的方法 239

  3.5.5 教育智能思想获取的环境 240

  3.5.6 教育智能思想获取与个人画像的关系 241

3.6 智能逼近熵的概念与设计 242

  3.6.1 信息熵编码原理 242

  3.6.2 去除相关性算法的研究 246

  3.6.3 熵值与熵应用问题的研究 248

  3.6.4 熵应用教学分类研究 249

3.7 教育智能化的设计观点 254

  3.7.1 教育智能开发的观点 255

  3.7.2 教育智能开发的过程 256

  3.7.3 教育智能规划与迁移 258

3.8 基于环境智能的资源自动建构 260

  3.8.1 资源元素动态属性 261

  3.8.2 动态智能存储框架 262

  3.8.3 资源智能环境 262

3.9 资源智能体课程自育/自愈系统设计 263

  3.9.1 智能体的构成与功能分布 263

  3.9.2 资源智能体的设计 266

  3.9.3 基于知识图谱的智能体的设计 269

  3.9.4 基于答辩评语知识图谱的智能体自育系统设计 274

3.10 基于教育大数据环境的拟人机器学习系统 277

  3.10.1 教学大数据特性研究 278

  3.10.2 神经网络机器学习方法的应用分析 282

  3.10.3 拟人机器学习问题的研究 284

3.11 教育智能化中机器学习与应用 289

  3.11.1 教育智能化中机器适应什么样的工作 291

  3.11.2 关于依赖于不同背景知识或常识的处理方法 294

  3.11.3 机器学习任务和步骤 297

3.12 教育智能会话设计　298
　3.12.1 国内外会话问题的研究　298
　3.12.2 教育教学会话过程　300
　3.12.3 训练机器会话的要素　301
　3.12.4 机器智能会话的知识图谱的采集和准备研究　302
　3.12.5 教育智能会话设计研究　304
3.13 教育智能界面设计　308
3.14 教育培训智能化设计　312
　3.14.1 培训带来的技术问题的思考　313
　3.14.2 培训元素的提取　315
　3.14.3 培训叙事张力的设计　316
　3.14.4 代入感的设计　317
　3.14.5 培训中的画像　319
　3.14.6 具有前瞻性的培训　319
　3.14.7 行业动态趋势培训　321
　3.14.8 培训仿真　321
　3.14.9 培训语义理解与交互式对话　322
3.15 应试教育向智能化转变的设计　323
　3.15.1 应试教育智能应用问题　323
　3.15.2 学科智能化问题的研究　324
3.16 基于人体感知的精准虚拟教学体验空间设计　329
　3.16.1 人体感知效应与环境感知问题的研究　331
　3.16.2 人机交互感知与输入机理的研究　333
　3.16.3 可穿戴学习体验系统模型设计　336
　3.16.4 人体感知环境下沉浸式体验课程设计尝试　339

第4章 教育大数据及方法问题研究　342
4.1 系统整合视角下大数据挖掘与智能应用　342

4.1.1　教育大数据的结构嬗变　　342
　　4.1.2　教育大数据中的锥体视点结构　　344
　　4.1.3　多锥体网络结构的构建及数据挖掘　　348
　　4.1.4　教育大数据下系统的升级再造　　352
4.2　教育智能化下的表情符号的挖掘　　355
　　4.2.1　表情符号在教育中的作用　　355
　　4.2.2　表情符号与画像　　356
　　4.2.3　表情符号在在线教学中的应用　　358
4.3　教育特性与网络特性的渗透　　360
　　4.3.1　唱吧的音乐特性　　360
　　4.3.2　唱吧对教育资源的启示　　364
　　4.3.3　资源与歌曲平台的关系　　368
　　4.3.4　平台借鉴问题的研究　　369

参考文献　　371

第0章 导论

0.1 概 述

国家教育技术的水平代表着我国教育科学的先进水平，它是教育技术、科学的融合，是智慧综合的体现，是带有时代引领性的学科。它的作用应该是解决教育当中的难题，有助于人们在教育当中发挥更大的作用，通过它来完成和引领创新。教育技术既应该在研究已发生问题的基础上进行经验的析取分析，同时也应该运用相应的自然学科方法和社会学科方法进行问题的解决[1]。

教育技术学的教育和技术实质上是两个内涵的融合，是教育与技术的化学反应，而不是教育与技术的物理结合，两者是相互渗透、相互支撑、相辅相成的关系。

当下的教育技术学部分是在研究已经发生的问题，着重研究对问题的评判、评价和建议，着重讨论评价的正确性、方法的有效性、对质量产生的影响等问题，看待问题多数是站在社会学科的角度，对数据进行回顾性的分析。这种研究方法具有一定的科学性，并且为教育技术的进一步发展奠定了坚实的基础。

教育技术学从学科上来说是一个交叉性学科，每个学校授予教育技术学的学位是不同的，有的授予教育学学位，有的授予计算机学位，还有的授予理学学位，这个学位的授予与当时专业学科性质规划有关，一旦定下来就不能再更改了。但是不管授予什么样的学位，教育技术学都是处在一个自然科学和社会科学的交叉位置上。所以对教育技术研究的视角应该更加开阔和广泛，既要站在社会学科的基础上对其进行评价、评判和数据上的分析，又要站在自然学科的基础上对其实施的方法、实施的精准度、实施前的预测、实施后性能产生的影响、实施的前期实验和后期实验进行研究。自然学科在教育技术的研究上具有客观性和冷静性，具有实时动态技术驱动下的多维、多源的数据捕捉能力，能给出真实现象的变化统计，给出不同角度下大数据建模评价，给出根据事件和教学过程的特征和规律的变化对未来教育问题的预测。

教育技术在5G的潮流下应该与时代同步，应该完成具有前瞻性的工作，目前从技术引领下的教育发展来看，技术对生活和工作的渗透远远超过教育，微信平台就是一个非常典型的例子，这个平台兴起之后也是先有生活后有教育引入。

为了实现教育技术贡献的最大化，教育工作者应该以广阔的胸怀去接受各种学科和各种技术给教育带来的新概念、新观点、新思路，应该接受这些新技术带来其他领域飞速前进的事实，应该在广泛了解和吸收其他技术的基础上，最大限度找到其与教学的切合点，与自然科学并进，用教育的需求不断引领技术人的关注，不断引领相关学科对教育问题的关注，引领人们的设计概念，要让其聚焦程度高过其他行业的聚焦程度，要将未来教育技术研究重心向自然学科技术应用层面倾斜，要将教育技术的应用作为计算机等多个学科融合交叉应用研究重点，要将教育技术的发展推向国家级层面，要将教育技术所产生的教育影响和教育自身的教学成果进行反向渗透，渗透到多个领域中。

教育实现了各个学科思想和知识体系的传播、灌输和影响，教育技术学根据各个学科的需求完成其相应的教育科学思想的融合、服务于教育的技术支撑。教育技术学依赖于应用的同时，还保持着学科的独立性，始终进行着先进技术对未来教育适应性的探索。

先进技术的出现对教育技术提出了新的命题，我们能否用新的技术性能去驱动教育性能；能否在先进的技术当中完成教育的预测；能否在已有问题的研究基础上，部分实现具有前瞻性或者是同步下的教育技术。由于先进的技术性能带来了教育平台性能的优化，那么能否将其他领域的智能思想迁移到教育智能当中；能否在智能化的引领下挖掘教师的创造性；能否突破目前的教育形态，实现对许多描述不清的、描述不准确的，甚至无法描述的形态进行体验和可视化的教学；能否预测教学中的大事件；能否让学生改变认知的方法，给出更科学的自我建构的认知支持途径等，这一切都是我们亟待解决的问题，也是未来教育技术所要达到的目标。

智能时代人类的美好愿望是人工智能成为人类助手，人工智能和人类智慧（HI）两者和谐共存，并在这个前提下发挥人类的自身特质，让人类善用人工智能为教育服务。

1. 国内 IT 技术的发展状况

习近平总书记的重要论述为互联网的发展指明了方向，在习近平总书记的领导下，新一轮科技革命和产业变革加速演进，人工智能、大数据、物联网等新技术、新应用、新业态方兴未艾，互联网迎来了更加强劲的发展动能和更加广阔的发展空间。

"十三五"规划首次明确了互联网普及率的指标——到 2020 年我国固定宽带家庭普及率达到 70%、移动宽带用户普及率达到 85%。到 2020 年 10 月 23 日止，"十三五"的互联网普及率指标早已提前超额完成。每天，海量数据流动在世界规模最大的光纤宽带网络和 4G 网络上。截至 2020 年 6 月，我国网民规模为 9.4 亿，网络零售用户规模达 7.49 亿。流量的潮起潮落，呈现出 9 亿多中国网民丰富的线上活动：8 点到 10 点阅读新闻；11 点到 12 点打开外卖 App 给自己订午餐；傍晚下班前下定决心给选了又选的"购物车"商品点击付费；晚上 10 点则是刷短视频、用社交工具聊天的高峰期……截至 2020 年 8 月，我国用户月均使用移动流量达到 11 G。与 5 年前相比，固定宽带和移动宽带平均下载速率在国际上处于中上水平，固定网络和手机上网流量资费水平降幅却超过了 90%。目前，我国光纤用户占宽带用户比例超过了 93%，4G 用户达到 80%，行政村通光纤和通 4G 比例均超过 98%，贫困村通宽带比例达到 99%……有多达 360 万款 App 提供着丰富多样的互联网应用服务。截至 2020 年初，在线教育、在线政务、网络支付、网络视频、网络购物、即时通信、网络音乐、搜索引擎等应用的用户规模增长迅速，和 2018 年底相比，增幅均在 10% 以上。微信、短视频、直播等应用降低了互联网使用门槛。2019 年，网络购物交易规模达 10.63 万亿元，同比增长

16.5%。截至2020年9月底，5G终端连接数达到1.3亿。制造业数字化转型稳步前进，工业互联网公共平台超过70家，服务的工业企业超过40万家。在互联网强大支撑下，疫情期间学校已经做到了停课不停学。

我国互联网大规模的普及，不仅提升了其硬件力量，更重要的是提升了全国人民的信息化素质，这为未来教育技术的发展和未来技术的定位打下了良好的基础。如果一个国家整体智能意识提升，将会出现教育智能与行业智能共融的局面，将会出现积极的人的智慧与人工智能潜在的共融，将会出现高速的、全体的、大规模的教育VR（虚拟现实）应用。例如：高速列车VR教学、全体大规模VR体验教学、大规模AR（增强现实）教学实践等的应用。教育机器学习、知识获取速度、图形图像运算速度、教育物联网感知速度、跨界人体感知能力都将获得大幅度的提升，为教育智能化提供全面有效的保障。

2. 国外未来教育技术的发展状况

从技术角度审视未来教育技术的发展趋势：人工智能正在迅速取代众多的传统岗位，特别是流程化的工作岗位，预计10年内现有的传统岗位中的50%的工作岗位将被人工智能取代。在金融领域，高盛纽约总部600名银行交易员变成了2人，背后的自动交易程序靠人工智能，削减人力资源成本，并创造新的运作模式，从而获取暴利，是商业社会最基本的逻辑。在财会领域，德勤推出了财务机器人，有规律可循的会计职业以及电算化数据统计分析等财务基本工作岗位正在被财务机器人替代，财务机器人替代部分财务人员，某种程度上也是符合效率追求和人性追求。在医疗领域，IBM沃森机器人已成为全世界各地医院的医疗助手，依据全球相关的病理大数据，已经可以通过美国执业医师资格评定考试。在新闻编辑领域，今日头条的编辑机器人已经能够自动写出比较规范的新闻报道了，腾讯推出了梦幻写手，与第一财经合作研发了DT稿王，2017年8月8日，四川九寨沟地震发生后的25 s内，中国地震台网就发布了由机器人自动编写的新闻消息。此外，谷歌的无人驾驶汽车已经累计行驶了300万km，科大讯飞的语音识别准确率已经达到95%，支付宝现已在使用智能客服，自动服务率达到97%，无人机、无线射频识别技术在物流领域的应用已很普遍。

互联网为人类搭建了一条新的管道，改变了人类和世界的连接方式，引擎和浏览器成为新的核心[2]。到了移动互联网时代，中心化的管道又被打破了，但是移动互联网时代比较短暂，因为随着大数据的迅速发展，人工智能时代一下子就到来了。

每一次时代的变迁，都是在重新定义人类和世界的关系，在人类和世界之间，人工智能最了不起的就是对人脑的理解，包括IQ（智商）和EQ（情商），任何一个时代都要思考是什么改变了我们的生活，人工智能时代和过去本质上有所不同。人工智能多出来一个"本我"的概念，当你和一个人工智能产品交互的时候，你会试图去感知它的存在，而你通过搜索引擎去检索信息的时候，对搜索引擎是没有这种意图的。

微软指出未来人工智能的核心有三种可能：智能搜索、智能助理、智能聊天。微软做了两个人工智能的载体，一个是追求IQ的小娜，另一个是追求EQ的小冰，微软的所有技术部和科技研发部都去支持这两个产品，其他像语音交互、图像识别、图谱等全部都用来支持这对"姐妹花"，对它们的能力进行补充。

无论是的小娜还是小冰，人工智能最终都会以智能助理的形式呈现，期待适当的时间、适当的地点以适当的方式向人类提供适当的帮助。智能助理虽然听起来容易，但实际上并不简单，任何事情都不是一个线性模型，正确的道路应该是指数型的。

微软小冰机器人实现了写诗的功能，其生成诗歌的基本过程是通过向前RNN（循环神经网络）模型生成单句诗，再基于递归神经网络层级生成模型生成诗的整句，并提出了人工智能创造三原则，只有符合以下三个原则，才能被称为人工智能创造。

（1）人工智能创造的主体，如小冰须是IQ与EQ的综合体，而不仅仅具有IQ。

（2）人工智能创造的产物，如小冰的诗歌与歌曲，须能成为具有独立知识产权的作品，而不仅仅是某种技术的中间状态成果。

（3）人工智能创造的过程，如小冰写诗歌和唱歌，须对应人类某种富有创造力的行为，而不是对人类劳动简单的替代。

目前还有许多技术支撑着教育智能化应用，其中包括以下方面。

脸书（Facebook），它的出现给我们带来了教育技术当中服务身份确认和推送个性化服务的应用前景。

大数据，它带给我们对过去、现在、未来教育过程的评价和预测的前景，带给我们找到教育规律的前景，带给我们对教育市场预测的前景，带给我们对未来教育方向目标定位的前景，带给我们对新思想、新发现、新学科动态预测的前景，为未来教育奠定基础。

人工智能，对教育技术个性化的服务，对替代教师和学生完成繁重劳动起到了积极作用；它可作为辅助工具为学生和教师的联想、创造提供帮助。从教育管理的角度上看，它将更科学地给出以问题为导向的管理平台，其中包括：具有预测性的管理平台，具有大数据环境下科学的统计及实时的评价系统，具有贯彻校长意志的辅助决策平台。

VR 技术游戏化教学，对我们教学形态的改变起到了促进的作用，将教课转化为体验，将灌输转化为自我建构，实施多技术、多学科理论与实践相结合的教学体验系统。

追踪技术，在 VR/AR 技术、移动等多种技术行为追踪的基础上，实施人才培养追踪，了解学生的学习体验轨迹、虚拟现实空间学习轨迹，对学生进行深度画像，对画像进行精准的教学服务，建立更加全面的学生管理体系。

智能资源，改变了教学资源的建构方法、教学策略调整的方法、教学资源获取的方法和教学案例融合的方法，改变了教学资源与输入源的关系，改变了资源构造的逻辑架构，改变了教育资源的制作模式，改变了教育资源的交易方式，提出了新的动态智能化的资源管理体系。

人体感知下穿戴技术，是智能化即时状态控制发展的新阶段，是顶级技术的体现。它可以完成即时的教学控制、即时教学问题的抓捕、即时的教学反馈、即时的教学资源有效调整及相应的教学即时管理，真正体现了个性化教学的特性，实现了在学习者身上的深度数据挖掘。人体感知下穿戴技术给教育评价、教学控制等技术带来了新的突破。

未来教育技术是一个广泛的应用，是教育技术学科的深化，是进一步揭示人类秘密新手段的体现,是在先进技术环境下寻找教学认知规律新的探索,是高效教育技术服务的标志。

任何技术得到普及和大规模应用的前提都是它能够给人们带来巨大的效益,否则该技术将会被束之高阁,并随着时间的推移,逐步与时代的发展脱节,直至最后自然消亡。未来教育技术也是如此,如果没有对未来教育的思考,没有新的思维,在教育方面就不能落实。解决不了教育中的问题,不能让教师从繁重的劳动中解脱出来,甚至还不如原来的工作方式和模式,不能带来创造性的空间,那么这个技术将是一个无用的技术。当然我们不是去特意强求所有技术必须为教育服务,但是我们要积极地寻找技术与教育的切合点,让教育中的技术成为自然科学进步的一分子,享受自然科学带给教育科学的快乐。

而这种寻找教育与技术切合点的过程本身就是一个智能开发的过程,就是一个科学研究的过程,就是一个人们学习的过程,就是一个机器寻找机缘的过程,可以说是技术与教育性能耦合的过程,是技术的创新点和教育的利益点结合的过程;当然也可能是教育需求牵引多个技术研发方向的过程,或者是教育工作者寻找技术去改造教育问题的过程。在这些过程中,我们可以让计算机去寻找技术与教育相结合的事实,寻找和聚类运算在其他领域应用迁移的事实,找到其他技术性能驱动与教育相关的或者解决问题的事实。

未来教育技术研究方法有别于社会学科的研究方法,由于未来教育问题还没有产生案例,不可能进行案例研究,只能用自然科学的方法进行实验室研究。如果所研究的技术已经是事实,而且能够从中获得大量的案例和数据,甚至评测评价也较为成熟,那它就不是未来教育技术的研究范畴,而是属于方法和应用优化改善的研究范畴。

教育思维的构造必须站在更高的起点上,比如说在智能的起点上去设计教育未来、想象未来,进行教育技术的预言研究,用自然科学的研究方法研究教育问题,通过"自然科学+社会科学"的研究模式去对未来教育技术进行研究,在思维认识的基础上找到社会科学与自然科学的平衡点,找到它们的共同受益点和相辅相成的结合点去研究教育。

由于未来教育技术是教育和高端技术的融合,而且是直接关系到使用教育科学去传播科学技术的问题、用教育技术去提升教育科学的性能的问题，是一个科学技术支撑科学教育传播的过程，所以非常有必要对未来教育技术的实施和未来的研究展开预研下的可行性研究工作。

对与教育发生耦合的技术进行论证，论证其实施条件，论证其性能与教育性能是否有耦合的可能性，论证其与教育的投入产出比，论证其跨平台的可能性，论证其与教育的受众情况，论证其代价与教育性能提升的性价比，论证长期效应和短期效应的问题，论证智能开发数据环境的构造和准备问题，论证"滚雪球"智能开发可持续性问题，论证相应智能的教学人才储备和思想储备等问题。分析教育的智能受益点，分析该受益点以点代面的可能性，进行预测性问题的研究。

5G环境下的未来教育新特征是：问题的即时性、问题的可操作性、问题的在线捕捉性、问题的所见即所能性、问题的现场智能和现场决策性、问题的教学策略当下性、防患的高效快速性、即时智能性、传播的有效性和可控性等问题。由于以上未来教育的新特征出现，我们必须用新的教学研究方法、新的教育技术研究方法来进行问题的讨论和研究，已有的研究虽然可以有力地印证其教育过程方法的有效性和正确性，但是对网上即时发生的问题无法控制，而只能建议，要对问题进行实时控制并不是通过建议来解决，必须在5G技术环境下完成教育思想到教育行为的转换，将教学的思想和策略转化成智能思想指导下的系列网上行为动作和教学动作。

未来教育的特征是：解决能力提升和综合能力提升的问题，解决理论与实践进一步融合的问题，解决教育内涵与现实结合的问题，解决虚拟操作与实际操作的环境的问题，解决知识还原于自然的问题，解决体验建构的问题，解决"自我"认识、解释的问题。其是面向问题、面向启发、面向现实、面向科学、面向真实的教育体现。

未来环境下技术隐藏性和教学先进性将体现未来教育的重大特征。人们在后台智能驱动和大数据的基础上，将潜移默化地享受教育的服务，享受智能思想支持下的思想交换、知识交换、技能交换，享受教师与学生、学生与学生、学生与教学形态、学生与智能机器的交流，享受知识环境的交流、虚拟现实交流，在交流中未来教育将达到一种平衡。资源多元化、管理即时服务化和资源的构建将进一步引发学生的智力进步、诱导学生对科学的理解、启发学生对问题的思维。智能推送个性化资源将成为未来教育技术的又一特征。

与社会资源形成共同体的教育体系同样代表了教育性能的先进性。智能思想的滚动学习、新的知识和思想框架将不断地进入计算机大脑当中,旧的方法、策略将不断地被取代,并不断地循环,使得智能化的教育过程总是处在一个循环提升的过程中,智能学习将伴随着教育一起发展,这样教育整体成长的过程就成为一个学习成长的过程。

只有智能化的出现才能使我们的教育与时俱进,才能使我们以最积极的态度去迎接最新技术和最新学科的到来,第一时间享受相应的学习资源和培训资源以及教学体验资源。

教育一定要保持与时代的对话,要用时代的语言进行教育,要以最新的教育技术概念和面貌去迎接教育中的问题,要用新的解决思维和手段去讨论教学过程中和认知过程中的难点和方法。如果某些教学内容仍然停留在某种陈旧状态,仍然基于内容传导,那么这些教学内容将落后于社会和时代的发展。所以教育技术本身带来的不仅仅是教育中技术问题的改变,更重要的是它要帮助引领教育思想的发展,帮助带来新技术概念、新概念技术、新概念教学等时代性的思想。

先进的教育思想有多个方面,先进的教育技术的应用就是其中一个方面,而这种先进贯彻的有效性很快就会被现实印证,时代将对其教育的人进行验证,比如培养的人是不是符合时代的标准、是不是符合行业用人的标准等。而这些都将与学校框架下的技术内涵有关,与教育技术的影响有关,与多学科技术内涵有关,与教育思想的技术方法有关。以上这些潜移默化的技术渗透、技术思想都将影响教育和教学的方方面面。

0.2 未来教育技术的研究

教育技术的研究应该引领教育信息化应用的发展,教育技术学科研究生的培养不仅要与时俱进，而且应该具有对未来教育技术的研究能力和教育与新技术的融合能力，相应的教育技术培养体系也应该具有前瞻性和未来性，而北京理工大学的教育技术更应该具有工科背景下的未来教育技术理论、方法、应用研发能力。

长期以来，我国的教育技术学科处在一个比较被动的位置，教育技术学专业缺乏对未来问题的探索和研究，处于教育理念与先进技术脱节的局面，教育技术研究始终落后于当今IT（信息技术）的高速发展，整体学科无法与时俱进。

针对以上问题，本团队展开了对未来教育技术问题和学科拓展问题的探索。团队站在教育的角度用工科的思维去审视问题、解决问题，以网络教育为应用开发环境，在强大的工科背景和计算机学科成果的支撑下，围绕着教育技术关键问题展开研究，其重点研究是探索问题，找到解决问题的办法，进行实验性印证和分析。在教育技术发展机理研究的基础上，对未来的新理念、新思想、新概念、新应用进行了研究，并对未来技术对教育的影响、驱动进行了预测性分析，对教育智能化认识论、教育与高科技之间的关系的观点、智能思想对教育的渗透观点进行了阐述；对教育资源展开了大规模的实践和分析，给出了在智能环境下的大数据智能资源的发展形态，系统地给出了教育智能化的设计思想、技术方法、共融研究理论。对未来教育技术的基础性研究取得了以下成果，为未来教育的研究打下了基础。

0.2.1 阶段性研究

本团队于2014年1月至2017年1月展开了探索未来教育技术的研究，研究了未来教育技术学科研与教学同步的"教学引领模式"，并在此模式下始终保持着领先IT发展的教研水平。

在2017年1月至今的团队应用阶段，本团队以国家重点专项团队及北京市教育科学"十三五"规划等团队为研究背景，进一步深化研究成果，完成系列的科研教学应用成果，产生两个重大里程碑式的成果（图0-1）。

第 0 章 导 论

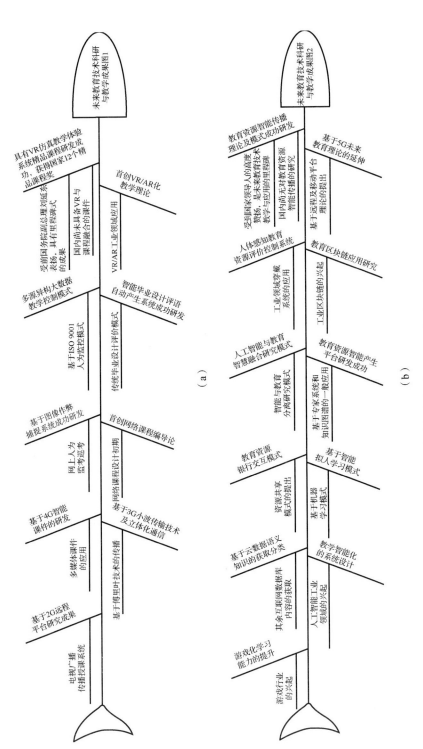

图 0-1 未来教育技术领先 IT 应用示意图
(a) 团队研发阶段未来教育技术领先 IT 应用示意图；(b) 团队应用 4 年阶段未来教育技术领先 IT 应用示意图

0.2.2 创新性问题的研究

本团队以开拓未来教育技术、拓展学科口径为牵引，以科学研究和教学研究同步为目标，以教育与技术深度融合为突破点，完成教育智能化和智能传播的基础性研究，推出教育智能化和教育资源智能传播的应用研究的系列成果。其未来教育技术的研究框架如图 0-2 所示。

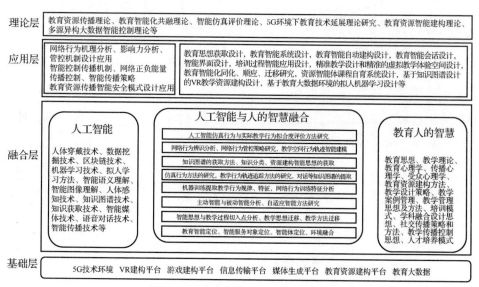

图 0-2 未来教育技术的研究框架

在理论上，在未来教育智能思想的影响下，本团队瞄准国家研究重大需求，积极探索教育智能传播研究技术，研究并实现教学资源传播路径和传播距离的有效控制，在教学资源内容智能传播上取得创新成果。在国内提出多源异构大数据的智能网络教学控制模型，首次提出了 VR 化教学思想、5G 环境下的教育技术理论，给出了基于知识图谱、人体感知、语义等多源异构环境等的内容获取方法和数据挖掘思想，研制出自育/自愈策略的资源智能体课程设计思想和智能资源设计架构。首次提出 5G 环境下教育技术理论的延展思想，深入研究了 5G 环境下教育资源的延伸理论，并将以上成果应用于教育部教育信息化"十三五"规划当中。

在实践应用上，本团队以未来教育体验和人体感知实验为基础，在智能资源自动生成建构的平台方面设计、实现了教学课程智能化系统，实现了教育技术智能问题的系列关键融合研究。

在研究方法上，提出了未来教育技术"学科融合的研究方法"，突破工科不知道如何解决教育学的问题、文科不知道如何利用智能化的重大难题，突破教育资源智能化难题，打破了"传统的工科与文科两张皮"的研究模式，打破了"教学理论与技术应用脱节的两张皮"。系列给出了教育智能化的应用领域的研究方法和思想迁移方法（图 0-2）。

0.2.3 未来教育框架技术的研究

本团队在团队研发成果的基础上创新性地提出了未来教育技术的相关理论，给出未来技术环境下教育技术延展理论，探索人工智能环境下的教育观点，对智能环境下的理论进行了研究，探索了教育智能熵理论问题和智能度量方法，对教育技术心理学问题展开了研究。其中包括：5G 的发展历程、特点及对教育理论的延伸问题的研究、可穿戴人体感知的教学体验系统设计的研究、基于第五代移动通信技术的网络教育应用研究等。

0.2.4 教育资源智能传播的研究

本团队参加了国家重大专项的研发工作，重点研究教育资源传播问题，教育资源安全传播模式，正负资源智能化控制问题，教育资源智能控制策略，教育信息传播、影响、管控、干预系列问题，在大数据多源异构教育资源传播环境下实现正向传播智能化问题。本团队创新性地提出了教育资源传播理论模式、算法，教育负面信息的机理与管控策略机制，网络环境下终身教育环境下教育传播问题的研究，教育资源传播机理的研究，智能环境下的行为理论问题的研究，教育技术心理学问题研究等，创造了教育资源传播理论。

本团队对教育资源安全传播进行了系统性的研究，在资源智能语义化、资源传播科学化、策略化、安全传播等方面取得了重要的研究成果，成果直接应用到了国家网络资源传播机制中。孙志伟博士在《虚拟学习社区中教学资源的传播与控制研究》论文研究中取得了重要突破。该论文以网络虚拟学习社区中的资源传播为研究对象,研究网络虚拟学习社区中资源传播的全过程,包括传播的内容(资源)、传播对象(受众)、传播者(信源)、传播环境(社区平台)和资源传播中的管控问题。从网络学习者的网络学习路径选择开始,从学习者的角度分析影响虚拟学习社区发展的外界因素,针对虚拟学习社区的网络特征研究社区中的资源传播的用户角色和传播模型,从经典的传染病模型入手,结合教育实际和网络学习特征,丰富了资源传播的过程。提出了虚拟学习社区中资源传播的根本目的在于明确传播的过程和影响资源传播的关键因素、找出资源传播的规律、给出传播管控手段的结论。论文根据资源传播与管控中的各个阶段分别设计了不同的研究方案和问题,从社区选择、传播路径、资源管控等方面给出了网络环境中资源传播与管控的路径思路,从传播资源、传播路径和社区的用户激励方面,给出了针对不同对象的资源传播管控理论和方法。本研究结合教育学、心理学、传播学和复杂网络的理论,将复杂网络中的传播动力学问题投放到虚拟学习社区中的资源传播上,实现了虚拟学习社区中资源传播的管控,实现了理论与实际的融合,扩展了网络教育传播的理论基础,关注了教学本身缺乏整体把控的问题,从知识传播扩散的角度给出了资源传播中的中层理论和传播规律,弥补了网络教育传播研究的缺陷。

网络虚拟学习社区中资源传播与管控研究主要包括三方面内容:虚拟学习社区的环境特征和路径选择、虚拟学习社区中的资源传播和虚拟学习社区中资源传播的管控。其中虚拟学习社区的环境特征和路径选择包括虚拟学习社区的主要类型、特征、发展和关键要素,由此给出了影响学习者选择虚拟学习社区和社区活跃度的关键因素。虚拟学习社区中的资源传播从虚拟学习社区的社交网络特征入手分析了虚拟学习社区的用户节点、网络结构特征,以传染病模型为基础结合虚拟学习社区的学习特征和用户本身特征,构建了融合个人行为的资源传播模型和加入遗忘机制和教育机制的资源传播模型。虚拟学习社区中资源传播的管控以虚拟学习社区的特征和资源传播模型为基础,结合网络教育的自身特征从为什么要进行传播的管控、管什么、怎么管几个方面给出了虚拟学习社区中资源传播管控的目的、方法和意义。论文从网络环境中的信息传播模型出发,加入虚拟学习社区中的教育特性,通过模型构建和数据仿真构建了符合虚拟学习社区自身特征的资源传播模型。选择社交软件 QQ 群和微博作为典型的虚拟学习社区类型，分析了两种社区中资源传播的网络结构和中心性特征，通过对影响因素的分析和传播模型的构建，提出了一种从资源、用户和网络结构着手的资源传播管控框架，将虚拟学习社区中资源传播管控落地，丰富了网络教育传播的研究体系，同时为虚拟学习社区的管理和网络教学资源传播的管控提供了可操作的计划参考。

0.2.5 教育智能化方面的研究

本团队创新性地完成了教育智能化的设计研究相关系列观点、思想、方法、应用及部分过程的实现。其中包括：人体感知的角度上精准教学设计和精准的虚拟教学体验空间设计方法的研究，基于游戏教学的分层数据挖掘方法研究与应用，系统整合视角下教育大数据应用研究，教育智能化同化、顺应、迁移问题的研究，资源智能体课程自育系统设计研究，基于知识图谱设计的 VR 教学资源建构问题研究，基于教育大数据环境的拟人机器学习问题研究，教育智能化认识论的研究，教育智能化共融思想研究，智能逼近熵的概念与设计的研究，教育智能化的设计观点研究，教育智能会话设计的研究，教育智能界面设计的研究，教育培训智能化设计的研究，应试教育向智能化转变设计的研究等。

0.2.6 教育资源形态研究

本团队系统地论述了教育资源建构、教育资源形态发展历程、教育资源的机理和内涵以及教学形态的演化过程。创新性地提出了教育资源大数据的挖掘方法、教育资源对智能产生影响等多种机理，并对教学形态驱动教学创新展开了探索。其中包括：AR/VR 学习情境设计问题的研究、VR/AR 教学体验的设计与应用研究、影响力视角下虚拟现实教学设计研究、互联网环境下研究生网络学习资源生态体系建设研究、多视点碎片知识封装式游戏化教学结构设计研究、基于网络影视课程编导理念的微课教学设计研究、基于影视艺术的教学资源建设新模式——网络影视课件学的研究、VR/AR 混合形态教学设计研究、虚拟现实技术下的学习空间扩展研究、智能 VR/AR 教学系统构造研究、资源生态演绎研究、教育资源机理与分析等。

本团队的赵丰年博士的《游戏化教学设计过程模式研究》论文对游戏化教学问题的研究做了更加经典的论述，他针对"在数字化时代如何通过游戏化教学设计改善教学效果和增强教与学的动机"的问题，从心理学、教育学、计算机科学等多学科的视角，从系统化教学设计和学习环境设计两个方面，构建了一个"游戏化教学设计"的综合性过程模式与框架，并对其进行了实证验证。研究站从教学研究者、教学设计者、教学实施者、游戏玩家的角度，采用了"游戏化＋教学设计"交叉学科视角，综合运用了心理学、学习科学、教育学、脑科学、软件工程等学科的理论和实践方法，一定程度上克服了以往教学设计研究、游戏研究、游戏化教学研究倾向于从相对单一视角研究问题的局限性，提出了对传统教学设计理论的独特思维。整个研究遵循交互性、挑战性、进展性、沉浸性、情感性、社交性、故事性、易行性、经验性和丰富性的理念，创造性地借鉴和整合了多种基础理论和方法，构建了系统的、具有很强操作性的游戏化教学设计理论，提出了"游戏精神""游戏性""游戏化活动原子"和"游戏化学习'场'"等概念，为解决数字化时代各种教学问题提供了新的问题解决思路，是一种融合性、综合性的创新。本研究同时考虑传统的知识授受和较新的学习体验设计两种角度，构建"知识型"到"体验型"教学设计的连续，在学习环境创设研究领域有一定的内容创新。本研究扩充了游戏化的概念，深入挖掘游戏化中蕴含的有意义的社会交互和人机交互，使研究不是停留在游戏元素的表征，而是深入游戏精神和游戏性的骨髓，在动机理论的指导下，构建了具有吸引力的"游戏化教学设计"系统。对于教师而言，这种吸引力能促进其在教学学术方面的专业发展，提升其职业满意度和幸福感。对于学生而言，其能让学习与游戏不再对立，真正实现"寓教于乐"的融合性学习体验。本研究分别针对游戏化课堂学习环境构建和游戏化的数字化平台构建，提出了操作化的设计与开发准则和指导性原则，同时构建了游戏化学习环境的评价启发式，有助于其他研究者和教学实践者实施教学游戏化，提升相应的教学动机。通过多轮的设计循环不断回馈到教学实践中去，通过学科课程教学的实践检验，为信息技术与课程整合提供了一种可操作性强的方法，能够指导一线教师在教学实践中展开游戏化教学的设计与实践。本研究的实证部分包括游戏化课堂教学设计、非数字化的游戏化教学设计、分层式的游戏化教学设计、学习管理系统的游戏化设计、游戏化虚拟实验设计、游戏化虚拟场景设计、在线游戏化课程设计等，为未来的游戏化教学研究和实践提供了范本和样例，启发研究者和实践者进一步对游戏化教学设计进行研究和应用，并在远程游戏资源平台上予以实施，产生了良好的教学效果，为未来教育技术教学体验研究打下了良好的基础，具有较高的参考价值。

0.2.7 基于多源异构大数据的智能网络教学控制的研究

本研究基于大数据理论和大数据挖掘理论，在分析远程教学活动规律和教育大数据挖掘规律的基础上，深入研究了教育数据挖掘所具有的动态性、发展性、深度性和组合性特征，重点提出了教育数据挖掘视点、挖掘方向、挖掘深度、挖掘时序以及组合挖掘等一系列概念，提出了基于需求和视点的数据挖掘和教学控制概念，从教育的角度扩展技术的应用，从技术的角度辅助教育的需求，为教育数据挖掘提供了有针对性的挖掘思路和挖掘方法的指导，避免了传统数据挖掘的盲目性和无针对性，丰富和完善了大数据在教育领域新的思维体系。针对目前教育数据挖掘存在的数据来源单一、挖掘结果可靠性不足等特点，从数据源扩展的角度提出了多源异构数据挖掘的理念，创新了教学数据挖掘方法和教学事件的判定方法，将 Web 文本数据和图像数据引入教学数据挖掘中，通过对传统文本分析和图像处理技术进行移植和转意，利用关键字抽取和语义分析完成 Web 文本数据情感语义挖掘，利用图像特征提取机制完成图像内容挖掘，最终与经典数据挖掘结果共同构成了教学事件判定的三大数据源。从教学的视点出发，提出了多源数据挖掘的整体判定原则，提出了三种数据源挖掘结果高度融合的方法，实现了教学规律和教学事件的综合判定。基于控制论和智能控制理论基础，通过对远程教学控制规律的研究，创新地将智能工业控制模型引入远程教学控制中，首次提出了网络教学控制理论雏形，提出了网络教学控制的概念、原理、方法、机制和模型，完成了教学控制理论模型的构建，同时针对远程教学构建了应用模型，通过在远程教学平台的子系统中进行的应用开发，实现了模型的析取验证，为教育与技术的高度融合探索出了一条新的研究途径。在"教育资源控制理论"方面取得了重要的研究成果，张琳博士在这方面的研究论文（《基于多源异构大数据的智能网络教学控制模型与应用研究》）被评为校内优秀博士论文。

0.2.8　以军工为领 AR/VR 跨界融合研究

作为 20 世纪 90 年代 VR 技术引入国内军事的先导者，学科责任教授将其 VR 思维应用到教学设计中，提出了 AR/VR 与网络影视课程混合的教学设计模式，提出了"互联网+"的资源银行框架和方向，提出了新资源（VR 及游戏等）类别的资源构造、新资源特性、资源表现力、物理模型与其他模型的交织形式和内涵关系、资源设计与能力提升关系及相关模型、VR 结构下的数据层次挖掘方法、能力提升与游戏教学设计关系及模型。通过三代坦克仿真完成了两个虚拟实验平台的建设。

0.2.9　教育智能图像行为分析的研究

通过自然科学基金人体行为和群体行为的研究，系统通过人体骨架图像处理完成行为动作建模，建立行为知识库，解决了影视课程图像语义理解的问题，并将其成果应用到考试作弊捕捉当中，其成果可被应用于对实验室、生产线实习动作分析、VR 动作分析、校园安全检测分析当中。在教育智能图像的分析获取上，进行了眼神问题的研究，提升了作弊行为判定精准度。

0.2.10　教育资源论的研究

围绕国家广播电视总局和科技部"内容银行"研发项目，展开了内容搜索等智能化问题的研究，针对词频检索、语义分析、属性智能化、智能提示存储分类等进行了深入研究，提出了建立以上属性的专家架构库、添加编辑管理架构，建立了逻辑物理对应库。重点研究了资源的组合性、组化性、可分割性、可融入性、排斥性、可复用性、可变异性、可嫁接性，并对资源产生平台进行了研究，包括平台的功能、技术分类、产生式分类、原理式分类、编导分类、平台评价指标等。与此同时还研究了资源传播的影响、资源的干扰、资源传播再生的策略等内容，对资源的存储方式、资源智能分类和组合进行了研究。对资源的共享、交易资源、优秀资源的推荐、同类资源的相互遏制等进行了研究，对支撑资源的系统,如作业系统、考试系统、知识图谱系统等几个系统之间的设计类型、设计关系、内部架构、智能型设计进行了研究,完成了资源单元的界定、资源整体架构、资源与系统关系的研究,对以资源碎片单元为基础的课程构造机理、专业构造的机制、生成机理进行了研究。

0.2.11 影视课程学及课程编导论研究

结合研究生院"网络精品课程"重点课题,深度探索了教育与影视学科深度融合问题,提出了网络课程编导论,并在影视教育心理学方面进行理论的初探,提出了网络资源论、资源银行框架和影视课程重构工厂技术,指导教育部三个资源管理平台的建设工作,所提出的网络影视课程学以文件的形式和评判标准写入全国微课课件大赛当中。北京理工大学网络教育在网络影视课程编导论应用过程中获得了12个国家精品课程和共享课程奖,获得了北京市教学成果一等奖和精品课程奖,并发表了三部著作和多篇论文。在国内运用"网络课程影视课程编导论"组织、仲裁、指导全国信息化教学等多项大赛(全国微课程大赛、VR大赛等)、全国职业信息化大赛、教育部教育技术学教学指导委员会组织的iTeach信息化大赛以及北京市计算机信息化大赛,实现了实践性创新,在国内产生了一定的社会效益。

0.2.12 人体感知问题的研究

本团队在人体机理感知信息科学理论和交互技术成果分析的基础上,对人体感知产生——现象机理问题、人体机理感知信息获取问题、感知觉与记忆的关系、人机交互感知与输入机理问题、5G环境下VR人机信息获取问题、虚拟学习环境设计等问题进行了系统性研究,并针对虚拟现实教学设计中缺乏客观感知回馈设计和无法有效地获取控制变量的弱点,提出了基于人体机理感知的精准虚拟现实可控学习体验环境的设计思想,给出了人机可穿戴学习体验系统设计模型,通过"英语视听说"课程实现探索,尝试了人体感知环境下沉浸式体验课程设计,部分实现了精准教学体验空间的控制设计,在生理信号捕捉技术应用基础上,在网络影视课程生成框架实现的前提下,提出以5G为环境的、以网络影视课程为控制对象的、以人体生理感知和语义为反馈测试传感的、智能补偿化的闭环控制系统，为教学课程数字化设计、个性化学习量化控制、精准设计问题的研究提出了有效的解决方案。

0.2.13 融合性研究

在学科融合上，通过奥运会小波编码技术解决了远程教育通信技术问题，通过网络爬虫搜索及手机终端挖掘解决了影视课程资源大数据环境关键技术问题，通过外语人机交互的研发解决了网络影视资源银行语义搜索问题，通过 VR 及激光建模解决了影视空间无痕迹过渡问题，通过影视心理学研究解决了影视教学设计向影视表现的转换问题，达到了工科问题文科化、文科问题戏剧化的效果。

0.2.14 逆向思维借鉴性研究

以公安部课题为研究背景，进行借鉴式研究，即站在反面研究的角度对传播负面现象问题进行研究，通过对现有的终身教育和受众对象的分析，提出了新的教育资源扩展概念。系统地分析了在资源传播当中负面谣言的现象、谣言的特征、谣言制造者诱因、谣言传播者诱因、传播途径特性、谣言传播环境因素等，并从 87 个维度对正负传播机理性能比对，提出了利用谣言"好的"传播机理去传播正面内容，让正面传播能力远远强于谣言传播能力，有效抵消谣言的产生和蔓延，建立以正能量为主导的终身教育网络环境。借鉴谣言传播特性分析资源传播的弱点，给出了资源传播和谣言传播的画像，研发出多种追踪谣言、抑制谣言、干扰谣言、影响资源传播、提升正能量传播的方法，并予以软件实现。

0.2.15 未来教育技术印证性研究

本团队在未来教育技术印证研究方面取得了一系列成果，主要表现在以下内容。

1. 工科教育智能化特色

本成果被连续应用于指导北京理工大学博士课程"教育技术前沿"以及教育技术学专业硕士课程"网络影视课程编导论"等课程改革和课程内容研究上，

着重于相关的理论研究，如相关理论延伸性研究、信息技术与教育技术融合性的研究、人工智能的应用性研究、教育智能化研究、教育形态研究，并及时转化应用到教学当中，开阔了学生的视野，让研究生教学与时俱进，突出工科教育技术特色，不断提升研究生在教育技术前沿的认识高度，不断提升教育技术学研究生的新概念、新技术、新教学理念的敏感度，提升认识智能、识别智能、应用智能水平，提升整体教育技术学科水平，有效实现了该成果全国范围内的应用推广。

2. 金融培训特邀报告

2020年7月，李小平教授受中国教育技术协会会长杨志坚、副会长张少钢的邀请，在北京为中国教育技术协会和国内各大银行培训机构做"如何实现金融培训智能化"方面的特邀报告，报告首次提出了通过人工智能技术实现银行预测性培训的问题，提出了金融行业"从后知后觉的培训转向先知先觉的培训"的先进理念，后该报告内容被写到金融培训专著当中，该报告内容在金融培训中产生重大影响，中国建设银行等培训金融机构投入上千万元展开了智能化培训开发工作。

3. 研究设计教学资源智能产生式平台

为了将教师从繁重的课件制作工作中解脱出来，为了解决教学资源无后援维护的困难，为了提升教学资源与时俱进的能力，为了不断地自动丰富教学资源内容，为了不断地自动修正教学资源内容，我们对教学资源智能化进行了研究，并初步实现了基于知识图谱的教学资源生成功能和教育资源"自愈"功能。

4. 网络课程设计中尝试引入了教育智能对话功能

在国家精品课程"英语视听说"中，引入了教育智能对话功能，实现了英语听说写的智能对话，实现了英语教学与人工智能的结合，实现了学生与机器人的交互，同时制作了智能交互看病系统和点餐系统；为远程英语学习构造了智能化的学习平台。

5. 汽车发动机原理构造及电控精品课程智能设计

在国家精品课程"汽车发动机原理构造及电控"中，运用了智能思想和VR设计思想，利用了教学轨迹追踪技术，利用知识图谱实施故障经验知识图谱的建构，设计了智能完全交互式的汽车发动机自动拆装实验和整体车辆实验。

6. 远程教学平台智能化设计实验

在远程毕业答辩系统中为了对毕业设计评语自动地、准确地进行客观公正的评价，我们尝试地引入了人工智能专家设计思想，初步实现了毕业设计学生评语智能化评价功能，给出了能够体现毕业设计任务、专业方向、团队内容、完成内容情况的半智能化毕业论文评语系统，克服了传统的评语与分数不一致、专业评价偏差等不准确的问题。

7. 智能教师作弊系统的实现

本团队完成了国家自然科学基金"基于图像的考试作弊捕捉系统"项目，项目应用智能的思想和智能图像识别的方法，在大量捕捉作弊行为特征和眼动特征的基础上，对作弊行为进行大规模的机器学习，并根据作弊行为判定作弊规模和作弊类型，结合平时学习成绩给予可信度判定，此项成果在远程考场得到应用证实，有效地促进了考试监控环境的智能化和人性化。

8. 云上语义抽取、语义分析实现

参与科技部"知识银行"项目，通过智能语义分析完成了云环境下观众影视智能分析工作，自动完成了拍摄中观众云上诉求的语义抽取、语义分析，为影视教学调研开发出新的途径。

第 1 章
未来教育技术相关理论

1.1 基于第五代移动通信技术的网络教育应用研究

1.1.1 5G 在网络教育中的应用

5G 技术的实现与普及,能够促进智慧教育、智慧校园、智能远程教育的应用,还可以满足教学、科研、学习、实验和会议等各业务的多样化需求。在师生密集的教学区、办公大楼、实验区、各个分校区、空旷地操场等具有超高流量密度、超高连接数密度、超强移动性特征的场景,均可为用户提供超清视频、虚拟现实、增强现实、云桌面、安全检测、在线游戏等高级业务的良好体验[1-2]。与此同时,5G 还将渗透到校园监控的探测识别、人群行为分析当中,可以实现与 CAD (computer aided design,计算机辅助设计)/CAM (computer aided manufacturing,计算机辅助制造) 工业设施的融合,利用虚拟现实技术远程操控无人实验室,有效满足工业教学、科学实验、一卡通、科研图像共享、多校园智能化管理等垂直行业的多样化业务需求。特别是远程教学与本部教学将会进一步共享交换,从而推出游戏化教学课程和 VR/AR 教学课程[3]。桌面 VR 实验会逐步被嵌入式虚拟实验室所取代,3G 环境中的资源将被高清混合资源所取代,资源生成策略、资源框架也将随之改变[4]。人们的教育消费方式也会改变,将出现新的教育经济格局和教育技术生态,打破现有的资源建构理念和平台架构系统。

1. 5G 的教育应用场景和指标设计

5G 将解决数字化教学多样化应用场景下差异化性能指标带来的问题,不同场景所需要的性能指标有所不同,用户体验速率、流量密度、时延、能效和连接数都可能成为不同场景的挑战指标[5-6]。其主要应用场景如图 1-1 所示。

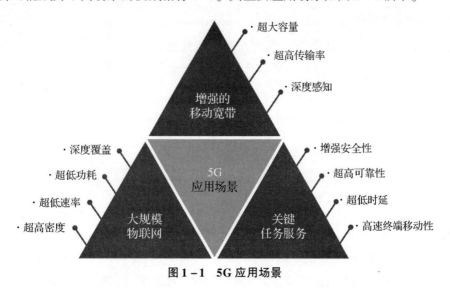

图 1-1　5G 应用场景

1) 增强的移动宽带

因增强的移动宽带 (enhance mobile broadband, eMBB) 具有超高传输率 (10 Gbps),5G 数字化教学环境将面向 4K/8K 超高清视频、全息技术、增强现实/虚拟现实等应用,其中包括:①连续广域覆盖场景,该场景主要用于随时随地 (包括校区边缘、高速移动等恶劣环境) 为用户提供 100 Mb/s 以上的用户体验速度。②热点高容量场景,主要面向局部热点区域,为用户提供极高的数据传输速率,满足网络的高流量密度需求。1 Gb/s 用户体验速率、数十 Gb/s 峰值速率和数十 Tb/s/km² 的流量密度需求是该场景面临的主要挑战。比如:集中式 VR 学术会议、集中式虚拟实验、大规模现场在线学习、学生提交作业和试卷的并发操作、在同一个场所集中观看高清晰视频或游戏化课程、导播实习场所[5]。

2) 关键任务服务

关键任务服务具有高安全性、超低时延和超高可靠性,也称为 uRLLC (ultra-reliable & low latency communication)。如在体验 VR/AR、远程协作和游戏化教学等场景中,采集到的数据需要传送到云端,并实时传回经过处理的数据或指令,数据往返的时延极短,对时间延续要求更高,尤其是 5G 的虚拟现实控制实验、远程机器人、手术机器人等应用[5]。

3) 大规模物联网

大规模物联网 (massive machine type communication, mMTC) 具有海量连接设备(超高密度)、超低功耗、深度覆盖、超低复杂度等特点。其空口时延可达到 1 ms,这类应用对时延和可靠性具有极高的指标要求,需要用户提供毫秒级的端到端时延和接近 100% 的业务可靠性。其具有小数据包、低功耗、海量连接等特点。这类终端分布范围广、数量众多,不仅要求网络具备超千亿连接支持能力,满足 100 万/km^2 连接数密度指标要求,而且还要适应终端超低功耗和超低成本[7]。如远程抄表、碎片知识点课程构建、实验室传感器数据传输、物流专业实习、学习轨迹获取等[5]。

随着教育数字化环境下数据流量数十倍的增加,5G 系统需承载 10~20 Gbit/s 的峰值速率、100 Mbit/s~1 Gbit/s 的用户体验速率、每平方千米 100 万的连接数密度、1 ms 的空口时延、相对 4G 提升 3~5 倍的频谱效率、百倍的能效,以及 350 km/h 的移动性支持、每平方米 10 Mbit/s 的流量密度等关键性能指标。为了支持超高清视频和 VR 应用,5G 应支持至少 1 Gb/s 的数据速率。5G 网络潜在需求还包括增加容量近 1 000 倍[8]。

2. 通信互联网与数字化校园的关系

远程教育发展多年,却依旧受限于网络带宽,所建立的资源课程和远程教学平台仍有以下问题亟待解决。

(1) 由于带宽过窄,教学课件普遍存在分辨率低、色彩还原度弱、表现形式差的特点,在相当长的一段时期,一直僵化于三分屏的解决方案上,图像质量刚从 VCD (video compact disc,影音光碟)升级为 DVD (digital video disc,数字视频光盘)。

(2) 由于带宽限制,时常会出现多用户并发操作延迟、卡顿、宕机现象,尤其是集中缴费、集中在线提交作业、3D(三维)资源虚拟实验多人上网等。

(3) 由于分辨率兼容问题,手机和 PC (personal computer,个人计算机)端若要正常显示内容,不得不为其开发两套客户端版本。

(4) 带宽延迟和抖动现象明显,卡顿现象时有发生。

(5) 目前资源管理采用集中式的办法(包括文字图像管理、视频管理、3D系统管理、动漫资源管理),多个服务器占用同一路带宽线路,每个服务器还要承载以上资源的开发环境和运行环境。由于带宽紧张,无法实现按需租赁带宽的构想。

(6) 远程教育从业人员既要负责课程开发、资源搜索、资源分类管理、资源维护等工作[9],还要针对多媒体课件、游戏化课程、VR课件等维护多个资源驱动平台,如VR平台就需要Unity3D、Unreal Engine(虚幻引擎)、VR制作软件、3D Studio Max、Photoshop、3D采集软件等。

(7) 动辄上百兆的课件资源,始终羁绊着教师在不同计算机间的保存、传播、共享等任务。同样是碍于带宽的原因,许多可供创作课件的奇思妙想最终未能实现,制作出的课件改动起来还需要最初的资源开发平台以及技术人员方可完成,教师无法从容地对资源进行后续完善工作。

(8) 教学实践和毕业答辩,无法在线监督,不能观看视频成果,无法有效地远距离印证成果,甚至程序运算结果通过超频方式传输可能会造成系统死机。

(9) 碍于带宽所限,大规模答疑答辩系统的会话人数受到限制。即使微信平台也会使人数受限,分发、群发传输受限,资源传输包的大小受限。

随着 4G/5G 带宽从 100 Mb/s 到 10 Gb/s 的提升、4G/5G 先进技术的不断应用,以上问题都将得到有效解决,主要反映在以下几个方面(表 1-1)。

表 1-1 通信互联网与数字化校园的发展对应关系

项目	网络				
	1G	2G/2.5G	3G	4G	5G
部署	1974—1984 年	1980—1999 年	1990—2002 年	2000—2010 年	2014—2020 年
带宽	2 Kb/s	14~64 Kb/s	2 Mb/s	100 Mb/s	10 Gb/s
技术	模拟蜂窝	数字蜂窝	宽带 CDMA	全 IP 网络	新空口
通信业务	语音	语音、短信、数据	语音、视频、短信、数据	语音、视频、短信、数据、RCS	语音、视频、短信、数据、融合通信(微信等)

续表

项目	网络				
	1G	2G/2.5G	3G	4G	5G
教育教学应用			校园基础网络、教学教务信息化	校园全网融合、远程教学、无线网络、校园网一卡通、监控安防、多种业务应用、远程教学监控、电子商务运作	校园全网融合、远程教学、校园网一卡通、监控安防、多种业务应用、游戏化课程、VR实验环境、交互虚拟现实控制、高清立体显示、远程考试监测、学习行为追踪和挖掘、智能实验系统和智能教学系统、教学电子商务、学分银行、人群行为分析、CAD/CAM工业设施的融合等
资源形式		CAI课件	网络课程、精品课程、低分辨率手机课程	微课程、网络课程、精品课程、手机课程、少部分游戏化课程、少部分VR体验空间、移动实习实验系统	微课程、网络课程、精品课程、高清手机课程、游戏化课程、VR体验空间、多类型媒体网络融合课程、物联网课程、高品质高带宽课程、移动实习实验系统
平台技术架构			B/S架构	三层体系及多层体系架构，SOA架构，资源和管理功能相对分离	三层体系及多层体系架构，SOA架构，分布式架构，资源和管理相融合，碎片资源化、多连接自由组合框架资源
资源管理方式			离线使用	所有资源自己开发、自己维护，资源共享、资源一次性开发长期使用，无人维护，重复建设，资源集中式管理	资源专业开发与个人开发相结合，自己维护；资源共享、各种资源库独立存储，资源交换方式的提出；资源集中式管理；资源库建设、学分银行，资源管理以课程为单元	除4G资源管理方式以外，5G将会出现资源倾向专业开发，资源交易和有偿制作服务与资源共享相结合，资源从集中式管理开始向资源分布式转变，采取架构式服务模式，不同目标、不同类型的资源和管理软件功能由各自专业公司开发、维护和交换；启发式的专家资源库、资源银行、学分银行；资源管理以最小知识点为管理单元

（1）通信业务。其逐步从简单的文字短信、彩信、数据，发展到融合通信（包括音频、视频、多人会话等），满足人们日常的在线支付、转账、朋友圈、购物等功能需求。

（2）教育教学应用。其从校园基础网络、安防监控网络、各业务部门子网络发展到校园全网融合、多种业务融合、校园网一卡通的局面。特别是随着在线教育理念的提升，5G 网络与游戏化课程、VR 实验环境、交互虚拟现实控制、高清立体显示、人群行为分析、远程考试监测、学习行为追踪和挖掘、智能实验系统、智能教学系统、教学电子商务、学分银行、CAD/CAM 工业设施的融合等必将全面展开。

（3）资源形式。随着带宽的不断改善，出现了多种网络课程形式，即微课程、网络课程、精品课程、高清手机课程、游戏化课程、VR 体验空间、多类型媒体网络融合课程、物联网课程、高品质高带宽课程、移动实习实验系统。其使用范围将随着 5G 的扩张逐步扩大，即从二维向三维转换，非智能向智能转换，单一媒体平台向多种媒体平台转换，窄带向宽带转换，现实向虚拟转换，理论课程逐步向理论、实践、讨论一体化设计方面转换，知识传达向知识体验转换[10]。

（4）平台技术架构。随着技术时代的引领，系统平台开发中出现了几次有影响力的开发体系架构，即三层体系架构、多层体系架构、面向服务的架构、分布式体系架构等。

（5）资源管理方式。在 4G 环境下，资源管理方式为资源专业开发与个人开发相结合。各种资源库分类独立存储。从课程为单元的资源集中式管理初步向资源交换方式转变。5G 环境下，资源更倾向于专业开发。资源交易、有偿制作服务与资源共享相结合，资源从集中式管理开始向资源分布式管理方式转变。采取架构式服务模式，不同目标、不同类型的资源和管理软件由专业公司开发、维护和交换。还会涌现出启发式的专家资源库、资源银行、学分银行等虚拟资源仓库。资源管理的粒度极小，如以最小知识点为管理单元。形成跨领域、跨学科、跨技术平台的资源交换管理模式，以及多源异构的课程框架建构模式。

1.1.2　第五代移动网络教育核心技术

第五代移动网络教育核心技术即 5G 网络切片（network slice）技术，是将一个物理网络切割成多个虚拟的端到端的网络。每个虚拟网络之间，包括网络内的设备接入、传输和核心网络，都是逻辑独立的。任何一个虚拟网络发生故障都不会影响到其他的虚拟网络。每个虚拟网络具有自己的功能、特点，面向不同的需求和服务，可以灵活调整配置，甚至可由用户自己定制网络服务功能，实现网络即服务（network as a service，NaaS）。

此项技术的推出将有效地解决各类教学需求，充分发挥各个软件层级、各个系统功能，各个媒体特性最大化。5G 网络切片技术是在线教育向三维、游戏化、虚拟现实、高清、高密度高热点、大规模低时延、可靠物联等过渡时重要的制程技术。例如：将通信互联网的连续广域覆盖场景教学高清视频和立体视频、高容量场景会议 VR/AR 切片、游戏化教学切片、手机切片（微信）热点等切割成多个端对端的虚拟网络，享受 20 Gbps 移动宽带资源；将物联课程资源网中的大规模物联网切片单独分割成独立的虚拟网络，享受 200 000 连接数/km^2 高密度、低功耗、低时延的海量物联网；将虚拟现实控制网中的虚拟现实控制关键单独切片形成独立的虚拟网络，享受低于 1 ms 的时延性能。如图 1-2 所示。

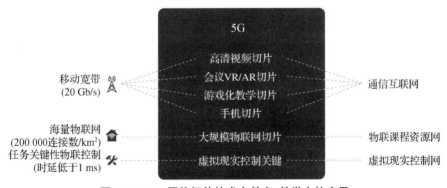

图 1-2　5G 网络切片技术在教育/教学中的应用

1.1.3　异地多源异构的课程框架建构模式

1. 本地多源异构的课程框架建构模式

4G 环境的课程资源建设开始在多种媒体、多种类型资源、多种技术融合上进行转换，出现了以教师构建为中心、以技术为依托，为核心思想服务的课程资源，具有很强的理论与实践相融合的内容填充模式，并在 4G 环境下形成了以当地服务平台和技术支撑为依托的、全建制服务的课程建构系统和维护系统,形成了以课程为中心的庞大教师团队和技术团队,投入相当多的人力资源和服务器以及高带宽。虽然教学效果非常好,但本地资源采购、本地资源加工、本地工程技术人员技术储备、本地高代价的硬件支撑、长年课程结构的维护等一系列弊端都进一步凸显,其合理性仍有待研究。本地多源异构的课程框架建构模式如图1-3所示。

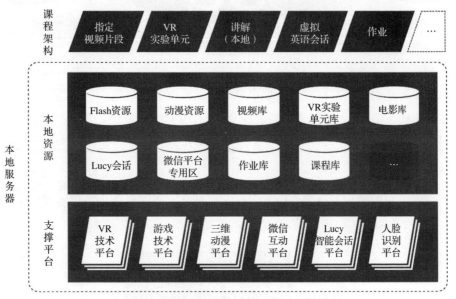

图1-3 本地多源异构的课程框架建构模式

2. 异地多源异构的课程框架建构模式

针对上述本地多源异构的课程框架建构模式中存在的问题,借助5G新一代移动通信技术,提出了异地多源异构的课程框架建构模式(图1-4),其设计思想如下。

(1) 采用分布式资源交换方式,利用5G的低时延、高带宽、多连接特性,高速率地完成资源即用即取。低于1 ms的时延大大提升了资源和资源之间在时间性能上的无缝衔接。

(2) 采用框架式的课程资源架构,该架构的每一部分是由指向资源的指针构成,所指向的资源包含各种类型的媒体接口、软件平台的开发功能接口、最小虚拟实验单元接口、虚拟在线控制接口等,这些接口将会被标准化,形成资源互联标准。

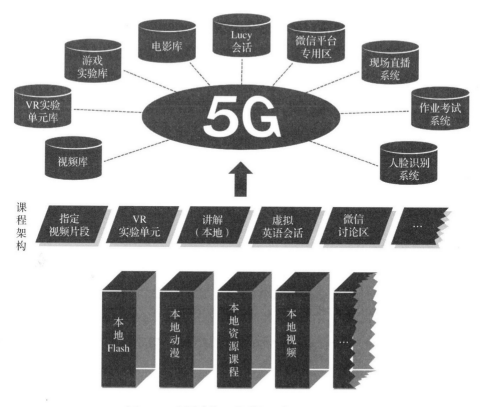

图 1-4 异地多源异构的课程框架建构模式

(3) 实现多个异构平台的连接，由多个资源创作单位、多个资源制造商、多个学校、每个教师发布的资源等构成各种异构平台，每个异构平台提供自己的产品。课程的构造者和教师可以通过 5G 互联网络访问相应的异构平台，以在线方式在自己的课程资源空间中上传教学所需的内容，其中视频平台、VR 平台、游戏平台、PPT（PowerPoint，演示文稿）等均可以按照单位时间或者页码形式检索并获取资源，VR 和游戏资源能够以独立单元的形式发布和交换，异构平台可以包括微信等通信平台、专业考核平台。最终形成逻辑组合、物理分离、教学策略设计与资源维护分离的专业化异构平台，即谁制作、谁提供、谁提供、谁维护的资源供给方式。

(4) 在课程组合的各类资源属性上，标注两个以上的同类型资源，并且注明其被点击的状况，以方便用户选择。

(5）发布者和资源构造者的主要工作就是编辑串讲，将教学与资源基础建设工作分离。

（6）大数据负责统计每个知识点的点击频度，给出课程推荐网站，给出知识点表述的推荐。

通过以上设计，实现 5G 环境下的教学目标如下。

（1）提高教师的资源自主制作和选择能力，提高教师的资源翻新、与时俱进的能力。

（2）5G 大幅度提升了微信等通信平台的空间和带宽，多种媒体会话得以开展，大规模的微信课堂教学得以实施，答疑答辩工作将支持学生异地展示各类设计作品，包括音乐艺术专业的提升、虚拟现实混编教学。

（3）从资源构造上，作者可以凭借自己的艺术素养，构造游戏化的网络课程、影视课程；允许学生上传影视作品，在线演示、交流。

（4）将现有的教学管理平台与手机平台整合统一，实施高清手机教学，将传统课堂或虚拟课堂上完成的作业提交，再进行现场统计和点评。

（5）实施课堂、现场插班教学。

（6）提供高清下的人脸识别、考场监控技术。

（7）在 VR 实验中建立"一人操作，多人协作"的教学系统。

（8）作业的提交形式多媒体化、交互化。

（9）VR 和游戏化网络课程、虚拟教室、三维实验室、多人协作在线实验室、多人游戏教学将融合性实现。

综上所述，5G 移动互联网技术的出现，将推动课程资源建构模式向多连接、多碎片、低时延、大组合的方向发展，为资源的建构提供新的模式。

1.1.4　资源银行交换设计与研究

在上述本地、异地多源异构的课程框架建构模式的基础上，提出了在 5G 移动通信环境下资源银行的概念，以及在资源银行框架下完成资源的等价交换。

1. 资源银行的概念

资源银行是借助银行的商务理念，在学分银行之后，提出的以课程、知识点、媒体设计单元、实验设计单元、功能模块等实体（entity）为资源交易对象，通过网络货币的流通，完成资源的兑换或等价交换[11]。从市场经济学、教育心理学的角度分析，所有的教育资源若都采用共享方式传播和使用，必将大大损害设计者、开发者等资源生产者的利益，唯有交易和竞争才能激发出资源的魅力和生命力，后续才会有更多的经费涌入，用以发展网络课程和相应知识体系。资源银行概念的提出，或许能够为教育产业化注入新鲜血液和源源不断的动力，促使个人和利益集团研发出更多、更有效的网络教学资源，同时，又给予资源生产者一定的回报，健康和充满活力的教育生态从此诞生。

2. 资源银行维度模型

5G 移动互联网优异的性能，为资源银行的交易打下了基础，由此提出了资源银行的设计维度模型，涉及颗粒维度、类型维度、交互维度、场景维度、技术维度、知识维度这六个方面（图 1-5）。该模型分别从交易尺度、交易类型、交互功能、交易方式、交易技术平台、交易价值的角度进行了设计。根据 5G 的技术特性，各维度中包含的内容将随着交易量的剧增、新媒体的出现、资源类型的增加、交易形式智能化、其他新技术的发展而改变。总的趋势是从资源共享逐步发展为资源交换，不断提升资源的利用率，减少重复开发，从课程整体交换逐步过渡到细粒度资源交换，高密度资源链接与本地资源获取相结合，从实验整体交换向微实验单元交换过渡，形成系统化的资源银行。

图 1-5 资源银行维度模型

在5G移动互联网性能的支持下，集中式资源银行应该向专业分布式银行转换，专业分布式银行将以行业、领域、学科、专业进行分类，有效提升资源银行主办者的知名度和学科影响力。5G环境下资源银行的特点如图1-6所示。

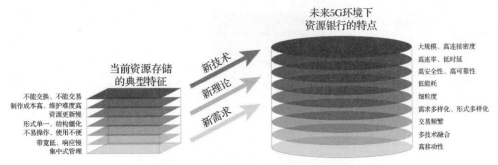

图1-6 5G环境下资源银行的特点

3. 资源银行交易方式设计

要满足以上设计目标，资源银行的构建应该以公平、合理、健康、动态评价的方式完成资源交易。资源交易者可以是个人开发者、学校、公司。在公平交易理念基础上，我们提出了资源交易的两种形式。

1）本地多源异构资源框架下的网上交易

获取资源的途径，除了目前较为普遍的借助网络爬虫搜索所需的在线资源外，另一种便是个人开发者或者公司（培训机构、教育集团）与资源银行直接交易，其目的主要是获取其他的资源，当然除了下载后为己所用，也可以兑换成虚拟货币，以便将来用于资源交易，其是按照如图1-7所示动态方式进行结算的。

其动态资源定价过程是根据用户标定、系统核算和专家评定来完成初始资源当量和初始资源价值标定工作，并按其价值展示在资源交易平台上；之后将根据点击的频度、预估值、标定人身份进行资源权重值运算，再根据资源权重值、资源类型动态计算出资源价值。

资源价值计算公式：

$$V = \sum_{i=0}^{\infty} TW$$

其中，T为资源类型；W为资源权重；V为资源价值。

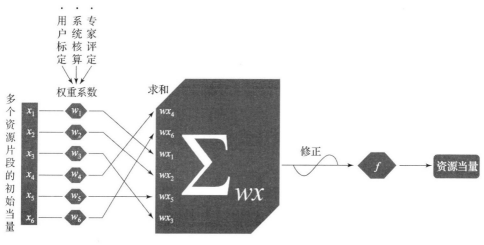

图1-7 资源交易动态定价方式

资源权重值计算公式：

$$W = f(w_1 \cdot J + w_2 \cdot P + w_3 \cdot H)$$

其中，J为标定人身份；P为预估值；H为热度；w_1、w_2、w_3为贡献度。

2）异地多源异构资源框架下的协议结算

系统通过异地多源异构资源框架进行相互协议结算，以访问量或资源级别进行定价，可以是谁用谁缴费，用哪部分就结算哪部分，而不是按照整个课程进行结算。用户可以有选择性地挑选感兴趣的资源进行学习或者体验。

4. 资源银行的内部运行

通过网上交易所获得的资源，将存储至资源平台中。资源平台根据资源最初的属性，先进行智能分类，为其标识类别、关键字、发布者、发布时间、文件类型、主题风格等信息，再进行结构化存储。管理平台可以实现对资源平台的常规管理，包括添加、删除、修改和查询等操作。除此之外，管理平台也可以根据资源的类别对其进行组合，形成不同的新资源或课程，再导入在线教学平台以供用户使用。用户可以根据需求在资源平台上进行资源的收购、选购以及其他交易活动，系统为资源的使用过程提供了一种方便快捷的方式。资源银行内部运行模式如图1-8所示。

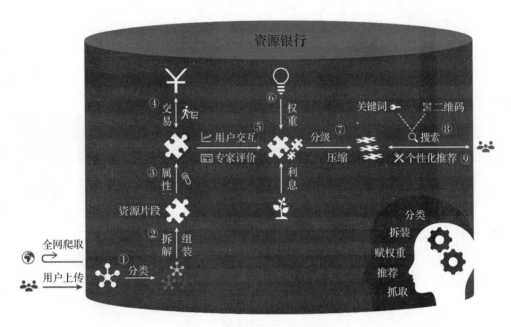

图1-8 资源银行内部运行模式

5. 资源的加工、重组及复用

资源银行对交易过的资源进行加工,比如对课程进行碎片知识加工,利用经过处理的碎片知识点组合成新的课件,依靠复用、引用及再造机制实现新资源的自由重组,达到资源的二次升华利用(图1-9)。按照应用系统对资源的需求,借助对影视资源的分类、碎片化、重组等技术,完成资源的重组及再生,实现对资源的有效复用,进行新课件资源的逻辑构造和知识单元的采编。采用语义化组织方式,使用课程语义描述语义基因的技术,清晰地表述课程的特征以及课程之间的语义关系,形成一个资源关联的语义网络,将各种资源和知识点用传统的树状结构组织起来,实现共享、交换与复用。

综合本研究中的理论与实践经验,开发了多媒体资源智能拆装平台。该平台以用户至上为初衷,从教师和学生视角设计功能模块,采用资源银行的初步设想,实现了资源的上传、分类、拆分、标记、积分交易等功能。学生可以浏览多种资源,包括视频、音频、Word、PPT、Flash、PDF(可携带文档格式)、三分屏以及Rar、Zip压缩包等。并实现了兑换积分、购买积分,以完成对付费资源

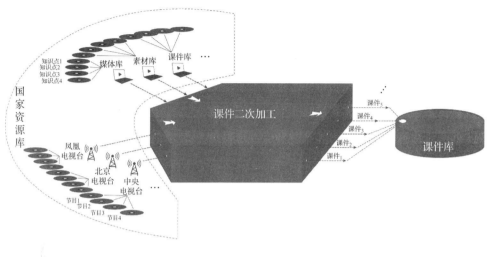

图 1-9　资源的共享、交换与复用

的交易。借用成熟的技术、完善的服务、精致的资源、用户的虚拟资源购买习惯等，本研究中涉及的理论与实践将进一步得以验证。

6. 资源筛选策略模型

在资源银行的交易平台上，将按照学科分类，鼓励优质资源进行交易。为此提出了资源筛选算法，对资源进行资源等级鉴别，其因素包括资源的搜索热度、交易频率、交易热度、新鲜度等，并对其进行综合评判，然后给出在交易平台上的展示顺序、呈现时间（图1-10）。结合系统构造的用户数字画像，不同用户看到的界面会有所不同。

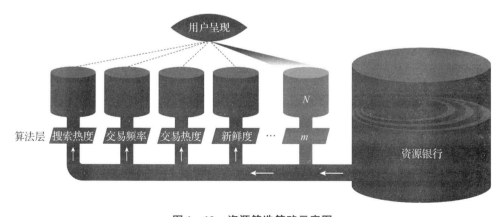

图 1-10　资源筛选策略示意图

随着云端投射技术的发展，手机与计算机之间的界限会越来越模糊，而5G技术的应用与普及将会大大加快这一进程。越来越多的科技公司、学校、教师的参与，将会为我们的工作、生活、教育带来巨大的变革。而随着5G网络的建成并商用，上网速度更快，网络资费更低，各种先进的教育技术手段融入课堂教学与在线教育，教育从业人员应用教育技术的经验也会更加丰富，学生、教师、管理人员都将从中受益。

1.2 5G的发展历程、特点及其对教育理论的延伸[1]

当今社会，谁掌握了5G，谁就能在军事、经济、情报各方面领先他人。5G是目前移动通信技术发展的最高峰，也是人类不仅改变生活，更要改变社会的重要力量[2]。它是一场革命，产生的影响力有望超过电力给人类带来的改变。它对人类社会的未来发展具有重大意义，对未来教育形态的影响和相关教育理论的延伸也将产生不可低估的作用。

1.2.1 5G的发展历程

从近代国家的发展历史来看，军事、经济的进步都以科技为基础。20世纪七八十年代，当日本有望在制造业赶超美国的时候，美国推出了信息高速公路计划，主张对个人计算机和互联网进行标准化制定，其结果是此后近乎所有的半导体芯片、操作系统、路由器、互联网的架构都处于美国的主导之下。此外，IBM、英特尔、微软、谷歌等大公司的相继涌现，也成就了美国在政治、经济、文化、教育等方面的优势地位，并助推第一代移动通信技术（1G）于1986年在美国诞生。1987年，欧洲成立全球移动通信系统协会（Global System for Mobile Communications Association，GSMA）用于研发2G，并推出了欧洲GSM（Global System for Mobile Communications，全球移动通信系统）通信标准，以此来对抗美国。此时，世界形成了美国的CDMA（Code Division Multiple Access，码分多址）、欧洲的GSM、日本的PHS（Personal Handy Phone System，个人手持电话系统）三大通信标准——中国加入的是GSM体系，建立了中国联通GSM网和中国移动

GSM 网。随着美国推出 CDMA2000、欧洲推出 W–CDMA（Wideband Code Division multiple access，宽带码分多址），以及中国推出 TD–SCDMA（Time Division–Synchronous Code Division Multiple Access，时分同步码分多址）并在中国移动网上实现、生产出自己的芯片，世界形成了 3G 的三大通信体系，中国的 3G 标准也由此进入国际通信标准系列，首次在国际通信标准的制定中有了话语权。4G 有两大通信体系：一个是中国提出的 TD–LTE（Time Division Long Term Evolution，分时长期演进），另一个是欧洲提出的 FDD–LTE（Frequency Division Duplexing–Long Term Evolution，频分双工长期演进）。2018 年，美国拥有的 4G 基站数量有 30 万个，而中国更是达到了 350 万个（若将 2G 基站、3G 基站计算在内，中国现有的基站数量已达到 610 万个）。数据流量的暴涨给移动网络带来了严峻挑战，而 5G 网络的优势主要在于数据传输速度远高于之前的蜂窝网络——最高可达 10 Gbit/s，比 4G 要快 100 倍，也比当前的有线互联网要快。2019 年，工信部向中国电信、中国移动、中国联通、中国广电发放 5G 商用牌照，中国正式进入 5G 商用元年。

5G 的发展历程及相关技术支持的教育应用如图 1–11 所示，可以看出：计算机和网络技术支持的教育应用是伴随着移动网络技术的进步和网络教育资源形态的完善而逐渐发展的，是在新生的技术或教育理念的刺激下演化的。其中，网络教育资源形态是一种以技术的形态来体现教学设计思想、描述专业知识的综合体。任何新技术的出现，都会直接或间接地影响网络课程理念、架构、学习形态等的转变，而计算机和网络技术支持的教育应用在数量、种类、功能、网络连接、智能化等方面也都获得了不同程度的提升——从没有任何应用到包含图文超链接的 WAP（Wireless Application Protocol，无线应用协议）网站，从单机版 CAI（computer aided instruction，计算机辅助教学）课件到在线课程，从富文本网页到多媒体资源网页，从静态页面到动态网站，从 Web 课程到教育 App，从重应用到轻应用，从文本、图像、声音、可交互式的矢量动画、视频到触摸屏、语音控制，再到 VR/AR 体验、MOOC（massive open online courses，大型开放式网络课程）、学分银行、基于大数据分析的个性化学习系统、基于知识图谱的多媒体资源智能管理系统等，无不印证了这一点。

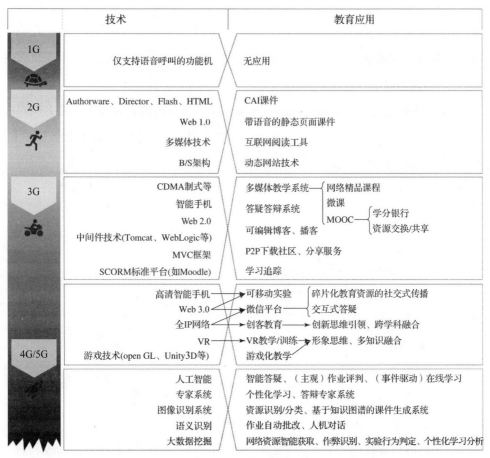

图1-11　5G的发展历程及相关技术支持的教育应用

1.2.2　5G的特点

人类已经经历了五次信息革命：第一次是语言的诞生，让信息可以分享；第二次是文字的创造，让信息可以记录；第三次是造纸术和印刷术的发明，实现了信息的大规模复制；第四次是无线电（包括电报、电话、广播和电视）的发明，实现了信息的远距离电磁波传输；第五次是计算机的发明与普及、计算机与现代通信技术的结合，让人类迎来了数字时代[3]。21世纪以来，随着云计算、物联网、大数据、移动互联网等新一代信息技术的产生，人类社会进入了以云、物、移、大、智为核心的第六次信息革命新阶段。而互联网的飞速发展，实现了多媒体信息的远距离双向实时交互，使世界变得更加扁平。可以预见，人类将会步入第七次信息革命阶段[4]，在 5G 移动互联的基础上，实现由移动互联、智能感应、大数据、智能学习共同形成的智能互联网[5-6]。为满足第七次信息革命的需求，5G 需具备以下六大特点。

（1）高速度。单个基站的速度是 20 G，单个用户可能达到的速度是 1 G，下载速度能达到 500 M 左右，上传速度能达到 100 M 左右；而现在的标清视频带宽要求为 384 K，高清视频为 2 M，超高清视频为 8 M——这意味着每个人都是一个电视台，且每个人都能发布高清视频。VR 每路的带宽至少需要 157 M，但在 4G 环境下带宽明显不足，使得 VR 穿戴者出现眩晕感。拥有高速度的 5G 是许多高新技术应用平台（如车载移动学习）的重要支撑载体，是决定教学意识形态深化和转型的重要因素。

（2）泛在网。网络广泛地存在于社会的每一个角落，是随时随地进行移动学习的重要技术基础。只有建成泛在网，才能实现教育资源的公平化。

（3）低功耗。低功耗设备可长期使用且无须充电，如长期获取信息的传感器、学习终端等。

（4）低时延。目前，一般的技术标准要求语音在 20 ms 以下，4G 网络反应是 20～80 ms，未达到低时延的标准。5G 网络反应是 1 ms，可以满足全国范围内多路 VR 控制和大规模 VR 交互设备操控的需要，且提高了使用者的控制精度，可有效应对未来对时延和带宽要求的不确定性。

（5）万物互联。万物互联是指互联网连接终端的广泛性和适用性。目前，中国有 5 亿台计算机、15 亿部手机在使用，而互联网的覆盖率是 110%，因为许多人喜欢随身携带两部手机或者一部支持双卡双待的手机。到 2025 年，中国移动通信用户的终端数量将达到 100 亿部左右[7]。由于人工智能技术的快速发展，终端的含义得以迅速扩展——智能手机、计算机（PC、笔记本或平板）、车载系统、电线杆、路灯、门锁、空气净化器、扫地机器人等，甚至衣服、眼镜、腕表等，都有可能成为移动终端。在未来的学习资源中，将出现基于人工智能的学习穿戴设备、密集的传感系统，可以非常容易地建构学习者的行为模型、生成虚拟人物模型、提取人体生物特征，并大规模地获取网络行为轨迹、虚拟空间行为轨迹和实践活动行为特征。

(6) 重构安全。通过研发免遭网络攻击的安全系统，每个人都拥有信息垄断式的行业资源和计算资源，具有超越书本的记忆、搜索能力和随时设计、加工的能力。

基于上述特点，5G 将不仅仅改变世界现有的技术面貌，还会影响当今的教育形态，促使人们寻求新的理论指导，以顺利开展 5G 环境下的教育。

1.2.3　5G 对教育理论的延伸

随着新技术、新教学形式的不断涌现，传统的教育理论在新时代是否仍然适用、在新环境下有多大效果，还有待进一步验证。为此，本研究从网络影视课程特性、VR/AR 体验学习特性、大数据和人工智能特性这三方面入手，对行为主义、认知主义、建构主义、情景认知、分布式认知五种主要的教育理论予以再认识，并梳理、总结了 5G 对这五种主要教育理论的延伸（图 1-12），由此进一步验证了传统教育理论的正确性、可扩展性、可深化性、技术的延展性、学习理论属性的不变性[8]。

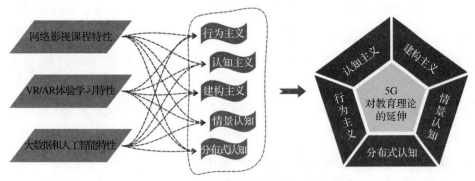

图 1-12　5G 对教育理论的延伸

1. 5G 对行为主义理论的延伸

行为主义理论强调刺激 – 反应的联结，认为可以根据提供的刺激，来预测或控制学习者的反应，即"有什么样的刺激，就有什么样的反应"[9]。对学习者的反应做出及时的强化反馈（包括正强化和负强化），有利于对学习行为的习得，故该理论在工科技能操作上有明显的效果。

在网络影视课程的实现上,更加强调刺激-反应过程的体现。运用影视课程编导元素,强化效仿、技能体验,加深各种问题的刺激和感知效应,可增强刺激与反应的联结,呈现网络影视课程环境下刺激与反应的艺术形态,增强了实践过程的真实效果。

在 VR/AR 体验学习的实现上,给出了多维度的刺激。5G 的高速度和低时延特点,提升了刺激-反应的逼真性、交互的逼真性、视觉和触觉的感知效果、刺激过程的自然度。

在大数据和人工智能的实现上,注重 5G 环境下大规模反应与刺激的延伸,重视个性化的反应追踪,大范围内深入挖掘对实操、实践刺激与反应的效果。

2. 5G 对认知主义理论的延伸

认知主义理论认为,学习是理论的实践与延伸,是面对当前的问题情境,在内心经过积极的组织,从而形成和发展认知结构的过程[10]。该理论强调学习是主动地形成认知结构的过程,即学习学科的基本结构,通过主动发现形成认知结构。

网络影视课程和 VR/AR 体验学习能激发学习者的智慧潜力,通过外界的艺术刺激和空间渲染,去积极调动学习者的观察思维、批判思维、创新思维等,并积极思考与外界问题的接口。网络影视课程强调利用影视中的问题线索、镜头追踪、事物关系等发现问题;而 VR/AR 体验学习注重从 VR/AR 体验空间中找出解决问题的途径,在探索过程中发现问题。具体来说,网络影视课程通过反复蒙太奇、联想蒙太奇、音乐蒙太奇,激发学习者对所学知识的记忆;而 VR/AR 体验学习以空间元素、路径元素和冲突元素为学习对象,让学习者基于已有的认知水平和知识体系,在冲突、寻找的过程中记忆知识的特征、探索问题的规律、实现主动性认知发现,强调发挥学习者的主动性和积极性,鼓励学习者独立思考、勤于探索、认识知识的本质。

在大数据和人工智能的实现上,为获取网络影视课程学习者和 VR/AR 体验学习者的认知情况,就需要精准勾画学习者的数字画像,掌握学习者的行为轨迹,注重对认知信息的反馈挖掘。

3. 5G 对建构主义理论的延伸

建构主义理论认为，学习是引导学习者从原有经验出发，生长（建构）起新的经验[11]。

网络影视课程设计需要充分考虑学习者的来源、受教育程度、当下的学习心理，并在视觉和听觉的情景认知中将问题引入，通过指导学习者如何去做、描述问题解决的过程等方式，实现新知识的建构。

在 VR/AR 体验学习的实现上，针对具体的问题情境，对原有知识进行再加工和再创造，主要体现为对问题空间建构与冲突元素设计之关系的处理。同时，基于理解问题的角度进行某种假设，根据学习者的反馈及其认识的提升，不断地加工空间、再造空间，并通过大数据反馈和数据挖掘，获得加工的诉求和愿景，进行空间的再创造。每一位学习者都基于个体的认知水平和知识体系进行相应的体验，给出自己理解后的结论。而对知识的理解，除了与学习者个人的知识经验密切相关，还取决于学习者在特定情境下的学习历程。

在大数据和人工智能的实现上，需鼓励学习者在探索过程中的相互交流和质疑行为，并对相关假设予以检验和修正，以智能获取知识建构过程中的回馈信息。

4. 5G 对情景认知理论的延伸

以逼真的二维、三维空间为基础，网络影视课程和 VR/AR 体验学习需打造以人的学习意识为导向的情景认知空间，让认知在依赖于情景的同时，能以教学形态为核心建立虚拟现实情景认知系统和影视情景认知系统。在逼真的情景认知空间中，网络影视课程和 VR/AR 体验可以向学习者提供充分发挥生活经验、进行情景化学习的机会，并满足模拟实践的需求。尤其是在 5G 环境下，网络影视课程和 VR/AR 体验学习进一步深化了情景认知的程度和内涵，拓展了认知的对象、方法并拓宽了空间，营造了未来可能出现的、虚拟的矛盾冲突。新的感知手段，如大型投影系统、头戴式立体显示器、眼动仪、数据手套、光学运动捕捉设备、穿戴式智能眼镜等，成为信息获取、判别的维度，进一步延伸了传统的情景认知理论。

在大数据和人工智能的实现上，更加注重个性化情景空间的营造和对个体信息反馈的捕捉，旨在为学习者提供"所见即所得"的多维度认知环境和更加真实的体验空间。

5. 5G 对分布式认知理论的延伸

分布式认知跳出了传统认知的范畴，提出了注重环境、个体、表征媒体、人工制品之间交互的新观点。分布式认知的上述要素必须相互依赖，打破个体认知的局限，这与 5G 环境下网络影视课程和 VR/AR 体验学习的设计观点完全一致，即以功能系统为新的分析单元，认为智能单元、计算单元、记忆单元存在于学习者所处的学习环境、学习者使用的工具、学习者之间的交互网络当中。因而 5G 环境下的分布式认知须更加注重上述各要素之间的协同、组织、交互、渗透、融合。

在大数据和人工智能的实现上，分布式认知充分利用资源的协同性、交互性、多连接性、高速性，形成了资源的分布式架构，并基于大数据和人工智能等技术的应用，发挥知识图谱、语义分析、自然语言处理、图像识别等技术的优势，构建了分布式的全局认知系统。

基于分布式认知理论，本研究团队构建了几个多媒体资源智能管理系统。其中，基于知识图谱的课程生成系统、资源打补丁系统、资源加工厂、答辩评语自助生成系统、多媒体资源智能拆装平台已投入使用，其页面截图如图 1-13 所示。

目前，5G 技术已正式进入商用阶段，而现存 4G 应用的升级、新的 5G 应用功能的研发也正如火如荼地进行着。一方面，基于 5G 的高速度、低时延、低功耗、万物互联、重构安全等特点，5G 将促使教育理念、教学形式等发生转变，故需对传统的教育理论予以重新认识和验证。另一方面，5G 技术为远程互动教育、智慧校园、远程操作实验室、远程智能教育评测、大规模学习行为分析、全景课堂、双师课堂等的应用提供了"温床"。以人脸识别、智能管理、语音识别、行为分析等环节中生成的大数据为基础，在云平台、人工智能等技术的支持下，利用触控式计算机屏幕、电子白板、智能手机、平板、穿戴设备的人机交互界面所传输的双向信息，新时代的学习者、施教者、管理者将能更加轻松地学习和工作。期待 5G 技术在促进教育公平方面能发挥出巨大的作用，并能够助力教育信息化实现跨越式新发展。

图 1-13　已投入使用的基于分布式认知理论的多媒体资源智能管理系统的页面截图

1.3　教育智能化同化、顺应、迁移问题的研究

瑞士心理学家皮亚杰认为，适应分为同化和顺应。同化是指有机体面对一个新的刺激情景时，把刺激整合到已有的图式或认知结构中。在人工智能的教育时代，计算机的宗旨是始终为人服务，为人服务的前提是要理解人的需求，理解人的思维，模仿人的行为，处理人所要处理的事情，掌握人处理问题的方法，给出人能满意的结果；那么这就需要人对计算机进行训练，也就是说将人的智能的思想灌输到计算机当中，让计算机成为被智能的对象。在训练的过程中，就可以将同化、顺应教育等概念应用其中。

同化是个体以不改变认知结构的方式去认知客观世界,是一种量的充实,并没有发生实质性的改变。例如:学习完了水果的定义,再去给学生讲解香蕉、苹果等具体的水果的含义,这个过程就是同化的过程,因为学生学习了苹果、香蕉只是对水果这个概念的一种充实,并没有使水果的定义发生实质性的改变。而在智能仿真当中,计算机不断地受到外界刺激对其事件和现象进行捕捉采集,抽取事件特征,进行概念界定和定义定性,并在此定义框架下完成内容的分类和形式的表述,形成知识库中特有的知识进行存储,其实就是同化和顺应的翻版过程。

奥苏贝尔认为,学生能否习得新知识,主要取决于他们认知结构中已有的有关观念,有意义学习是通过新信息与学生认知结构中已有的有关观念的相互作用才得以发生的,这种相互作用的结果导致了新旧知识的意义的同化,他只强调新旧意义的相互作用,并没有强调新学习内容和旧学习内容之间到底是什么关系。

在人工智能渗透到教育的过程中,教育人的思想、教育人的观点、教学过程的设计、教学的手段、教学的方法、教学资源构造的方法、教学资源建构的思想、教学评测的思想、教学和教育当中的新概念等都要在计算机上进行相应的数字概念的转换、移植,而这些技术性的转换和移植过程就体现了在教育过程中的同化、顺应和迁移等概念的应用过程。

知识传导的过程是知识授予者和知识被授予者关系的体现,是教育与被教育对象关系的体现,是知识输出和接收知识关系的体现。人工智能技术的今天,计算机可以自动地获取图像、声音、人体感知等各种媒体的信源信息,辨识它们的语义。计算机带有专业方向性的、不同领域知识框架的中枢系统和理解系统,可以对问题进行自我学习,包括内容分类、内容搜索、内容组合,模仿人类学习的能力和思想,通过高度计算完成超过人类的精准反应和问题的联想,可以构造自己的思想结构和概念,可以有超人类的记忆,可以进行对人的全方位的模仿和动作仿真,可以继承教育技术学和教育学当中的思想和概念,可以吸收和继承相应的方法过程,可以像人一样受教育,模仿人的接收能力,模仿人对教育内容的分析和理解。甚至超过人的感知对世界进行解读和理解,可以在自我思想库的基础上进行吸收、理解、学习,构造计算机富有的拟人化的、教育观点的、带有计算机高性能化的认知结构,让计算机去适应世界。这里包括对教师的自适应、学生学习过程的自适应、教学过程的自适应、教学方法的自适应、专业内容的自适应、教学资源的自适应等问题。

智能计算机将适应所有的教学教育环境，并代替人进行繁杂工作，替人去思索，减轻教师的负担，熟悉和掌握并能够重复操作教师所从事工作的流程，获取周边的环境，识别周边的问题和内容，不断地建立和形成自己的问题空间，不断地通过外界的刺激和信息主动或被动式地与外界交流，进行机器学习和拟人学习，逐步形成机器独立的认知结构，构成具有智能性的图式。进一步提升人工智能在教育应用中的价值，产生相应的知识结构的变化和知识内容量的变化，同化、顺应和迁移等概念在智能计算机和机器智能学习等方面仍然适用。

知识图谱是模仿人在教育的过程中最好同化的模仿过程，知识图谱在信息获取和特征抽取后，自动形成概念性的同化，给出各种类型的存储结构，并对相同结构的内容和相同问题的内容进行归类，加强相应的理解。比如，对第二次世界大战珍珠港事件中的相同问题进行描述，描述将会是多个方向的，那么就可以在一个知识框架下产生或者存储系列相应的实践和相应的内容，知识图谱具有较强的特性，使得计算机可以高度地模仿人类教育同化和顺应的过程。

数据挖掘、机器学习、特征抽取概念的形成是个体从大量的例子出发，从他们的实际经验概念中，以归纳的方式抽取出一类事物的共同属性，从而获得某些初级概念，从概念上与教育中的同化问题相近。

1.3.1　知识图谱的同化顺应问题

知识图谱是人工智能思想的最好体现，也是在自我建构和学习当中的同化和顺应的适应过程。知识图谱是一种揭示实体之间关系的语义网络，在教育机器人的智能信息服务应用不断发展的今天，知识图谱已广泛应用于智能搜索、智能问答、个性化推荐等领域，这其中也包括教育领域。知识图谱为互联网上海量、异构、动态的大数据表达、组织、管理以及利用提供了一种更为有效的方式，使得网络的智能化水平更高，更加接近于人类的认知思维。

知识图谱通过知识抽取技术，可以从一些公开的半结构化、非结构化的数据中提取出实体、关系、属性等知识要素。通过知识融合，消除实体、关系、属性等与事实对象之间的歧义,形成高质量的知识图谱,是一种知识同化顺应的表现。知识推理则是在已有的知识库基础上进一步挖掘隐含的知识,从而丰富、扩展知识。分布式的知识形成的综合向量对知识图谱的构建、推理、融合以及应用均具有重要的意义。

1.3.2 机器学习迁移问题

机器的学习过程与教育中的学习过程非常近似,所以教育的智能化问题与教育中的问题很接近。机器可以标准化学习过程,并提取出学习结果(模型),使结果可迁移、可复制。而人类的知识往往迁移成本更高,比如小王高考取得了高分,但他没法把取得高分的秘诀直接传授给小张。

随着硬件发展和数据量累计,机器学习模型可以从海量数据中学习,而人类的大脑并不能做到这一点。但从同化顺应的角度看,人类最擅长的就是小样本学习并进行举一反三,比如看两张猫狗图片就能大致有个概念,而机器则往往需要海量数据才能做到。机器与人类的学习过程中有很多差别,上面只是其中的一小部分。比较显著的差别是现阶段的机器更适合简单问题、大量数据的高效且准确的预测,而人类更适合复杂状况下面临有限数据做出决策。

教育问题上的机器学习可以被看作一种与教育思维异曲同工的学习方法,二者各有擅长之处。教育机器学习是计算机模仿人类同化和顺应的另一种过程,机器学习时代不断地进行精确的描述实验,而这些重复性的描述实验,比如对汽车的捕捉进行学习,让计算机在不同的角度下都能认识到这是台车,后来发展到拟人的平台上,可以用最简短的办法让它识别车,而通过不断学习训练将会获得更精准的建模,这就是一种同化顺应概念的加强过程。当一个问题形成以后,会改变一些结构性的概念,比如说新的汽车出现了,它将改变整个汽车问题的结构性想法,而不光是一些问题的增量。许多车辆的学习,可以通过迁移的方法进行类似同类车辆的比对,比如说车牌、车的某种特征、车的标识物等,通过这样的标识寻找和比对,进行方法性的移植,产生现有的方法迁移的概念。

1.3.3 教学过程同化顺应问题

在整个人工智能教学的仿真教师的训练、教学过程的训练、实施和评价的每个阶段中，计算机的任务和角色是不一样的。

1. 仿真教师的训练阶段

在训练当中，这时候的教师成为任务的施加者，计算机成为任务的被施加者。计算机完成对教师思想的吸收，训练模仿教师的工作方法，在已知的知识架构下完成特征抽取、知识分类、模仿人的教学行为。在最初通过特征抽取定义的前提下，对特征接近的或者大数据分析聚类接近的进行分类整理放入一个框架下，就如同同化问题处理苹果与其他水果的关系一样，进行量的增值处理，加强这类问题的印象，以此体现出计算机的同化训练的效果。

2. 教学过程的训练阶段

当计算机对教学过程和教学环节进行训练时，计算机处于被施加者的位置，要通过大数据等系列手段对教学事件、教学环节、教师与事件的关系、学生与事件的关系、教学举措与实践的关系进行信息获取，甚至是对多源异构信息进行语义获取，并在此基础上，通过机器学习等方法进行训练，产生教学的内容框架。这就产生了知识结构的变化，是个——顺应的过程。

3. 实施阶段

计算机训练完后，开始完成相应的任务，比如代替教师出题、代替教师做课程、代替教师进行解答的时候，计算机的角色就成为任务施加者，它产生的结果将是替代教师产出试卷、课程课件等内容，而学生成为试卷和课程的反应者，也就成为试卷和课程的被施加者。

4. 评价阶段

计算机的角色既是施加者又是被施加者，它要主动地去获取学生的人体感知信息、试卷考试的结果信息等内容进行分析，并对自己原有的架构体系、知识策略、如何调整课程、如何调整试卷等策略进行闭环改进，这时候计算机就处于一种被施加者的地位，无形中学生就成为问题的施加者。

不管计算机是处于施加者还是处于被施加者的位置，它的总目标就是要为人服务，来进行智能化的设计、自身智能化、自我建构。

1.3.4 教育其他智能过程中同化顺应体现

1. 智能搜索

用户的查询输入后，搜索引擎不是直接去寻找关键词，而是首先进行语义的理解。比如，查询之后对查询的描述进行归一化，从而完成与知识库的匹配，查询的返回结果就是搜索引擎在知识库中检索相应的实体之后给出的完整知识体系。

2. 深度问答

问答系统是信息检索系统的一种高级形式，能够以准确简洁的自然语言为用户提供问题的解答。多数问答系统更倾向于将给定的问题分解为多个小的问题，然后逐一去知识库中抽取匹配的答案，并自动检测其在时间与空间上的吻合度等，最后将答案进行合并，以直观的方式展现给用户。

3. 社交网络

Facebook 于 2013 年推出了 Graph Search（图谱搜索）产品，其核心技术就是通过知识图谱将人、地点、事情等联系在一起，并以直观的方式支持精确的自然语言查询，如输入查询式"我朋友喜欢的餐厅""住在纽约并且喜欢篮球和中国电影的朋友"等，知识图谱会帮助用户在庞大的社交网络中找到与其最具相关性的人、照片、地点和兴趣等。Graph Search 提供的上述服务贴近个人的生活，满足了用户发现知识以及寻找最具相关性的人的需求。

1.4 智能环境下行为理论问题的研究

美国行为主义心理学家华生（J. B. Watson）的刺激-反应理论（又称为"行为学习理论"）认为人类的复杂行为可以被分解为两部分：刺激（S）和反应（R）。人的行为是受到刺激的反应。学习的实质是形成习惯，而习惯是通过学习将对刺激做出散乱、无组织、无条件的反应变成有组织、确定的条件反应的过程。

行为主义学习理论认为，学习过程是刺激与反应之间联结的过程。行为主义学习理论应用在学校教育实践上，就是要求教师掌握塑造和矫正学生行为的方法，为学生创设一种环境，最大限度地强化学生的合适行为，消除不合适行为。

斯金纳认为，教学就是安排可能发生强化的事件以促进学习。学生的行为受行为结果的影响，要学生做出合乎需要的行为反应，就必须形成某种相倚关系，即在行为后有一种强化性的后果；倘若一种行为得不到强化，它就会消失。

美国心理学家桑代克对动物及人类的学习、教学原理和学习迁移进行了深入的研究。桑代克于1896年开始了动物的学习实验研究。他开始是用小鸡做的实验，桑代克对行为主义学派的影响主要来源于他对小鸡、小猫研究的结果。1895年，他到哈佛大学受教于詹姆斯，做小鸡走迷津实验（即走迷宫），后转到哥伦比亚大学学习，继续利用猫和狗等做实验。他在实验中发现，最初小鸡、小猫、小狗都是在死路里转来转去，偶尔会找到出口逃出迷宫，而这通常需要花很多时间，但重复多次以后小鸡、小猫、小狗在死路中转的次数都会减少，花费的时间也会减少，训练到一定次数以后，一把它们放入迷宫，它们会立即直奔出口，很快就逃脱了。桑代克认为，小鸡、小猫、小狗都不是通过推理和观察而学会逃出迷宫的，它们之所以能够顺利逃脱，原因只有一点，那就是不断尝试，在不断的尝试和失败中慢慢消除那些无用的行为，记住那些有助于逃脱的行为，用桑代克的话说，就是它们已经在这些有用的行为和行为目标之间建立了联系。这也反映出学习的本质是在刺激和反应之间形成联结。

桑代克的"问题箱"实验：桑代克在木条钉成的箱子里放置一个可以打开门的脚踏板。当门开启后，猫即可逃出箱子，并得到箱子外的奖赏——鱼。一开始，饿猫进入箱子中时，只是无目的地乱咬、乱撞，后来偶然碰上脚踏板，饿猫打开箱门，逃出箱子，得到了食物。接着第二次，桑代克再把饿猫关在箱子中，如此多次重复，最后，猫一进入箱中即能打开箱门。桑代克据此认为，学习的实质就是有机体形成"刺激"与"反应"之间的联结。他明确地指出学习即联结，心即一个人的联结系统。同时，他还认为学习的过程是一种渐进地尝试错误的过程。在这个过程中，无关的错误的反应逐渐减少，而正确的反应最终形成。他的这种学习理论被人们称为"试误论"。

他依据对动物及人类学习的研究，建立起一个他称为"联结主义"的教育心理学的理论体系。许多关于人类学习行为的理论的研究，部分采用了借鉴性的研究方法，这些研究非常重要，对于智能教育的研究具有一定的启示。我们重新考虑一下以上动物行为实验在当今智能环境下如何去完成，动物的行为是否可以通过机器训练给出行为问题的解。

当今的智能教育使我们更加关心数字化环境下学习实质问题的研究，更关注在现实环境下的"刺激"与"反应"之间关系的研究，不仅关心实验环境下的行为捕捉，更加关心即时时空下的行为捕捉，还有外部刺激条件下人体感知反应、学习行为的变化等。

我们从发展的角度重新审视我们的研究能力，最初人的计算能力很差，人的符号承载能力比较弱，记忆能力明显弱于计算机，人的感情主观因素过强，所以在处理问题上存在方方面面的问题，在早期教育研究中没有计算机，人们就从动物行为实验研究入手，来映射人的学习行为问题，主要研究方法就是观察、统计、重复，行为特征的抽取是一个非常漫长的实验。"刺激与反应"问题的研究带有一定的局限性，如外界条件的局限性等。

当今计算机运算速度快、容量大，对外感知和自身感知超强，尤其在5G环境下，其感知（听觉、视觉、触觉）能力达到了远近程、全天候水准，敏感度极高，对语义的理解和听视觉辨识能力达到或超过人的水平，而且也具有人达不到的频率（音频、视频）的环境下的观察能力，能侦听人听不到的声音，挖掘速度和联想能力是人们不可能达到的。尤其是计算机不断地进行知识恶补和在线学习恶补，它的智慧能力和理解问题能力不断地、无边界地强化，它可以根据人的对话和各种实验行为、社会行为、自然科学研究行为和结果进行自我学习和知识恶补，自动地填补它的空缺，构造不断加强自我的知识图谱。计算机学习行为的智慧性和问题的采集性不光来自个体，而且来自在互联网的支撑下形成的群体，形成了知识采集的共同体和知识共享体，比起个人智慧，经验形成速度无法想象。在这样的集体知识的采集获取当中，我们会无形中将原来公众感兴趣的行为学习下来。

从情感上来看，感情对人接受知识会产生不同的影响，使人判断事物产生不同程度的变化，在感情因素下的学习行为应该如何研究，传统的实验并没有给出答案，但是未来技术环境下高速传感和密集感知连接，就有可能进行感情捕捉、定位，找到情绪与学习的关系。

从时空上来看，不同文明进步的环境所获得的知识内容程度是不一样的，如果你是在原始部落获取像猿猴的动作行为内容，那也就只能解决在这个时期、这个部落所考虑的生存问题和行为经验问题，我们不能将原始部落学习行为和经验迁移到现实智能社会当中来，这是一个智力倒退的表现，任何一个没有实用价值的研究是没人去讨论的。当然这是一个极端的例子，在现实的空间中，我们的周边事物和环境是处在高科技、高智慧的空间中，社会结构的复杂度、自然科学的应用程度已经超过了人类的能力，高速、高科技构成了外界刺激环境，人的反应必须在这样的环境下讨论。

人工智能与人类智慧目前处在一个共存状态，处在一个共荣的发展时期，是在一个相辅相成的状态，而不是互相消灭的状态，人的智能不管是在决策和人类生存问题上，还是对人在智慧中去学习，都占有相当大的优势。

站在教育智能化研究的角度上，我们要学会的是让计算机智慧如何去做，哪些是计算机该做的，哪些是计算机不该做的，而人没有计算机能做到哪些，如何在这当中让计算机为人服务，解决人类和计算机智力争斗中人的立场问题和做法问题。也就是说在新的时代环境下，重新构造分工，创建未来教育人机新共同体，在新的科学外界条件和高科技制约环境下对人的行为要重新讨论。换句话说，落后文明状态下的行为和思想是无法迁移到现代社会的状态下的，部分的学习理论直接引用到当今智能社会未必就能适合现在的社会和现在符号下的学习环境。

教育智能化是将所有的问题都转换为在数字的基础上进行讨论的，如机器人已经具有将社会的所有现象事物转换为数字的能力，其中包括音频事件、视频感知环境、触摸物体等，而且具有非常准确的现象解释。在智能教育社会中机器人提交给人们的将会是一个基本事实和基本事实认定基础上的答案，比如在警察与坏人搏斗的演习场上，你用枪指着某人，机器不是告诉你这是个人，而是告诉你这是个好人，我们不能开枪，又指着另一个人，告诉你这个人很危险，一定要防范等判断性的答案和事实，能给出这样的识别现象和人体特征信息，对人产生相应的定义，而人面对的是更高级问题的判断。

教育智能化建立在一个更高级的信息化社会认识和数字化世界新的实力构造、范围划界基础之上，高技术可以对已经实现的问题进行验证，规划哪些属于我们该记忆的问题，哪些属于能够借助的问题，哪些属于高级思维的问题，哪些属于常规的、不需要学习的问题，哪些属于需要我们改造和创新的问题，基于智能化构造之间的关系到底是什么问题等。我们必须在站在更高级的智能平台的基础上，对未来世界的现象和未来世界所产生的知识进行分析和辨识，就如同目前我们已经在网络教育的基础上，提出资源推送和资源构造的想法是和人们试图去迁移优秀教师作为智慧性的体现是一样的，那么现有的知识和现有的教师思想是不是就从这里永远地记录和保持迁移下去呢？笔者认为，未必。因为整个学科在高速发展，而现在教师的很多教学方法是在很多教育技术手段现有的状态下进行传播承载的，技能的表现是在现有的技术条件下产生的，教学手段是在5G信息化环境下产出的，教师的很多手段和内容也将随着整体高科技水平的提升而发生剧烈的改变，就出现了知识整体在高科技下进行推演和发展的局面，学生学习行为和教师的教学行为也会跟随科技的推演产生质的变化。

比如说远程在线课堂如何捕捉学生对讲课问题的即时反馈，是目前教育技术普遍关心的问题。这里要区分两种情况：一种是有网络教学经验的教师，他能把握网络课堂，可以把无人之境讲成有人之境，可以想象和构造整个的教学环境空间，想象未来要出现的问题和可能抛出的问题，而且也能解决学生有可能在什么时候乱、在什么时候不乱、如何控制局面的问题，而这样的情况属于我们要不断地通过机器学习来完成课堂的控制问题。另一种就是针对没有网络教学经验的教师，尤其是讲授新课程的教师，其没有能力去把握网络课堂，难以预测讲课效果，这种情况就可以依赖未来技术支撑环境完成学生回馈的捕捉。比如，可以通过图像分析、学生表情符号反馈、人体感知信号捕捉，掌握学生当前的听课状态，及时地发现讲课当中的漏洞和可能存在的问题，即时判断学生对这个知识点的态度。通过现场动态反馈的问题，具有真实性和针对性，问题显得更有代表性和个性化，对教师控制课堂、调整讲课策略具有很大的帮助。

这种对网络教学的行为跟踪、分析、影响、干预是网络师生行为的交互，是将学生的行为映照到传感器和图像镜头中，由计算机对其现象给出最基本的事实上的告知，如开小差、开小会、睡觉、网上与他人聊天、玩游戏、烦躁等，学生总体掌握的水平和对知识的态度，学生在哪个环节上没有听懂等，由分析系统给出整体判定和建议后传递给教师。这样就形成了一个学生刺激性网络，通过网络将刺激传递给教师，教师对其反应的教学行为进行即时控制，形成一个在线闭环控制系统。

在教育智能化的今天，教育与其他领域的边界逐渐向模糊方向发展，研究边界逐步模糊化，获得知识的途径也开始模糊化。比如问题讨论过程，即从问题的提出、学生的回答、教师的解答、问题的澄清、问题对偏差的纠正、问题的实践、弄懂等系列过程就形成了教学的过程、知识获取过程、问题库获取问题的过程，是真实图谱的分支建立的过程。如果我们捕捉这个问题的对话过程，就是一个"刺激－反应"的多次过程的组合，我们反复捕捉所有人的这个问答过程，就能训练出计算机针对这个问题的智能教学应答能力。

行为主义理论、联结主义理论和心理学对智能环境下体验教学有着很重要的指导意义。行为主义中的刺激－反应问题，仍然能够映射到目前数字化教学和 VR/AR 教学当中，这些刺激条件下的训练并没有在智能教学中减弱，反而增强了。在这种意识增强中，人们更加强调多维度的思维训练，系统给出 VR 物体多种信息，如告诉体验者这个物体是什么，告诉其内部结构，甚至可以到里面进行观察；让体验者在最基本的知识构造的基础上，进行思维更高一级的训练，如上升到如何对物体进行再造，如何让其他物体与其组合，如何进行该物体发生化学反应和物理反应等高一级的思维训练，提升体验者解决问题的能力。

刺激－反应行为理论带给了我们在虚拟现实空间和游戏空间当中的设计理念，而且这种外界刺激条件，不光来自自然，而且还来自人造自然、仿真自然、反自然仿真等。比如自然的突发现象和自然的恶劣现象等，其仿真程度越高，外界刺激的条件也就越明显。

在虚拟现实体验空间中对外界刺激的反应就是对刺激的人的测试，其中包括：人体感知测试、反应灵敏度测试、反应程度测试、反应后做出应对动作测试、反应后运用知识测试和解决问题测试等。其反应的程度和外界空间的程度成为一种可控制的程度、一种可观察的程度、一种可量化的程度，促进了学习当中的刺激与反应问题的数字化和关系模型构造的深化程度。

在智能环境下的 VR 追求的是真实性，追求的是获取知识的反应和体验当中的准确性及人体内在反应的准确性。人体反应的捕捉跳过了人们的行为和表情变化的追踪和捕捉，更加深化人们对知识和外界程度的刺激反应，找出刺激下的人体反应和知识接受程度的评价依据，找出外界刺激程度与接受程度之间的关系，找出内在心理状态和外在事物积累后的反应。

从单项环境刺激转向多项环境刺激的融合观察，从学习环境下刺激的研究转向学习＋非学习因素环境下刺激的研究，从单一问题研究转向多问题的研究，从单向人体外界刺激转向人体外界刺激＋人体自身身体状况下情绪刺激的融合研究，从主观意志判断下的环境制造转向各种仿真状态下的客观现象和指标的捕捉，全面提升虚拟现实和人们第一人称、第一视角和身临其境的感觉。

以上理论学习所提出的将动物作为训练捕捉学习行为的研究目标，在当时的科学环境下是一个科学的研究手段，任何一个科学的研究手段都与时代和科学环境有关，科学研究要具有时代的属性。

现实的智能教育研究是否还应该以动物行为作为研究目标呢？笔者认为不需要了，因为在现有数字环境和高速的社会运转能力下，计算机已经能够代替人的很多行为，直接以人作为学习行为研究目标才是科学的研究。那么我们应该在 5G 的高速链接、高速的感知外界环境下，在人们操作智能空间和学习空间的同时，进行人的行为预测、行为判断，建立各种刺激 - 反应感知系统，构造行为数字化世界，构造人和机器关系的世界，评判人们在各种环境下依靠现代设备和现有工具所能解决的问题，对人的学习行为和学习仿真分析应该建立在与时俱进的科学高度上。

1.5 教育技术心理学问题研究

从教育中获得智慧，从智慧中获得教育，教育存在于自然，自然当中析取教育。教育技术中人工智能的宗旨是服务于教育，是进一步完成教育资源的构造、教学思想的推进、人类教育的进步、教师意志的贯彻，教育智能化是师生相互理解的智慧桥梁，是将教师从繁杂劳动中解放出来转向创新的手段。智慧的思想来自教师和学生，智慧的凝聚来自历史和现代自然的变革，智慧的思想是在错误当中进行逆向思维的总结，来自对学科进一步的认识和在现代教育环境下问题的重构和演绎。

1.5.1　教育技术心理学问题的研究

新技术会给人们带来教育惯性手段的改变，最能适应新技术的是学生和社会人，而不是教师。新技术成功地被教育界普遍接受的根本原因在于整个应用的心理环境和技术对教育者的尊重，尊重程度将决定它在教育中的普及程度。

任何技术能够生存的前提是绝对不与应用对象为敌，绝对不挑战人类自尊心底线和学科底线，任何技术能够获得普及都是因为它们在顺应潮流，而不是逆流而上。技术能在教育中普及只能证明这个技术的友好性、操作简单性、无师自通性；即使该技术核心非常高精尖，但是给教育和社会人的第一印象如果是友好的并曾在哪里见过的、无悬念的、无前期铺垫的、功能导航明确的、轻松自如的、无难度的、无须前期知识支持的、使用惯性与其他社会流行工具的方法一致的、通过它可以从中获取大量有用信息的、可以通过它即刻解决问题产生回报的等，其就会被大众承认，就会被迅速地推广和接受。这些接受者既是技术应用的既得利益者，也是教育技术的享受者，他们最大的技术享受是舒服，没有感到技术的存在，感觉这些教育中的技术应用与生活当中的技术应用很相像。而成功的教育技术开发者在教育和生活软件的开发当中也不设置明显的界限，不把教育与生活割裂，他们把教育视为生活中一个不可或缺的部分，强调教育中的生活。简言之，教育技术应用的最佳心理状态是无技术中的应用、无压力的教育技术。

1. 技术自尊心底线问题

教育中的技术与社会普及的技术的界限并不明显，在教育界年轻教师使用技术的程度高于老教师，尤其职业院校的教师表现得更加明显。因为他们是从实践中来到实践中去,他们能够很快地接受新鲜事物,很快地适应社会和学生,很快将新的技术引入教学当中。在职业学校中能够快速使用新的智能化的教学工具的教师成为优秀教师的标榜,他们在使用智能先进工具当中获得同行和学生的尊重,在教学上获得利益,在应用大赛中获得荣誉,在学生中获得沟通和理解,他们的技术吸收有力地推动了教学在技术和智能手段上的应用。

而相对高层研究的老教师,长期停留在理论层面的研究,他们视教学技术和手段为基础层范畴,出于某种自尊心,不愿接受或过多地接受社会传播过来的知识和先进工具,甚至鄙视刚出台的不成熟的技术应用。这些老教师只有在迫不得已的情况下才进行不情愿的、被动式的尝试。例如,在疫情网上教学的实施上,就呈现出大多数高校教师的网络适应能力和使用能力不足的问题。当然这和侧重点不同有一定的关系,但是归根结底是自尊心在作祟。另外,许多新技术的渗透,突破了许多教师的技术底线,他们可能是某个方面的技术专家,但他们不愿意把教学技术弱点暴露在公众之下,而且这种暴露很快会在教师当中形成反差,使他们自尊心受到打击。

长此以往,运用教育技术能力较强的教师形成了新技术的使用惯性,喜欢新技术、新文化,可以做到无师自通,而且上手越来越快;相反,对新技术运用较差的教师在新技术环境下就形成了一定的技术恐惧感,随着能力逐步下降就会产生不愿意承认的自卑感。

这个问题属于教育技术心理问题,是一个全新而又非常普遍的问题,但是如果在这方面不进行研究,不在技术推进和设计上考虑这些因素,势必会出现更大的两极分化。教育技术心理学是当今教育必须提出来的问题,它与教育技术价值推广非常有关,与使用教育技术和智能技术的代价非常有关,与使用这些先进技术的经济利益非常有关,与自我价值体现非常有关,与人的自尊心非常有关,如果使用的工具让教师在他人的面前产生正面效应,他会努力地去完成。如果使用的工具让教师在他人面前产生负面效应,而且是由于操作引发的,比如由于功能过于专业化使得其他行业的专家看不明白;比如找不到功能;比如界面字过小,感到费劲;比如指法不灵活,经常误操作;比如按键面积过小,经常触摸到其他功能,尤其在集体作业或者集体使用某一个工具的时候,出现比对性的差异,将会使人们对教师有不同的评价。

2. 教育技术抵御心理

在教育工具的应用当中，经常出现先入为主的现象，出现由于技术偏差和认识不到位产生抵制新教育技术工具和新技术概念的现象，有的是道听途说，有的是来自多方的压力，有的是因为与自己的技术有所冲突等产生抵御；也有的是因为在自己的发展和成长过程中在这方面技术上受到过挫折或者在考试成绩上受到过打击而产生抵制这方面技术的行为，当然也存在着国内和国外通过比对后产生厌恶感而抵制的现象。

这种厌恶感和抵制情绪会在教育技术人员当中产生逆反心理。如果此人是一个技术方面或是教育方面的领导人，他将会把这种情绪蔓延到他所领导的、可能影响的范围，甚至在行政上和行动上采取不使用、不引进、不支持的态度和行为。

以上这些现象有的问题是不可扭转的，有的问题是需要开放的技术眼界和一定的技术胸怀才能解决的。除此之外，如果将这些教学平台和技术工具隐藏起来，不显现它们的技术特征，而是在教育的平台外表或者工具外表上显现教育外特性，甚至是生活外特性，并制作成教师生活环境中的一部分，即从设计心理和教育技术的应用心理上有意回避以上问题，就会无形中解开技术应用的心结。

有些技术抵制来自莫名的心理感觉，或者是一时情绪上的传染，或者是第一次接触这个新技术带来的不快，这种不快可能出于身体的因素、环境的因素、技术推销员形象或者推销方式的因素，也可能出于技术界面和新的概念让人不可接受等因素，这些因素有可能导致对这个技术应用到教育和教学中的一种无形的抵制情绪。

这样的抵制情绪是可能随着时间逐渐衰弱和抵消的，在某些环境和条件下该技术的使用能够使本人自尊心得到满足，甚至可以在这当中获得成就的时候，其会主动放弃或无形中放弃，或者无形中改变自己的原有的坚持和抵制。但是以上的改变和放弃抵制一般是绝对不会被承认的，这种坚持和抵制的放弃一定是在自尊心不受到攻击的情况下才有可能发生的。这是一种技术观点的变化，是技术情绪下的转变，甚至是一种不以人们的意志而转移的现象。

情绪、环境、心理等因素成为影响技术应用和推进的关键，所以推进教育技术平台的应用和推进教学工具的使用，一定是在天时地利人和的情况下才能够让教育者自觉和不自觉地进行吸收和被感染。当大众都在使用和推崇这个平台的时候，它的感染力将会是最强的，因为大家都在议论其优点和缺点，以及给人们带来的好处，从技术顺应的角度来看，就会产生少数人不甘于落后而放弃自己观点的可能性，当技术用得非常成熟的时候，甚至成为本课程和本学科不可分割的一部分，比如 SPSS（Statistical Product and Service Solutions，统计产品与服务解决方案）工具在教育专业和经济专业等学科案例分析中就成为教学当中不可或缺的工具；又比如计算机 C 语言被称为计算机开发和教学当中的必备工具等，计算机专业的教师和学生将会自觉地捍卫和维护这个工具和平台，并且把自己的自尊心、自信心、专业自信心绑定在一起，将这些工具平台的发展生态、应用生态与自己的研究绑定在一起，形成天然的、专业的技术自尊心，由于这种心理的出现将会自觉不自觉地抵制其他工具的插入和出现，除非其他工具和技术大大弥补了现有工具的特性和不足，大大发展了原来工具的特性才会引起关注和观点的改变，比如说在网络教育当中普遍使用潘森语言进行网络语意挖掘，大大弥补了 C 语言在这方面的不足，而且其能够直接体现出网络教育中的优势现象。

3. 如何处理技术与心理关系的问题

教育技术平台和软件首先要满足人们的使用惯性和生活惯性（特殊的学科问题除外），它的界面、名称、功能名称不能有过多的外来词和创意性，不能有不符合人们习惯的功能，名字不能出现二义性，不能出现学科的冲突，不能在布局上与人们惯用方法抵触，不能将常用的功能放在非常难以寻找的地方或违反人手法习惯的地方，比如说键盘的分布违背人们指法的规律，词的联想违反教育当中学科的惯性用语，字体的大小和颜色所带来的疲惫程度违反设计规律，字体的大小的不可变性的设计排斥了相当一部分老教育家的使用等。

当人们碰到以上情况时，从心理状态上会有以下几种表现。

（1）无可奈何地放弃。

（2）产生焦躁情绪。

(3) 迫于工作不得已请教他人，但心里非常不舒服。
(4) 委托他人操作，仍然处于不会不懂状态。
(5) 永远放弃，甚至否定该项技术和工具的使用和推广。
(6) 对这项技术不屑一顾，甚至对这项技术横加指责。

1.5.2　平台设计心理学应用效果案例分析

新技术最好的环境是与朋友交往的环境、社会的交往环境、家庭环境，如父子俩等。以上这些环境的最重要的因素是各方面愿意放下自尊心、放下自我、喜欢听别人教导和诱导，没有教与学的关系，没有霸主地位的关系，没有强迫的关系，没有供需关系。他们在亲情、友好、轻松的环境下进行交往，不设防、不存在自己的技术底牌泄露、不存在自我能力的暴露，所有的技术问题都在言笑之中，所有的技术教导都是聊天和游戏，如同业余生活当中自然现象的渗透，所有的进步和挫折都发生在不经意之间；与在教室当中去请教，或者是课堂考试测试形成了强烈的反差，比如：计算机基础考试中要求叙述一个系列操作，生生地将操作摸索题变成了记忆性题目，让学习者产生非常强的抵触情绪。目前在互联网上的几个平台虽然不是专门为教育设计，但是其在心理上的设计理念绝对值得教育平台设计者借鉴。

1. 微信平台

微信平台是一个无技术痕迹的平台，其能够被大家普遍接受是因为它的易用性、无须记忆性、无专业性、多媒体融合性、与其他第三方平台自然对接性和支持多种语义语言输入性，这使得它成为人们的首选工具；并且在此基础上开展各类教学工作，使得微信成为最满足人们心理的无障碍平台，成为人们生活之必需和社交之必需，更成为传播知识的主要途径，这种平台广泛普及的主要原因是所有的使用人员在其使用当中受益。微信的最大功能是解脱人工操作的许多烦恼，用智能技术替代了人们的操作。比如：微信的语言转换、媒体的转换、网络自动对接、内容关联、人员组合、付款功能等设计都体现了智能技术对中间的人力工作的替代。移动技术加上微信功能留下了个人的行动轨迹，为5G教育时代的大数据提供了个人电子活动档案、集体活动电子档案、关联档案；随着教育系统的扫描、身份认证、区块链技术在教育应用中的渗入，所有的教学过程轨迹、学生的活动轨迹、教师的科研轨迹都在已知或未知的前提下被记录下来，甚至为学校和个人提供相应的个人轨迹分析报告，使得人们对技术的接受不产生抵触和不舒服，无须去关心技术的存在，教育技术人更关心技术还能为人做什么，而教师和学生则更关心如何在微信上发挥自己的能力、传播自己的观点。

2. 抖音平台

抖音平台在无形中成为一个优秀的智能学习平台。它的作品自动推送、作品作者自动分类等功能让人们产生好感；它的智能推送融合了商业的许多智能内涵，它在无意中获利，你在无意中成为作品的发布者、参与者、社交者、评价者、爱好的满足者、欲望的追踪者，而内容和知识在智能中被自动分类，根据个人的抖音行为轨迹统计被策略性地、人性化地推送。抖音是一个人们喜爱的平台，它不强迫和逆反人们的意志，而是顺从和理解人们的需求和内涵，它尊重人们的选择和性格，是一个对人有极大尊重的平台。不少学习者和教授者也在虚拟的空间和社区性的交往中自然地进行问题的推送和知识的获取。

好的技术平台在于它的内涵；在于它和各种层次的教育人员之间的关系；在于开发这个平台的人员能够了解各技术层次和教育层次的人员的素质以及他们关心的重点，能够设想各种教育环境教育形式和教育改革当中所遇到的综合性和普遍性的问题，能够预计到教育工作者在基础功能上进一步组合完成更高一层的业务构成和设计，使其发挥最大的效益。

1.5.3 未来教育技术心理学的设计

1. 未来教育技术设计的出发点

未来教育技术设计的出发点和它的设计初衷就是要让人们感到轻松愉快，就是要让计算机承担大部分的繁重重复的劳动，让人们有自豪感、主人公感，就是要让计算机去替代人找出教学的规律，去做人们有可能做不到的事情，就是要通过像数据挖掘等技术给人带来问题的启示、问题的发现、问题的解决方法，让这些工作替代效应对教育工作者来说产生明显的愉快感和兴奋感，让教育者和被教育者有明显程度的受益，并且还在节省人力、物力、财力的基础上，满足人们进一步追求其他知识的欲望，进一步使自己的创造力得到挖掘。

未来教育人工智能在教学中的作用不应该是决策和领导，而应该是辅助，应该放在辅佐的位置上，在决策当中起着辅助性的作用，在重复劳动替代上起着主导作用，在问题发掘和问题规律的摸索方面起着预示的、启发的作用。未来教育技术的作用不是取代教师去教书，也不是取代学生去学习，而是站在帮助和支持的角度，站在启发和联想的角度，去充当下手替人们打杂，维护师生的权益和地位，让师生的自尊心得到极大的安慰、自信心得到极大的提升，让人们感受到在人工智能的环境下是自己的智能在增长，是自己在主宰以前不可能胜任的工作；让人们不会感觉到技术的威胁和负面作用，没有被人工智能替换的感觉。只要能够正确理解未来教育技术心理学的作用，我们就能处理好技术与教育之间的关系，处理好技术与师生之间的关系。

2. 未来的教育技术心理学设计思维

1）未来教育技术存在的问题

未来智能教育人工智能技术、大数据挖掘技术、人体感知技术、拟人学习技术、语义识别技术等在教学中都属于具有前瞻性的开发观点和设计思维，与文科的研究方法有所不同，它的着眼点是发现问题、定位问题、找出问题的规律、找出问题的诱因、找出问题的关联因素、给出解决问题的途径、找出逼近目标熵（entropy）值的最好的解决方法，模拟人的思维去工作，推动教育向前发展。但是目前的教育智能技术应用与自然科学应用比起来有相当大的距离，甚至远远落后于许多工业行业的应用。其原因在于教育者对自然科学的理解问题，其主要的研究重点是对已经发生的教学问题进行研究，这些研究方法对传统教学明显起到了重要的作用。通过教学事件找到常规的教学规律和教学方法，但是要花费相当长的教学周期，而且真正的科学内涵并没有得到解释，并没有将教育问题真正地数字化，没有将教育内涵真正地数字化，没有将教育理念与策略真正地数字化，并没有找到人在接受教育信息过程当中的生理等信号的感知和人体接受知识时的各种体内反应，没有找到知识对人的作用点，而且形成了传统知识网络化，部分理论与实践进一步地分离，造成了教育的研究和技术研究一直处于较为脱节的状态，使得教学研究无法深入，尤其在教育技术心理学的研究方面更是不加重视。

这其中就有由于高技术的引入所带来的傲慢的心理和状态，认为5G环境下人工智能等高技术研究方向应该是高、精、尖强势的表现，所以将这种研究用于教育领域使人们产生了心理恐惧，阻碍了人们对人工智能在教育应用当中的正确认识，阻碍了人们对人工智能在教育当中应用的想象力，阻碍了人们对教育技术、教育技能与人工智能的想象力，阻碍了人们利用人工智能技术解决教学管理深层次的问题的想象力，由于这些想象力和联想力的受限，未来教育技术的发展受到了搁置，并且处在高谈阔论的现状。人们都在等待着其他行业的智能化来解放教育智能的困境，等待着后期对应用效果的评价和比对。

2）未来教育技术与教育工作者的关系问题

以上的这些问题虽然可以理解，但是大家应该认识到，智能化的工作必须是在人的先进思想的推动下方可进行，任何人工智能都是建立在内行人角度和内行人的工作基础上的，借鉴他人成果只能解决部分问题，解决不了教育的根本问题，解决不了新技术同步推进社会前进中教育的自适应问题。在教育技术的智能方面，教育工作者是最有发言权的，而被教育的学生也是最有发言权的，首先应该让人们意识到教育被智能的范围，要能够提出需要人工智能服务的自身范畴，包括具体目标的提出，为什么要智能、智能给谁、谁是智能的受益者、谁是智能的对象、在现有技术环境下哪些技术可以被用于综合智能的应用中、哪些技术作为智能的辅助工具等，这一切都是在人们对教学和教育规律有充分认识的基础上提出的，技术的运用不仅是繁重劳动的替代，而且是教育智能的提出，是挖掘和扩充人们创造力的表现，是人们智慧思维的助手，我们要通过智能解决数字化下的人体的教育感知问题，摸清人与教学之间的规律问题，找到自然科学与教育当中的内涵问题，找到人们创造当中的各种因素问题，找到创新人才培养的规律问题，找到其他行业设计智能思想的借鉴方法问题和转移问题，找到教育资源建构问题，找到资源形态改变当中的知识体现和获取问题，找到存在于社会当中的知识的捕捉和建构问题等。所有这一切都要在人们对自然科学和社会科学深入理解的基础上才可以进行，教育工作者在这当中将起着非常重要的支撑和不可替代的作用。

未来教育技术很多的问题是解决当下问题，找出教学当中的规律的问题，挖掘教学观察点和质量控制点的问题，控制教学的质量和过程的问题，有相当的广泛性和普遍性，既有广度也有深度，所以在对教育智能研究方面和未来教育方面需要有广阔的胸怀、谦虚的心理、愉快的想象力、大胆的狂想，才能够得到有价值的智能思想的贡献，有品质的教学思想的体现。

3) 未来教育技术因素问题

纵观智能科技的成果，我们发现真正能用于实际的人工智能平台并不多，其原因在于人工智能应用是一个滚雪球式的漫长的成长过程，是在开发平台框架的基础上不断提炼智能思想、智能内容、智能策略的过程，在实施当中不断地扩充其智慧、能力和思想。而真正的后期内容的研究，恰恰是要具有很好的人机接口来进行知识的获取、知识的转换以及知识的验证，更重要的是要获得真正的专家和应用专家所提供的知识内容、知识内涵和知识表达等信息，需要广泛地获取各方面的智慧思想，可是在人工智能应用实践过程中，经常无法展开、无法实施，其原因有几个方面。

（1）国内教育行业更加重视形式，而不注重内容；注重有智能的局部表现，而不注重智能的真正实施，目前这样的状况虽然在疫情大数据智能分析上有所突破，人工智能机器人、学习机器人的应用有所突破，但是对教育的问题仍然没有解决，智能基本处于专家系统的应用和最基本层面的替代与语义分析上。

（2）在资金分配上，只注重对智能框架和智能平台的建构投入，而对后期真正的智能思想的获取，智能思想的人机自适应获取，专家思想的提炼，专家库的购置和迁移等系列问题没有投入或投入甚少，虎头蛇尾，把这些问题甩给了应用单位，甩给了使用学校和具体的教育部门，致使系统停滞不前。在国内有一个最大的特点，由于责权利的原因，自己单位的系统不能由自己单位开发，而人工智能的很多思想的提炼和大量的繁杂工作，更没人愿意去做了，因为智能思想最后的体现和受益者和获取这些思想所带来的强体力劳动不匹配，也没有资金的支持，所以这样的工作经常被停止。

（3）在目前学校管理体制行政化较为严重的情况下，"一言堂"的现象和不科学管理的现象经常出现，对智能性的决策支持系统重视度不够，致使许多人工智能的管理系统，迟迟不能得到开发和局部性的应用。

（4）将人工智能过于神圣化，好像常人无法成为专家思想的贡献者，所以很多人敬而远之。

（5）智能开发平台在人机接口方面设计不好，无法获取自然现象和自然语言所带来的信息，没有较好的沟通交互能力，设计当中非常不注意人们的实用心理和使用习惯，经常采用强行推出方式，无任何智能思想体现的思想交互，不顾对方感受，没有给对方任何展现创新思想的空间，使得被采集人员心里不快，自然就不愿意拿出自己真实的专家思想，不愿意承受巨大的劳动，专家思想获取的效果自然也会大打折扣。

（6）许多专家思想的获取是处在半人工状态和全部人工状态下进行的，消耗了大量的人力和物力，给人们在思想贡献、精神贡献、经济上带来了某种阴影，如果这些人不是未来智能思想和智能平台的受益者，他们将对此思想的贡献产生抵触情绪。

人工智能的平台和教学工具，体现的是减轻人们的劳动强度和对人们的操作便利性，其外表更加人性化、拟人化、可问题分解化、可引导解释化，将复杂的，甚至人们没有想清楚的问题采用智能对话的方式进行问题现象化，并通过问题的问答形成系列的逻辑组合，大大减少了学习者的困惑。

最优秀的教师的最大特点是能够把困惑讲明白了，最不好的教师是把明白的学生讲糊涂了。新技术功能也是一个道理，我们的期望当然不是通过使用这些技术增加人们的烦恼和费解，而是让能力较差的人都可以操作这些功能，这就是我们未来教育技术的核心——人工智能技术。

教育技术智能设计的核心是将难度大的、复杂的、带有智慧性思考的问题交给计算机，而不是把复杂的问题甩给教师和学生，是让计算机去承担教育人和被教育人的工作量和重复量，承担各种学习当中获取资料、记忆、整理学习材料等助手工作，不断地领会和理解所碰到的问题，不断地具有智能人的性格和气质，不断地去迎合使用者的工作习惯、生活惯性、工作思维、工作情绪，智能地分解问题，智能理解不同学科的语义，帮助人们理清思路、提出辅助解决问题的思路和方法，善于学习，将复杂问题转化为平常性的友好交互，不与使用者产生冲突，而是努力地与使用者达成默契。

优秀的智能教学系统的第一设计要素就是应该满足人的需求，满足人们使用环境愉快的需求，满足人们轻松和不动脑筋的需求，满足人们依赖性的需求，满足人们不受知识和前期知识约束的需求。

智能性工具内涵的强大表现在它在为使用者服务的前提下，展现出想使用者所想的思想；展现出友好谦逊的语言；展现出不模棱两可的判断状态；展现出智能不触及使用者的知识欠缺的底线、情绪的底线，绝对不能造成与知识使用者之间的针锋相对的对立局面，要做一个具有理性的、智能性的、善解人意的、理解社会的、有一定的情商性的设计，展现出快速地定位和理解对方人的性格程度和学术的研究范畴，甚至通过人体测试可以判断其承受力、耐力、反应能力、爱好等各项指标。

教学智能系统不一定要求知识刚开始就非常全面，但是要求它将人的知识进行有效的吸收、转换和存储，允许计算机进行自我学习和成长。

教育智能系统一定要摆对位置，是帮助人们理解问题和解释问题的，是正向的学习增值服务，一般情况下处于从属地位；但有时也可以处于主动地位，如预警等，这时教育智能系统的判断和建议将会产生有效作用。

智能系统的视觉、听觉功能，语义理解功能的综合应该强于人类，比如在它的视频的多角度、高频、多分辨率上，做到眼观六路、耳听八方，同时可以采集和理解多种来自不同信源的信息并进行语义理解。在多源信号采集和理解上具有不同环境下的专业理解性，如化学实验的过程观察和现象判断等问题，真正成为教师和学生的助手。

在教育科学研究中存在一个工人三部曲研究步骤：一是"想得到"，二是"做得到吗"，三是"怎么做"。这三部曲也是计算机智能设计的重要设计步骤参照，同样提出了对教育问题上计算机"你能想到哪里可以智能""你有这个能力设计吗""你怎么去解决"的三个实现步骤。

教育工具应用成功的工作者的一大特点是，能够成功地分解问题，能够将复杂的问题拆解成教育工具能够接受的范围。分解问题并不是所有人都有的素质和业务能力，在教学和学习当中有的问题并不是那么直接的，尤其在问题比较朦胧的时候，或者面对工具不知如何来解决较为复杂问题的时候，就理不出问题的思路。那么何为复杂，何为简单，何为由于问题的间接性表现出的复杂，何为知识的构造性引发的复杂，何为由于自我前期知识不足引发问题的复杂，何为由于语言的表述习惯引起的复杂，何为由于自身分解问题能力过低引起的不必要的复杂等，不能清醒地认识这些问题将会导致教育工具使用的失败和解决问题的失败，但这也给我们提出了智能教育平台和工具的重要需求，即拟人化的界面设计问题。

拟人化的界面设计功能主要是将人们对复杂问题的职责由计算机承担，将由人们分解的问题转变为计算机分解的问题，拟人就是通过系列思维主动询问和人的被动应答进行问题的分解，逐渐确定问题，即通过智能拟人设计将复杂问题的拆解变成简单问题的对话求解过程。

最失败的教学工具和平台多数是设计者、领导者或策划者开发立场、立意、服务的立场、开发观点、观察问题角度出现问题，以自我意识为准、以技术观点为第一要素，以应用市场为第二要素，以显示自己才华、体现领导观点为第一要素，以短时和局部调查信息为第一要素，有的是以开发设计者的工作行为惯性进行开发等，致使这些平台在出台不久或者在强大的行政背景下推出不久就走向衰败和遭受使用者的指责。其最根本的原因就是不尊重使用者，应用成功的关键在于尊重程度。

教育工具的设计特性应该是热身设计，回报性非常强，让人们很快能通过使用获得好感，获得问题解决的方法，能够很及时地体现原来没有获得过的成果、效率和易用感，很快能在工作中有所凸显，能够和没使用之前的环境形成反差，能够得到自尊心的满足和工作信心的满足，形成工作当中的巨大补充，甚至缓解工作压力，提升工作环境，并具有成就感；与此同时要能够激发个人的使用欲望、展现欲望、自觉的功能挖掘欲望，通过奖赏回报刺激使用欲望和排他工具的欲望。

换句话说，最好的工具一定是有针对性的、适应性的设计，要让工具与使用者自身利益相关，创造出人们希望的、梦寐以求的、所见即所得的、无前期知识限定的、能智能取代个人繁重劳动的工具或平台。

大众化学习工具的推广不是学习班所能够替代的，而是人们口口相传的，正如目前很多网站或者是抖音上展现功能的时候，让你能够有直观感和亲密感，让你可以即刻兑现功能验证，直到满意付款。

作为智能工具，应该知道人们想要什么，还应知道如何深入，这就要求设计工具的人员有对人和教育人的思维理解的能力。功能设计并不是说大而全就是好，而是适合人群的需求才为好。

教育智能化反映在多个方面，有思想性功能的体现，有解放劳动力替代功能的体现，有自我学习吸收的专家思想功能的体现，有知识图谱自我建构资源功能的体现，有人体感知自我调节功能的体现，有拟人仿真过程、推送智能画像功能等的体现，它的体现与应用环境场景有关。

对人工智能与当前要开发的项目进行可行性研究，一定要对有没有必要智能、智能到何处、智能到什么程度进行评估；教育应用一定要对开发成本进行评估，对大众和小众分析进行评估，对人工教学工作成本与智能开发成本进行对比评估，对易用性和颠覆性进行对比评估；智能设计一定要实事求是，一定要追求长久性、可持续发展性、利益最大化。盲目地为了标榜智能而进行智能教育的开发，势必会出现问题。

1.5.4 认知过程的智能化问题

情景性的教学设计能否在教育智能系统中出现，这是一个非常现实的问题，是真正体现认知过程的关键问题，即在现实的环境中智能系统以所获取的环境状态信息和人们的最初对话为基础，逐步通过多次对话将问题向前推进，将潜在问题进行挖掘，使得问题逐步明朗化、清晰化，最后得出人们想要的答案。比如说在订票的时候，顾客说从北京去金华和重庆开会，希望在暑假机票最便宜的时候到两个城市；顾客提出了一个不直接性的问题，这就涉及了潜在的问题，比如说到这两个城市最近的机场在哪里、便宜到几折、夜班航班可不可以等系列的问题，智能问题要求智能系统的拟人程度很高，符合人们的问讯习惯，符合人们最舒适的、最喜欢的情绪、环境、用语、询问方式，而且可以引导人们逐步走向正确的判断，逐步明确自己的表述和意图，这个询问过程就是一个认知过程，认识问题的过程，是一个辨识清晰过程，这才是智能思想的体现。这样引导智能教育问题是非常实际的，学生的困惑就是因为有不懂的问题才会问不出来或表达不清晰，所以引导学生问题的系统远远超出了一般问题专家系统的开发难度，它需要不断地通过机器学习，挖掘学习过程中对类似问题的解答过程，不断地挖掘相关问题的知识图谱，构建询问问题的路径，在询问过程中始终保持问询的尊重，知识的引导和疏导。

第 2 章 教育资源建构

2.1 教育资源发展历程

要对未来教育进行研究，将教育与人工智能相结合，将教育者的智慧与人工智能共融，我们必须研究教育信息化的发展历程以及教育资源的脉络体系和形成机理。

教育资源作为在线和网络教育内容传播的核心。随着 IT 的高速发展，教育资源的特性、形式、外延也在不断地拓展和变化。教育资源在各类媒体、网络可承载的前提下，以不同的教学表现形式和技术方式将知识传递给终端学习者。那么如何构造资源，如何传递资源，如何重组资源，如何更大地发挥技术在网络教育中的最大特性，网络教育的资源传播需要什么样的内外界环境，其动力从何而来，教育资源的未来是什么，都将是教育资源发展的关键问题。

教育资源链的研究不仅是对教育资源的研究，而且涵盖构成和推动它发展的各种因素，即产生式因素、思维因素、环境平台因素、师生维护因素、资源再利用被关注因素、围绕资源的教学平台因素、政策导向推进因素、新技术应用因素等。所以说，教育资源链是一个历史性的、多元的、融合性非常强的立体型体系。它不仅与教育有关，同时也与社会科学、自然科学密切相关。研究它的目的是找到教育资源的生态空间，找到新的环境下教育资源的成长方向、机理及新产生的特征。教育资源链形态示意图如图 2-1 所示。

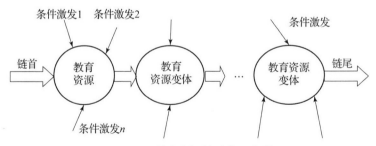

图 2-1 教育资源链形态示意图

教育资源链在不同的内外因素激发和影响下，会产生不同条件、不同历史时期下的教育资源特征状态，将若干个这样的状态分门别类地连接在一起，就会形成一个或多个不同特征的链条，而这些链条可以用分段函数进行表述：

$Y1 = f(x1, x2, \cdots xn)$　　　　条件：$x1, x2\cdots$的范围内

$Y2 = f(x11, x22, \cdots xnn)$　　条件：$x11, x22\cdots$的范围内

……

在线资源与我国教育信息化发展历程紧密相关，下面就重大事件与教育资源的发展历程做一个概要性陈述。

2.1.1 教育信息化发展与教育资源

1999 年，教育部批准清华大学等 4 所学校开展现代远程教育试点，2000 年，教育部陆续批准 4 批院校开始试点工作，将远程教育定位为全日制精英教育，所颁发的毕业证书及学位与在校本科生一致。试点取得重大进展后，新型的办学定位、方向、教育资源、资源平台、办学经费、质量控制、招生的定位等处于茫然状态，各个学校的试点工作匆匆上马，就出现了有条件上马，没有条件也必须上马，几乎全部走成人教育、远程教育办学双轨制，用大量的成人资源向远程教育倾斜，办学定位和办学方向出现偏差的局面。但是由于学历文凭的认可度占主导地位，所以在招生方面和办学经费方面很快扭亏为盈，展开了相应的教育技术办学活动，如：北京理工大学 ISDN（intergrated services digital network，综合业务数字网）等专线直播和卫星时段租赁下载转播等教育技术活动，利用学校网站发布消息，通过电子邮件完成师生互动答疑，课件系统沿用部分 CAI 课件、PPT 课

件，购买了泰勒课程录制系统录制课程。又如：北京邮电大学利用行业优势，展开了 ATM（asynchronous transfer mode，异步传输模式）网络传播，取得了良好效果。再如：北京航空航天大学等几所学校将所有的开发权和部分办学权移交给专业公司运作。总之都是以不同的教育技术形式传播各个学校的办学理念、办学特色，即使条件较差，但从办学机制上有各个成人办学机制作为互补，从招生到毕业答辩，每个学校的远程教育都走完了教学的全过程。其传播条件明显强于德国科隆大学的传输能力。远程教育初期发展状况如表 2-1 所示。

2002 年开始全面整顿，明确试点方向，停止全日制招生，规范学习中心管理，实施年检年报，开始统一考试，试点工作渐入理性。网络课程的建设已开始走向大规模招生时期。2005 年度数据显示：各类数字化教学资源有 14 956 个之多，1 997 万人次使用（不包括中央电大）。2005 年，北京理工大学安排建设资金 7 800 万元，北京理工大学远程教育学院建立了 ISDN（30B + D）和 ISDN（2B + D）两套视频电话会议系统和 IP（Internet Protocol，国际互连协议）视频系统作为现代远程教育交互式实时授课系统。采用多接入式网络传输途径，在首都在线数据中心建立了以 Web 服务器群和语音答疑服务器为核心的 ISP（internet service provider，互联网服务提供商）系统，近 20 条 ISDN 专线和两套 IP 语音、视频、电子白板会议系统，建立了与全国校外学习中心服务器连接的镜像体系。验收了学院虚拟演播实验室等 4 个专业实验室。2005 年，北京理工大学制订了校园信息化建设和现代远程教育发展的规划，在 "十一五" 实现远程教育及成人高等学历教育注册学生 2.5 万 ~ 3 万人。通过建设优质丰富的教学资源，制定和完善管理制度，建立完善高效的教学管理模式和学生服务体系以及严格客观的质量监控系统，同时建构优秀的现代远程教育教学、技术和管理队伍，以改革求发展，进一步提高学院管理水平、办学质量、办学水平和综合实力，促进北京理工大学远程教育持续稳定发展，为社会主义经济建设输送合格的应用型、技能型人才。争创国内一流继续教育学院暨现代远程教育学院。

在教育资源建设上，出炉了美国海军的课件技术标准 SCORM（Sharable Content Ob - ject Reference Model，共享内容对象参考模型），按照学院制定的课件

表 2-1 远程教育初期发展状况

类型	高校	办学定位	办学资金投入方向	质量规模效益	自身技术条件	独立/合作/购买/移交办学主权	平台形式	教学过程	教学评价和资源评价	收费/招生	网络课程类别	网络传输能力	教学设计能力
1	工科	明确精英教育	招生、开发、资源	基本失调不平衡	计算机学科和教育技术学科	独立	借用其他学籍管理平台	短期的成人远程双物制	基于传统教学	在原有的成人教学站基础上	课堂搬家,略有教学设计	专线传输并借助校园网络	一般
2	工科	不明确定位,以经济利益为主	不清晰	失调不平衡	有一定的应用能力,无全套开发能力	与公司合作	借助公司的平台	长期的成人远程双物制	略有评价	在原有的成人教学站的基础上	课堂搬家,没有教学设计	专线传输或下发光盘	较差
3	工科	经济利益为导向	招生	严重失调不平衡	没有开发基础	购买或移交办学主权	全权委托公司办学和操控	失控	无评价	时有违规招生出现	课堂搬家,部分课程长期没有课件	下发光盘	非常差
4	文科	明确精英教育	不清晰	基本失调不平衡	没有开发基础	购买委托开发	技术权限委托管理	短期的成人远程双物制	基于传统教学	在原有的成人教学站基础上	课堂搬家,略有教学设计	专线传输	一般
5	远程教育公司	以经济利益为导向	不清晰	大规模招生,越界	与大学远程对接	公用后续购买	无	为校招生	无评价	拓展市场	无	无	无

制作标准，学院技术人员开发了精品课件的制作平台，融合了 VRML（virtual reality modeling language，虚拟现实建模语言）、Flash、3DMax 等多种先进制作技术以及兼容视频的精品课件生成系统，共开发了 6 个专业的课件。学院采用滚动发展的模式，购置固定资产和制作课件。一个年度投入资金 211 万元，出版了 44 个精品课件光盘，2005 年正值 Web 时代的到来，流媒体技术、Flash 技术的出现使得大部分课程开发向其靠拢，2005 年更新制作了流媒体课件 98 个，其中 2 个荣获了北京市精品课程奖。原有的 B/S 结构（browser/server，浏览器/服务器模式）的网站逐步被三层体系结构所取代。建设了基于 J2EE（Java 2 平台企业版）构架的、MVC 开发模式远程教育管理平台系统，中间层采用了 tomcat（汤姆猫）和 logic，实现了教学过程的管理和学生学习服务。系统向通用功能方面进行转化，开发了通用报表查询等系统，开通了一套电话自动查询系统，系统的二次开发性和自适应性得到了有效的提升。

在此期间，北京邮电大学、西安电子科技大学、华南师范大学、华东师范大学分别建立了教育技术研究相应机构，展开 MODEL 系统、kasai 系统等问题的研究，展开了学生和校外学习中心学习状态跟踪系统的研究、校外学习中心教学活动监测研究、个性化服务的研究，全面了解和追踪分析学生学习状态、在线作业完成、注册缴费等情况，并根据追踪分析情况，取得了良好的效果。

根据《教育部关于启动高等学校教学质量与教学改革工程精品课程建设工作的通知》（教高〔2003〕1 号）、《教育部财政部关于实施高等学校本科教学质量与教学改革工程的意见》（教高〔2007〕1 号）和《教育部关于进一步深化本科教学改革全面提高教学质量的若干意见》（教高〔2007〕2 号）等文件精神制定了精品课程建设工作。

精品课程建设是提高网络教育质量的重要举措。教育部高等教育司指出："开展网络教育精品课程建设，旨在巩固现代远程教育试点工作（以下简称试点）成果，进一步推进高水平网络教育课程的建设，促进高水平网络教育资源的整合与共享，推动网络教育的发展、改革和创新，提高网络教育教学质量和人才培养质量，促进终身教育体系和学习型社会的建设。"

网络教育精品课程是具有一流教师队伍、一流教学内容、一流教学方法、一流资源和教材、一流教学管理和支持服务等特点和网络教育特色的示范性课程。课程要体现应用型人才培养目标,教学内容符合科学性、先进性的原则,教学组织适合于成人从业人员业余学习和终身学习,遵从网络教育规律,恰当运用现代教育技术、方法与手段,学习支持服务到位,教学效果显著,具有示范、辐射和共享的作用。教育部系统给出了评审指标和方法。

精品课程要充分体现教学理念与课程设计、教师队伍、教学内容与学习资源、教学活动组织与实施、学习支持服务和教学效果等与课程建设有关的全部内容。针对学生业余远程学习的特点,更加注重教学过程组织和支持服务,强调学习效果。课程的特色也重点关注该课程是否体现了网络教育的特点,通过精心设计、精心组织教学而使教学取得切实的效果。对指标采取定量评价与定性评价相结合的方法,提高评价结果的可靠性与可比性。

课程是教育的"元",提高课程质量是提高教育质量的关键。网络课程是教育理念、教学水平、管理水平、技术应用、教学改革和创新的具体体现,精品课程是一个融合跨界的工程建设,是学科的代表作,在很大程度上反映了网络教育的水平,网络课程水平的提高也就是网络教育水平的提高。网络课程的建设经历了新世纪网络课程、各个网络教育学院大规模开发的阶段,已经进入了一个新的时期;新技术的应用使网络教学资源的制作、传输和使用都更加便捷和广泛;教学实践使教育者取得了丰富的经验,更新了教育理念;资金和经验的积累使网络教育有实力进行新一轮的课程建设。

为了达到这一目标,2007年,教育部展开全国精品课程评选,并给出了建设指标和评价方法;规定远程教育国家精品课程奖与本科教育国家精品课程奖同一级别,均属于教育部教学资源重大奖项,获奖人可另获得10万元/年课程后续建设经费。此项举措得到全国68所高校的重大支持和响应。北京理工大学在教育部奖励的基础上另追加奖金,并将获奖内容写进评定职称的标准当中。全国精品课程推进了远程教育高质量资源建设的工作,增加了远程教育学院与专业学院的密切合作,主讲教师均是各个学科的学科带头人、院士、著名学者。如:北京理工大学王越院士亲自率领团队完成了"电子对抗"的精品课程建设工作,仅北京理工大学而言各个学科收获颇丰,远程教育学院首次有了自己独特的开发理念、开发平台、设计思想、技术路线，同时推进了各个学科对远程教育的思想认识，为学科教学高端化、改革化开辟了新的途径。在在线教育资源链的形成上起到了关键的作用。

网络精品课程和共享课程在技术实现、教学理念设计、综合实践、课程制作流程、讲课艺术上都达到了国内的顶级状态。其中虚拟现实的应用、叙事设计的方法、特技效果的实现、人工智能等功能设计充分体现了网络精品课程设计的超前性、先进性、跨学科性、创新性，是国内在线网络课程行业代表作，也是各个学科的教学典范和在线课程经典。这其中包括：北京理工大学的"汽车自动变速箱维修与检测""汽车发动机维修与检测"等；并在此精品课程研究制作的过程中进行内涵理论体系的建设，推出了以在线网络课程建设为基础的"网络影视课件学""网络影视课程编导论"，系列地提出了影视课程、微课程、游戏化课程、虚拟现实化实验的理论和方法。从理论上建立了国内教育技术网络资源建设的研究体系，并在国内的微课程大赛和 VR 大赛上进行实践和印证。

随着 MOOC 时代的来临，先后衍生出一系列 MOOC 的新形态，如"SPOC"（Small Private Online Course，小规模限制性在线课程）、"MPOC"（大型私人在线课程）、"MOOL"（大规模在线开放实验室）、"DOCC"（分布式开放协作课程）等。SPOC 也称为"私播课"，表示小型、私有的在线课程，虽然开放且免费，但限制了入学人数和入学条件。目前国内外已有大量机构开始尝试从 MOOC 到 SPOC 的转型，美国各大名校如加州大学伯克利分校已经在进行各自的 SPOC 实验，并取得了比 MOOC 更好的效果。清华大学作为国内最早运行 MOOC 的高校之一，也在积极进行 SPOC 的试点。

MOOC 以及与之类似的 MPOC 开启了在线教育的新时代，使优质教育资源实现了在社会上更大程度的共享。然而，MOOC 不同于以往的开放教育资源运动，MOOC 既有优质资源的共享，更有学习支持服务的提供。这就带来一个矛盾，即全世界学习者选择学习名校课程的需求与名校有限师资的矛盾。以 MOOC 提供组织之一的 edX 为例，它曾经开设的"Circuits and Electronics"（6.002×）课程有 155 000 名学生注册，而教学团队仅有 12 名教师。以世界上 MOOC 最大的提供者之一——Coursera 为例，该机构有 127 名员工，要与 116 所大学建立合作，并提供 980 门课程，为 11 803 482 个注册用户提供服务。可想而知，这种管理的工作量是惊人的。这种人员矛盾，以及学习者在学习基础上的巨大差异，带来了 MOOC 的低完成率问题。根据 Jordan（2013）统计数据显示，多数课程完成率小于 13%，有文献指出，大部分参与在线课程产生挫败经验的学生是因为尚未准备好面对吃力且孤立的学习经验。低完成率在 MOOC 允许存在，因为免费的课程不需要保证服务质量，但在 MPOC 中是不能接受且必须规避的。因此，MPOC 学习过程中的监测、预警显得尤为重要，并且势必要借助各种技术手段，特别是大数据分析方法来自动完成教学监管任务。

国家开放大学于 2013 年开始，基于 Moodle 学习平台启动建设了大批支持教、学、测、评一体化的 MPOC 课程。与 MOOC 课程相比，国家开放大学网络课程在选课学生、课程建设、教学模式、支持服务方面都有很大差别。首先，国家开放大学网络课程的学习者都是国家开放大学在籍的学历教育学生，学生的教育背景和层次相似，课程教学目标一致。其次，国家开放大学网络课程是针对国家开放大学学生设计的，集资源、学习活动、学习评价、学习支持服务于一体，可以有效地完成学习、活动、测评等所有学习过程的在线学历课程。在具体设计方面，鼓励突出课程特色，可根据课程特点选择活动类型、考核方式和比例。最后，教学和支持服务方面，国家开放大学依托总部、分部、分院三级教师为学生提供"全过程、混合式、基于团队"的导学、助学、促学服务，即以教学班为单位，由教学团队教师提供线上、线下混合式教学，线上基于网络课程组织和实施教学、完成作业、课程测验等在线考核，线下主要是辅导教师的面授辅导和部分课程的期末考试等。

MOOC 的属性仍然属于在线网络课程范畴，在中国 MOOC 和大学 MOOC 的作品表现形态上仍然保持着在线网络课程的基本特性，其评价内容并没有体现出与国内原有的网络课程有什么不同之处，从《高等数学》《大学语文》等实际作品考评，其技术框架、所有技术、教学设计、媒体运用、参与评价仍然维持在国内现有在线网络课程的水准上。但是 MOOC 的商业风潮和全国性的兴起，无形中将我国的在线网络课程推向了高潮，而且教育部及各高校大量投资扶植推进 MOOC 的发展，是至今国内在教育界掀起的、波及最广的、引起社会、政府和商界注目的、投资最大的历史事件，确实在某种角度上推进了人们对在线网络课程的认识，行之有效地完成了概念、认识、资金落实、社会集体关注、学科学校政策导向、学科快速部署、教师积极响应等系列布局，是教育资源链形成、发展、高峰、回落短周期的重大局部展现。从教育技术专业角度看，进入中国的MOOC只是一个在线网络课程的代言词，在技术上和教学策略上并没有提出新的理念，技术上并没有达到网络精品课程的水准，但是它的广泛推出和碎片知识的呈现方法，可能会为资源重组、二次利用升华、数据挖掘的数据准备奠定基础。评价更加注重课程的应用化、普及度、实用性，更加注意学生的关注度的评测，从原有的专家评价转移到以学生使用效率为重点。

教育部推出了各种信息化大赛和网络课程大赛的形式，为全国各层次教育信息化和资源建设的普及进行了全面部署和实施。其影响力最广泛、波及深远的几个赛事真正起到了以赛促教，全面提升教师、各个专业的资源建设的作用，教育资源形成链得到了进一步的延伸和扩展。

1. 全国微课程大赛

2016—2018年，全国职业院校在线课程建设创新得到了长远的发展，并展开了三届全国职业院校教师微课大赛。全国职业院校教师微课大赛是一项国家级的权威性赛事，体现了教育部的意志，是国内职业院校信息化教学应用水平最核心、最专业的大赛之一。大赛充分反映出各参赛院校的教学信息化实践与设计水平、教学资源建设水平、特色专业建设水平，具有很强的教学推动力，是一个可持续性很强的赛事。

微课是在国内教育技术基础上发展起来的，与MOOC背景不同，它主要生长在职业教育当中，具有强大的生命力，从教育技术角度看，它的教学设计、课程编导、教学中关键因素的支撑、经典的案例、群微课的产生，都大大支持了国内职业教育教学，无形中走出了一条自力更生的道路，影视微课逐渐成为教学艺术，值得观赏、研究和普及，是一个不需要任何炒作的教学意识形态的展现，具有自己的研究和理论支撑。微课大赛是一个具有一定难度的赛事，要求参赛人员针对教学中的知识点和技能点，在有限的时间里明确引出问题，提出有效的解决方法，并且在原问题的基础上提出更深一层次的见解，更精湛、更精密地展示技能技法，对新工艺、新技能进行创新型的演示和展示，进一步展现各种矛盾体与知识体之间的冲突，深入揭示自然的秘密，解惑现实问题与知识的关系。

微课还在此基础上提出相应的设计目标，即为什么微，微什么，如何微，微的对象是谁，叙事和编导方法是否有效，叙事频度是否符合受众心理，案例引入对问题解惑的推进有何作用，最后的结论是否清晰，微课是否有思维引导性、启发性、方法创新性、实践创新性、观点创新性、问题求解创新性、新技能新技术创新性、表现手段创新性、新的表现形态的创新性等，这些设计目标也正是微课大赛的评判目标和教学应用目标。

全国职业院校教师微课大赛具有以下几个特点。

一是参与院校和获奖地域广泛，充分体现出微课大赛的生命力和教育资源建设的公平性。大赛由于技术门槛较低，所以涉足领域不断扩展。

二是提高了影视心理学设计程度和提升了教学理念，进一步体现了教学形态理念的改变。进一步推进了工科问题文科化、文科问题故事化、故事问题空间化（VR）等设计理念，逐步向第一人称叙事靠近。

三是体现了视频教学的认知表现规律，打破了教室空间的压抑，引入了新的教学制作技术、编导技术和制作理念。加强了特写、兴奋度、转折度的引用，在传播知识的同时更加注重受众度、专业问题的敏感度、教与学的沟通度和共鸣性。尤其在问题的移情设计、人物的移情设计、情节发展的叙事风格和节拍上更加符合影视表现规律，逐渐从"告诉你什么是知识"转向"你应该干什么"的影视教学模式。兴奋点和转折点的频度提升大大提高了学习者的关注度。

四是内容设计吸引度和新颖性有较大的提升，更加注重对教学内容编导的设计和表现策略的提升设计，尤其在内容冲突、强冲突、弱冲突、误会技法、教学陷阱设置、悬念设置、受众对象的分析研究、矛盾的引入、底线的触及、矛盾凸显聚焦等方面表现得更加精彩。文科课程的寓意联想比对等蒙太奇手法应用也更加自如，尤其在片头和名字的设计中更加具有广告性。

五是专家阵容强大，高科技和工科所涉及的问题描述更加深入，关键问题的探讨层次逐级递进；对课程深度的体现、原理问题的体现、工科问题的内涵体现描述得更加透彻，案例定位更加准确深入，以体现知识叙事主线的案例微课越来越多，充分显示了职业院校的办学特色和课程主导思想。例如：北京商业学校、天津第一商业学校、深圳宝安职业技术学校等。

六是大赛各个专业作品充分体现了以学校办学目标为宗旨，坚持以问题为导向、实事求是的精神，努力提升专业制作水平，加强专业和制作的合作，提升学校特色课程的理念。

通过微课大赛进一步打造了网络资源的应用链，进一步实践和完善了微课理论。

2. 全国信息化教学大赛

全国职业院校信息化教学大赛是由教育部举办，教育部职成司、教师司、科技司以及中央军委训管部院校局共同组织，承办省教育厅、教育部职业院校信息化教学指导委员会协办，职业院校承办的全国性国家级比赛。2010年，姜丽萍主任、程建刚教授等教育部领导筹备全国职业院校信息化教学大赛的启动工作，当年顺利地在辽宁沈阳举办了2010年全国中等职业学校信息化教学大赛。2012年，该大赛改名为全国职业院校信息化教学大赛，2015年拓展了军事院校组，2018年调整为全国职业院校技能大赛教学能力比赛，是教育部举办的唯一针对教师的全国性比赛。

教学竞赛是考察教师教学设计能力、教学实施能力，展示教师教学水平，检验学生学习效果的良好平台，是以竞赛为抓手促进整体教学水平提高的一项有效激励措施。开展教学竞赛活动，能够加强教师队伍建设，充分发挥优秀教师的教学示范作用，增进教师的业务交流，不断提高教师的业务素质和教学能力，发现和培养教学优秀人才，不断提高学校教学质量和人才培养质量。教学竞赛具有中国特色，不论是高校、技工院校、职业院校，还是中小学均有针对教师举办的不同层次教学竞赛。

此教学竞赛是教育部针对职业院校教师开展的信息化教学能力比赛，设置过的比赛项目有信息化教学设计、多媒体教学软件、信息化课堂教学、信息化实训教学、网络课程等内容，强调"教师主动适应信息化、人工智能等新技术变革，积极有效开展教育教学"，考察教师信息技术应用能力和解决问题能力。

2010年12月10—13日，"亚龙杯"2010年全国中等职业学校信息化教学大赛在沈阳市信息工程学校隆重举行。大赛设多媒体教学软件和信息化教学设计两种比赛形式，分别设土木水利类专业组、加工制造类专业组、信息技术类专业组、语文组、数学组等，共10个组别。34个省（区、市、兵团和单列市）派出了代表队参加本次比赛，参赛教师共计254人。

2011年11月23—26日，2011年"神州数码杯"全国中等职业学校信息化教学大赛在沈阳市信息工程学校举行。大赛共设多媒体教学软件比赛、信息化教学设计和计算机网络技术信息化教学3个比赛项目，其中多媒体教学软件比赛和信息化教学设计有公共基础课程2个组、专业综合4个组，计算机网络技术信息化教学有2个组别。35个省（区、市、兵团和单列市）派出了代表队，共369名教师参加了比赛。大赛期间举办了信息化教学发展报告会。

2012年12月8—10日，2012年"神州数码杯"全国职业院校信息化教学大赛在南京高等职业技术学校举行，大赛主题是"现代信息技术与教学实践深度融合，以信息化促进职业教育现代化"。大赛共设中职组多媒体教学软件比赛、信息化教学设计比赛、信息化实训教学比赛和高职组多媒体教学软件比赛、信息化教学设计比赛、网络课程比赛等6个比赛项目，分18个组进行比赛。各省区市36个参赛队的609个作品参赛，参赛教师达1 146人。

2013年10月19—21日，2013年"凤凰创壹杯"全国职业院校信息化教学大赛在南京高等职业技术学校举行，大赛主题是"现代信息技术与教学实践深度融合，用现代信息技术改造传统教学"。大赛共开设中职组多媒体教学软件比赛、信息化教学设计比赛、信息化实训教学比赛，高职组多媒体教学软件比赛、信息化教学设计比赛、网络课程比赛6个比赛项目，分18个组进行比赛。大赛共收到参赛作品667件，参赛教师达1 168人，有37个代表队。

2014年11月1—3日，2014年"凤凰创壹杯"全国职业院校信息化教学大赛决赛在南京高等职业技术学校举行，大赛开设中职组信息化教学设计比赛、信息化课堂教学比赛、信息化实训教学比赛，高职组信息化教学设计比赛、信息化课堂教学比赛、网络课程比赛等6个赛项，共收到来自37个代表队的726件参赛作品，参赛教师1 468名。大赛注重"促进信息化教学能力提升，推动现代职业教育发展"，教育部职业院校信息化教学指导委员会首创"全国职业院校教师信息化教学能力提升万里行活动",举办18期培训班,覆盖15个省(区、市),行程2.7万km,直接培训教师5 000余人,参训教师满意度超过96%。

2015年11月7—9日,2015年全国职业院校信息化教学大赛在南京高等职业技术学校举行。大赛设置了信息化教学设计比赛、信息化课堂教学比赛、信息化实训教学比赛等3个赛项,分为中职组、高职组和军事职业教育组,共收到来自地方37个代表队和军事职业教育组的989件参赛作品,参赛教师2 277名。

2016年11月26—28日,2016年全国职业院校信息化教学大赛决赛在山东济南举行,中职、高职组的信息化教学设计比赛分别设置了8个组别,信息化课堂教学比赛分别设置了3个组别,且与信息化教学设计的组别"交叉不重复",从组别设置上实现了公共基础课程和专业门类全覆盖。大赛共收到来自地方36个代表队和军事职业教育组的1 332件参赛作品,涉及参赛教师3 181名,较2015年分别增加35%和40%,再创历届新高。

2017年11月25—27日,2017年全国职业院校信息化教学大赛决赛继续在山东济南举行。中职、高职组的信息化实训教学比赛分别设立了4个组别,大赛共收到来自地方36个代表队和军事职业教育组的1 587件参赛作品,涉及参赛教师4 114名,较2016年分别增加19.1%和29.3%。

时任教育部副部长鲁昕提出,各地教育行政部门要搭好平台,要建立完善的大赛组织机构,落实省级比赛的实施主体,完备省、地市和学校三级赛事体系,做到省里有决赛、地区有复赛,力求每校有初赛。要建立并不断充实信息化教学专家库,通过比赛、研修、培训等多种形式,为职业院校教师转变教学理念,为提升信息化教学能力提供智力支持。各职业院校要加大投入,加强信息基础设施建设,满足信息时代互联互通、在线学习、移动学习、泛在学习的需要。广大教师要将现代信息技术改造传统教学内化为自觉行为,以育人为本,在应用中融合、在融合中创新,充分、合理运用信息技术、资源和环境,解决那些在传统教育理念和教学模式下,教学缺乏直观性、互动性、趣味性和示范性的难题,调动和激发学生的学习兴趣。

无疑,教师信息化教学大赛为教育资源的快速形成和质量的全面提升做出了重大贡献。

3. VR 大赛

职业教育信息化"十三五"规划纲要指出:结合职业教育实际,扩展 VR、AR 等技术的应用,强调在真实场景下的学习,通过虚拟现实技术可以为学生创设更加真实的学习任务和情境,更加具象的表征形式,生动的交互体验,让学生在虚拟环境中观察、探索和实验,从而加深其对知识的理解和激发学习兴趣。通过职业教育使用可穿戴设备,扩大教学的范围,提升教学过程的"智能化"。2016 年 12 月,国务院发布《"十三五"国家战略性新兴产业发展规划》,其中多次提及虚拟现实与增强现实等新兴技术,明确提出要创新数字文化创意技术和设备,加快 VR、AR、全息成像、裸眼 3D、交互娱乐引擎开发,互动影视等核心技术的创新发展。2017 年 1 月,工信部、国家发改委正式印发的《信息产业发展指南》,将支持虚拟现实产品研发及产业化作为发展重点。随着虚拟现实技术的不断发展与成熟,VR 在在线教育中具有广泛的应用。

全国高职(专科)院校数量超过 1 300 所,其中文化艺术类专业如动画专业、美术设计专业、影视编导专业等方面覆盖院校较多。此类型专业与虚拟现实技术结合,课程匹配度很高,职业岗位需求十分广泛,例如:原画设计、美术设计、三维建模、文物修复师、动作设计师、动画师、影视特效师、交互设计师、虚拟现实设计师等其他相关行业。

VR 竞赛内容主要涵盖中国文化虚拟现实设计和制作两大方面。使用 3ds Max、Photoshop、Maya 设计文物主体模型及贴图。使用 Unity3D、Unreal Engine 进行文物制作工艺的展示与交互设计。通过整个过程,全面考查高职学生对中国文化的理解程度、设计文本撰写能力、VR 设计与制作能力、VR 硬件设备熟悉程度、模型搭建工具使用能力、VR 引擎使用水平和团队协作等能力,为以后的工作做好铺垫。大赛内容将中国文化知识与虚拟现实技术应用融合在一起,围绕具体的任务需求,选手需要应用相关设备与软件对资源进行导入与设计,然后使用引擎进行场景搭建与交互制作,以此来检验参赛选手的文化素养和综合职业能力,考查选手的实际设计与制作能力、规范操作水平,以此考核选手虚拟现实技术实力。

VR 竞赛是一个具有前沿性的引导性大赛,对未来即将展开的 VR 化教学起着重要的推动作用,是目前国内信息化大赛和网络课程大赛技术难度最大的,也是教育资源链技术上最先进的。

2.1.2 网络教育资源与教学、技术、环境的关系

网络教育资源是有生命的,需要有生存土壤,如果课件制作出来无法实现收费、考核、网上辅导等系列网上教学活动,甚至无人宣传,没有地方访问,这就是一个没有生命的资源。网络教育资源必须有良好的技术支撑平台,有相当优秀的课件技术开发团队,有一定的学习支持服务团队,有与学生沟通的网络沟通渠道,只有课程内容吸引学生,而且学生在线有问必答,操作简便,功能所见即所得,这个网络教学资源才可能获得教学上的成功。这种成功的指标主要表现在:网上赞扬、选课人多、答疑踊跃、网上学习讨论氛围热烈、教师非常到位。

学习课程需要学习者交付一定的学费,学费是支持课件开发、维护、评价、素材购置、答疑等多种学习服务的支撑费用,是一笔较大的开销。以北京理工大学为例,开发一般的网络课程费用在 5 万~10 万元之间;如果开发精品课程或网上实操实验课程,费用均在 30 万~100 万元之间。北京理工大学的几门汽车精品课程开发费用均在 70 万元左右,但是北京的学员学费是按照 130 元/学分,一门课只有 3~4 学分,这种大额的开发费用就必须有相对应数量的在校学习生源,所以学生学习这个专业的生源与课程建设的程度非常有关。从反向思维来看,好的课程也是一种招生广告宣传,好的技术支持将促进对传统课程教学技术表现的提升,好的课程编导和策划将产生良好的教学效果。这种相辅相成的设计理念非常重要,专业定位和授课内容定位也非常重要,这对起步办学的单位是一个考验。985 和 211 等 68 所院校具有良好的专业背景和优秀的师资,有良好的办学环境,有天生的学生人脉,或快或慢地都进入了投资、制作、提升教学质量、大规模招生、辅导支持、考核、学生学费获得再投入的良性循环。但是还要考虑教学资源质量的提升和学习支持服务是否到位,是否需要进一步监管的问题。

目前由于制作技术、素材等不定因素,还有专业方向是否能确定有一定数量的学生等原因,没有准确的数字量化指标,还有待于长期的数字积累和数据进一

步挖掘。

系列新技术引发远程教育发展大事件,引导了教育资源链的形成和发展(图2-2)。网络教育带来了教育资源公平化,初步带动西部地区教育资源的发展,从资源共享的角度起到了应有的社会效益,但从教育的内涵上看,西部地区的教育质量并没有实质性的提升。其原因如下。

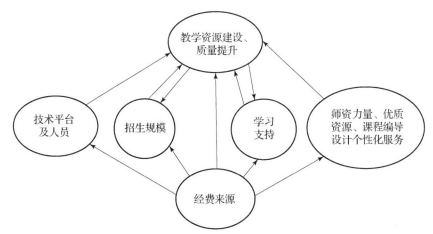

图2-2 教学资源建设、质量提升因素关系示意图

(1) 从消费心理角度,买贵的不买便宜的,对馈赠的就更不珍惜。

(2) 教育教学是全方位的,教学资源是整体概念,包括学习支持服务等,只单单地将课件送过去,没提供相应的学习支持服务和网上辅导,使得教学不完整。

(3) 由于民族文化差异和受教育的程度差异过大,语言和基础困难,通信与终端设备等原因,部分地区无法展开有效的教育活动,只是流于形式。

(4) 68所远程试点院校市场竞争,多数不是通过质量取胜,而是通过招生和价格取胜,大大影响了教育资源公平化的发挥。

2.2 资源生态演绎

生态源自研究生物与环境之间相互关系及其作用机理的科学——生态学。它克服了从个体出发的孤立的思考方法,认识到了一切有生命的物体都是某个整体中的一部分，我们要动态地、联系地、整体地看待事物，教育作为人类社会生态的一部分，不可能不受技术系统发展与技术进步的影响。回顾人类社会教育史，人类社会最初始状态的时候，没有文字载体，生活经验和技能主要靠口耳相传，之后，文字、竹签、木签等知识文化传递的出现，才使经验等得以保存，初步打破了口耳相传的形式。

2.2.1 多媒体知识形态

教育资源生态的研究是在新的认识环境下和新的技术周边环境下相互关系问题的研究，我们现在研究的资源和教育技术的思想都必须建立在对环境的认识、技术思想和感知环境的基础上进行。我们要站在自然科学的展现角度，站在对知识进行揭示的角度，对资源进行从静态到动态方面的研究，从技术形态引发人们的思维方面进行研究，从媒体传播心理学方面进行讨论，从知识形态多维度问题方面进行研究。绝对不能从单纯技术观点去讨论附着型的技术媒体资源，绝对不能为了展示媒体而抛出媒体，而是应该为教育思想和内容推进服务，为知识内涵和深层次体现服务，为知识的叙事张力服务。要做到在教育中媒体的自然流露，在懂得媒体含义受众面前的自然推出。在未来教育中甚至可以根据个人的画像推出个人习惯的媒体、故事情节教育资源。

在信息时代网络信息建构的今天，碎片知识和媒体碎片共同构建了以内容和目标为导向的网状信息图，就如同生物细胞一样构成网状形式。而且根据内容的组合，碎片知识与碎片知识之间、碎片知识与媒体内容单元之间如同共价键一样进行捆绑性结合，进行同类细胞的聚合或者衍生，有的是进一步裂变产生新的组合，其发展的过程与生物形态发展过程非常相似，而且其发展过程又与外界环境有着非常必然的联系。

多媒体的出现加剧了整个课程的渲染、表现过程的深化、知识形象表现力的扩展、多媒体知识构造的提升、复合媒体内涵的深入；对知识阐述能力的挖掘提升了人们双通道的认识能力，改变了知识的表现形态，形成了二元统一，将语境表述的能力提升到了由文字到静态图片、由静态图片到动态视频、从微观到宏观的展现，对课程内容进行了扩充和重塑，对课程的组织方式进行了结构的改造。

在扩展知识表现力的同时延展了知识在科学中的意义，扩展了知识的可懂性，消除了语言障碍和表现障碍，推动了知识国际化的公共表象。在表现知识形态融入媒体生态时构成了多媒体知识形态。

多媒体知识形态展现了人们对知识时空的思维能力、联想能力、复合展现能力，提供了人们在时空下知识交换、信息交换的范式，重构了教学范式，并以第一直观感和第三人称的形式进行问题的讨论，直观性地进行问题评价，相当于在生物生态园当中的一种形态型的变化、知识文字变异型的变化，致使知识本体和媒体之间融合后产生了新的物种。而这种物种是基于人们对艺术美的认识、基于人们对媒体操作的可能性、基于人们的媒体习性、基于人们对媒体的认识、基于人们对影视叙事张力的适应度、基于人们对新媒体形态资源的理解产生的。多媒体的渗入影响了人们对课程内容理解的改变，给出了另一种对问题的解释，影响了知识答案的多样性，重构了人们对知识在空间维度中的认识，从而引发了知识的多元性的表现和不同角度的认识，推动了人们的教育思想行为，推动了教育思维的转变。人们对使用多媒体在资源设计应用的精准度不断提升和知识媒体融合能力的提升，使得任意媒体的单一表现远远落后于多媒体的综合表现能力，突破了知识必须以文字传播的形态环境，给出了以媒体进行意念性、理念性、感知性、欣赏性、直观联想性、更易懂的知识形式，实现了知识的直击。人们将在单一媒体向多媒体叠加融合当中，在跨平台媒体交错当中，紧紧地围绕着知识的内涵力和知识的转换性表现进行设计。

经过多年媒体设计和人们对知识认识的逐步深入，通过人们对媒体表现的正确评价和人们接受媒体的意义评价，知识下多媒体的表现和知识转变下的媒体表现显得更加慎重和贴切，媒体与知识二元对立化的矛盾大幅度减弱，准确引用媒体形式并将知识内容转化为故事媒体的趋势在提升，即从内容设计到媒体设计，从媒体设计到故事设计，从故事设计转换为影视设计，从故事设计转换为虚拟现实空间设计，使得媒体应用更加深入和形象，更加符合人的接受心理、资源传播心理，更加符合自然观、社会发展观，实现了人对自然和社会认识的初衷，形成一种多媒体形态、多媒体生态的知识推进和知识接受环境。

只有在对知识深入理解的前提下，只有在对受众了解的前提下，只有在对媒体自身设计和理解的前提下,才有可能给出适合于知识的、又同时适合于人接受的媒体,只有对多个知识和多个细节问题的认识,才能给出融合性的、综合性的知识的表达与艺术融合,才能将其知识的陈述像故事情节一样完成推进和张力叙事。媒体的教育环境的构造应该感谢影视界,感谢其就知识的推出而打造的系列媒体形态,为教育工作者、教师以及学生在影视艺术生态环境下实现知识渗透和潜移默化传播做出了表率,形成了在影视和艺术生态之下的媒体形态——影视教育生态。

多媒体是人类自然中的直接表象,而文字则是自然当中进行组织后的表象,两者都具有知识表现的共同特性,并可以共同构建某一个知识表现的分子共价键,通过这样的形式将两者自然地绑定,构成了相互交织、交换能量、传递知识、推进媒体在资源中的应用。我们应该科学地认识多媒体的表象是知识表述的进一步深入,要从教学心理状态上让人们能够在最需要的时刻给出媒体的表现形式,给出人们对媒体的期盼,给出思维的引导、知识的想象、对知识构造新的认识,让媒体和知识的认识形成一个大的环境,构成媒体知识交融的生态环境。

媒体的渗入和加强确保了知识的正确表述,回避了文字的二义性问题,产生了一对一和一对多的关系型的关联,进一步解释了知识的结构性、功能性和层次性,进一步实现了社会和自然现象与知识的耦合,进一步展示了现象下的知识或知识下的现象,进一步从关联思维、整体思维上加强了人们对知识的认识,而且更重要的是可以通过多媒体的渗入完成对知识的预测、假设、反逻辑思维、批判思维等内容,还可以对知识进一步支撑、佐证,进一步深化知识的构造,可以通过动态的媒体揭示环境的变化和发展,站在辩证的思维角度观察运动中的知识、运动中产生的知识,给出物体与物体之间的相对运动观点,给出人们经过实践对知识的烙印,从整体动态视觉上分析事物形态的发展与关系生成等过程,构造了媒体与教学资源的教学机理。

进一步研究了心理学和课程论的关系,进一步强化了行为心理学对行为目标的强调,更加注重知识的建构、知识意义的主动建构,更加注重学生个性化的知识建构,更加强调在心理因素的环境下情景设计的创新和认识,更加明确媒体资源的发展方向。媒体与资源之间的评价将更深入地推进它们之间的耦合有效性和科学性。以上问题的环境融合和生态的形成，为未来个性化媒体的配备和知识耦合提供了基础，我们将加强这几方面的个性画像，形成对媒体的推荐和知识下的媒体的推送。

多媒体的渗透是人们期盼和渴望的形式，是自然界从抽象到现实的反映，是科学界更形象的描述，是人们对知识的一种多维的表述，它的自然性的产出极大地鼓舞了知识描述者和知识表述者的信心，丰富了课堂内容，丰富了人们对自然描述的语境和语言，填补了人们对很多问题的困惑和想象力的困惑，为复杂问题的描述建立了形象描述空间。多媒体作为知识另一种表现形式在与文字描述同步时，除了有原来的对知识进行强化型描述的功能外，它们的耦合还有可能产生更有叠加性的、更有层次性的、多维度的教学意义和知识内涵。多媒体给教育界带来了不可比拟的接受性、无悬念无技术冲突的展现性、没有经过意识转换的接受性。

多媒体对知识的承载更加深入，它的思想表现更加接近人类的潜意识，它的思想迁移能力是潜移默化的，它对人们思想的启发和创新的激发联想远远超过了文字，它体现了艺术整体的美，同时又可以表现物体的细节，它是情景教学的有力工具，是教育心理设计的内化。它融合在知识描述当中，强化教育整体的任一部分，但又是相互缠绕与交织、渗透与融合的，它既有单元独立的意义，也有组合意义，但它与不同知识融合将产生不同的意义。技术催生多媒体的产生，人们的描述境界和艺术境界构造了多媒体的应用基础，在教育界多媒体是教学形态的升华，是教育结构性的变化，是教育维度性的变化，是大环境下的教学被改造发展过程，所有的多媒体教学都将随着媒体技术应运而生，教育界是多媒体受益最多、应用最成功的领域，真正形成了多媒体教学形态。

在未来教育中，随着技术的应用推进和媒体资源丰富发展，智能媒体也将有可能成功地运用在教育界中，比如：我们可以根据教育资源、课程资源形式、情景教学环境、专业方向等应用给出不同的多媒体资源画像，画像中给出媒体的特性、受众传播的特性、教育受众者的特性、课程的特性，并根据课程整体指标特性进行媒体的推送，形成在教育当中的智能媒体的应用。

2.2.2 微课程等形态与环境

网络大规模的普及，高带宽通信的出现，微信民间化的普及，致使教育界也不得不享受其技术成果，而且随着大众化教育技术的普遍应用，随着通信手段的普及和适用人群无差异化的提升，全面的知识陈述、日常知识阐述、知识理解、知识概念的派生衍生、各种支撑知识的案例和社会现象的出现，构成一种多元化的认识知识的局面，即知识将在网上可以获得不同的理解和不同立场的见解。知识在民间的演绎成为社会前进的重要一步，无形中构造出了全民参与、知识普及、知识传播的局面，整体知识的普及和知识的传播成为人们生活当中不可或缺的一部分，甚至是人们进行交流、交易、社交的一个手段，建立了一个充满知识意义的网络世界，达到了一种和谐的知识融合体系。许多没有教育背景的人在发表自己观点或者改变他人知识观点时，其表现形式就变成了较为单一化的知识表述形式，他们表述的可能是知识当中的一部分，如碎片知识，也可能是多个知识的组合，这一切对未来知识图谱的构建起到很重要的作用。

碎片知识展现能力和手段的提升，促进了微课程教学的出现，而且微课程教学形式向教育渗透的能力越来越强，它让人在不同的方面习得知识，在某一点上增长能力和智慧，是个灵活、单一、无成本的形式，其丰富程度、回归自然程度、与问题关联程度、与时俱进程度、创新性都优于目前的传统课程的教学效果，其思想的活跃性、教学形式的多样性、不同案例和媒体的承载性、网络传播演绎、繁衍的能力得到充分体现。

微课程大多源于生活、源于问题，它激发了全民学习的积极主动性，挖掘了人们解决问题的潜力，提供了在知识交流中自我表现意识的环境和平台，其交互的融入度、亲情感，打破了自尊心的作祟，减少了学习者之间的差异性，促使人们对解决问题的追求、知识获取的追求、对问题的共鸣和共识，促进了人们对科学和社会问题的深入探讨，真正实现了教育的意义和终身学习的价值。

课程观是人们对课程形态、课程运作等现象与问题所持有的态度和观念，不同的课程观往往映射着不同的课程本体认识、不同的课程价值取向，课程思维方式也将映射出不同的课程形态与运作方式。

课程观是关于课程认识和理解的理念，课程观的发展变化会受到经济、文化、哲学思想、科学技术以及学科自身发展等内外因素的综合作用与交互影响。许多微课、慕课课程的出现反映出了许多的社会现象和自然现象，提出了很多实践观点，反映出了不同角度的理论观点，而且这些观点是在民间的、非政府组织形式下产生的，是在大的 IT 环境和全民微信手段下孕育而生的，其中孕育了全民的智慧，它们为未来教育的知识图谱的构成奠定了信息基础。微课、慕课是以单元形式出现的，但是它们的每个知识单元都可以在知识图谱网络上做一个节点，与网络中的其他节点进行连接，构成天然的知识图谱，为今后教育交互智能对话、交互智能答疑等系列问题打下基础。

目前教育的大力推进和课程形态的大力繁衍与社会和 IT 有关，更重要的是与生存的自由空间、无代价生长环境有关，是一个网络思想流通和网络行为的表现，是一个平等的知识交换过程，是一个平等的教育过程。由于在这其中很多问题的派生原点来自民众，许多观点的赞扬和反对都来自每个人的亲身经历或者相关的经验，其内容传播的渠道是自然形成的，无形中形成了各种观点的动态群，而且随着观点的演绎和发展，动态群也将不断地发生变化，体现了整体的大众教育生态。我们且不论所产生的知识价值问题，仅它从不同的方面给出对问题的见解就非常有用，因为教育不仅需要正确的结论，更加需要学习过程中不同观点的贡献。

网络教育下的微信知识传播、微博知识传播，带有一定的返璞归真的性质，带有理论落地的性质，有及时性的性质，更有问题直击的性质，带有无包装、无观点遮掩的特性，是一个非常自然的形态，是人们在传统教育当中不敢展露的一面，它推进了人类教育的进步，推进了与行业的融合，又由于腾讯、讯飞等软件的大力发展，教育资源产生了跨国界、跨行业，突破传统教育，突破教室的若干概念，以至于目前的很多新技术的运用普及发展超过了课堂教育。

网络知识传播是随时随地的，即时发生、即时应用、即时传播、即时评价、即时分析，甚至即时发布不同意见，而传统课程教学是按照学期制进行安排的，而且效果、评价、统计都是相对滞后的，传统教学明显不适应高速技术发展传播，所以网络的碎片知识传播、微课形式和慕课形式的传播弥补了传统教学的部分缺陷，给出一条新的发展路线和教育路线，构成了高速、所见即所得的教学传播环境生态。

从微课等课程形态的发展可以看出，它们都是在专业的性质、行业的性质、受众的性质、大环境下的干预和影响的因素下给出不同形态。它们的共同之处就是它们都是以问题为导向的变革，对教育讲解的技术要求不是非常高，但是对案例的正确引入，或者是与事实相关的问题的引入要求非常精准，其问题的尖锐性和直接性更加凸显，更加符合人性，更加贴近生活和人的表达意志，是一个非常落实的认知方法，符合大众的探索需求，是一个教育生活模糊的表现，这些课程是在大众支持下生存发展起来的。不要求课程永久性，不要求其理论观点系统化，但要求受众程度广泛性，具有一定的现实意义，是大众化的情景教学，是由大众产生问题的情景反映，有非常强的自主性。

全球范围内正发生着一场声势浩大、规模空前、影响深远的教育信息化推进运动，实现信息技术与课程教学学习深度融合是关键，二元对立的技术本位或课程本位的思维与逻辑难以真正有效地推动信息技术与课程及其学习的深度全面融合，面对这种困境，从整体上包容和理解技术与课程关系是一种趋势。而微课和慕课则是带有一定时代意义的课程，是在某种经济和思潮推动下的课程。有学者称，按照学科门类进行某种教育平台、教学思想、教学手段的推广，其力度远远小于大赛引导、思潮所掀起的力度。我们应该承认这样的现实，教育信息化是大气候、大经济、大环境下形成的必然性产物，受外界环境因素的影响较深。

网络教育课程在这个环境的前提下应运而生，课程资源的形式遵循了美国海军的 SCORM 制作标准，但是随着整体的普及化，人们淡化了 SCORM 的标准，不去追求由于 SCORM 所带来的学习轨迹追踪功能效果，而是留出空间根据每个实际的教学设计用途进行设计，如由网络影视课件学、网络影视课程编导论等去强化网络课程中的教学和实际中的应用。

微课、慕课等碎片课程更加注重动态性和开放性，更注意到知识获取的移动性和灵活性，它们充分利用了 5G 环境下的宽带移动特性进行随时随地的知识获取和知识的传输，打破了原有的技术限制，获取资源分辨率可变的、异构平台环境下的、不同媒体形式的资源，并提出了资源加工厂、资源银行、资源动态交易交换、协作制作资源等技术概念和做法。

微博、微信下的碎片资源产生了多种意义,读者不再依附于文本的指示和作者的意图,而是独立自觉地参与和理解,其特性具备了网络的自由特性,它不再仅是理论预设的安排与固定,不再仅是学科知识结构化组织与呈现,而是教师、学生、家长、继续教育人员、在职人员的解读、创新意义的过程,是通过对话、协作发展的过程,是对知识的另一种延展,是知识与自然问题的衔接,它的现实意义和解决问题的效果将进一步证实相关理论的可信性和实用性。

2.2.3 教学资源组合与升华

教学资源是教学当中自然科学、社会科学的反映体,是人类交织问题矛盾的反映体。教学资源制作发展过程是一个动态发展的过程,是一个教师思想对问题进行组合的过程,是教师认识思想提升的过程,是教师应用教育技术思想的过程,是新技术思想和新资源组合思想体现的过程。教学资源制作发展过程又是技术、经费、资源的消耗过程,是人力、物力资源的消耗过程,通常没有一定的资金支持和资金运作很难维持教学的长年发展和资源的动态发展。如何更有效地提升资源的性价比,如何创造资源的再生空间,如何在最小代价下完成资源建构和重构,如何从社会等方面获得资源的经费支持是非常现实的问题,教学资源作为社会和自然存在的一部分,同样也符合自然发展的生态规律,这也是不可回避的问题。

迄今为止,网络课程资源的制作还停留在整体集成的概念上,教师不掌握课程资源的制作方法,就形成了课程资源一旦提交后就无法随意地增删改,课程内容被固化并停留在一个静止和不发展的水平上的局面,这是教学当中的一大忌,更不是教育资源存在的初衷,使资源失去了存在的意义,这和教科书的固化性接近,是一种落后的生存形式。

资源的性质就是反映社会自然现象和科学知识,所以反映的程度、反映的细节、反映的复杂度、反映的深度都将决定于描述知识承载的平台和科学方法以及相应的人财物的支持,如何在这当中平衡,如何让教学资源在有可能的前提下完成借鉴性的描述、借鉴性的功能实现等,都是当下亟待解决的问题。资源和课件关系如图 2-3 所示。

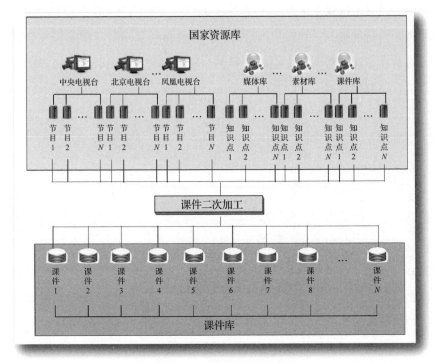

图 2-3　资源和课件关系

这些年来，人们一直在摸索以上问题的解决方法，从理论上认识到：教学资源与生态衍生有着非常相似的概念，它体现生态思想理念、思维方式与原理、教育资源运用的结果、教育资源的外延、教育资源结构的变化、教育资源与其他事物的关系等。

在强大的技术环境下教育资源的可塑性、扩充性、重构性、跨空间性、跨平台性逐步显现，引起了多学科的关注、干预和影响，引入了多种技术的应用兴趣，比如：影视编导技术参与课程的设计、碎片知识引发知识图谱的构造、5G引发多平台协作制作课程、VR 教学体验的交织运用、人体感知引发课程测试反馈新突破等，引发了依据大数据的感知和评测，改变了课程内容的组织结构，技术扩散对课程运作的重构，技术扩散拓展了课程运作的时空，改变了课程运作中的师生关系，重构了教学范式，信息技术在改变课程理念、课程目标的同时也改变了课程评价。更重要的是引出了资源的拆分、组合、重组、加工、升华、交换、交易等，推动了学分银行的另一个概念出现，即交易资源银行的出现。而且理念被潜移默化地渗透到了现在的课程加工工序和制作当中。笔者在 2002 年就推出了资源银行的概念，其思想已经被应用在高等教育出版社精品课件资源管理当中，被写在了职业教育信息化规划当中，被成功地运用到了北京理工大学远程教育学院资源制作和资源管理当中。

一门课程或者一个知识点的讲述所形成的课程应该是由多种概念、多种分支知识点或者碎片知识点组成，它们中间存在着相关联的思维，存在着和世界一样的社会自然等知识的多元的个体的构成，彼此存在有机的耦合关系。

而事物的关联性和耦合性将决定一个新事物的形成和发展，同样多个知识的组合也将形成不同的课程和新知识，课程内部的结构和层次构成了它的关系网状图，而这种关系网状图来自教师的思维，来自所讲述的这个知识的性质，来自讲课艺术。这样的课程内容的结构、层次的组合以及相关联的分支耦合，就形成了课程的表现和教学内涵、逻辑内涵，我们就可以从中找出课程构成的规律、分类、框架属性等相关思想，找到自动形成课程的方法和关联组合机理。事实上，目前有许多团队和机构都在研发这样的思想和架构，并涌现出了一批课件产生式平台。

课程资源组合是多种多样的，既有技术层面的，如数据库关联、现场采集、虚拟现实和网上语义匹配资源等组合；也有教学性质层面的，如理论资源、案例资源、科学自然现象现场观察、社会现象的资源等组合。

资源组合理想功能应该体现在资源的动态性、关联度、有效性、协调性、媒体的适应性、获取方法、资源画像及属性、问题的精准描述、实践和事物理论之间关系的相互渗入、复杂问题的简化过程、教学反馈获取方法、动态资源调整等。尤其是动态上主要体现在可以根据学生的受众情况对媒体的资源进行调整，不断根据学生的注意力和关注度进行像影视设计一样的调整。形成知识、案例等网状动态关联，提升资源制作的灵活度和资源在线可操作度，达到最好的资源形态和学生的学习心态。目前这种灵活的资源架构和知识分类架构下的制作多数是在资源制作专业公司当中实现的，它们是在一个具有资源组合功能的平台上进行的，而这种平台正是各个学校不具备的，这对有综合学科的院校资源建构、重构非常不利。

知识的反映是一个学科思想的反映，多个知识的组合促使不同思想的形成，将会产生新的思想，而这种组合的过程就构成了资源的形成，这种资源的构造过程实质上也是一个教学思想的体现过程、一个教学方法的体现过程。能否组合优质的课程，就看你会不会进行定位，能不能将之间的逻辑进行穿针引线，能不能达到最有效的资源组织，能不能进行逻辑上的对接。我们应该发挥教师的智慧思想，对现有的资源和网上资源进行有效的组合，让教师提出思想，提出各种问题、各种专业知识的课程组合框架，让教师动态掌握学生学习状况即时调整为目标，以教学质量、创新为目的，将教师从繁重的资源技术劳动中解脱出来，将教师从后续资源发展的烦恼当中解脱出来，给教师一个任意调整资源的功能平台。

要达到以上目标的关键一步就是要对各种资源进行分类存储，其中包括网上的关联性的资源管理，给出智能性的搜索，进行碎片资源的管理、资源画像，给出智能性的资源推送，即对教师所需要的教学资源，或者是经常涉及的课程内容进行资源推送。

为打破所有的教学资源都从头做起的概念，我们应该建议由政府出面按学科建立学科分类库，让大家进行相应的资源交换和交易，让资源活起来，让资源体现出相应的学科价值和社会价值，充分利用5G技术优势进行资源的关联、资源的分布式管理、资源的在线连接组合，不要把精力过多地放在一次性的固定组合上，而应该放在资源类型的组合研究上。

由于电子商务的推进，网上支出已经解决，很多交易可以在网上完成，如果在此技术上进行资源银行的建立，即在资源银行内部进行资源的评价、资源的估值等工作，就可以在网上完成相应的有价或者无价的资源交易，可以完成资源的兑换，可以将资源作为类似网上银行的交易品进行等价转化，内容有价评估，推出网上货币，教师就可以在上面进行交易、委托、托管、租赁，就可以出现网上当铺，资源就会像上市股票一样，根据它的应用价值和当下的应用的价值进行资源价值的浮动，通过这样的手段来调动全社会资源，调动全体推荐优质资源的积极性，这无形中就会吸引企业对优秀教育资源进行投资，为其后续发展提供资金链。

由于这种资源思想的蔓延，目前资源的交换除了课程整体交换外，开始有知识交换、VR 体验单元的交换、实验单元的交换，初步形成交易。但是由于缺乏合理公平的评估机制，交易交换不等价，交易不平衡、不合理。

资源银行的提出颠覆了我们资源共享的机制、资源架构理念，资源不再停留在物理整合上，而是发展成为可以通过异构平台指针的方式来完成资源的指向性关联，它的实现得益于 5G 高动态、高宽带的技术环境、VR 动态宽带分配环境和传感器高密度连接环境的支撑，这些技术为资源类型的扩展、与实验室直接连接操作、人体感知传感效果反馈、未来的某个技术环境下的空间体验和观察、跨国界实习等创造了条件，在提升教室功能的同时，产生了未来教学资源的概念架构。

这样的分布式的资源的逻辑性指针构成的架构推出，不仅提升了资源的内涵功能，更重要的是它推出了新的资源的运作机制和制作机制，即资源的制作方可以进行专业性的分配制作，比如 VR 的体验公司可以接受委托专门制作相应的课程 VR 部分，并承接后续运行的托管运行和升级，即在运作当中不再考虑在用户前端安装 VR 开发平台和环境，而是直接进行指针指向运作，VR 部分仍然处在 VR 制作方的服务器上。而在运作和实施当中的利益分配问题上，则可以根据使用该技术部分资源的宽带流量（比如 VR 流量）和合作的合同，按规定进行价值折合，以此来完成各个方面的资源支出。这样就会给各个制作方留出资源再生产、再组合、再改造的资金，并且带来一定的技术资源储备。

资源的演绎和技术的诞生，将推进资源结构的改造和方法，进一步提升教师的创造力，提升学生的学习心态，给人们带来更加自由的、更加需要的课程，如果根据这样的智能思想的推演、继承，就有可能将教师形成资源的框架思想、知识的设计思想、组合思想进行学习仿真，产生不同需求下资源的自动组合，同样也可以根据学生的画像需求实现资源组合、功能的升华，进行精准的资源推送。

从以上资源衍生、组合、升华的过程中我们可以看到，教育资源生成等方面的进步与技术发展和人们信息化进步程度是分不开的，技术的增长点可以带动教育资源相关的技术指标的增长，而这种直接或者间接技术指标的组合增长，会引发教育资源体的功能增长，实现教育资源体的智能化和自动化，会效仿教师教课提升教学资源的优质度，会在线获取当下最新的知识内容，会在线感知受众者对课程的认同度，会精准地进行课程资源及时的调整。而这一切都必须在教师的支持下、在教学经验的帮助下、在强大的知识图谱下来完成，也就说技术只是其中提升教学功能的一部分，进行教育资源智能化，如果没有教师的智慧，就只是一个空架子，是一个没有思想的机器人，是一个没有用的工具。所以必须要进行大量人的智慧的投入，必须在资源人和计算机之间进行融合，不断探索为教育服务的理念，不断地寻求其设计的合理性、仿真准确性。

2.2.4 艺术形态的渗入

教育资源的进步是文明进步的表现，是社会科学和自然科学进步的表现，同时也体现出了受众者整体素质的进步。由于教育是面向人的工程，所以在教育资源的设计当中，就要站在教育心理学的角度进行研究，要在符合人的认知规律的同时，考虑接受知识的受众心理、知识的传播心理等。

而现在大多数的网上课件资源不注意这方面的设计，采用课程搬家的授课方法，认为在网上的资源是在线技术加上媒体设计，一味地展现各种媒体效果，讲课仍然站在统治者的角度，讲主我，始终围绕自己的观点去讲，不去讲客我，不展开问题的碰撞，不设置讲课的对立面，不涉及矛盾，尤其在屏幕面前面对PPT，这个问题就更加显现。甚至许多优秀教师的课挪到网上以后，效果呈现衰败状态。其原因是教师没有很好地意识到学生的反应状态，而学生在没有气场的计算机面前听课，在没有任何的交互和监督情况下学习，从学习心态上来讲就带有一定的散漫概念，网上授课大多属于在线课程，而非实时直播，虽然技术传播水平提升了，但增加了学生的自由度，从正面来说，这是一个随时随地的学习环境，但从教学质量评判的角度来看，确实不适合部分学生。比如：不自觉的学生和没有养成良好学习习惯的学生、对知识没有追求的学生、没有上进心的学生、对知识获取无所谓的学生。如果仅靠强大的技术监控反馈控制局面去提升学生的兴趣和学习自觉性那是不可能的，那么我们就应该加强在网上教学的设计、教学心理设计，有效地提升学生的听课的注意力、学生的兴趣度、学生的积极性，调动学生对问题的积极思维能力，提升学生的辨识度，提升学生接受知识的情操，调动学生积极参加教学活动的各个环节的兴趣，达到通过非技术环节提升教学水平的目的。

没有设计的教学不是教学，没有心理设计的教学不可能成为优质教学，有技术支撑的教学才有可能完成教学形态的改变和控制，总之教学设计是构成教学的根本问题，否则就谈不上技术空间维度的改变。如果将影视艺术渗入教学设计当中，就会更加强化人在艺术欣赏下的认知。在高技术支撑下的教学智能和教育资源智能化的今天，课程设计仍然是必不可少的。

为此，笔者在10年前提出了网上新的教学设计方法，即结合网上教学的特点，结合网上教学资源与影视资源共同特性，提出将影视编导技术引入教学设计当中，以问题为导向，推出了"工科问题文科化，文科问题戏剧化，戏剧问题故事化，故事问题空间化"的理念，让资源设计富有一定的观赏性，让课程设计具有影视编导的手法，比如悬念、冲突等的应用，根据受众类型、课程知识类型进行受众分析，对人物进行设计，引入不同情景化的教学，设计教学当中的教学陷阱，引发学生积极的思考，给出各种问题的引导，给出不同问题的设计和布局。同时也增强教师在设计当中的网络意识，加强教师对课堂的敏感度，强化教师的控制能力和学生学习的判断能力，加强教师对网上课程环境的适应度，提升教师对资源的设计能力，提升教师对复杂问题的拆解能力和组合能力，提升教师与学生交互的能力，推出蒙太奇的叙事方法，让学生随着编导的意志进行学习，伴随着故事的推进进行学习，追踪主人公的轨迹，对问题产生期盼、悬念、追求、判断，加强叙事线问题的追踪，不断地给出兴奋点和转折点，让学生不断对问题有新的认识，而且整体设计要求此起彼伏。

经过影视编导后的课程成为一种艺术欣赏的课程，是问题与气氛融合的课程，具有启发和联想的思维，学生在学习中不断地被课程设计带入教学陷阱，又不断地被其从教学陷阱当中拉出来，感到接受知识的快感和环境的舒适感。

目前这种网络影视课程的编导已经在全国微课大赛当中进行了三届，并作为大赛作品重要的评价指标进行赛事评判，经过相关培训，在大赛中运用效果良好。而且该课程作为北京理工大学教育技术专业研究生课程在教授，并在远程教育资源设计当中采用了这些设计方法，取得了良好的效果，受到教育界的肯定。

教育心理设计融入了影视心理设计的方法，是一个非常实用、接地气、容易理解、容易引用的技术，影视心理设计利用了人们天生好奇、天生容易上当，还有人的全部弱点，如：贪财等弱点进行设计，借助人们天生就会讲故事的特点，进行问题的包装，其故事的叙事张力效果逼真程度大大提升了课程的吸引力。在影视编导叙事张力的感召下，学生的追求度、对问题的关注度、对问题的好奇心、追求主人公意识、为古人担忧等情绪不断地增强，不断地在"为什么"中思索，不断地与各种假设的问题、矛盾事物进行冲突，与教师思维进行冲突，学生之间进行冲突，在误会、矛盾、方法问题当中冲突，利用已有的知识进行问题的辨识和认识，利用批评的思维去审视问题，为了战胜对方而想尽一切办法，无形中解决了教学设计中的许多难题。

影视课程编导延续了人们对影视的爱好，发扬了每一个人都能讲故事的优势，挖掘了每个人都会做局的技能。在教学课程的编导中教授人们如何组织故事；如何提炼故事；如何组织和设计解决问题的情节；如何选故事类型；如何扩张叙事张力；如何讲述得更加逼真；如何更接地气；如何将知识渗入故事中；如何让认知更加科学、巧妙，更加符合人的接受心理等。

影视课程设计的最大特点是学生站在屏幕或银幕面前观看影视的情节，以第三人称的学习者的视点站在银幕外面去看影片，刚开始是与我无关的态度，后面将逐渐随着镜头、按照导演的意志进入故事空间，经常是以第一人称的视点观看情节演变的过程，经常会处于问题当中，但有时又处在第三方的视点观察问题，将情感带入问题当中，去积极地进行各种情况的判断和预判。在影视编导当中，进行多种分支的问题判断，在一个问题上给出不同的现象，涉及虚假现象的蒙蔽，进行反向思维的设计，让学生在辨识中提升自我，在逆境当中进行思考，在问题解决过程中获得训练和熏陶，对各种问题进行分析和解释，进行自我建构。在影视教学环境下不是告诉学生"什么是知识"，不是去手把手地教，而是告诉学生"你应该做什么"。

影视课件编导思想后又引出了虚拟现实技术下教学体验编导设计，VR作为影视的第九代艺术（图2-4），深化了其展现方法，设计的深度和空间维度有所增长，即所参与的学习体验者，不光是作为第一人称、第一视点对问题进行观察，而且教学体验环境从二维屏幕上升到三维虚拟空间和现实空间的交替上，大大增加了体验者思考问题的纵深度，体验者处在了嵌入式环境的包围之中，体验气氛将从视频、音频、特效等多种媒体中产生。其体验空间围绕着问题进行设计，所有的虚拟物体都反映出与问题的关系、与解决问题的联系，与知识的运用有关，给出了体验能力提升的空间。

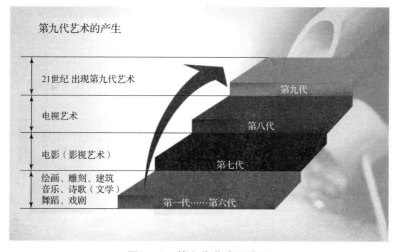

图2-4　第九代艺术形成图

VR交互功能的实现更加提升了体验者的功能，从影视观察事物发展中仅限于思维、联系、判断、情绪变化的被动局面，转变为可干预、影响、操作、控制环境，而且是实时的、所见即所得的、效果现场显现的操控环境，是设身处地的感受问题气氛的环境，是冲突中知识的现象空间、提供问题破绽的机会空间，始终处在矛盾空间的包围之中。

体验者在解惑中去探索解决的路径，去探索在未知空间寻找问题，在体验中寻找认知规律，去寻找空间隐含的知识内容、知识现象、知识内涵，在体验中表达自己的观点和认识，对问题事物进行操作和改造，通过操作体现解决问题的思想、方法和能力，提升动手能力、超越自我能力、创新能力、对问题的观察能力、对问题的操控能力等。

虽然 VR 体验教学设计有一定的成本，但是在未来的智能虚拟现实教学应用中具有广泛的前景，它将带动人体感知、智能技术等多个专业技术的发展，将转变教学形态，转变人们对教学的思考观念，会逐步以问题为思维导向，进行故事的设计和相对应问题空间的设计，不断地将设计的各种思想进行故事知识图谱、VR 空间构造知识图谱的建设，为智能 VR 教学打下基础。从这里我们可以看到教学形态的改变反映的是人类文明的进步、艺术的进步、高科技的进步。教学形态的演变将对教育设计、媒体设计、知识表述设计、认识世界的维度和方法产生推动作用。我们应该将影视编导技术作为教育设计技术的组成部分。

在网络影视课程方面，教育界应该向影视界学习，它们成功地阐述了许多重大发明、重大事件，通过自然解密展示出许多知识，而且是在你无意识的情况下完成的，是艺术观赏下潜移默化的知识传教，是真正的艺术下的知识传播，比如：最突出的教学作品就是《档案》，它用历史事件讲解政治、经济、战争、科学、人物等系列内容，具有相当强的观赏性和惊叹感，作品利用人们探究秘密的心理进行教学陷阱设计，利用所有可能的历史事件和真实事件进行分析，将一个历史事件分解成以小问题为单元的故事，进行问题的各个击破，实现了问题的逐一解惑。

从以上我们可以看到影视课程的教学形态和虚拟现实教学形态都构成了学习共同体，使学习者与学习环境以及其他参与者和相关因素相互交织、相互影响、共同构造。这两种教学形态遵循了学生自然发展的规律，从尊重学生的自然特性出发，既充分考虑正式学习和非正式学习之间的差异，又兼顾课内学习和课外学习，从而达成一种理想的学习状态。

2.2.5　教育资源智能化生态

教学资源的形成，体现了教师和学科之间融合思想，体现了教育信息化的应用，体现了各个知识点的有效耦合，体现了教师教学心理应用、知识融通等多方面的智慧，实现了教学思想、教学理念、教学内容的组合。教育智能化就是要在这样的基础上实现思想仿真、方法仿真、教学动作仿真。那么计算机仿真效果如何呢？能不能将涉及的教学内容、教学策略、教学媒体、教学心理等多个因素融合起来呢？用什么样的方法仿真呢，它的技术难点在哪里？除智能技术以外还有哪些技术需要考虑呢？在应用层面整体设计上可不可以根据现实问题直接形成课程，而且是一种既有理论又有实践的课程呢？就以上系列问题笔者率团队进行了技术实现方法科学研究和资源智能化的研究，该部分的研究内容在本书的智能部分进行了陈述。

任何一个智能都会遇到以下问题，即谁是智能对象，谁被智能，智能效果如何评价，智能的目标是什么，用什么手段智能，智能体与人的智慧是什么关系等问题。像教育资源这样与教育智慧非常接近的问题，我们应该回溯到资源自身、教师、学生之间的关系进行讨论，我们要让资源适合各种专业分类，适合理工管文的专业特质，适合资源媒体的变化，适应各种教学策略、干预对其的影响，不依赖于教师信息化素养，可以有自己强大的生命力，能够自己维护内容、自动升华内容、自动淘汰不合适的资源内容，可以根据需求进行内容承载架构，可以进行相应教学授课资源的其他辅助资源的生成，能够适应新技术的出现，既独立于技术的教学设计，又充分利用技术直接或者间接给教学资源带来受益点。

教育资源分成两个阶段形成，同样它的智能化也是分成两个阶段，但从整体上又是一个完整的智能过程。第一个阶段是教师与资源发生的关系，即教师思想、教学内容通过知识框架的承载以及技术媒体融合实现的阶段；第二个阶段则是资源与学生之间关系的阶段。

第一个阶段的核心是如何获取教师思想、教学内容、教学策略、教学媒体、教学心理设计方法，如何对以上内容进行分类，如何将教师思想和方法进行知识脉络式的记载，这是很关键的问题。而目前的教师思想和内容获取必须依托语义分析和手工参与来完成，思想等方面的记载只能通过知识图谱的形式完成，知识图谱的形成是从人为制作到程序制作自动化的过程。

从教师和资源的关系来看，资源需要一个承载知识内容的框架，框架将教师授课内容按照知识的细节、讲课风格、授课策略、叙事类型、引用的案例类型等进行存储。这就涉及了资源框架和资源内容获取的两个问题，即在智能资源设计当中也应该将框架设计和内容设计相应地分离。

那么第一步就是如何去搭建和定义框架，使其能够达到知识的承载符合课程灵活多变的要求，符合各种内容的组合、各种媒体的组合、课程设计编导的组合。

如果我们能达到资源框架的灵活性，就能够自我形成教学资源课程，就能够自己去对有问题的资源进行修正，就能够自己根据一定时间去网上搜索和进一步提升更换课程资源。而这正是我们教学资源建设的目标，即将教师从繁重的技术劳动、资源后期维护、资源修正中解脱出来，将教师的关注度转移到教学策略的调整上、资源框架不同问题上，让教师更加关注资源框架与知识表述的关系、与资源媒体策略的关系、与资源案例的配套关系、与授课策略的控制等关系上，让教师不要陷入非常基础繁杂的工作中，而是去从事高层次的课程框架和布局工作。

讲课中对问题的描述和叙事方式是框架设计的重要元素。这种框架元素的描述包括：如何抛出问题，如何展现问题，如何进行分析解释问题，如何解决问题等系列的动作，而这种系列动作排列序列的不一致，直接决定了课程框架的性质和讲课方式。我们有可能先把问题抛出，有可能倒叙，也有可能进行插叙等系列的表述形式，但不管是哪种方法，我们都可以将其按照表述形式进行划分，并按照相应的描述进行框架内容的记载和存储。在这种表述方法划分的过程中，我们可以在上面叠加情感设计因素和情感表述因素，也可以同时加入情景环境和媒体设计因素等。

比如：对一场车祸进行分析，整体叙事框架是案例优先：第一步是汽车从桥上坠入河中的全过程，第二步进行教学陷阱设置，即是偶然的交通事故吗？会不会另有其原因？车闸怎么就失灵了？为什么在此失灵？第三步下场勘察，调查司机背景等系列过程……直到发现线索、聚焦分析、揭示答案。加入情感设计、场景设计、媒体设计和高度紧张的音乐、突发的快镜头，比如以下的几个镜头：司机惊恐的特写、目击者的惊恐特写，还有冷笑的特写等交替出现，司机反复紧急制动的特写和车轮子转动特写交织，形成交叉蒙太奇……坠入河中的汽车和司机的气泡……

在知识框架的基础上，我们更加追求知识的获取方式。知识点的框架描述是有限的，但是里面承载的内容是无限的，承载的内容是按照教师讲课每个部分的索引从网上获取的。所以就要求在框架下对课程资源内容描述进一步细化，要将不同类型的框架下所需要内容的索引、关键词以及模糊查询关键词在这里进行标定和知识属性的标定。资源整体知识获取与资源自身建设非常有关，精准资源画像是网络资源定位的基础，要达到精准资源画像，就应该配备相应的资源描述机制和产生方法。

不言而喻，如果能够精准地进行讲课方法、知识框架的描述以及对所需内容资源的精准定位，并且在网上可以找到相应层级的资源，智能思想的仿真就可以完成。智能资源的形成和我们考试系统试卷的产生有些相像，自动出卷系统是根据知识图谱形成下的题库进行出题并形成试卷。考试完以后需要进行问题的测试，并进行试卷的调整。课程资源的形成与产生组合试卷也是同样的思想、同样的形式仿真和内容仿真，试卷有各种试卷的组成策略，而资源也有不同的组成策略；试卷有部分媒体参入其中，资源也是如此。试卷指向每个知识和元知识，而资源也是根据给定的知识进行知识的定位获取，测试后可以根据信度、效度和区分度等评价指标完成非在线同步试卷的调整，而资源也根据学生的在线测试进行资源的调整，完成与传统资源比对，进行资源难易度、知识的表达方法、受众分析后的媒体案例等问题的调整。试卷知识给出问题答案的指向，而课程资源则是根据框架知识索引在网上进行获取知识的指向。

课程资源被教师智能化，智能化的效果反映在学生身上，也就是说，它的仿真程度是否能够和教师的仿真程度接近，学生是否能够接受这种仿真，这是评价的重要指标，而教师本身的知识描述和方法性框架描述是否科学，是否有依据，同样也应该有一个评价指标，这个评价指标和内容可以进行相对量化的比对。

资源的描述和问题方法可以有多种组合，所以要求在知识的形成上给教师一种原则，比如说讲课主要知识的问题和案例的给出，主要方法的描述，让知识框架产生不同的讲课方式。在讲课框架的基础上，应该同时产生相应的答疑框架和测试框架，按照反逻辑和逆向思维的知识描述框架，一次性给出这个知识的详细描述点和教学配套资源的框架点。

2.3 教育资源机理与分析

教育资源机理研究主要包括：网络课程资源外界理论产生机理、网络课程资源派生机理、网络课件资源建设影响机理、网络课件资源形成技术机理、网络课件资源产生诱因机理。以 VR 化教学机理分析为例。

2.3.1 网络课程资源外界理论产生机理

网络课程资源外界理论产生机理是由多种理论和机理综合形成的，除课程所涉及的专业理论外，主要是由教育心理学、影视受众学、影视传播学、影视课程编导论、互联网相关理论、多媒体技术、信息论、教学评价、教育经济、远程教育论、第五代互联网理论、管理信息系统、网页制作、编导制作、影视课件学、学分银行、资源共享机制、资源交换机制、网站技术与框架、仿真相关理论、游戏化教学设计、VR 化教学设计、AR 化教学设计、网络消费理念、人工智能理论、资源论、大数据挖掘相关理论、电子商务、语义理解图像识别技术等学说或技术理论所涵盖。网络教育资源的形成是多学科的融合，是资源链的根基。以信息论、互联网思维的资源构架思想定位了网络课程的属性、技术特征和运行模式，给出了以教育论、教育心理学为基础的网络课程教学设计理念，给出了影视编导的实现思想和技术路线，给出了空间体验未来智能教学思想（图 2-5）。

2.3.2 网络课程资源派生机理

网络课程资源形式多种多样，所有的网络课程都具有最基本的网络课程资源体的属性，都是基于网络环境下的网络教学元素的有机构成。随着教学的需求、主流技术的带动、承载终端能力的提升、网络宽带的升级、网络设计理念及媒体表征的提升、所见即所得的学习诉求、社交学习的诱惑、享受型体验学习的出现，派生出了不同技术特征、不同学习理念的网络课程形式，其中包括：微信式的碎片知识学习课程资源、体验为主的 VR 教学资源、娱乐为主的游戏化教学资源、微小知识点教学为主的微课程资源、满足随时随地可学的移动式学习资源、

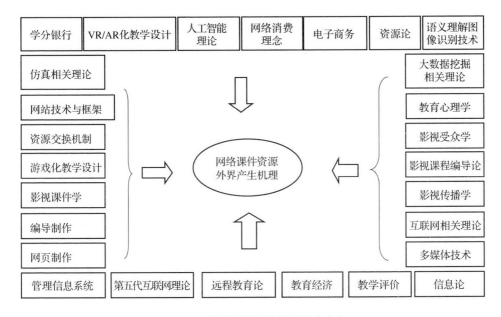

图 2-5 网络课程资源外界理论产生机理

影视编导实现的教学资源等。其派生的环境将决定人们对形态的认可度和技术可行度，没有一个派生形态是刻意的，其犹如大自然成长繁殖一样，具有自己的资源生态环境（图 2-6）。

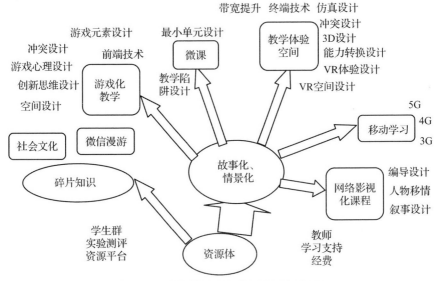

图 2-6 网络课程资源派生机理示意图

2.3.3 网络课件资源建设影响机理

网络课件资源建设影响机理指的是负面影响机理，在这个干扰影响架构下存在诸多影响课程资源建设的因子，一部分负面因子多数与教师的素养、工作精神、学科态度、网络授课经验、专业熟悉程度、教学设计、媒体运用能力、知识底蕴有关，通过培养和训练是可以提升和解决的。另一部分负面因子与技术解决问题的能力、教育技术团队能力有关。要全面提升网络课程资源的质量就需要对负面影响机理做深入的研究和分析（图2-7）。

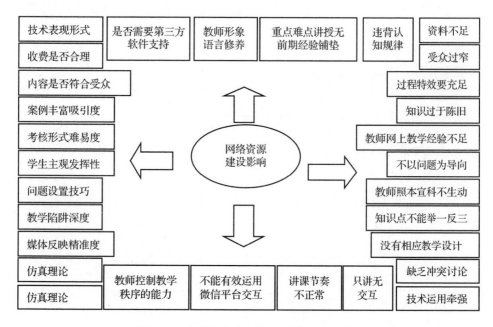

图2-7 网络课件资源建设影响机理示意图

2.3.4 网络课件资源形成技术机理

网络课件资源形成技术机理示意图（图2-8）描述了资源技术的形成发展内涵。网络课件资源的技术环境是伴随着技术和教育设计理念的发展而不断变化的，网络课件资源的形态取决于技术的形态变化，任何的形态变化都是在外界新技术或教育新理念刺激下产生的，课件资源形态也是技术形态的一种，它在吸收和获取中不断地升级。网络课件资源形成技术是一个渐进发展的过程，伴随着不同时代的互联网技术、各种制作技术、设计理念、电子商务思想的驱动，产生不同的资源建设机制、运行机制、资源架构、资源运行环境、资源承载技术、资源播发/发布技术、教学资源的维护/运转/再生/评价等系列技术。任何一个 IT 新技术的出现，或多或少、直接地或间接地都会影响网络课程的理念、思想、架构、学习形态的转变。网络课件资源形态是以技术的形态体现教学设计思想、描述专业知识的综合体。网络课件资源形成的技术机理也是网络发展的历程。

2.3.5 网络课件资源产生诱因机理

网络课件资源产生诱因机理（图 2-9）是以问题为导向的诱发思路，是人们根据教学的感知、技术的感染和启发等提出的。它的诱发符合自然科学的发明思维：首先要想到，然后才是如何做。仅就微信资源传播而言，微信在终身学习上起到了不可低估的作用，其原因在于它具备了社交、教学、生活、办公的公共属性，无监督、无约束，有很大的主导权和自主权，有很强的满足感和亲情社交

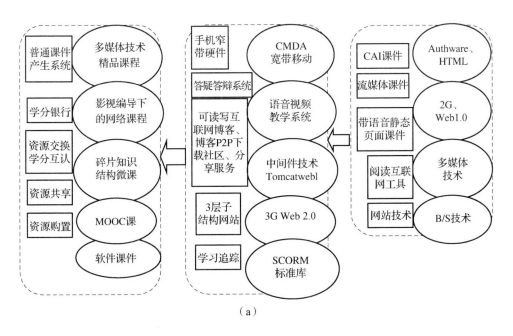

(a)

图 2-8　网络课件资源形成技术机理示意图

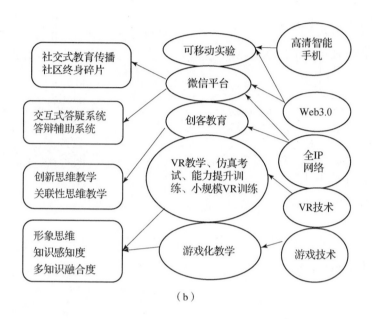

(b)

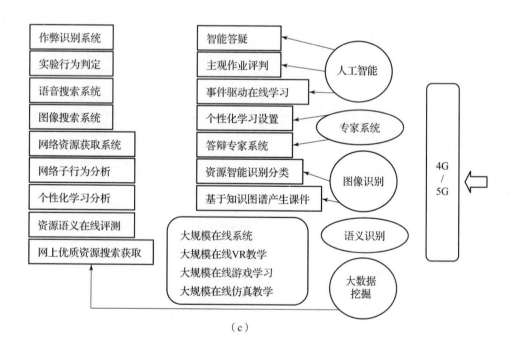

(c)

图 2-8 网络课件资源形成技术机理示意图（续）

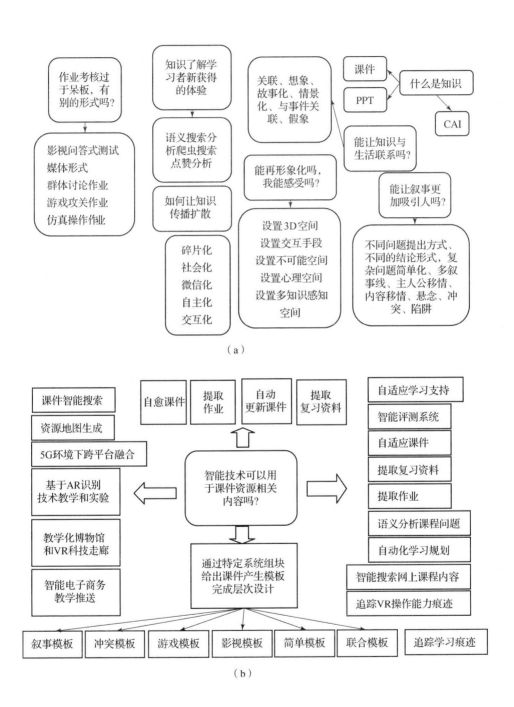

图 2-9 网络课件资源产生诱因机理

意识。所传送的微小知识和碎片知识很快被推送、点赞、评价、流传,不知不觉成为社会上最值得信赖的、应用面最广泛的平台。所以人的网络诉求成为网络课件资源产生诱发的主要因素。

2.3.6 VR化教学机理分析

VR化教学机理是网络课程资源机理的代表作。该机理分析了虚拟现实技术环境下的学习体验的构成、形成、思想、技术、环境、体验式设计。其中包括:VR/AR教育的可行性分析、教育思维、空间设计、转换设计、教学表现空间设计、体验设计、教学设计方法、逻辑问题形象化设计、复杂问题简单化设计、教学底线设计原则、设计流程、问题的抛出形式的全套机理分析。其是一种全新的体验式机理,是未来教学资源的重要资源形态。图2-10给出了VR化教学系列的核心思想,其中包括:VR化教学机理概况、VR/AR教育思维、VR/AR空间设计、VR转换设计、VR/AR教学表现空间、VR体验、VR/AR教学设计方法、VR/AR教学设计、VR底线设计原则、VR问题抛出形式、VR/AR设计流程、VR/AR教育可行性等核心思想。

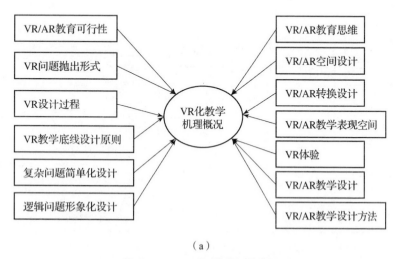

(a)

图2-10 VR化教学机理分析

(a) VR化教学机理概况示意图

第 2 章　教育资源建构　115

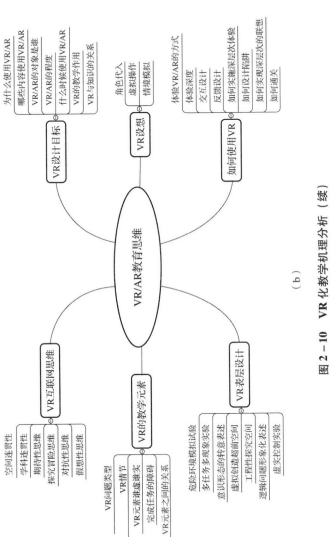

图 2-10　VR 化教学机理分析（续）
(b) VR/AR 教育思维分示意图

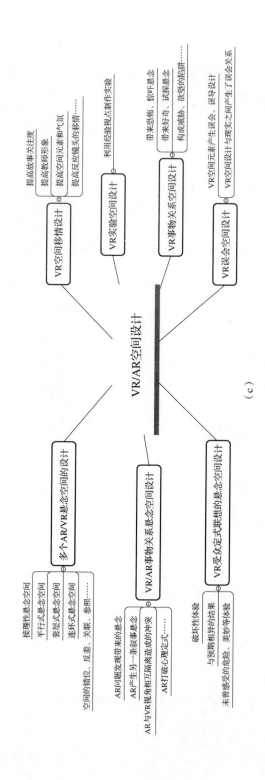

图 2-10 VR化教学机理分析（续）

(c) VR/AR空间设计分示意图

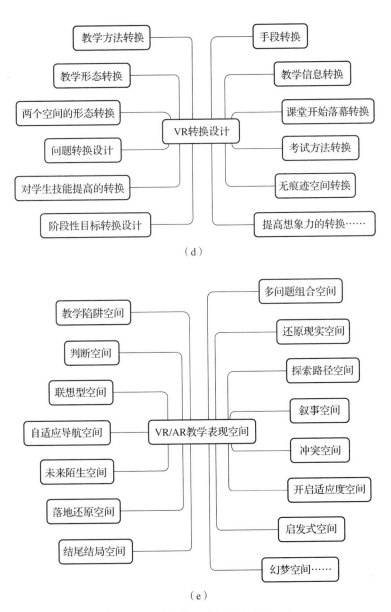

图 2-10 VR 化教学机理分析（续）

（d）VR 转换设计分示意图；（e）VR/AR 教学表现空间分示意图

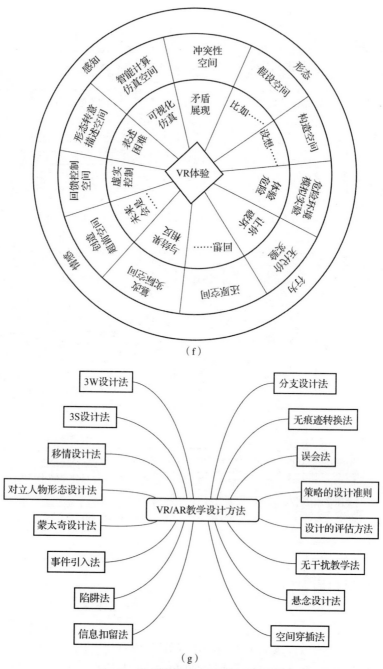

图 2-10 VR 化教学机理分析（续）

(f) VR 体验分示意图；(g) VR/AR 教学设计方法分示意图

第 2 章 教育资源建构 119

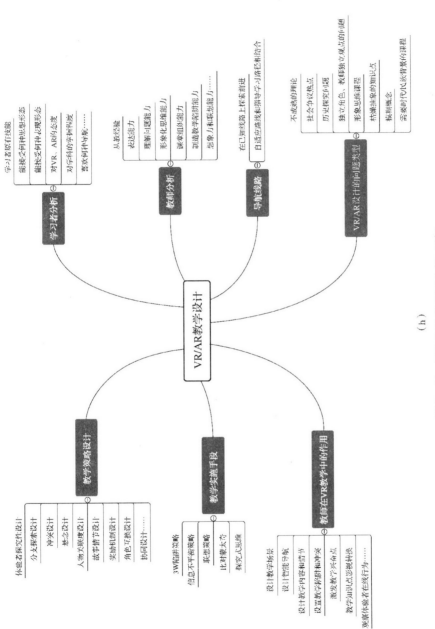

(h)

图 2-10 VR 化教学机理分析（续）

(h) VR/AR 教学设计分示意图

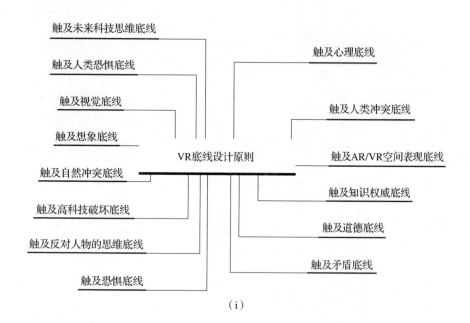

(i)

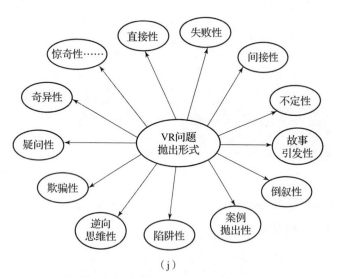

(j)

图 2-10　VR 化教学机理分析（续）

(i) VR 底线设计原则分示意图；(j) VR 问题抛出形式分示意图

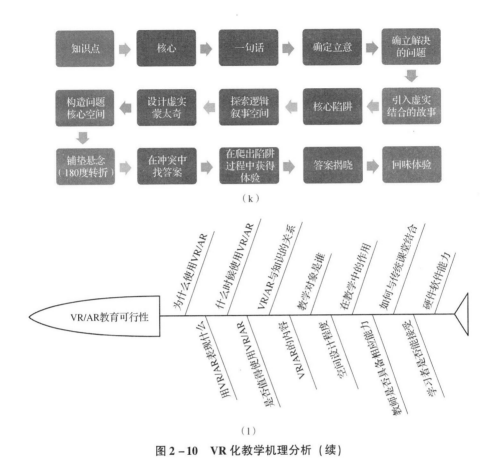

图 2-10 VR 化教学机理分析（续）

(k) VR/AR 设设流程分示意图；(l) VR/AR 教育可行性分示意图

2.4 VR/AR 的教学思维

虚拟现实和增强现实技术追求的是人们从过去被动接受知识获得启发到通过主动体验和感受得到对知识全方位的深刻认识，进而使人深化概念、产生创意和构想、主动地获取信息，因而更具有创意。该技术应用于学习中，学习者不再是被动地看、听和接受所提供的内容，而是能够以多种形式参与到事件的发展变化过程中去，在事件的变化过程中扮演角色。VR/AR 技术在教学中的潜力在不少研究中已有所体现，但正如任何一种教学媒体技术一样，VR/AR 并不适用于所有教学情境和教学对象，教师和教学设计者需要考虑如何使用 VR/AR 技术才能在保证可行性的前提下最大化促进教学效果。对 VR/AR 教学思维及其适用性问题进行研究，主要考虑以下两个问题：VR/AR 教学思维与传统教学思维有何相异之处，VR/AR 技术适用于哪些教学内容、对象和情境。

2.4.1　VR/AR 教学思维研究

VR/AR 教学思维与传统教学思维最大的区别是实现了同一教学问题的空间化展示，传统教学讲授什么是知识，VR/AR 教学是学习者在体验后的知识建构和技能获得，将教学问题故事化后再通过空间来呈现，让学习者在空间体验中完成知识获得的过程，这也使 VR/AR 教学思维具象化越来越明显，教学的想象化、情境化逐渐促使了教学思维的转变。

1. VR/AR 教学思维转换

在进行 VR/AR 设计之前我们必须充分把握 VR/AR 教学与传统教学的差别，新的技术会对传统教学产生哪些冲击，会对传统教学的哪些方面引发质的变化。

从关系上来看，传统教学是一个母体形式，VR/AR 教学是一个新的体系，它通过采用新技术来改造传统方式，对知识点进行重新构造，实现形态转换，是一个脱基因的过程，更换了传统的表现形式，承载了一种全新的表现形态。VR/AR 主要在教学形态、教学方法、教学评价分析、学习者培养目标、教学视点五个层面不断实现脱离母体原有形式。

1）教学形态转换

传统教学及网络在线教学都以教师主动式叙述为主要形态，该教学形式凸显的核心矛盾冲突是：课堂始终是以老师单向讲课为核心，学习者处于被动接受状态，从"与我无关"的视点来学习知识。VR/AR 教学的教学目标集中在以学习者为核心，并在此基础上，把所有相关的教学问题设计融入空间元素和关系中，所有的元素、作用力、路径、导航都是以学习者为核心设计的，以实现让学习者在漫游体验过程中产生思想激辩。

在 VR 空间中，学习者能够站在内视角体验问题，通过"身临其境"的方式学习相关内容，学习者进入课堂后是一个探秘探险的过程，问题的抛出和展示以空间、元素等最直观的方式呈现。VR/AR 教学通过各种元素以及学习体验者与作用力产生的反应展现知识的内涵、特性，学习者作为知识的体验者在知识本体中存在，VR 空间对学习者与知识的关系，学习者在知识漫游中产生的动态关系进行建造，从而引发了教学形态的转换。VR/AR 教学主要锻炼学习者的综合能力、多个相关知识的组合能力，是超越自我的创新、体验式的学习理念。

2）教学方法转换

无论是板书还是多媒体课件教学，教师都是按照书本章节来教学的，从第一章开始按照顺序讲，而书本的设计思路是承上启下的，这样的教学弱化了跨章节中知识点之间的关系，弱化了隐含知识点与显含知识点的关系，不利于培养学习者的整体性思维，会导致学习者每章都学得很好，但是综合考试却很差，不能融会贯通。VR/AR 教学与传统教学最大的区别是它并不是按照教学规定的特有思路教学，而是采用以问题为导向的、从点出发的方式进行体验，是跨学科融通的体验启发方法，实现了教学方法的转换。在 VR/AR 教学中，允许学习者在虚拟环境中进行各种破坏和建构，让学习者能够开阔眼界，使其在失败和成功的体验中探索各种问题发生的可能性，并从中产生对问题新的认识和对知识新的建构。

3）教学评价分析转换

学习者通过 VR/AR 学习时，空间中本身就留下了很明显的学习痕迹：如学习者在该过程中的选择路径、每个问题停留的时间、学习的动作及对错等。教师可以通过学习痕迹直观得到学习者的反馈，如学习者是否适应当前空间和导航，是否具备当前教学空间所需的能力，学习评价反馈的学习结果和教学目标之间的差距是否更接近等。

4）学习者培养目标转换

学习反馈和教学目标之间是相对性的关系，教师可以通过学习反馈重新调整教学目标和方法，教师会采用不同的教学媒体使得教学效果最优化。VR/AR 学习的过程是让学习者自主填空和填充的过程，对培养学习者的空间感、时空操作感具有很大的潜力，通过体验探索知识获得意义建构的过程能培养学习者发现、思考、解决问题的能力。VR/AR 教学主要是锻炼学习者的综合能力、多个相关知识的组合能力，是超越自我的创新、体验式的学习，是一种转换理念。在 VR/AR 教学中学习者在虚拟环境中进行各种破坏和建构，VR 知识和技能的体验让学习者能够开阔眼界,在其中体验失败和成功,探索危险。

5) 教学视点转换

传统的课堂教学中,主要是教师讲授知识,学习者站在第三视点学习知识,知识和学习者之间的联系较为薄弱。现在不少课堂都借助多媒体技术来丰富教学形式,但是展示的与知识相关的图片、视频仍然让学习者产生一定的距离感。在 VR/AR 教学过程中,知识呈现的维度和学习者的观察角度发生了质的变化,学习者不再局限于第三视点观察学习,可以实现第一视点的体验学习。双视点建立起全新的体验,学习者可以在内外视点之间穿梭,进行对一个问题的双视点理解,产生更直观的认识。同时在 VR 中人们处于媒体嵌入式的包围状态,其感受度是全方位的,感受问题是空间性的,操控问题和解决问题也是即时空间性的,致使其教育体验性能比传统教学性能来说提升了多种感知操控维度。

2. VR/AR 教学设计思维

基于 VR/AR 教学相对于传统教学的不同,传统教学讲授"什么是知识",影视编导理念传授"你应该干什么",而 VR/AR 教学是让学习者通过体验产生知识建构和技能获得。其主要从教学设计角度对 VR/AR 教学思维所要研究的主要问题进行了系统梳理,如图 2-11 所示。该思维体系引入了互联网教学思维,使学习者在学习过程中可以实现教学空间和资源的共享。同时从 VR/AR 教学元素、VR/AR 表层设计、VR/AR 设计目标及 VR/AR 使用设计等几个方面对教学思维进行了梳理,在 VR/AR 设计目标、VR/AR 表层设计和 VR/AR 教学元素的设计中讨论了如何使用 VR/AR 的场景,如何设计 VR/AR 问题类型、情节、任务障碍、元素关系等。而在 VR/AR 使用设计中,则重点研究如何利用 VR/AR 技术实现交互、反馈、深层次学习、虚拟操作及情境模拟。在进行 VR/AR 教学之前理清这些问题能够帮助教学设计者和研究者更顺利地展开教学。

2.4.2 VR/AR 教学适用性问题研究

VR/AR 技术应用于教学有其优势,其高度沉浸性、交互性和想象性使得学习者可以获得近似真实的体验,但同时存在教学内容设计难度大、教学方法不完善、技术不成熟、实现成本高等问题。为此,需要对 VR/AR 技术的教学适用性

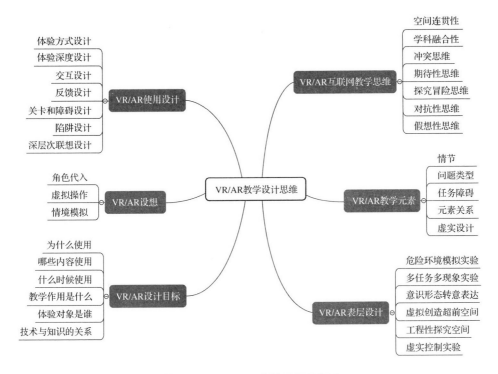

图 2-11 VR/AR 教学思维示意图

问题进行探讨,主要对以下三个问题进行思考:VR/AR 技术在哪些学科/内容教学中应用更有优势,采用 VR/AR 技术教学对学习者有什么要求,教师如何判断是否该使用 VR/AR 技术进行教学。

1. VR/AR 教学对象适用性研究

立足于学习者角度,教师和教学设计者将 VR/AR 技术用于教学不置可否,但教学媒体的选择应考虑学习者的认知能力、学习能力等特点,以实现教学效果最优化的目标,而非为应用而应用。从已有的 VR/AR 教学应用研究来看,目前 VR/AR 应用最广泛的是高等教育领域,其次是小学及学龄前教学,这里主要从 VR/AR 本身的特点及不同年龄段的学习者特点两个方面进行分析。

VR/AR 与传统的教学媒体及其他的计算机辅助教学形式相比最大的特点就是其将教学内容从二维提升到了三维,使得学习者能从先前的第三视角观察变成第一视角体验,丰富的虚拟元素构成的环境在提升学习者兴趣的同时不可避免地影响学习者的注意力。

除此之外，传统纸质媒体结构简便，但承载的类型和内容优先；随着教育信息化的不断发展，各种形式的教学媒体从课上到课下、线上到线下出现在学习者的视野中，这些媒体如视频、音频、微课等，都以组合的形式融入 VR/AR 结构当中，使得 VR/AR 结构相对复杂，使用环境标准也随之提升，但是却大大提升了其承载形式和表现形式。从整体来说，教育应用性价比得到了大幅度的提升。

从学习者能力来看，高等教育阶段的学习者具备一定的信息技术素养和自我控制能力，能较容易掌握 VR/AR 设备的操作使用，学习过程中更容易保持注意力，防止无关因素的影响。由于大学阶段学习更加具有专业性和前沿性，教学目标不仅仅是掌握理论知识，更要求学习者具备操作技能，所以 VR/AR 环境提供的虚拟教学就更加符合大学教学的需求。另外，根据皮亚杰的认知发展理论，6~12 岁的早期阶段的青少年处于具体运算阶段，空间智能还不健全，他们必须用视觉、听觉等多感官方式来学习。VR/AR 强大的可视化、交互性教学非常符合感官学习的特点，对其非常有吸引力，可以提升学习者的外部学习动机，培养学习者的空间思维。但是不同的学习者在各阶段的认知发展状况是不同的，比如有些高中阶段的学习者已具备良好的操作能力和自主学习能力，而很多初中及以上阶段的学习者却仍然更偏爱感官学习方式，我们可以根据不同的年龄给出不同等级的 VR/AR 空间设计方案。

使用 VR/AR 教学之前应从多方面对教学对象进行分析，如果他们具备学习和使用当前所需的技术和设备的能力，或者 VR/AR 技术能显著提升学习者的学习兴趣和学习效果，教师可以用之进行体验式教学。

2. VR/AR 教学内容适用性研究

通过文献分析法对目前已有的 VR/AR 教学应用案例进行阅读、分析和统计，发现目前 VR/AR 技术在理工科及职业类教学中的应用明显多于文科，在理工科类教学中应用最多的是虚拟实验。实验技能是理工科、医学专业中不容忽视的环节，在课程教学和考核中都占很大的比例，但是实际实验教学中通常存在实验设备和资源不足，实验室开放时间短、次数少、部分实验无法演示等问题，VR/AR 技术可以通过构建虚拟的实验对象和环境延伸学习体验来解决以上问题，这些虚拟对象和空间无论是对真实空间的还原还是对未来空间的假设，在教学应用中呈现的都是一个相对精准的空间，可以让学习者不限次数地进行高仿真实验，同时能够实现多个视点多角度对虚拟对象进行观察，促进学习者在观察和体验中建构知识。

文学、历史学、艺术学等学科当然也可借助 VR/AR 技术辅助教学，VR/AR 技术可以创建不存在的或者无法实现的虚拟环境/对象，如可以在历史教学中帮助还原历史场景，在文学艺术课程中创设虚拟意境等，让抽象的描述转变成为可视化的场景，比如：2018 年，教育技术协会等单位联合举办以"大运河"为主题的 VR 全国大赛，通过对古代运河的复原系列地展现不同时期的历史场景和文化底蕴，帮助学习者产生真实体验。另外，在早期语言学习中，可以采用 VR/AR 技术帮助儿童将物体和名词一一对应，使其在理解单词语义的基础上认识其在物理世界的具象含义。

可以说，VR/AR 较适合用于理工科和职业类学科，但同时在其他学科的部分学习内容和教学目标下也适用。根据加德纳的智力分类观点，人的智力分为七类，其中 VR/AR 技术在其他智力发展过程中起到了重要的促进作用，VR/AR 技术的高仿真三维立体展示使其在促进视觉/空间智力发展上存在较大潜力，不少研究也显示 VR/AR 在空间能力培养上有较好的效果。如果教学内容需要学习者发挥空间想象力或运用空间能力，教学目标需要空间智能，那么就要将 VR/AR、人工智能进行有机的结合，实现 VR/AR 空间设计智能化和自适应化。

3. VR/AR 教学范围适用性研究

结合上述对 VR/AR 技术与教学内容、教学对象匹配问题的研究，在 Pantelidis 提出的 VR 使用建议基础上，对其进行延伸，从传播有效性、师生技能、合理代价及实际制约四个角度针对 VR/AR 教学适用范围提出了建议。

（1）当前学习任务中有信息可视化的需求，需要使用图解符号操作和重组信息促进理解，或教学中的对象、步骤、过程等需要模拟或借助模型来演示，创建一个模拟环境或模型的体验对这个学习过程很重要。

（2）当前学习任务需要一个非常真实的训练场景，或教学目标中包括提升学习者的空间能力和操作能力，计算机模拟出来的环境/对象能够像真实的环境/

对象一样实现教学目标。

（3）当前学习任务无法实现用真实物体教学或培训，或真实物体教学存在危险性、不便性，如真实环境中实验危险性极高、成本极大，实验失败可能会造成设备、环境等受到损害，对学习者造成安全威胁。

（4）提升学习兴趣，该部分内容较抽象或枯燥，学习者学习积极性不高，有必要借助技术让学习更有趣。而在当前教学任务中用模型进行交互比真实交互更有吸引力，或者至少能产生跟真实交互一致的教学效果。

（5）原来的教学方案产生的交通费、设备费等成本太高，无法承担，需要考虑其他方案。

（6）教学任务需要让身体有缺陷的特殊学习者或远程的学习者有机会做实验、参与活动等。

当教师在面临以上选择或问题时，可以选择使用 VR/AR 技术来辅助教学或提升教学效果，而当在面临以下情况时，教师应考虑不使用 VR/AR 技术。

（1）教学或培训中必须要使用真实的物体，计算机生成的虚拟物体不能够满足替代效果。

（2）与学习伙伴和教师的面对面交互是该教学内容或者过程中非常重要的一部分。

（3）采用 VR/AR 设备会对学习者生理和精神造成威胁，如造成头晕等。

（4）虚拟环境和虚拟对象太过逼真，可能使学习者把真实和虚拟混淆，对教学产生负面影响。

（5）相比其可能带来的教学效果，VR/AR 制作和使用的成本太高。

4. VR/AR 教学应用适用性策略研究

应用 VR/AR 技术进行教学时，教师和教学设计者除了需要考虑教学适用性情况外，还需要根据教学需求选择合适的 VR/AR 表现形式、系统软件、硬件设备，在案例分析和实践基础上，提出了如下 10 个步骤的 VR/AR 教学应用策略，如图 2-12 所示，以帮助教师和学习者判断在教学中何时使用以及如何应用 VR/AR 技术。

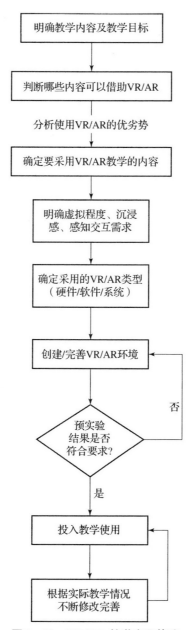

图 2-12　VR/AR 教学应用策略

步骤1：确定具体的教学内容。教师需要明确当前教学内容是什么，学习者在整个教学过程中需要学习和掌握的知识技能或情感态度价值观是什么。

步骤2：判断哪些内容可以借助 VR/AR 技术。考虑该部分教学内容中可以或需要采用 VR/AR 来辅助教学的有哪些。例如教授地球自转周期、自转产生的地理意义等知识时,教师需要判断哪些内容需要采用三维模拟演示教学。

步骤 3:确定采用 VR/AR 教学的部分。考虑 VR/AR 的优势和劣势后确定教学内容中可以采用 VR/AR 教学的内容。如教授地球自转的知识,需要用到三维演示向学习者展示地球自转,用 VR/AR 能够为学习者带来接近真实的体验,能提高教学效率和教学效果。

步骤 4:明确需要的 VR/AR 形式。在这一步,需要从虚实性、沉浸性、交互形式三个方面来确定对 VR/AR 特性的选择。虚实性即该部分所需要计算机创建的虚拟对象和环境的真实程度,及与现实的相似程度。沉浸性即学习者体验的沉浸程度,如桌面虚拟现实的沉浸性比头戴式 VR 设备加手套带来的沉浸性要弱。交互形式即学习者与 VR/AR 环境产生交互的方式,计算机合成的虚拟环境的输出形式和内容使得学习者产生不同的感觉如视觉、听觉、触觉等。这三方面具体 VR/AR 技术形式需结合实际教学目标来选择。VR/AR 感知需求与设备选择匹配如图 2–13、表 2–2 所示。

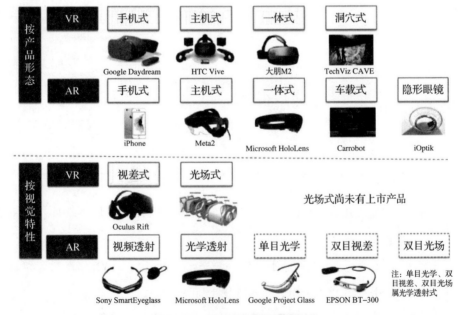

图 2–13　VR/AR 终端品类划分

资料来源:中国信息通信研究院。

表 2-2 VR/AR 输出形式

感觉		设备形式	设备	输出形式
VR/AR 输出	视觉	手持式	移动设备	影像（文字、虚拟对象、亮度突出）
		头戴式显示器	光学透视眼镜	
		空间式	投影仪	
			液晶显示器	
			自由立体显示器	（3D）影像（文字、虚拟对象、亮度突出）
		头戴式显示器	视频透视眼镜	
		可穿戴设备	全息投影仪	
		头戴式显示器 + 空间式	偏振显示器 + 眼镜	
			交替帧顺序显示器 + 眼镜	
			补色立体眼镜 + 默认显示	
	听觉	空间式	扬声器	环绕立体声
		头戴式显示器	头戴式耳机	立体声
		手持式	耳机	
	触觉	空间式	触觉设备	动作
		手持式	移动振动设备	振动
			游戏控制器	
	嗅觉	头戴式显示器	味觉显示器	味道
	味觉	头戴式显示器		气味

步骤 5：确定 VR/AR 设备和软件。确定需要采用什么硬件、软件、系统来实现 VR/AR 教学，明确具体采用设备型号、系统名称等。

步骤 6：创建 VR/AR 环境。教学设计者、技术人员设计 VR/AR 教学情境和内容，并创建 VR/AR 虚拟环境、对象和元素。

步骤 7：预实验。创建完 VR/AR 环境之后，为了保障它能与教学内容相匹配，并且能取得较好的教学效果，前期需要选择部分 VR/AR 目标学习者进行预实验。

步骤8：根据预实验的结果和反馈对 VR/AR 环境进行完善和调整，直至能够用于实际教学。

步骤9：将创建好的 VR/AR 环境和设计投入实际的教学中。

步骤10：根据教学效果和学习者反馈不断完善 VR/AR 环境，以用于下次教学。结合实际教学情况，往往一个教师会在多个班级进行授课，同样的教学内容需要多次讲解等，每一次的教学反馈都可以使该系统更完善。

在 VR/AR 教学应用之前，把握 VR/AR 教学思维及其教学适用性是 VR/AR 技术与教学深度融合的前提。本节主要探讨了 VR/AR 教学与传统教学在教学形态和思维方面发生的转变，认为 VR/AR 技术从教学形态、教学方法、教学评价分析、学习者培养目标、教学视点五个方面对传统教学进行了改造，转变了传统的表现形式，提供了新的教学形态，并将互联网教学思维引入 VR/AR 教学，提出在进行 VR/AR 教学应用前应对 VR/AR 表层设计、VR/AR 教学元素、VR/AR 设计目标、VR/AR 使用设计等几个主要问题进行构想和研究，提出了 VR/AR 教学设计思维。接着从教学对象适用性、教学内容适用性以及教学范围适用性三个角度对 VR/AR 技术的教学适用性问题进行研究。最后从传播有效性、师生技能、合理代价、实际制约四个角度对 VR/AR 教学适用范围进行探讨归纳，并提出了 VR/AR 教学应用策略，从 VR/AR 与当前教学内容的适用与否到具体的 VR/AR 表现形式和软硬件设备选择与设计层面对 VR/AR 技术的教学应用整体过程进行了设计。

2.5 基于游戏教学的数据挖掘方法[1]

数据挖掘是针对人对自然现象和社会现象所产生的反应与要评价的人的能力之间关系的挖掘，是一种能力的映射效果。没有与系统的交互、没有产生对系统的反应的数据是没有挖掘的价值的。例如，在游戏教学中，游戏元素设置是否成功、是否对教学有用，不是元素本身设计就具备这样的能力，而是通过学习者的体验反映出来的，因此游戏元素的设置体现了设计者自身的素质和能力，是教学智能性和科学性的反映。

传统的数据挖掘存在着盲目性，挖掘者对挖掘的目标不清晰，不知道挖什么、怎么挖、向哪里挖、挖什么元素等。数据挖掘必须基于一定的挖掘视点，针对游戏教学，数据挖掘必须有先决路径和元素存在才有挖掘的意义，才能反映出游戏的特有视点问题，即数据挖掘的原点。数据原点决定数据视点，不同的应用具有不同的原点，游戏的原点来自设计元素功能所体现的初衷，即学习者在游戏教学中展现的能力。数据挖掘的目标就是要挖掘出学习者对教学设计元素的反应能力，明确这些元素的设计与学习者的能力是否能够对应、教学能否成功等问题。只有找到挖掘原点，才能找出培养学习者在这些元素中的适应能力的规律，通过设计元素的修正再去培养学习者的能力，通过教学元素模型的训练，可以找出从不同方面都达到最好效果的游戏教学优质教学模型和架构。

游戏教学是在数据获取和数据挖掘的基础上，通过情形、环境等的设计体现人才培养的目标、意义和方法的一种新型的教学形态。游戏教学不是为了告诉学习者什么是知识，而是通过综合知识或技能冲突空间的设计使学习者在游戏中获得能力的提升，从而建构学习者自身的知识体系，并让其用自身感知的知识和方式去解决问题。游戏教学是将知识还原于数字自然，学习者通过与事物的交互，突破游戏中的一系列障碍，潜移默化地完成知识的获取、知识的享受和知识的应用，实现知识的创新和超越。学习者能够在兴奋或刺激的气氛中，以忘我的本能和态度建构或毁灭虚拟空间，从中获得影视设计要素的悬念、惊奇和满足三大体验。学习者将自己的行为轨迹通过在游戏空间中与各个元素作用所产生的效应数据记录下来，以此来展示和证明自己解决问题的能力。所有学习者在游戏中的历史行为记录构成了游戏行为大数据，游戏行为大数据为游戏数据挖掘、教学效果与游戏设计关联问题研究提供了数据基础。通过游戏数据挖掘可以找出教学问题的规律，找出教学数据之间的关系，找出设计元素与教学之间的关系，找出游戏元素及游戏空间设计与教学、游戏学习者三者之间的关系，找出学习者能力与教学元素的关系，找出知识与教学元素的关系，找出教学能力提升与游戏设计的关系，找出游戏教学设计的平衡量和控制关系，构建教学控制模型并实施教学控制。通过关系的挖掘形成游戏问题的数据视点，由此提出问题分类、挖掘分层、问题聚类、数据挖掘量化分析、游戏教学能力与元素的控制模型和反向设计模型。

游戏数据挖掘中除了常规的数据挖掘问题之外，还存在一些自身特有的需要解决的问题，如为什么要对游戏进行挖掘？谁来进行游戏挖掘？如何对游戏进行挖掘？挖掘的结果如何？挖掘的内容包含什么？游戏挖掘是否具有目的性？如何确定挖掘的深度？能否对游戏行为直接进行挖掘？游戏挖掘具备哪些条件？有数据有算法是不是就构成了挖掘的全部？本部分针对以上问题展开了深入研究。

2.5.1　教学数据挖掘视点

教学数据挖掘视点是研究教学数据挖掘的立场、目标和态度，是探究基于不同的视角需要获取和挖掘什么样的数据的过程。教学数据挖掘视点是基于教学数据，结合观测者本人的视点以及他所研究的视点需求，提出自己对数据的获取方法和获取手段的观点，视点所面对的都是客观数据。教学数据挖掘视点是根据技术环境和信息获取方法及途径定义的，能够通过多种表现形态各异的数据给出事件真伪与对错的判定以及是否与事件事实相符的结论[2]。

人们在观察事物的时候总是带有一定的态度，视点本身含有一种主观性，是根据主观的态度对所要获取的客观数据进行分析的过程。由于挖掘者本身带有主观的感情和情绪，所以挖掘的立场各不相同，挖掘数据的关注度也各不相同。很多问题需要基于一定的生活经历和知识掌握，带有一定判断性地直接或间接挖掘数据，通过技术手段或人为手段对教学数据和现象进行分类判断、从数据中获取需要的信息。

数据挖掘视点是专家经验的体现，经验越丰富，视点越准确，找到的与事件相关的因素越全面，挖掘出的规律与事实越相符，对于找出事件的真正原因越具有重要的指导作用，因此，挖掘视点对大数据挖掘效率及准确性起着重要的作用。视点最初是人为经验，通过人为经验可以建立初始事件影响因素的挖掘模型，随着数据的不断挖掘，可以将挖掘结果与模型进行比对，在挖掘中不断校正模型，最后产生一个误差允许范围内的相对优化的模型，得出事件的最终影响因素及权重，从而挖掘出事件的因果关系。因此，大数据的挖掘是通过寻找与事件相关的因素去更深层次地探寻其因果关系[3]。

在游戏教学中，由于教学数据的类型和结构各不相同，大量的数据以不同的形式存储在教学数据库中，因此对于游戏教学数据挖掘必须具有明确的挖掘视点管理方向和目标，要根据确定的目标进行不同方法和不同深度的数据挖掘，通过数据挖掘找到的因果关系不断与目标进行匹配，找到最佳教学数据挖掘路径，建立挖掘目标相关元素的控制模型，实现对教学目标的有效控制。

2.5.2 教学数据挖掘方法

1. 组合挖掘

根据多种数据来源反映出的问题可以挖掘出与之相关的一些数据信息或得出相应的其他数据的结论。例如：

"学习成绩"+"饭卡消费"+"高档消费区图像"="是否发放困难补助"；

"学习成绩"+"饭卡消费"+"Web 出现高档货名词"="是否发放困难补助"；

"某课程关注度持续提升"+"Web 对课程正面内容议论"+"选课人数剧增"="优秀课程"；

"某课程关注度突然提升"+"Web 正负面议论频度剧增"+"本门课点击率突然剧增"="教师授课内容触及底线"或"讲到社会热点问题"="教师教学策略应用成功"或"课堂中偶然出现教师名师"或其他；

"某学校某专业报考人数逐渐减少"+"其他学校这个专业报考人数逐步增加"+"Web 负面议论没兴趣"="教学设计有问题"或"教学内容有问题"或"教学考核有问题"；

"某学校某专业报考人数突然减少"+"其他学校这个专业报考人数增加"+"Web 集中议论某个教师"="由这个教师引发的事件产生负面影响"或"某个核心课程教师讲得好但课程取消了"或"出现了新的教学政策"；

"考场图像秩序混乱"+"考试成绩过高"="群体作弊可能"；

"图像发现交卷整体过早"+"成绩偏高"="试卷信度不够"或"漏题"；

"图像最后没人交卷"+"成绩很低"+"Web 议论难"="教学与考核的问题";

"图像所有考场持续混乱"+"所有成绩高"="办学质量失控";

"考前 Web 流传答题标准"+"从不点击课程学生成绩过高"="有漏题可能";

"某学校报名人数剧增"+"教学内容不变"="招生得力"或"变相降低收费"或"学校某种适合学生政策出台";

"报考人数剧增"+"考试成绩不稳定"="教学质量低";

"如期毕业人数正常"+"找不到对应岗位工作"="办学定位不准"或"专业设置内容与实际脱节";

"招生人数多"+"如期毕业少"="质量整体过难";

"Web 毕业学生说毕业很容易"+"整体成绩正常"="教学质量有问题";

"学生质量提高"+"学生能力提高"+"课程的整体成绩"+"各地区分布"="各地区教育能力";

"各学期学生缴费情况"+"地区分布"="各地区学生的经济状况"。

2. 逆向挖掘

站在教学视点进行数据的逆向挖掘,挖掘的结果即是现象的原因,找到的是数据之间的因果关系。例如:

"课件不好"="讲课不好"或"制作有问题";

"讲课不好"="与大纲不符"或"新课不完善"或"新教师资质和经验不够";

"教师讲课问题"="不认真备课"或"不是本专业"或"没有从事这方面的科学研究"或"思路见识过窄";

"试卷过难"="偏离元知识"或"偏离教学大纲"或"出题策略和题分布有问题"或"地区差异引起";

"Web 高峰"="搜索高词频"或"外界新闻和政策"或"重大利益冲突";

"网络堵塞"="教学环节过于集中提交作业"或"答辩视频带宽分配问题"或"后台多家启动数据挖掘和大型程序"。

3. 深度挖掘

数据首次挖掘出来的结果仍然蕴含其他有价值信息,可以对其进一步挖掘从而完成对事态的判断，明确应该采取的措施。例如：

"考试科次多"+"各科人数少"+"作弊严重"="设计逻辑考场"或"AB 卷进一步挖掘"；

"专业分布"+"地区分布"="各地区专业发展状况"，进一步挖掘各地区的主流专业；

"报考人数多"+"就业情况好"="热门专业"，进一步挖掘发展哪些新专业及专业导向。

4. 循环挖掘

根据初次挖掘的结果进行调整后循环测试，通过循环挖掘找出事件的诱因，这种类型的挖掘是教学事件的判断和诊断过程。例如：

"Web 议论课件资源不好"+"教师讲课好"="制作技术问题"或"编导问题"或"后期不理解课程"或"实践和案例引入不好"或"作业自测与课程不匹配"。

5. 分层挖掘

分层挖掘是指根据不同视点将挖掘目标分解成多个中层挖掘元素，并将这些元素与数据集中的数据进行关联挖掘分析，确定挖掘目标与数据集元素关系的过程。当顶层挖掘目标与底层数据库的数据集之间关系不明确或关系太复杂，无法直接挖掘到底层数据与顶层目标之间的关联关系时，中间层的建立有效实现了二者关系的建立。分层挖掘是一种多元组合、嵌套式函数关系深度挖掘，它体现了数据挖掘的多维特性，是建立在人才智能化管理角度设计的数据管理策略，它为游戏的数据基础和标准构造提出了基本框架。

1）分层挖掘模型

分层挖掘模型如图 2-14 所示，模型共分为三层：根目标层、中层元素层和底层元素层。根目标层到中层的挖掘是指标分解挖掘，中层到底层的挖掘是学习者轨迹行为效果聚类的挖掘。

（1）根目标层。根目标层为站在不同挖掘视点确定的最终根目标，是第一视点目标层。根目标的视点是可变的，站在不同的教学设计者角度，根目标的挖掘具有不同的意义。数据挖掘的最终目标是建立根目标与底层数据元素之间的关

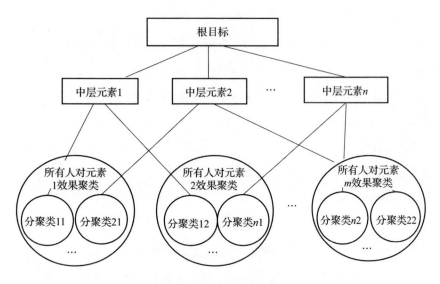

图 2-14　分层挖掘模型

系。例如，当确定学习效果提升为最终根目标之后，需要通过对底层数据库中学习者活动痕迹数据进行挖掘分析，明确哪些因素对于提升人才素质起到重要的作用。如果通过根目标层直接挖掘底层数据，虽然可以找出关联关系，但如果关联不明确，无法构成学习的逻辑规律，就有必要对挖掘目标进行分层聚类，在不同的聚类中找出对学习效果影响强烈的元素。因此，当根目标与数据记录集之间的关系比较复杂或者没有明确的数据关系时，需要构造中间元素层进行辅助挖掘。

（2）中层元素层。中层元素层构造的是顶层与底层之间的关系，中间层元素可以有自己独立的数据意义或管理意义，可以是基于教学管理经验构造而成的独立数据，它无法直接从数据集中获取，而是通过大量数据的关联关系分析，最终确定的影响根目标的重要中间元素。例如底层记录的学生闯关成功的行为数据与根目标层学习效果提升之间缺乏直接强相关性，但闯关成功实际是学生对于已知知识的有效运用，甚至是对知识的创新，它与根目标具有很重要的关联关系，如果利用传统的单层数据挖掘，这样的数据将被忽略，就会使得最终的挖掘结果出现偏差。

在分层数据挖掘模型中，可以根据挖掘难度构造多个中间层，中间层元素在整个数据挖掘策略中起到了承上启下的作用，既要作为自变量支撑第一视点根目标层的数据挖掘因果关系，又要作为因变量挖掘与底层数据之间的因果关系。

（3）底层元素层。底层元素层记录的是教学系统的过程数据，它们来源广泛，体现了游戏设计的功能元素，被存储于不同的数据库中。不同的底层元素聚类形成关系的数量就是因果关系的强度，是所有学习者对某一个元素反应的概率，是对所有学习者对这个元素反应的能力的评价。建立某一个元素的聚合挖掘特性，以强度作为因果关系系数或权重，在其中根据概率进行权重的计算，就可以系列地构成各层数据挖掘因果关系控制模型，控制模型从质到量上对数据挖掘进行了方法性描述，通过控制模型的构建，可以使教学视点的观察者明确根目标的影响因素及控制方法。

学习部分是以人的教学行为体现出的教学效果和对知识的获取的效率，这些教学行为的记载是将它和游戏中空间的各个元素（关卡）等进行作用以后所产生的效果进行分类聚类分层反射到人才培养模式当中，对此数据的模型进行数字化的最终目标是利用数字化手段寻找出教学元素在底层设计方案和元素以及教学设计和人之间的关系，找出能力培养与教学设计之间的关系，提取出量化指标进行问题的控制，通过不断训练产生最优的各种教学游戏的优秀模型。

2）分层挖掘逻辑结构

分层挖掘逻辑结构如图 2-15 所示，自下而上分别是元素来源获取层、数据元素层、数据意义层和数据视点层。其中每一个上层的数据均可以被看作因变量 y，其下层数据则是自变量 x，下层数据经过大数据挖掘形成的相关函数 f 转换后可以求得上层数据的值。自变量可以是自然的数据源或情节故事源，也可以是人为隐含构造出来的教学中间行为结果和相关学习成绩统计源。每一层既可以是它上层的自变量，也可以是它下层的因变量，因此便可以形成顶层数据与底层数据的多级嵌套转换关系。挖掘中以谁为核心点，则可以视其为 y，是挖掘的起点。因变量和自变量是一个相对的概念，决定于数据挖掘的方向，视点不同，挖掘路径不同，起点不同。

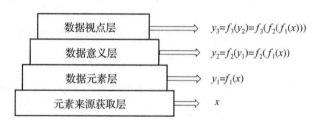

图 2－15　分层挖掘逻辑结构

多级嵌套函数数据挖掘提出了自顶向下的挖掘方向和自底向上的数据组合方向，形成了完整的多层次函数嵌套挖掘框架。自顶向下的挖掘由数据挖掘根目标为源头出发，以正序方向进行挖掘问题需求式延伸，自底向上数据组合是由反方向底层数据因果关系挖掘结果与中间层子挖掘目标衔接，进而获得根目标的因果关系表达。

3）分层挖掘量化控制

分层挖掘中可以通过大数据挖掘聚类分类完成各元素量化控制。在游戏教学中，游戏行为动作反映了学生的学习轨迹、考虑问题的思路和掌握知识的能力，这些行为动作被记录在轨迹数据库中，体现了学生是否成功解决问题、是否在规定时间内通过关卡等内容，这些动作不是在一个时间段内完成的，而是按照游戏进程，在每个阶段都会产生同步的故事情节、气氛以及环境。由于学习者能力不同，在游戏中表现的对问题的反应和状态也各不相同，因此，数据挖掘实现的是对最终所有学习者闯关概率的计算，这个概率构成了在总体目标中的权重。

聚类实现的是不同元素的聚合，是对学习者人群的综合评价，是对触及挖掘目标的学习者的整体挖掘，挖掘的是学习者在各种影响元素中表现的反应能力和行为能力。因此，针对游戏教学，其数据挖掘的内涵即是挖掘所有学习者对某一个元素反应的概率，是对所有学习者对这个元素反应的能力的评价。需要根据不同的视点建立先决的挖掘路径和元素，在此基础上，挖掘所有人在该元素中的表现能力和概率，最终形成某个能力的聚合挖掘特性。

分层挖掘的量化包括中层元素的量化以及根目标的量化。中层元素的量化模型通过数据挖掘聚类产生，反映了底层与之相关的数据对该元素的影响程度。根目标的量化模型是建立在中间层元素量化模型基础之上的，通过利用已有的中间元素与根目标之间的权重关系，最终确定根目标的取值。

式（2-1）为中层元素 me 的控制模型，其中 fe 为与该中层元素相关的底层数据，共有 j 个 fe 与 me 相关，fw 为该底层数据 fe 在中层元素 me 控制中所占的权值。

$$me = \sum_{j=1}^{m} fe_j \times fw_j \qquad (2-1)$$

式（2-2）为总体根目标 rg 的控制模型，其中 me 为中层元素的计算取值，mw 为各中层元素对应的权值，每个根目标 rg 与 i 个中层元素 me 相关。

$$rg = \sum_{i=1}^{n} me_i \times mw_i \qquad (2-2)$$

游戏教学层次挖掘的目标是通过数据挖掘构建多个中层元素的控制模型，最终组合形成根目标的控制模型，实现多因素、多目标综合评判，为游戏教学设计提供量化依据。

2.5.3 游戏教学数据挖掘方法应用研究

任何对人的能力的数据挖掘都是要在人与事物发生作用以后所产生效应的基础上进行挖掘的，游戏教学不是挖掘游戏中部件的使用情况，而是要挖掘所有游戏者与游戏部件、游戏路径、游戏关卡发生关系之后所产生的作用与效应，通过数据效应的挖掘，找出效应的强弱，并根据游戏定义的如计算等自身功能与创新能力等中间层的关系，对中间层聚类之间的强度进行计算。游戏教学挖掘要求底层的数据元素具有与教学相关的、隐含的或直接的教学作用或培养人才的作用，根据每个人对元素的反应情况，如是否通过关卡，进行相应的强、弱或发生、不发生等关联强度分析，最终通过全部挖掘聚类分析找出整体目标的控制模型。挖掘应用分层是聚类与聚类之间发生的挖掘关系，不是底层单元素之间的关联，单元素的挖掘对于游戏教学的管理意义相对较小，必须挖掘出学习者对于游戏教学环节所产生的效果，才能真正反映出教学设计是否成功。

以北京理工大学汽车游戏教学设计为例[4]，该设计系统地进行了分层挖掘模型和逻辑架构的设计,明确了中间层的影响元素及其挖掘的定义,利用分层挖掘的思想建立了中间元素及根目标的控制模型。

1. 游戏教学分层挖掘模型

1)根目标层

在汽车游戏教学中,从管理者视点出发,明确人才培养素质是数据挖掘的顶层根目标。

2)中层元素层

中间元素层的影响元素包括记忆能力、运用能力、技能能力、超越能力和创新能力,通过对底层教学痕迹的挖掘,发现各中层影响元素的子因素,通过分析底层各子因素与中层元素之间的关系,确定各子元素对中层元素的权重,形成该中层元素的控制模型。由于中层元素数量多,且又有多个底层数据元素与之相关,因此会形成多个控制模型,将中间元素的控制模型根据已知权重关系组合便形成了最终的根目标控制模型。

3)底层数据层

底层数据层体现了游戏设计的功能元素,元素可能是关卡,也可能是路径,如需要通过四则运算完成的密码锁开锁功能等,需要通过类似于日期+生日=密码锁这样的规则完成密码的解密动作。一个元素可以具备多个教学设计发生的事件,如密码锁的设计可以体现创新和超越两种能力,开锁速度超过已有最高纪录,是超越能力的体现,如果创新地利用某些其他手段完成这一功能,则体现了学习者的创新能力。数据层通过对存储的学习者在游戏教学中所留下的底层各种教学痕迹元素的挖掘分析,可以聚类出不同的学习者对学习能力的反应。

分层挖掘通过挖掘不同底层数据元素与中层元素之间的因果关系,可以明确如何提升记忆能力、运用能力、技能能力、超越能力以及创新能力。由于5个元素无法同时达到最佳状态,因此将人才培养素质提升定义为5个元素的组合,在组合中找出最佳结合点,构成因果到因果的关系,从而使游戏教学设计达到最佳的状态。

图2-16为人才培养素质分层挖掘模型,本实例中从教学管理的视点出发,

以顶层人才素质培养作为根目标，展开形成5个中间层分支节点。底层数据层是对所有学习者与不同的功能元素作用产生的效果的聚类，对每一个元素的聚类中可以体现多种学习能力。例如对元素1的聚类中，既体现了知识的运用能力，又体现了学习者的超越能力，如复原魔方的设计。同样，对于同一个中间层元素而言，它的能力也体现在学习者对不同元素的反应中，如创新能力既可以体现在对元素2的分聚类中，也可以体现在对元素 n 的分聚类中。例如在闯关过程中学习者可以创新闯关方法，也可以在漫游中创新学习路径。

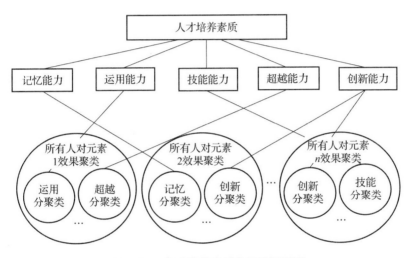

图2-16　人才培养素质分层挖掘模型

2. 游戏教学分层挖掘逻辑结构

以人才培养素质中总成绩评价为例，形成了图2-17所示的总成绩评价分层挖掘逻辑结构。元素来源获取层中拥有大量的与成绩相关的实体数据库，数据库中记录了每次操作轨迹记录的各层内容和各层表现的成绩，包括编导库、轨迹库、成绩库、元素触发库等，通过对数据库中数据的关联等操作，形成数据元素层中与成绩相关的底层轨迹记录集，记录集记录的是学习者学习轨迹、学习动作和底层成绩，对这些数据进行挖掘分析，便可以形成数据意义层中在各个游戏中产生的逻辑成绩和游戏过程的表现子成绩，最终根据已有的成绩训练模型，形成数据视点层的总成绩评价，即游戏教学结束后的总成绩。

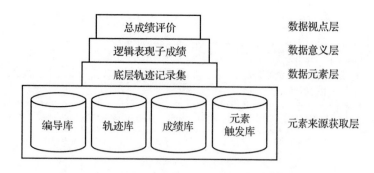

图 2-17 总成绩评价分层挖掘逻辑结构

3. 中层元素构建

人才培养素质的分层挖掘共分三层：顶层为人才培养素质提升根目标；中层 5 个元素；底层数据记录信息，包含环境、成绩、关卡、路径等。人才培养素质的控制模型构成如式（2-3）所示，其构建示意图如图 2-18 所示。

$$人才培养素质 = 记忆能力 + 运用能力 + 技能能力 + 超越能力 + 创新能力 \tag{2-3}$$

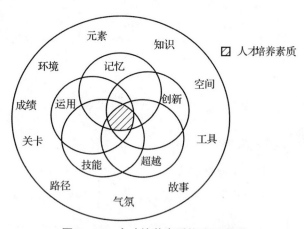

图 2-18 人才培养素质构建示意图

5 个中层元素的定义、基本元素、驱动及环境参数如表 2-3~表 2-7 所示。由于游戏教学具有很强的时间连续性，随着时间的不断推移，学习者会通过不同的学习行为表现出他对知识的理解、对知识的运用和对知识的创新所具有的不同表现形式，五大因素的基本影响因素在不同的时间段中会有不同的表现。

表2-3 记忆能力基本信息表

项目	基本信息
含义	记忆能力是指学习者对所学知识的掌握程度,如对数学公式的记忆
定义	知识记忆 = (知识基本运用) ∨ (新知识正确运用) ∨ (新知识理解) = (接收知识讲解 ∧ 含知识体关卡 ∧ 闯关) ∨ (接收知识讲解 ∧ 运用含知识体工具 ∧ 技能类型 ∧ 速度) ∨ (接收知识讲解 ∧ 含知识体路径 ∧ 闯关速度) ∨ …
基本元素	接收知识讲解、含知识体关卡、含知识体工具、含知识体路径、闯关、技能类型、速度……
驱动	知识记忆驱动 = (知识记忆) ∧ (环境参数) = (知识记忆) ∧ (气氛(兴奋) ∨ 刺激(悲伤) ∨ 联想 ∨ 场景/气氛重复 ∨ 操作频率 ∨ …)
环境参数	由故事空间编导同步设计

表2-4 运用能力基本信息表

项目	基本信息
含义	运用能力是指学习者对已有知识的使用能力,如利用四则运算完成开锁的动作
定义	知识运用 = (含知识体的关卡元素) ∨ (含知识体的路径元素) ∨ (闯关 ∧ 速度) ∨ (闯关 ∧ 次数) ∨ (路径分支 ∧ 速度) ∨ (路径分支 ∧ 次数) ∨ …
基本元素	含知识体的关卡元素、含知识体的路径元素、闯关速度、闯关次数、通过路径速度、通过路径次数……
驱动	知识运用驱动 = (知识运用) ∧ (环境参数) = (知识运用) ∧ (气氛(宽松) ∨ 举一反三参照关联 ∨ 联想 ∨ 对比 ∨ 场景重复展现 ∨ 类似知识环境的展现 ∨ …)
环境参数	由故事空间编导同步设计

表2-5 技能能力基本信息表

项目	基本信息
含义	技能能力是指学习者所具有的不同类型的解决问题的方法,如对问题的综合分析能力

续表

项目	基本信息
定义	技能提升 =（技能类型∧速度）∨（技能类型∧新型）∨（工具∧新型）∨（操作对象∧新型）∨…
基本元素	技能类型、速度、新型（技能类型、工具、操作对象）……
驱动	技能提升驱动 =（技能提升）∧（环境参数）=（技能提升）∧（环境重复次数∨环境气氛博弈∨环境激励∨…）
环境参数	由故事空间编导同步设计

表 2-6　超越能力基本信息表

项目	基本信息
含义	超越能力是指学习者对已有成绩的超越，包括自身超越、时间超越、成绩超越、能力超越、体魄超越、首次挑战等
定义	超越 =（首次挑战∧技能类型∧环节兴奋）∨（技能类型∧最高频率）∨（技能类型∧最快速度）∨（含知识关卡∧首次挑战）∨（含知识路径∧首次挑战）∨（对抗元素∧首次战胜）∨（环节恶劣∧闯关）∨（成绩∧最好）∨（失败记录∧最小）∨…
基本元素	首次挑战技能类型、完成技能操作的最高频率、完成技能操作的最快速度、首次挑战含知识关卡、首次挑战含知识路径、对抗元素、首次战胜、编导环节（兴奋/恶劣）、成绩最好、失败记录最小……
驱动	超越驱动 =（超越）∧（环境参数）=（超越）∧（气氛（音乐、美景）∨能量（新式武器）∨激励∨回报∨…）
环境参数	由故事空间编导同步设计

表 2-7　创新能力基本信息表

项目	基本信息
含义	创新能力是指学习者解决问题时所体现的与众不同的方法或技能，包括方法创新、思路创新、知识体创新等

续表

项目	基本信息
定义	知识创新=(新方法∧首次挑战)∨(构建自己的知识体∧首次挑战)∨(构建与他人不同的知识体)∨(最优路径)∨…
基本元素	首次新方法、构建自己的知识体、构建与他人不同的知识体、最优路径……
驱动	知识创新驱动=(知识创新)∧(环境参数)=(知识创新)∧(气氛(兴奋)∨激励∨联想∨对比∨启发∨…)
环境参数	由故事空间编导同步设计

1) 基本元素

基本元素是对学习者在游戏教学中各种行为的记录，底层的基本元素是数据记录集，如在游戏教学中，它们可以是来自游戏的设计元素反馈结果、路径或关卡等触发回馈结果，或来自影视编导同步设计元素，如气氛等[5]。

2) 定义

若干个关联性很强的基本元素进行合取运算，形成了对中间元素的综合影响，而每个中间元素的影响因素会由多组相关性很强的综合结果组成，这些结果通过析取运算进行组合，共同构成了对中间元素的定义。如对于创新能力的定义有多种，可以是首次挑战新的教学方法，可以是学习者构建与他人不同的知识体，也可以是在教学中具备选择最优路径进行学习的能力。由于在不同的游戏情形下对于创新的含义和表现各不相同，因此，对于这些中间元素给出了多种定义方式。

3) 环境参数

环境参数是由故事空间编导同步设计的，对于不同的中间元素性能的提升，需要构造不同的设计环境。例如，为了给学习者的创新营造一定的环境，适当的关卡设置、气氛渲染以及影视故事情节的编排都可以使学习者产生身临其境的感觉。

4) 驱动

驱动实现了各元素之间关联关系的建立，它通过将中间元素与环境参数进行合取运算，实现了在不同环境下该中间元素性能的提升。环境的兴奋点与能力的提升具备正向关系。例如学习者自身的学习兴奋状态、对知识和技能的联想能力、对比手段的有效运用等都可以对创新能力提升起到积极的正向驱动作用。

4. 游戏教学元素设计与教学效果评测标准

表2-8为游戏教学元素设计与教学效果评测标准，通过在游戏中加入环境、故事、关卡、工具、空间、知识等设计元素，学习者能够充分感受游戏带来的教学体验，不断实现知识体系的构建。游戏教学系统能够对学习者的轨迹进行追踪实现其学习效果的评价，从而为游戏教学设计的改进提供相应的指导。

表2-8 游戏教学元素设计与教学效果评测标准

标准	元素				
	记忆能力	运用能力	技能能力	超越能力	创新能力
教学元素设计	设计恐惧刺激环境、联想环境、不断给出相关知识应用环境	基本知识运用、领悟知识存在、辨识、综合、直接、间接、破解问题	工序反复操作、技能对抗、博弈、组合、训练、工具应用、现场组装、气氛、交互、三维逼真度	极度环境、勇敢的环境、激励设计元素、自我状态超常环境和信息	兴奋、移情、刺激、激励、联想、启迪、提出的欲望、手段发明的欲望、推翻知识的欲望、重构知识的欲望
教学效果评测	1. 知识运用正确性提高 2. 知识运用速度提高 3. 快速运用记忆分解方法解决复杂问题	1. 新学知识综合运用（解锁） 2. 灵活运用加以改造（如：路径计算） 3. 知识转化问题的解决（如：支点计算） 4. 间接和构造问题分解和解决（如：货场体积计算）	1. 对对象多次操作成功 2. 重复部分技术路径闯关成功 3. 迷恋操作空间，完成速度提升 4. 完成新的路径（超越） 5. 超出技能评分标准（超越）	1. 超过技能能力的4、5项 2. 进入某些高难度区域 3. 首次挑战高手 4. 首次应用高难度武器	1. 闯关速度突破——能力创新 2. 闯关路径优化 3. 破解难点方法（算法突破） 4. 重新建构问题—自设计—自建—自解—空间自构

5. 控制方程及控制模型的构建

在游戏教学过程中，学习者的学习行为动作和路径被不断记录在相应的数据库中作为五大中层因素的基本元素，如学习者整体操作速度提升、游戏的设备运用和动手能力增强、游戏难度升级等都是学习者最后成绩的反映，它们的总和形成了最终的学习成绩。学习成绩是超越能力的基本组成元素，因此与超越能力产生关联，根据关联的次数形成了成绩在超越能力中的权重。通过数据挖掘手段，可以实现对这些基本元素之间关联关系以及五大因素之间关联关系的分析，实现分层关联关系的构造。数据之间的关联性分为强关联、弱关联和无关联，数据挖掘关联性的强度取决于两个数据之间发生关联的次数，关联次数越多，关联度越高，关联性越强。通过对关联次数的挖掘，可以判定数据元素之间的关联强弱关系，从而为挖掘的目标找出有效的影响因素。图 2-19 为技能的影响因素聚类示意图，根据对技能元素的挖掘共形成 4 个聚类，每个聚类中有不同的影响因素，每个因素都具有相应的权重值 w，其中各权重值满足式 (2-4)~式 (2-8)。

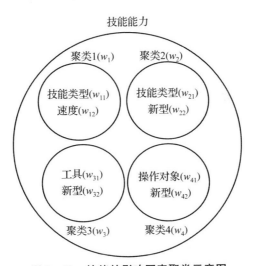

图 2-19　技能的影响因素聚类示意图

$$w_1 + w_2 + w_3 + w_4 = 1 \qquad (2-4)$$

$$w_{11} + w_{12} = 1 \qquad (2-5)$$

$$w_{21} + w_{22} = 1 \qquad (2-6)$$

$$w_{31} + w_{32} = 1 \qquad (2-7)$$

$$w_{41} + w_{42} = 1 \qquad (2-8)$$

对技能能力的影响因素进行关联分析后按照自身时间轴发生事件聚类,根据聚类产生对技能因素的影响比例,形成技能能力的控制方程,如式(2-9)所示。

$$技能能力 = (w_{11} \times w_1 + w_{21} \times w_2) + w_{12} \times w_1 + w_{31} \times w_3 +$$
$$w_{41} \times w_4 + (w_{22} \times w_2 + w_{32} \times w_3 + w_{42} \times w_4) \qquad (2-9)$$

由于人才培养的类型不同,5个中层元素对于总体人才素质的影响权重各不相同,因此需要根据事先训练形成的人才素质模型获取不同类型人才的影响因素比例,如技能型人才、创新型人才等,最终通过5个元素的权重计算,叠加形成人才培养素质的控制模型和控制结果,如式(2-10)、式(2-11)所示。

$$人才培养素质控制模型 = \begin{cases} 记忆能力控制模型 \\ 运用能力控制模型 \\ 技能能力控制模型 \\ 超越能力控制模型 \\ 创新能力控制模型 \end{cases} \qquad (2-10)$$

$$人才培养素质 = 记忆能力 \times 权值1 + 运用能力 \times 权值2 + 技能能力 \times 权值3 +$$
$$超越能力 \times 权值4 + 创新能力 \times 权值5 \qquad (2-11)$$

本节以游戏教学为例,研究了教学数据挖掘中的视点问题和挖掘方法问题,明确了教学挖掘必须具有一定的视点,必须具备明确的挖掘目标和明确的子目标衔接节点,必须具有明确的以问题为导向需求推理和符合逻辑的因果递推关系。由于游戏教学的性质是经过操作和体验完成能力的提升,它对知识和问题的理解和体验都作为行为痕迹存储在数据库中,必须进行数据挖掘,找出学习者学习的规律,总结出由此获得能力的提升与游戏设计所形成的关系,形成另一种形态的教学统计评价反馈的机制。挖掘的对象是人对元素作用后产生的效果,在所有效果的数据统计基础上找出与教学和能力提升之间的关系。由于游戏知识学习的获取评价主要反映在游戏教学之后个人的能力提升方面,因此数据挖掘对人的能力进行评价也是对游戏教学效率的评价。挖掘的层次与管理者的自身管理分层有关,如是否设置中间层分量、是否进行间接分类将直接决定挖掘的有效性。游戏教学不仅是教学方法的革新,而且是教学范式的革新,是基于数据挖掘和行为分析得到的一种新型教学形式。在数据隐藏层中自行设计挖掘规则,体现了教学设计者的设计意图,对于数据挖掘的效率提升具有重要的指导作用。

2.6 基于知识图谱设计的 VR 教学资源建构研究[1]

教育是一种体验过程,是在唤醒中体验过程,其目的是让学生在这个体验过程中,模拟或感受一遍某种思维方式,然后熟悉这种思维,记住这种思维,熟练地代入其他问题。虚拟现实技术为教育领域的发展带来了新的机遇,能够让学生在虚拟学习环境中充分互动,解决传统课堂上交互性、沉浸感不强的问题[1]。VR 教育资源可以充分适应教育的特征,由于其三维空间的展现、知识思维的转变、体验者效果的追踪反馈控制都大大提升了育人的质量,大大缩短了知识自我建构的路径,其在未来教育中将逐步占有主导地位,是新技术环境下的教育资源的必然。为了让 VR 教育资源更加科学化、个性化,更加符合人们的认知规律和生活认同感,为了让更多的学科教育资源向 VR 教育资源过渡,需要尽早地将人工智能思想融入 VR 教育资源建构当中,要为 VR 资源智能化奠定良好的经验基础、推理基础、数据基础,转变教师的职能,将教师的职能从知识内容的教授转变为与计算机合作,共同建构教学资源基础思想、基础架构、构架策略、知识架构框架等,去完成更高一级的教学建设,如果将人的智慧与知识连接起来,就会产生教育智能性的应用升级和体验,而这项工作的核心就是 VR 教学资源知识图谱体系的建立。

2.6.1 教育资源知识图谱的设计

知识是人类通过观察、学习和思考有关客观世界的各种现象而获得和总结出的所有事实、手段来描述、表示和传承知识、规则或原则的集合[2]。

VR 教学资源是自然现象、社会现象被演化人类本性和行为图谱的另一种知识的描述和承载形式。以 VR 资源形式承载的教学是在特定时空的、以自愿活动为方式的、具有一定约束规则的、伴有情感的、带有日常压力的大众反应延伸的、带有知识形态不定性的、时态不定性的、问题不确定性的、具有明确自我意识的知识体验过程和探索过程。VR教学资源是一系列问题互补的、导致清晰定义和可预测后果的外部交互去解决困难的过程；它是将对世界的认识问题进行重新组合，让问题融入以目标、规则、反馈、假想、自愿设计的空间中，在特定的时间和空间里探索体验，整个过程呈现出明显的秩序性和规则性，体验者没有时势的必需和物质的功利，并以自愿的、娱乐的、消遣的和发泄情绪的形式去体验知识的存在、知识的内涵、知识的多种表现形式以及知识与自我知识结构的关系，在过程中实现自我虚拟价值，培养个性化的虚拟性格和意志，其适应度将不断地由反馈系统进行增强，最终实现体验者的知识建构。

知识图谱是VR教学资源的思想基础，教育领域知识图谱是个性化学习资源和学习路径推荐的服务平台[3]，是以结构化的形式描述客观世界中的概念、实体及其关系[4]。在人工智能时代背景下，知识图谱将错综复杂的各类信息表达成更接近人类认知世界的形式，并提供了一种更好地组织、管理和理解互联网海量教育资源信息的能力[5]。

VR教育资源的知识图谱是一个知识的网络，它包含教育资源的实体、属性和关系，包括知识检索与推理，具有一定的专业性。由于教育大数据的积淀和经验非常有限，以及传统的数据观点不适合于未来智能教育形态发展和创新，要摆脱传统人工构建、数据规模局限的束缚，必须具有正确的大数据的思维，才能真正使教育资源知识图谱在大数据智能搜索、推荐、分析预测的关联分析、可解释性推理方面发挥正确性的应用，产生从知识规模量到知识效用质变的转换，提供高质量结构化数据，为大数据提供可靠的先验知识。

VR知识图谱在教育中体现在知识建构、VR知识的结构发展、逻辑问题向形象问题转换、知识问题的空间映射、解决问题方法和过程在故事情节中的映射、知识掌握向能力提升的转移、教师创新拓展建构等方面。VR教育资源知识图谱根据VR资源设计、架构、运行、反馈和控制的流程进行设计，它将体现VR资源设计实现的思想承载、智能驱动下的知识的搜索机制和策略，支撑VR的设计、运行、体验者感知、自适应VR系统修正等功能，其内容将比教学课程知识图谱问题更加复杂，它是以问题为出发点的、以空间交互产生冲突的自我建构体验过程，将形成以"知识本体+教学经验+VR智能构建"为主的资源内容滚动式架构。虚拟现实三个基本特征是想象性、交互性和沉浸性[6]。因此，我们设计的VR教育资源应充分发挥VR的特性，更加侧重于解决资源智能的问题，其图谱要具有对课程资源进行故事叙事的能力和空间再现的能力，又要能从教学内容设计角度出发给出以问题为导向的、以不同方向思维为目标的内容智能搜索导航定位的功能，并在其图谱架构的基础上完成图谱的自愈/自育、空间架构下的知识的自愈/自育，动态实现知识获取、知识表示、知识存储、知识建模、知识融合、知识理解、知识运维[7]等功能。

2.6.2 VR教育资源知识图谱特性

1. VR教育资源

VR教育资源所表征的问题是世界性的问题，是人类自然学科和社会学科问题描述的总和，是未来世界和不可预测问题的虚拟世界的描述，是将代替人类进行智能性、创造性时空和智能行为的体现，是解决问题、认识问题、辨识问题、分析问题的集合，既有高度的定理、推理知识的浓缩描述，又有事实、案例所表现的自然特性写真，是多种形态的结点的组合；它在真实和科学描述之间存在，在可能与不可能之间存在，在过去、现在、将来、超时空的任何一个时态存在以及在逻辑和形象思维之间存在。

VR教育资源属于现代性教育资源，是在强大的虚拟现实软硬件基础上、在教育心理学基础上、在教育理念发生巨大转变的条件上发展起来的，它是说明自然科学、社会科学现象的最直接的解释通道[8]，又是人类问题关系的完整的显现。它将客观的现象与人们的情感、认识、评价进行融合，让人们在联想、判断、主动探究上发挥主观能动性，使其知识图谱理论层架构分成了概念分类层、元素组合设计层和教学体验层（图2-20）。VR教育资源是一个新的教学形态，它的教学方式从说教过渡到体验，从知识的描述讲解过渡到自己去体验知识的内涵，从被动建构到主动建构的认识，转变了知识获得方法、评价的方法、理解的方法、能力提升的认识，与传统教材上用来组织和表征知识的概念图[9]有所不同，所以其知识图谱具有普遍性和特殊性。

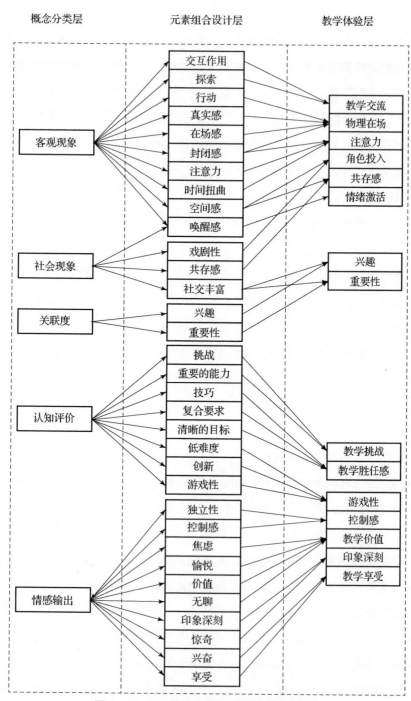

图 2-20 VR 教学资源知识图谱理论层架构

2. VR 教育资源知识图谱

传统教育资源知识图谱具有一定的成熟性、系统性、经验沉淀性；是按照一种学习心理定式和逻辑定式进行思维和知识推演，是以传统的教学行为和示范行为进行知识点的推进，承上启下的关系非常明确，结论非常稳定，内容形式联想度不高，与其他学科的交叉性较弱，对新事物的发展的自适应度不强；对基础学科教育、较为稳定的学科教育、发展较慢的学科教育起到了重大的教学作用，也为教育知识图谱奠定了稳固的基础。

VR 教育资源知识图谱的最大特性是将对知识的语言描述以及多个知识的描述转化到人们感知、情绪、感情、交互等空间当中，将综合的知识分解成若干的故事情节，构造体验者扮演故事的角色和参与者，让学习者与故事中的问题、事物进行冲突，在体验过程中不断地发现问题、找出解决问题的方法与途径、解决问题，在解决问题的过程中达到自我建构。Zhu 等根据学习者在不同学习情境下的不同偏好，提出了一种基于知识图谱的学习路径推荐模型，并证实了学习者在此教育资源的辅助下能够合理地平衡学习目标和学习时间[10]，从而提高个性化学习的效率。问题解决的方式和方法、现象与问题具有差异性，需要针对它的不同的过程阶段构建出不同的知识结构图谱；知识图谱的先进与否，将决定教育资源智能的程度，将决定教育资源再造性、再生成性，将决定围绕教育资源的教学支持的优质性，将决定整体教学的引领性。基于以上理由我们认为，VR 教育资源知识图谱应具有以下特性。

1) 发展性

除具有传统承载知识内容、知识观点、知识关系继承的性能外，VR 教育资源知识图谱结构的先进性将决定知识图谱拓展的能力，现代知识图谱的初建要充分体现对未来问题的引领性，对未来科技带来的性能的影响性，以及新资源和应用领域融合的预测性等；层次的独立发展将对今后的拓展具有重要的作用。VR 教育资源知识图谱更加注重知识图谱结构和基础结构的定位、形成；更加关注资源的成长、评价、更新以及删减，是具有发展性的知识结构。

2) 层次性

VR 教育资源知识图谱呈现多种角度的视点和观察点，呈现多层次的描述关系；是一个以问题为导向的、探究为主的结构体。

3）扩展性

网状式的知识图谱基本都建立在较为稳定的基础上，现代的结构属于成长自愈结构，需要留出相当的叶结点空间向外进行问题的扩展和知识外衔接，不适于采用网状式的结构；全面设计反映该知识点解决问题的途径和过程，既要有主要理论观点，又要有相应的案例、事实、反面观点、疑问观点的支撑，形成多用途的、系列对应组合的知识图谱；而对教育资源的知识图谱描述和构造工作绝对不是利用天然的图谱进行问题任意抽取和组合，必须以教学需求、任务需求、目标需求、滚动式成熟为设计原则，设计完成与解决问题相关的、与陈述相关的知识节点间的连接。

4）可塑性

VR教育资源从媒体融合、观点交叉、技术融合、时代跨越、理论交叉、先进性的拓展上都有非常大的变化，要求它的资源知识图谱层次定位必须清晰、可塑；VR教育资源的知识图谱既要保持知识的自然成长规律，符合一定的知识认知规律，又要能够适应经验和实验结果的自然嫁接；知识结点的连接既要遵循自然科学的规律，又要遵循教育认知的规律，进行知识到知识的自然过渡与延展，富有自然的逻辑性。

5）承上启下

知识的表示和知识图谱设计应该是顺意连接，不应该在两个知识结点之间存在问题的重大分歧，不应该产生较大的跨度跳转。应该界定解决问题的目标区域，把问题类似、解决方法相近的划在一个区域。其分支知识图谱衔接流畅，教学思路清晰延展，具有承上启下的相关设计，具有知识脉络认知的拓展设计规则。

6）形态描述多样性

VR技术融合了计算机、网络、视听、多媒体、人工智能等多种技术，其实质是智能化的人机界面交互技术[11]。VR技术是集现实、未来、自然科学、社会科学、微观、宏观、假想、超越为一体的空间环境，既有现实的仿真、又具有后创造性的发挥，其教学目的是通过体验和创造去建构自我知识体系，所以VR问题的第一要素就是可信、逼真。其既要符合认知规律、自然法则、社会基本的道德规范，又要让体验者有身临其境的感觉。这就要有知识问题的隐藏和综合描述技巧问题，问题故事化描述的问题，实践冲突的虚拟构造问题，虚空间与现实空间的构造问题，以及构造虚拟空间的虚拟人物、问题元素、冲突等系列元素的描述问题；因此，VR教育资源知识图谱要具有这样的形态描述多样化的性能。

2.6.3 VR教育资源知识图谱的作用与描述

VR教育资源知识图谱的构造将决定教育资源未来的智能特性的程度，将决定VR空间的智适应度，将决定未来VR技术的发展方向和应用领域。也就是说VR教育知识图谱是"VR + AI"的基础，它相当于智能领域专家系统的地位，反映了VR设计的内涵、思想、基础构架、交叉知识融合、拓展技术的接口、教育心理的结合、VR资源论的特性。目前的研究大多集中在基本关系的提取上。更深入、更准确的关系提取可以帮助挖掘出更多的教育背景信息[12]。因此，研究VR教育资源知识图谱将具有一定的学术价值和应用价值，它的价值绝对不是停留在娱乐趣味上，它将是5G智能时代教学方法和教学思想发展的必然。下面我们将按照其功能分别予以陈述。

1. VR教学体验系统概要设计知识图谱

它架构了VR系统概要设计的设计脉络，是以概念层、VR元素组合设计层、VR教学体验层三个层面构建的关系层次网络，根据联通主义的理念，采用树状结构、层层递进的方式将学科知识图谱可视化呈现给学习者，使学习者能够更加全面直观地了解所学内容的知识体系[13]。因此本研究采取以问题为导向、以VR元素为基础的教学设计思路，给出了达到最佳教学目标的推演路径（图2-21）。

VR教学体验系统概要设计知识图谱体现了VR化教学体验的构成基于动机心理学中对认知评价和情感输出的分类[14]，体现了高投入度教学设计、临在感问题的研究及情感设计研究的关系。该知识图谱包含了以下知识元素。

1）VR化教学体验的核心元素

VR化教学体验的核心元素描述了VR化教学系统本身及其与学习者之间的互动，定义了游戏化世界的背景、交互规则以及故事场景；给出了虚拟环境呈现给学习者的具体方式，包括将物理场景转化为图像和声音。

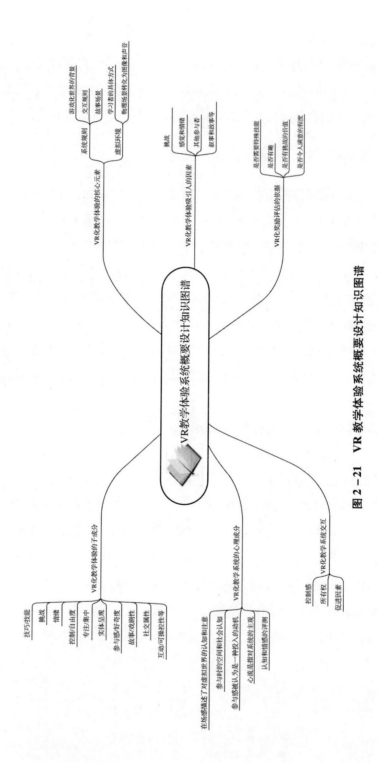

图 2-21　VR教学体验系统概要设计知识图谱

2）VR 化教学体验吸引人的因素

其从教学体验心理学角度上描述了挑战、感觉和情绪、其他参与者以及叙事和故事等因素，这些因素促使学习者在融入虚拟世界以及跟虚拟世界完成交互的过程中获得有趣的体验。

3）VR 化奖励评估的依据

其从心理学角度上给出了挑战、技能、满意程度等有价值的评估依据。

4）VR 化教学体验的子成分

其从情景体验设计角度出发给出了技巧/技能、挑战、情绪、控制/自由度、专注/集中、实体呈现、参与感/好奇度、故事/戏剧性、社交属性、互动/可操控性等体验成分，极大扩展了情景教学的设计元素。

5）VR 化教学系统的心理成分

其站在心理学的角度描述了在场感对虚拟世界的认知和注意、参与时的空间和社会认知的作用，站在投入动机的角度上描述参与感等活动，站在心流的角度上对系统的主观认知和情感评测进行描述。

6）VR 化教学系统交互

其站在学习者与游戏化系统交互的角度上给出了互动过程中影响、控制感、所有权以及促进等因素。

2. 学习者分类知识图谱

学习者对 VR 环境的态度是在学习期间形成的，他们在 VR 环境内部交互时形成了动机，态度和动机共同体现了情感支持和教育支持[15]。基于此，该知识图谱针对学习者的五种类型的体验特点，从 VR 机制和元素设计设置上给出了设计规则式的图谱，系统地给出了基于 VR 设计培养的主要元素，是一个带有目标性的知识图谱。其主导型设计更加突出培养其挑战的性格，社交型更加突出其多任务、多角色的应对，创造型更加突出自我构建，探索型更突出其见世面，成就型更加突出其成就的奠基。该知识图谱方向的指定将为以下知识图谱的方向确定奠定基础（图 2-22）。

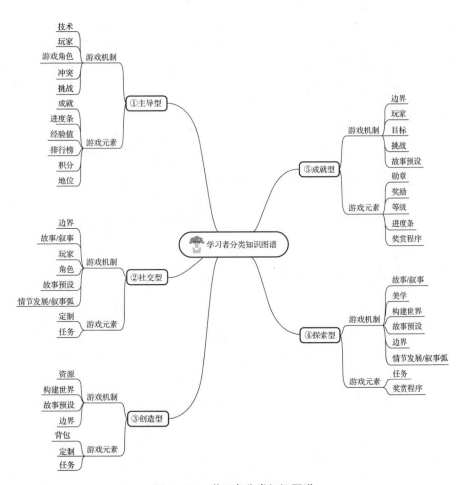

图 2–22　学习者分类知识图谱

3. 教学需求模式知识图谱

教学需求模式知识图谱是一个以行业、实践、经验为核心的图谱设计，它将根据教学目标的需求、教学实践的需求、知识现实成就人的需求、拓展思维的需求、系统体验性的需求，在知识复杂度和构造复杂度的前提下进行设计知识图谱模式的推理。每一个模式下面带有更详细的知识图谱。图 2–23 所示的两张图是主知识图谱和分支知识图谱，这两张图可以对知识图谱的相加运算进行连接。

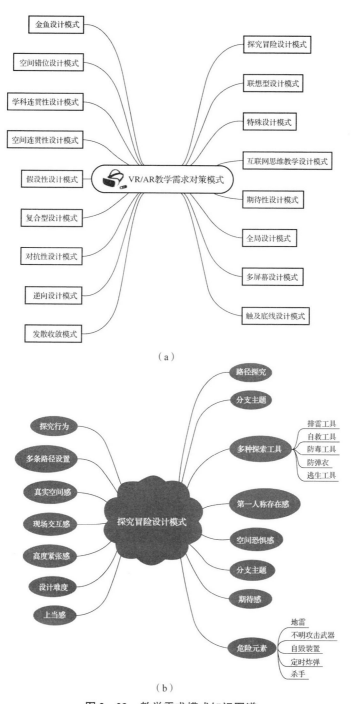

图 2-23　教学需求模式知识图谱

（a）主知识图谱；（b）分支知识图谱

该知识图谱的建立的策略，站在了人工智能智能体滚雪球的设计角度上，即设计好基础架构，根据问题的发展和经验取向不断地发展壮大，是一个以图谱驱动的设计方案；而对图谱的建立与维护将会是多样的，这同时需要教师将原有的教学内容讲解功能向知识的分解、新认知、新思维上进行转换，着眼于资源的架构设计，资源内容逐步寄托于智能网上搜索上。

4. VR/AR 线索设计思维知识图谱

这是体现在 VR 设计当中的智能辅助的设计思维，是以 VR/AR 为核心的、以线索设计为方向的思维图谱设计。它给出了 VR 化线索设计思维经验性的图谱，分支线索设计是激发好奇心和挖掘解决问题途径的重要设计方法，它为 VR 智能设计思想提供了判断性思维，是智能反馈的重要线索，我们将根据这样的线索提升问题设计的关注性、追踪性和系列的智能有效的经验脉络式的设计思维。合理的分支设计可以引发体验者在自己已有知识的基础上运用各种方法进行快速选择，是一种方法能力的提升，也是知识综合运用能力的提升。线索思维也反映在 VR 资源应用中的对知识图谱设计正确的人运用当中，我们可以通过线索的提供，进一步印证其设计合理性，进一步实现选择、行动、反馈、资源管理、战略和战术规划等功能，逐步建立起知识判断网络和知识故障分析网络（图 2-24）。

5. VR/AR 空间设计知识图谱

这是一个经验式的图谱框架，具有很强的组合性，可以根据教学体验的需求、学生的个性情况、故事的情节描述，让这个知识图谱去驱动空间的设计，产生与教师、设计者所需要的空间建议。经验式图谱从形式上看是一个空间元素与元素关系的设计，但从智能型角度出发，它将在大数据统计的基础上评判和挖掘元素组合关系的效果和空间整体效果；将会不断地通过实践来对知识空间设计进行设计的问题分类；将会实现根据体验者的体验效果动态调整空间或动态地进行元素的调整，让空间与体验者之间产生最融合的体验空间（图 2-10）。

6. VR 反逻辑设计内容搜索知识图谱

基于推理图谱的问题的反向逻辑知识图谱：对知识进行反逻辑为此操作设

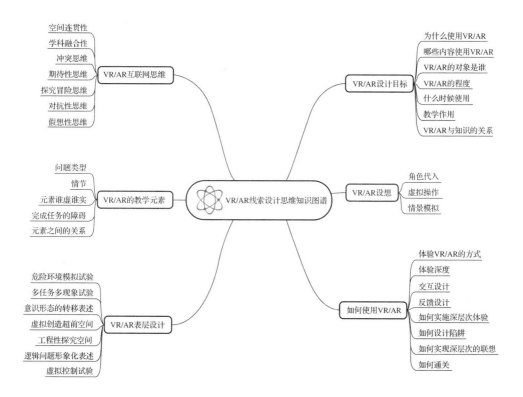

图 2-24　VR/AR 线索设计思维知识图谱

计，即以"事物+反逻辑"为核心的图谱设计，完成问题的反面教材和负面案例的 VR 图谱的构建，同时提升了体验的反差性设计的思维，提升了逆向思维的创新能力，提升了体验空间的比对性设计，为体验提供了更加丰富的联想，这些反逻辑的内容，根据教学要求在网上搜索获得的基础上进行筛选，作为知识的扩展内容挂接在课程的参考中，有关围绕这些知识元素可展开反逻辑案例设计、反逻辑空间设计、比对性设计、误判性设计、干扰思维空间设计（图 2-25）。

7. VR 情景叙事设计知识图谱

其负责完成情景体验的故事编导设计，情景设计是在空间设计的基础上，它的设计思路将决定空间的设计方法、元素的定制策略、交互体验的深度等。通过将第一人称视角、场景、角色和行动集成到教学叙事中，实现了探索因果关系的体验模拟，各类线索设计能够帮助聚焦学习者注意力、影响学习者的行动倾向和

图 2-25 VR 反逻辑设计内容搜索知识图谱

改善学习者的情感体验。情景叙事设计知识图谱将智能地根据不同体验者的性别、年龄、职业、性格、爱好以及叙事事物的性质进行情景叙事最优建议推送,将实现"个性化的"的叙事设计、叙事调整,产生最好的体验效果,充分体现 VR 教育资源设计人性化的智能特性(图 2-26)。

我们以情景叙事分支当中的"问题抛出"为例,它是整个空间移情设计的核心,是体验者评价空间的第一感受,是决定体验者是否即时离开体验的关键,它决定了空间的性质,决定了整个空间的第一移情因素,它将对勾起体验者的好奇心、探究心理、为古人担忧等欣赏环节起着重要的作用;其中每一个抛出的分支都可以不断地延展和深入,都可以通过智能自育性系统在网络上完成相关内容的吸收和扩展。

8. VR 导航设计知识图谱

VR 教育资源导航是沉浸性体验环境中的学习引导,当今的知识导航应该充分考虑体验者自身知识储备情况、技能熟练程度进行设计,既要体现其对初学者的引导,又要为体验者的好奇心提供充分的空间;系统应根据体验者在线表现进行信息反馈,进行导航路径的推送。我们以北京理工大学汽车维修知识图谱为例,系统根据学生的学习诉求和每个学生的训练计划进行几个方面导航的选择。汽车维修案例展示了以问题的现象看故障的逻辑思维,其中包括:故障知识点导航(图 2-27)、系统漫游型导航、以知识点为基础的导航、以故障为基础的导航、以实习实训为目的的解析导航、以观察目标为目的的仿真导航、以技能掌握为目的的拆装实验导航、拓展知识空间的导航等(图 2-28)。

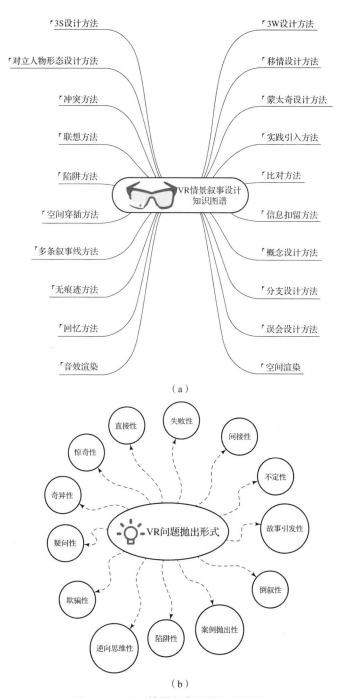

图 2-26 VR 情景叙事设计知识图谱

(a) VR 情景设计方法的知识图谱；(b) VR 抛出问题形式的知识图谱

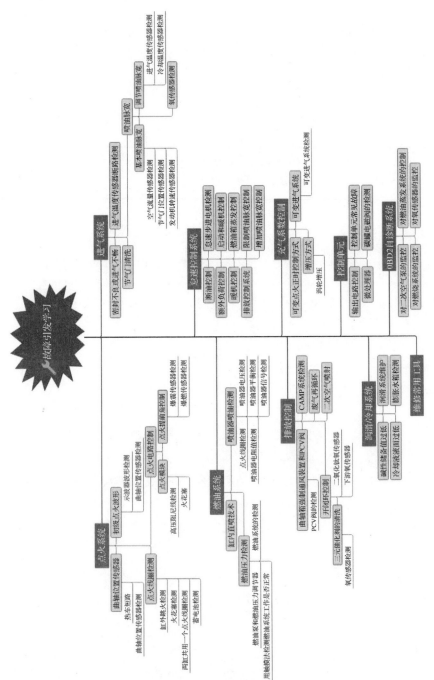

图 2-27 故障知识点导航

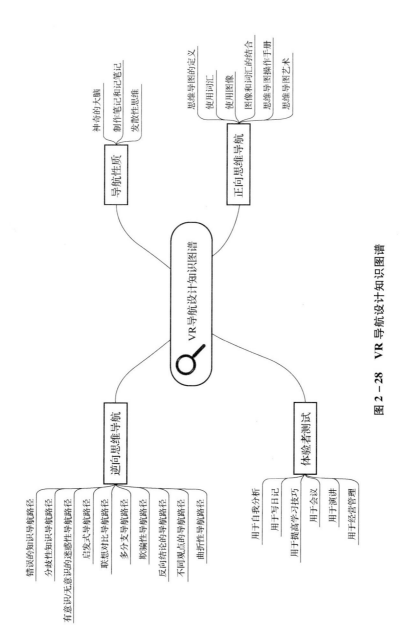

图 2-28　VR 导航设计知识图谱

VR 化教学中教师将简单问题按照主题故事的要素设计为空间环境和元素,并根据空间环境和元素设计学习导航,根据体验者的能力水平设置导航性质,其中包括显性导航、隐性导航和创意导航。导航既能够贯彻教学体验的意图和要求,又能让学习者根据自身需要规划出自己的学习路径;既能体现教学的主体内容和主线活动,又能够让学生完成对知识的探索。导航的目的不是让体验者能够顺利地走完体验全程,而是要让体验者在失败中找到解决问题的方法进行探索性的体验,那么就要有错误的知识导航路径,如分歧性知识导航路径等;让体验者从心理素质上、从辨识问题上、从问题的敏感度上、从挫折的思考中获得更大的提升,让其建构在这个问题上的自我知识体系;而这一切就决定了智能性导航路径设置的科学性和智能性。

9. VR 教学底线设计知识图谱

这是一个以信息筛选为目标的设计,即通过这个图谱动态地完成突破底线的防守和内容管控,是以底线为出发点的教学体验设计,在正义和正能量设计的前提下,把握最大的设计冲突,保证最大的体验震撼效果,给体验者极大的关注环境,产生别出心裁的问题,产生更大的心理突破性体验。它为设计实现这种效果提供联想,拓宽空间想象的思维。设计底线的界限是什么?哪些内容和规则属于允许的范围?这里就包括:重大言论的界定、重大事件的界定,敏感话题的界定、敏感人物的界定、重大原则的界定、敏感元素的界定;界定的依据是对网上获得资源内容,一是敏感的界定,二是进行智能语义的搜索比对来完成信息内容的筛选。新事物新形态的不断涌现,要求底线设计图谱自身就有"自育""自愈""防御"的功能,将会在网上不断地收集空间作品、评价、提炼规则、判别指标,完善系统的底线判定(图 2-29)。

10. 问题对应策略知识图谱

这是一个以表结构形式展开的知识图谱,这个图谱非常适合于策略的修正、更新和扩充,可以按照数据库的方式进行分类检索。这是一个闭环机制下的教学体验控制策略,可以产生精准的体验过程控制,不断地让体验者达到最佳的状态,不断提升其对体验空间的兴趣度,不断增加其对问题的好奇心等。对应策略的知识图谱的作用相当于 VR 智能专家设计控制系统,是 VR 体验的策略控制依

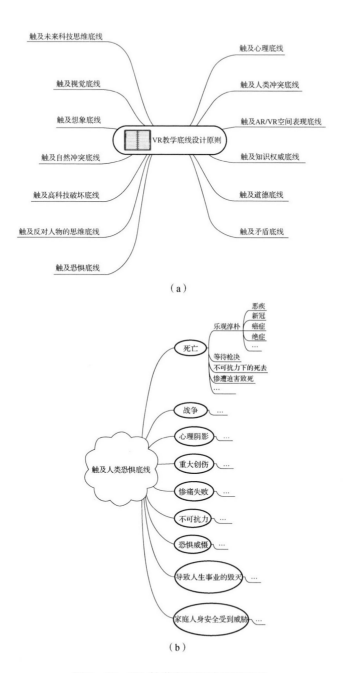

图 2-29 VR 教学底线设计知识图谱

(a) VR 教学底线设计知识图谱；(b) 触及人类恐惧底线设计知识图谱

据，是智能问题的基础（表2-9）。

表2-9 问题对应策略知识图谱

VR教学中的问题	应对方法
让学生追踪，能够持续讲课	不断设置陷阱
让学生进行体验性学习	在VR教学中不断设置不可能，使其成为可能
让学生积极进行思考	要随时设置新的陷阱，让学生积极想办法自己爬出陷阱
享受转意过程	用善意的欺骗方法
教学陷阱设置	自救单一陷阱，缓坡陷阱法
强化概念性记忆	重复蒙太奇
提高知识新鲜度	打破心理定式
解决的过程充满活力	叙事线（空间）
疑问引入，结论指向突出	特写镜头
时代背景、民族背景的课程	引入VR渲染气氛，充满情景式联想
充满哲理的印证课程	插入蒙太奇、其他素材、VR空间
对所学知识加强印象	引入音乐蒙太奇、渲染环境
对定义解释的问题	从定义入手的某种情景出来去教学，即情景蒙太奇
对问题要鲜明的表现	运用对比蒙太奇，反差大
要学生在教学效果中突然醒来	运用惊奇蒙太奇，复杂问题抛出，以案例的形式出现
对问题的悬念过程	时间蒙太奇，提出问题让学生充分讨论，一段时间后给出答案
需求转换	根据对象的文化层次选择教学策略，根据民族和地区选择素材和策略，根据年龄引入素材和策略
结局设计	大结局、小段落结局；每一个知识点段落设计都给出了答案，得到不同程度的满足
练习设计	考试引入案例填写方式，用信息不平衡方法给出问题让学生看完后用影视展现来回答问题

续表

VR 教学中的问题	应对方法
激发学生的思维	营造指挥的环境和美的环境
博弈课	淘汰制考试、博弈考试、学生抢答、赌博心理
记忆性考试	引入比赛形式，让学生作为 VR 影视当中的参与者
VR 空间推理	时间悬念、情景筛选、空间推理

11. 情感设计知识图谱

人的潜意识会不断地分析所处的环境，当达到特定的条件的时候，就会触发相应的情感。事件必须改变一些对人类而言有价值的东西，才能激发情感。在 VR 资源设计中，被改变的人类价值越重要，改变得越频繁，产生的情感就越强烈。情感体验包含交互性和沉浸感，强调内在动机的增加，内在动机反过来也会促进自我效能感的提升[16]。情感下的知识传播是最为有效的，也是最为积极的，其潜移默化的传播和体验，会使人们在渲染的气氛和情绪当中完成知识的吸收和理解。而什么样的体验需要什么样的情感，问题在哪些阶段需要哪些情感设计，什么样的人需要什么样的情感安抚，这都需要经验和大数据计算完成（图 2-30）。

12. 体验乐趣分类知识图谱

心流理论将体验分成 8 个区域，如高挑战/低技能、中等挑战/中技能等[17]，该知识图谱也是由这个理论派生出来的，它更加系统地给出了体验乐趣的设计方式、应有的元素和布局（图 2-31）。

2.6.4 基于知识图谱的 VR 教育资源智能建构

知识图谱构建主要研究如何从海量数据中抽取指定的实体，并根据实体信息构建结构化的实体与实体之间的关联关系[18]。VR 知识图谱在资源建设当中的意义不仅是继承其知识的延展脉络，更重要的是继承了不同的教学、科研、实验以及 VR 教学的形态过程、知识表现形态的转化过程、思想体系的演绎过程、智能获取知识图谱和知识内容的自育过程，是一个充满人工智能思想的体系架构。

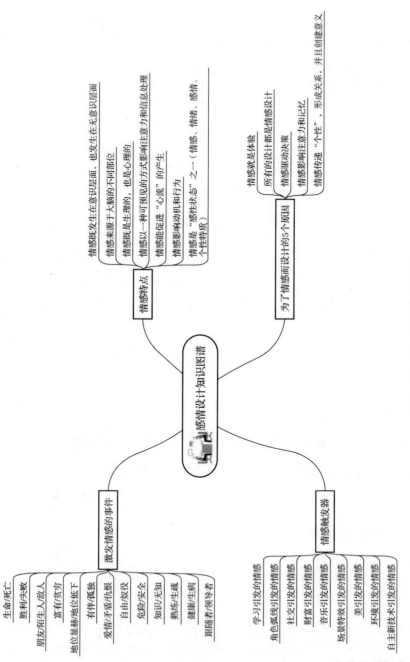

图 2-30 情感设计知识图谱

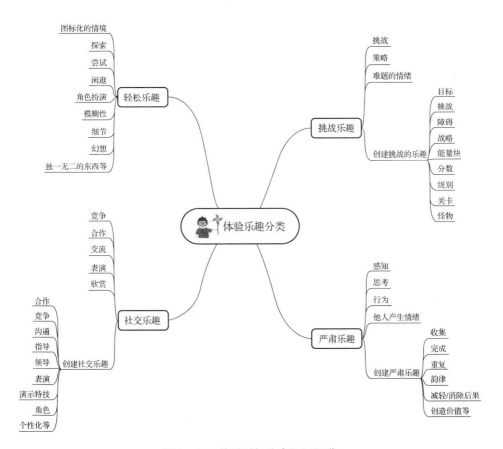

图 2-31 体验乐趣分类知识图谱

基于知识图谱的 VR 教学资源逐渐成为学生的第二大脑，扩容学生的记忆力，为学生进行智力的补充，通过形象的方式帮助学生进行逻辑问题的推理，帮助师生进行跨境、跨学科的知识支撑、融合经验供给和自我环境下的知识体验建构；它不仅在知识上有助于人们的智力进步，更重要的是它构造问题和理论的第一感知，强化学生创造力的训练，强化学生应用能力的提升；锻炼了学生的意志，开阔了学生的眼界，提升了学生在任何险峻问题面前的胆量和气魄，实现了虚拟环境中勇气的转移，可以通过现有经验知识图谱解决未来 VR 空间假设的问题，也能通过历史的知识图谱找出现有问题的解决方案，是一个智能承载、上下融汇的体系。

未来的 VR 教育资源不是仅停留在物理内容复原、系统仿真的层面上，而是围绕学生的第一感知、第一人称的感受、场景带来的感受进行 VR 空间的智适应调整和控制，让资源随时可以找到最适宜学生个体的，随时运用网上获得最近的知识图谱的内容扩展和知识扩展的成果。知识构建的关键在于有意义学习，而有意义学习的关键是能够将新知识与已有知识之间建立联系[19]。VR 教育资源是一个充满教育智慧的、充满经验的、充满新技术的系统，它的作用是通过学生空间的体验达到知识自我建构的目的，系列的问题就出现了，由于它的内容的交叉性非常强，几乎涉足了所有的学科应用和信息技术，所以其知识图谱的支撑程度要求更高，比如故事情节叙事设计、VR 空间设计等部分都充满了解决问题的融合性，其知识图谱就出现了联合运用的知识图谱现象；但也有部分专用的情景，从基于知识图谱的 VR 教育资源智能建构示意图（图 2-32）中我们可以看出，知识图谱联合或者专用于支持 VR 资源建设的各个方面。

1. VR 教育资源知识图谱的自育/自愈

VR 教育资源知识图谱是以人工智能滚雪球式循序渐进完成的，也就是内容的获得、内容的正确性都要根据专业的需求和专项的问题进行扩展。运维后的修正、弥补、更新、替换、补充等工作称为教育资源知识运算。VR 教育资源知识图谱的计算的目的是要完成课程资源内容的自育/自愈、课程知识系列的自育/自愈、专业知识图谱的自育/自愈，而自育/自愈就必须有相应的营养来滋养身体。VR 教育资源知识图谱的自育可通过语义搜索的方式找到网上所需的内容进行知识图谱相关内容的更新替换等工作。

2. 依据 VR 教育资源知识图谱的知识内容的自育/自愈

知识内容的自育/自愈是不断地替换补充知识图谱架构下的知识内容，不断地进行 VR/AR 空间设计等 12 个图谱在各种问题上观点、描述、案例、策略、布局等内容的扩充和替补，不断地对 VR 体系难度等级、个性化的适用性进行弥补。知识图谱内容经过运行后经常需要进行正确性检测，如发现有逻辑性问题、表现性的问题、空间冲突的问题，就必须通过智能、半智能化操作完成内容的修复。

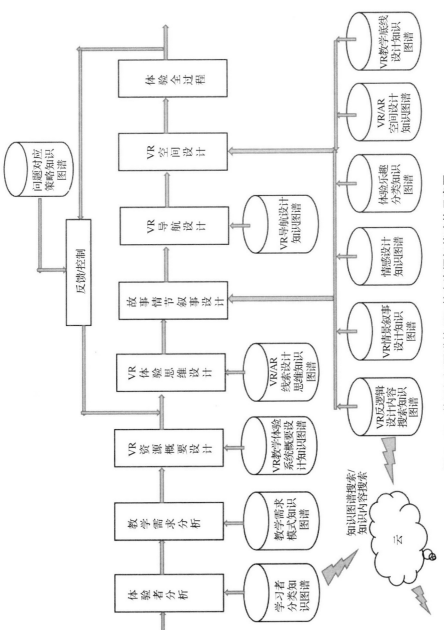

图 2-32 基于知识图谱的 VR 教育资源智能建构示意图

3. 依据 VR 教育资源知识图谱的知识内容支持下的在线 VR 体验过程控制

在 VR 设计和体验的全过程中，我们可以通过测量人体感知、通过体验者的反馈、通过体验的路径、通过体验者的操作成功程度等系列数据获得设计中的问题，其问题正如问题对应策略知识图谱（表 2-9）教学问题部分描述的其中一部分，比如体验者在寻找问题上总是走错路，就应该通过回馈信息在问题对应策略知识图谱中找到对应策略，如提升路径的显含度、提升路径的信息等策略。这样就形成了个性化智能闭环控制路径，当然如果没有相对应的策略就要半智能化或者手工将对策内容加入知识图谱当中。

VR 教育资源的构建，如果只是停留在现有技术环境下进行人工建设，是没有发展的资源方向的，VR 教育资源的建设必须依赖人工智能内部控制、智适应的思想来实现，并且包括人体感知下的体验者信息反馈，自动地完成 VR 资源生成、维护和再发展的过程，其智能性就体现在知识图谱上，知识图谱的设计、分类、运算、结构合理化设计都将决定 VR 体验的成功与否，以上介绍了通用性知识图谱设计过程，其类知识图谱架构下的智能自育/自愈过程使我们分别在远程智能答辩系统中和国家广播电视总局培训系统中实现功能，印证完成。

2.7 英语游戏化体验设计

2.7.1 问题的提出

英语教学是用一种语言解释另一种语言的科学，是一种语言架构思维。一个人能够熟练地运用英语，说明他对事物的第一感官、文化思维、交流空间、生存环境是完全统一的。他幼儿时期形成的固有的语境，无知无畏的幼儿学话，"在玩中学，在学中仿，在仿中做"，玩耍与学话同步，视听说与感官同步，没有自己的经验思维，没有他国语言的干扰，构成了一个单纯的语言成长空间。

然而成人后学习英语则不然，其是作为一个知识体进行传授，是从已知入手，以语言结构思维和系列思维贯穿教学，重语法轻文化，造成视听说和感官认识不同步，文化与语言意识不同步，具有多通道的接受途径和思维方式，缺乏英语语境和交流所带来的积极语言行为。这些现象归结为以下这些问题，即：如何有效地展开英语视听说学习？如何利用已知的多通道途径去诱导视觉、感知、听力、会话的统一？如何利用个人的先验知识去开拓视听说思维？能否借助"在玩中学，在学中仿，在仿中做"的理念营造成人游戏化英语语境？如何构造既具有游戏特征又有英语教学特征的体验空间？在体验空间中，能否加强故事描述、减弱语法的说教？能否加强自我熏陶、自我满足、自我创新的环境、减弱照本宣科的语言教学？能否实现大胆鼓励交流、减少人为干扰和英语恐惧？能否实现在探索中改进、在换位中重新审视视点？能否将听英语当作听广东话？能否视英语课程为体验游戏？能否以主人公的心境完成交流？

总之，如何将视听说英语教学形态融入（或隐藏）游戏化体验交流形态当中，如何体现双形态教学和特征与交集中的共有特征，是目前英语教学中亟待解决的难题。

2.7.2 游戏化与英语教学关系问题的研究

1. 游戏和教学的区别

游戏和教学的区别在于内生价值和外生价值。对于游戏而言，有系统内的价值就足够了，而对于教育则不然，因为教育的目标是提供外生价值。也就是说，教学应使学习者能够应对现实世界中的挑战与情境，而不仅仅限于教育系统（或游戏系统）内部，在学习过程中，通过具有内生价值的场景和情境，呈现其外生价值。通过明确地指出挑战及其内生、外生价值，教学设计和教学过程就能得到改善。因此，基于挑战的教学设计不断提供具有内生价值的目标，同时又将注意力导向教学经验之外的现实联系。

2. 游戏化教学

游戏化教学中的"化"是一个大的新概念，是借助游戏的思想进行转换的设计，完成从问题为导向的设计到系统漫游，从探究式学习框架到游戏设计理念和课程设计内容融合性设计；体现出了"工科问题文科化，文科问题戏剧化，戏剧问题空间化"的设计准则，是一个自由的、不同层级兴趣度的、平等的、个性化需求的、不同体验视点的、不同角色的教学体验系统，整体降低了人们对学习的排斥性,强化了潜移默化的认知度,凸显了个性化构建能力的提升。

3. 游戏化教学设计类别

游戏化教学设计呈现出两大体系类别,即文科游戏化设计体系类与工科游戏化设计体系类。文科游戏化设计描述的是意识形态,无法用数字计算准确地描述,工科游戏化设计描述的是物理形态,是一个非常严谨的描述;前者是"一加一不等于二"的设计理念,而后者是"一加一就等于二"的设计理念,从概念上有着本质的区别,在设计理念上是一个分水岭。

1)工科游戏化教学设计

工科游戏化教学设计的目的是减少实验代价、仿真操作危险极大的实验、虚拟环境的探究、科学性的模拟、原理性的再现、思维的转意、科学证明、科学演示模拟等,主要体现在解决注重计算、工程、推导、可见成效的、有成果显象的、技术特征为主的、客观因素主导的、因果关系严谨的、解决方法具有科学性的问题。工科教学设计游戏化机制的引入是为更加形象化、更加直观地展示以上问题,以第一人称和第一视点的角度漫游工科问题空间和矛盾空间,以知识点和体验点为设计基础,分解工程问题,从不同的视点、以游戏化的手法和理念解释问题的内在,构建学习体验者的自我知识体系。其结论具有工科特性,即具有准确的数据、与科学相符的事实、与工程方法一致的结论、可探索的思维、有开放性的科学联想。

2)文科游戏化教学设计

文科游戏化教学设计大多描述事物的形态,问题的演变、形态上的冲突,对问题的描述通常采用案例分析的、智力推测的、联想分析的、与自然科学相结合的反应链观察的、逻辑思维与形象思维相结合的、可假设问题的、拟人化描述等方法。文科游戏化教学设计的目的是说明某个现象、证明某观点的正确与否、证实某个观点、模拟问题现场、构造仿真冲突、假设问题的发生、模拟社会现象、仿真自然与人类的形态冲突等。文科教学设计游戏化机制的引入是为更加观点鲜明地、更加形象化地展示以上问题,采用文科问题工科手段解决的方法,以专家转意的表述来设计空间,即观点问题形象化、形态问题具体化、实证问题案例化等。其结论应该具有文科特质和发展特性,即具有开放性、争议性、鲜明性、可操作性，要遵循社会科学基本规律和现象，要符合人的认知规律。

3）英语游戏化教学设计

英语游戏化教学设计属于文科范畴，应该以非数字化的概念进行设计。英语自身具有一定的结构性、思想体系、社会科学的支撑体系，具有一定工科、文科相融合的潜质，它在潜在的文化结构、语义体系下完成世界万物问题的交流，是一个表现力极为丰富的语言，对此展开游戏化教学设计，除了文科游戏化教学设计所讨论的内容以外，英语游戏化教学应该重点研究语言特性，即"视听说"。本部分将以"实用英语视听说"设计为例展开对文科游戏化教学问题的讨论，即英语游戏化教学问题系列问题的研究，包括：为什么要英语游戏化教学？通过什么样的方法提高英语的兴趣度和移情度？如何实现主动式的英语学习？如何建立体验空间？如何保持体验者对英语的持续度？在英语游戏化教学当中提升了教学能力吗？这些都是本部分研究的目标。

总之，就是如何将游戏化的体验形态与英语教学形态相融合，交集产生既具有英语特性、又有游戏表现方法的双态体验空间（图2-33）。

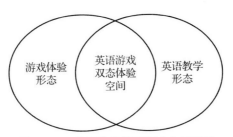

图2-33 英语游戏化形态融合示意图

2.7.3 英语游戏化体验概念设计

英语游戏化体验突出的是"英语+交际"的体验，是教学活动与学习活动相结合的交互设计，其特点是将英语语言知识完美地融合于跨文化交际中。该课程可以在中英文双语的方式下进行体验，突出生动、活泼、感知、刺激的视觉特性，通过对各种情景下语言和交际知识的理解、运用，使体验者在提高英语运用能力的同时掌握跨文化的基本知识和技能，熟悉不同的文化环境，通晓交际规范。通过在特定语言环境及实践活动中的多种体验，达到体验者在不同文化环境中英语听说能力逐级提升的目的。

本次英语游戏化设计以叙事机制、社交机制为主体，以故事发展、成长、场景设定为叙事基础，以社会交际为目标展开。根据该课程体验的教学目标，我们设计了以主动式探索为设计理念，以学习者发挥最自由、语感环境最容易接受为基础，以设计自我实现为体验环节，以自导自演自我欣赏为感知目标，以从形象思维和逻辑思维体验中获取"视、听、说"能力提升的方式。

1. 内容模式设计

在内容模式上展示了新颖的设计方法，能让体验者在舒适的心理环境下体验独特的内容，给学习者体验的期待、新奇的享受、艺术的憧憬、成功的暗示，引发了惊奇感、好奇心和迫不及待的体验欲望，打破常规的信息模式能引起我们天然的兴趣；通过隐藏相关信息产生好奇心；比如：哪些故事或典故与语法有关，如何隐藏这些特定的内容，如何暗示用户这些内容的存在，如何向用户提示这些内容的潜在相关性，如何让用户感到他们可以安全地遵照提示进行操作等。

2. 概念设计

英语游戏化的激励、吸引力等关键因素可以增强学习者对所学信息的学习及记忆，为学习者提供获得实践知识和行动知识等隐性知识的实践情境，在激励学生和挖掘学生各种能力方面有很大的潜力。其是一个工科专业性强、理论与实践相结合、既充满逻辑思维又具有空间想象力、具有多种体验需求的立体化教学体验系统，是为了达到特定目标而由一系列相互影响的元素形成的集合体，这些形式化元素会随着系统一起运转，与戏剧元素之间相互作用，为学习者产生动态的体验环境，并在运行中循序渐进地提升学习者的知识运用能力和技能能力，不断加强能力提升的空间化设计，以期达到游戏化教学的最大目的。

英语教学体验是一个最具有领域广泛性、最具有外在刺激性、富有联想自由的体验，英语是要通过视听说来完成对英语结构、语法、单词语法、文化系列的理解和运用，而英语视听说体验应该体现一种思维的反设计思维和过程，即以人们的先验知识为基础，以自我设计行为为主导，在游戏的乐趣、享乐、放松、心流、想象沉浸、故事、戏剧、同理心、感官沉浸、悬念、挑战、自主控制、与他人的联结的社会存在感、骄傲的胜任力和精神欢快中,在中英文自然语境感悟中,感受听力,体验语言说出的快乐,释放在母系环境下对英语产生的恐惧,触及自我底线,将被动去听、按部就班的说教的实空间转为自己操控对话、自我主宰的虚空间,同时不断地用自己的成果与外界交流和炫耀,在情感分享、认知评价以及体验动机上得到质和量改变,即在认知、情感、动机、知觉以及注意点上提升英语对话的游戏性、自然性、潜移默化性,体现出"玩中有对话,对话中就是玩,在玩中找感觉,从感知出语境"的设计理念,将对话在虚拟语境下逼出来,产生不得不说的效果,营造视觉、思维、听觉的统一,激发对话的灵感和对话成果的喜悦,并积极组织语言行为,追求的目标是逼真,打破多媒体多通道概念,进行全通路的体验以感知和先知的体验唤起视听说的判断和统一。创造语境,创造语言行为感官,逐步提高自己的语言组织构造能力。通过英语游戏化教学体验逐步达到教育部、国家语委颁发的《中国英语能力等级量表》的逐级指标。

2.7.4　英语游戏化体验融合性设计

英语游戏化体验融合性设计意在实现游戏化影视设计应用与英语视听说的体验的融合,由影视手法和玩家的心理构建游戏影视化的英语语境,让体验者在艺术感受和创造下,尝试全新的英语视听说能力的转意和表达思维,在语言体系和游戏影视化体系交融上进行有意义的探索。

英语游戏化体验融合性设计结合"认知理论"展开对教学设计中的受众心理机制的揣摩与运用;采取"情景导入和课堂教学"相结合、教学活动与学习活动相结合、学习资源和学习兴趣相结合的教学模式,将影视艺术的"冲突理论""戏剧理论"和"脚本理论"融入教学设计。体验设计中大量引用了游戏化设计元素。英语教学与游戏化融合设计示意图如图 2-34 所示,设计内容和方法如下。

1. 自主探究式智能性的虚拟语境空间设计

自主探究式智能性的虚拟语境空间是以虚拟人为核心的游戏化体验空间,引入了一位虚拟对话者,运用语音识别、语音辨识和语音分析等计算机多媒体技术,辨析指导字母的发音、语气、语调、语感,智能理解对话内容,并按照体

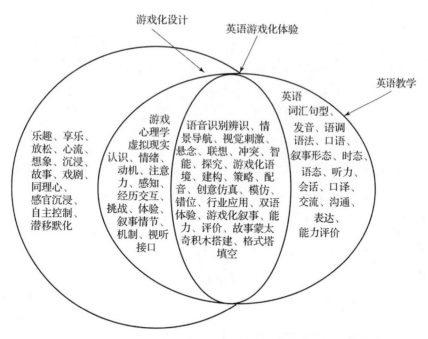

图 2-34 英语教学与游戏化融合设计示意图

验者的叙事线内容进行回复，构造了一种新的语言行为环境，可以接受不同级别的挑战和语言游戏的空间，即智能虚拟语境对话空间。在这种语言环境下，学生不仅能够得到持续、可选的语言支持，还可以通过融入真实对话来学习词汇、句型、发音和语调，快速提升自己的英语听说技能，克服心理上不自信、胆子小的压力，提升兴趣度、语境度、内容丰富性，提高综合文化素养和国际交流水准。

对话是网络影视课程人物必须具备的两大机能之一，通过对话，我们才能塑造人物，理解人物的动作，构建故事流程，对话与人物具有同构意义，对话一定是人物在具体语境中自然而然产生并发出的话语，必须带着具体人物的烙印，是具体人物的性格体现，是其他人物说不出的话，是具有强烈个性化的语言。任何人物的对话都是具体语境的产物，都是人物在具体语境中不得不说的话，是具体语境"逼"出来的话语。如果你了解你的人物，对话就很容易随着故事的展开而顺流直下，如果你有对某一个问题的对话基础和经验，你就可以主动式构造对话，主动牵引完成话语引导权，即使在语言陌生的环境也可以处于面向自己问题提出的主导地位（图 2-35）。

图 2-35 智能虚拟语境对话空间会话设计

智能虚拟语境对话空间构造了体验者自己的游戏空间和智斗对象，给体验者主动式探究学习体验平台，体验者可以"放纵和任性"地组织自己的语言行为，可以在自己经历和现有英语水平上组织自己的故事，推测虚拟人的语言，按照自己的主观意志探究体验空间，以自己的最高英语对话技能和水平挑战对方，以第一人称操纵对话，以第一感觉配音，以探究形式在线实践对话，以生活为出发的搞笑英语，以自导、自演、自嘲、自测的形式进行预知问题的对话，打破常规，打破语法束缚，打破心理定式，为自己设局，为自己解套，主动为自己设置已知或未知的陷阱，在一个具体对话点上从听懂个别单词猜想对方对话大意，逐步过渡到自己完整组织语言行为，并可以引导对方语言行为，逐级递进，可以自行地将挖好的陷阱填上，在此过程中无形获得了一定的惊喜、满足和自我欣赏，逐步忘记了自己的体验身份，有自己的期待，有做好这件事情的欲望，沉浸于语境的欢快当中。

体验者逐步产生移情心理，从对虚拟人的挑战和焦虑的心理，转变为贴心人的心理，对它无话不讲，崇拜模仿它的语言行为、格调和行为气质，喜欢它的语言精美构造和美妙动听的发音，并开始效仿和追捧，产生一定的对话空间迷恋感。

体验者在对话语境中得到了尊重、理解和自由，甚至像孩子智斗老师一样谋划对话策略和主动式进攻方案，产生了自主探究式的体验策略，即英语人机智能语境空间构成策略（图 2-36）。

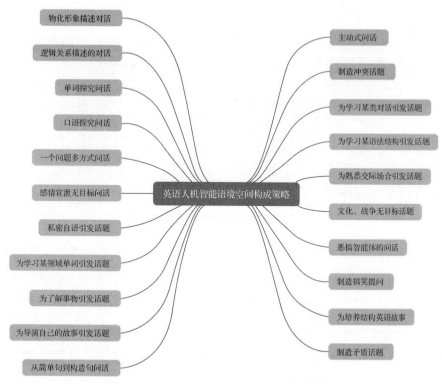

图 2-36 英语人机智能语境空间构成策略

其体验过程演变从简单型到构造型；从经验型到体验型；又从体验型到智能型；从无故事变成有故事，体验的过程构成自我建构、自编、自导过程。从技术角度上对话成功因素决定于智能平台和语义理解系统，但从教学角度上，自我的探索，先觉经验的语感语境启示、自主的语言行为和语言组构才真正构造了自我探究式的体验系统。

虚拟语境空间设计必须是有两个以上的冲突方方可构建而成；构建主动者是体验者，而不是智能体方，因为自主探究主动权和体验策略实践都是在体验者一方，而智能体方只是一个问题的反应方，是被体验者一方在语境下逼出的回应，这样就构成了一对矛盾冲突体，也是游戏化体验的一大特征。

2. 英语配音体验空间设计

英语配音体验空间设计是英语游戏化设计的专属空间，具有很强的专业属性和游戏属性。体验式配音是一种新型的游戏化体验方式，是让体验者作为外国影片艺术家来体验配音，这是一项技能高仿而又具有创作性的体验（图 2-37）。

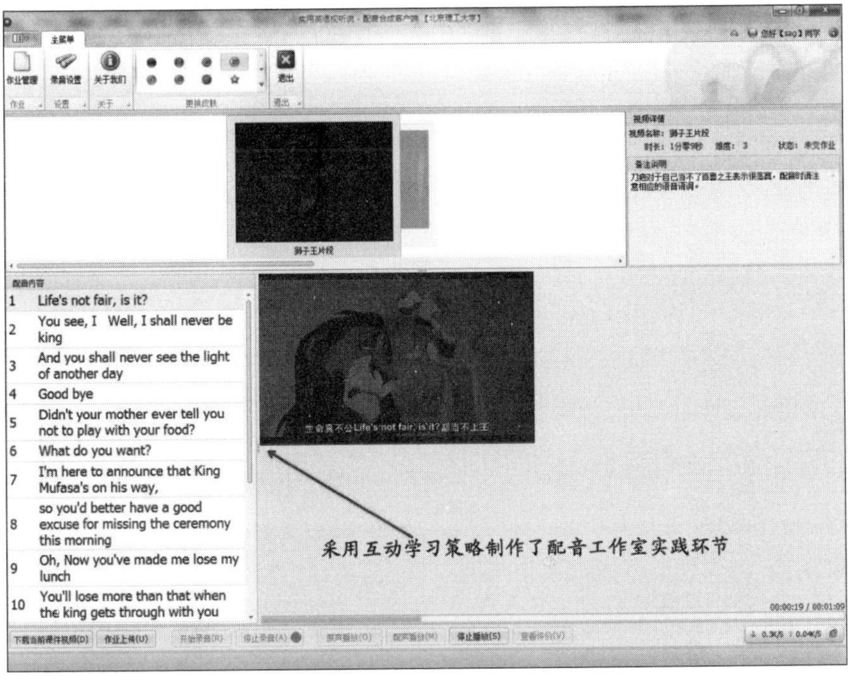

图 2-37　英语配音体验空间设计

配音来自影视艺术，游戏化设计结构的中间层包含网络影视的表现层，那么配音工作室也就成为游戏化体验的一个新的空间类型。我们的配音是指在影视作品中，专为对白、旁白、独白、内心独白、解说以及群声等英语语言的后期配制而进行的一系列创作活动，并且作品传给平台供大家赏析评判，英语配音体验空间设计包括以下三方面内容。

（1）原创英语配音即英语台词和视频动作同步吻合，这就需要体验者对原创的语言、文化、故事、情节、内涵、冲突、表达方式、变现手段、语言行为、单词含义、语音、语调等进行深入理解；然后配音体验者们用自己的声音塑造和完善各种活生生的、性格色彩鲜明的人物形象。如果理解有误差，就会出现与原作不符的目标作品。

（2）错位英语配音即台词和视频动作节拍一致，台词内容允许体验者自己根据视频中场景和叙事推进节拍给出自己的台词版本，这就要求体验者在理解原版本的基础上，给出与表现画面同步的不同文字版本，并对其进行英语配音，错位配音台词同样要具有语境化、性格化、动作化、风格化、节奏化的特点，并且台词要充满画面感，符合人物性格与具体语境，完成动作语言设计和语言设计。

通过对特选影片中台词及人物关系的培养和改编，深化对语言、文化的了解，帮助学生强化记忆单词和句子的使用，模仿、强记语言动作，熟悉各种语境，建构自己的叙事空间，品味戏剧化的英语，将英语作为艺术去学习和体验。具体地说，体验者可以利用配音客户端在本地进行教师发布的配音练习，可以按照正常台词配音，也可以自主制定配音台词进行"恶搞"。

（3）评价激励机制即体验者配音完毕后可以将自己的作品上传到服务器供教师和其他学生共享和评价。英语游戏体验者能够以艺术家的身份进入专业配音室进行自导、自演，按照自己对英语台词的理解和意念自主发挥、个性化制作，并获得英语学习配音成品，本身就是一种跨界式的奖赏，如果自己的作品又被群里共享传播就是一种认同和激励，在此传播过程中能够不断得到善意的比对评价和修正，体验者就会感受到无形中的尊敬和事业的激励，就会忘我地追求影视艺术与英语展示的美感，就会伴随自我配音精品诞生的过程实现语言交际理解能力的提升，从而获得影视造诣与英语体验的双惊喜，体验者将会为此迷恋英语配音体验空间。

实践环节将英语语言知识和电影文化交际相结合，充分利用现代多媒体技术引导学生开展多种形式的学习互动活动，激发学生学习兴趣，最终帮助学生实现提升。

3. 游戏化情景漫游导航

游戏化情景漫游导航设计将行业应用、情节设计与知识点细节表达、游戏冲突理论、影视语言等问题融入课程设计中，在突出大学英语口语教学的基础上，精选了若干个情景单元，每一单元相对设计为一个完整的语言知识体系。另外，将所有知识点打乱，重新编排成为一个大故事，以小主人公出国留学为线索，体验者在看故事的同时也学习了知识，以此构成了若干个完整的语言知识体系，以人物叙事贯穿始终，组成了一个"文化交际"的全景实用知识体系。体验设计采取"情景导入和课堂教学"相结合、教学活动与学习活动相结合、学习资源和学习兴趣相结合的教学模式,精心设计学习流程,通过生动活泼的电影视频帮助学生产生积极的学习兴趣和行为,通过主动探索获取交际知识(图 2-38),导航内容包括以下三点。

图 2-38　游戏化情景漫游导航

(1) 社交往来(问候与告别、致谢致歉、鼓励与失望、投诉及表扬、称赞与反对、接受与拒绝、描述与评论、求助、打电话、约会、聚会)。

(2) 衣食住行(就餐、住宿、租房租车、购物、美容美发、旅游、问路、机场、邮局、看病、家庭亲属)。

(3) 多彩生活(校园生活、图书馆、银行、出国、面试、互联网、体育健身、音乐舞蹈)等。

每个内容中都包括情景对话、漫游英语世界、虚拟实践等内容,构成了一个相对完整的知识体系,有机组成了一个"文化交流"的全景实用知识体系,突出"外语+交际"的实用特色,实现了视听说与语言的融合,既具有网络影视课程英语教学特征,又有游戏化特征,符合"既懂英语、又懂交际"的复合应用型人才培养目标的要求。

4. 游戏化漫游双语体验空间设计

游戏化漫游双语体验空间是虚拟现实异地实践项目体验空间，该空间被设计目标可以为教学体验服务，同时也可以为出国人员双语在线服务，具有良好的双语媒体交互界面和功能服务，为英语视听说基础较差的体验者涉外实习和在线异地交流提供了可行性交流环境，打破了与外国人交流的神秘感和恐惧感，实现了手机情景功能导航，配置了最常用的餐厅和医院两个场景，设定了服务生或医生可能说的语句，并标识出关键词，只要学生听懂关键词就能明白对方在说什么。同时以自主播放的形式设置了问题回答，如果学生不会说，也可以拿着手机放给对方听。最终达到提高学生的英语语言水平以及在不同文化环境中实际运用的目的（图 2-39）。

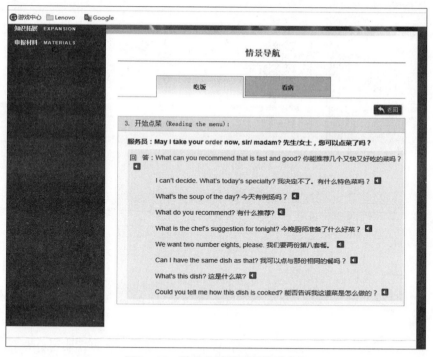

图 2-39 游戏化漫游双语体验空间

5. 游戏化叙事空间设计

游戏化叙事空间设计是游戏叙事编导冲突与戏剧化设计的具体应用和体现；尤其英语叙事更需要游戏化冲突元素和戏剧性元素的加入，更需要对艺术形态表现层和英语生活形态对话层进行融合。

国人学习英语的最大困扰是英语不是母语，体验者的持续度和心理定力与其他文科课程相比有相当大的差距，视听说如果没有良好的周边环境、会话语境和其他积极因素，仅靠传统教学很难达到交流水准和工作会话水准。

能否通过艺术刺激和外界感官来提示体验者联想事物的形态发展？能否通过故事视频的"起、承、转、合"让体验者完成听力思维的启示？能否通过事物冲突的表现让体验者感受英语在场合的氛围的应用？能否通过戏剧性的手法展示语言的大意和内涵等？总之希望能够通过艺术感染力和外界观感刺激达到感知、思维、环境、语境、视点、理解、听力的统一。

游戏化叙事空间设计就是针对以上问题提出了冲突性设计和戏剧性设计的方法来降低英语的困乏度，提高它自身的自然度和兴趣度。该部分设计是以故事为叙事基础，而故事的戏剧性首先表现为一种冲突性，没有冲突就没有戏剧性，换句话说，英语游戏化叙事的根本在于事物冲突设计。

故事的冲突设计一般包括人与人之间的冲突、人与自然的冲突、自然与人的生存冲突、人与社会的冲突。冲突包括心理性、动作性与意识形态性的冲突，具体反映在以下的设计方面。

（1）故事学习、连环画故事阅读设计：卡通与事物表现的冲突，意识冲突，人与自己、人与他人的冲突，性格冲突等。

（2）沙龙冲突设计：观点冲突、学术门派冲突、观点底线冲突、技术类与非技术类的冲突、语言冲突、学者性格冲突、人体冲突等。

（3）电影赏析：艺术观点冲突、品味冲突、学术评论冲突、意识形态冲突，语言风格冲突、语言文字冲突、表现结构冲突、悬念冲突、结论冲突、表现形态冲突等。

（4）英语场景对话设计：语言障碍冲突、误会冲突、错位冲突、所答非所问冲突、观点冲突、会话冲突、文化冲突、理念冲突等。

（5）绕口令、谜语、谚语、时髦词、妙语俏皮话设计：心理定式冲突、文化冲突等。

英语场景对话设计：对话环境全部情景化，以动画片为主、英语影视片为辅穿插于整个故事的叙述与讲解，在激起体验者兴趣的同时完成他们的情景人物对号入座，让体验者学会使用其中的交际语言进行交际，增强体验者的自信心和协作意识。

绕口令、谜语、谚语、时髦词、妙语俏皮话设计：打破了心理定式，提升了体验者对英语的新鲜度和趣味性，增添了语言之间的文化色彩，增强了体验者英语交流的自信心和"炫耀的资本"。

电影赏析：调动了人们对英语揭秘的欲望，带着移情的心理，带着为古人担忧的悬念、期待和焦虑，带着窥探欲，带着欣赏异国风光的感知，期盼中英文字幕的出现，渴望出现和听懂一些语句，渴望享受语言清晰的、情节明快的片段等，通过赏析建立英语语境，提高英语的兴趣度等（图2-40）。

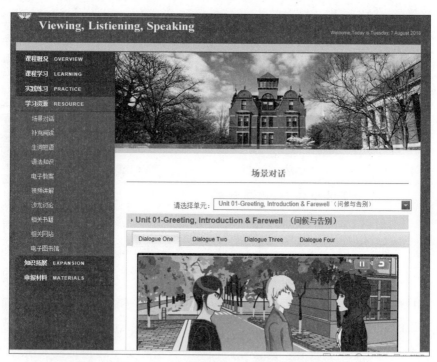

图2-40 游戏化场景对话叙事空间设计

6. 格式塔情节完形填空设计

格式塔情节完形填空设计是在已有的完整故事视频基础上，以格式塔心理设计，有意地截取一段视频制造情节完形填空，并给出多种类似视频，让体验者进行选择，以此来提升体验者的英语视听说的综合应用能力。

格式塔心理：打破原有信息结构的平衡性，形成信息缺口，激发人类天生完形填空的心理趋向，产生强大的心理张力。本部分将这种心理张力设计引用到体验者完形填空当中，通过选择填空完成信息结构重新平衡（图2-41）。

图2-41 信息缺失示意图

图2-41中，1~6代表体验者所掌握的信息，1~10（有一部分用虚线表示）代表全部的信息，两者之间的差（7、8、9、10）便是"信息缺失"。正是这种不均衡的信息分配，使得观众的紧张和疑问情绪被同时调动。人为信息缺口势必造成信息的开放性，其目的是引发体验者的高度疑问和关注，那么，对谁截留信息，截取哪部分信息，则是教学与游戏化设计之间的关键问题。既然英语游戏化教学体验的对象是体验者（学习者），那么截取视点对象就是体验者，即所有的信息残缺制造都应该针对体验者，制造各种类型信息不平衡，其中包括：故事人物、故事发生的地点、故事发生的时间、谁是事件的制造者、谁是事件的承受者、原因是什么、方法是什么、结局如何。这是英语教学体验设计者对知识点教学二次深度设计问题，其设计的准确度和深度将决定情节完形填空的有效性。

情节完形填空不仅仅是单词、语法运用正确与否的问题，更重要的是能否理解故事的大意和叙事的要点，能否理解在不同的语境中表达观点、情感、态度的语言形式，能否理解目标文化及社会习俗，能否运用句式结构、口头表达时语音、语调、时态和语态等去正确理解信息，能否区分事实和观点并进行简单推断，分析事物之间的关系。经过实践，格式塔情节完形填空设计是提升体验者英语视听说的综合应用能力实用、简单、可行、直观的方法。

7. 蒙太奇积木搭建情景设计

蒙太奇积木搭建情景设计是在提升英语教学体验的综合能力的基础上，提出利用蒙太奇影视课程技法，对事先已经准备好的、相互之间具有一定事物关联性的英语视频素材进行选择组合，构造出命题已给定的英语故事，或根据视频素材组合自己认定的、符合逻辑的英语故事。

通过蒙太奇积木搭建将系列镜头和视频段落创造一个故事空间，这些不同的视听造型元素、表意元素、链接元素按照人的观察习惯、联想方式进行有机组合，产生多种刺激冲动，构成故事的注意指向性与稳定性，将英语思维引向对蒙太奇形式和内容的整体认识与理解，在联想律支配下英语体验者对蒙太奇中各种形式、内容及相互联系进行解读与重排，并通过分析、综合、比较、抽象、概括等环节创造出新的意象和意义，转移了体验者对英语细节问题的关注，使体验者对空间的形状、大小、深度、方向、远近、时间的延续性、方向性、均匀性、运动性等特性感兴趣，对故事的逻辑感兴趣，对如何把握英语视听说总体表现力感兴趣。

在游戏化英语体验中蒙太奇积木搭建情景设计方法目的是让体验者理解不同场合中一般性话题的语言材料，把握主旨，抓住重点，明晰事实、观点与细节，领悟他人的意图和态度，听懂语速正常、一般性话题的口头表达，获取要点和细节，明确其中的逻辑关系，如因果、转折、递进等，理解话语的基本文化内涵，区分事实和观点，进行简单推断，准确把握立场、倾向、态度等，语言风格符合情境。

2.7.5 功能设计与能力评价

1. 能力评价

根据教育部、国家语委颁发的《中国英语能力等级量表》，本体验空间也针对英语视听说体验教学设计了语言视听说总能力、听力理解能力、口头表达能力、语用能力、语言能力量化表，以供体验者经过体验后针对（表2-10）进行测试。

表2-10 视听说语言量化表

语言视听说总能力	能理解不同场合中一般性话题的语言材料，把握主旨，抓住重点，明晰事实、观点与细节，领悟他人的意图和态度。 能在较为熟悉的场合就学习、工作等话题进行交流、讨论、协商，表明观点和态度，就一般性话题进行较有效的描述、说明或阐述，表达准确、连贯、得体

续表

听力理解能力	能听懂语速正常、一般性话题的口头表达，获取要点和细节，明确其中的逻辑关系，如因果、转折、递进等，理解话语的基本文化内涵。在收听、观看一般性话题的广播影视节目时，能理解主要内容
口头表达能力	能就日常生活话题或熟悉的社会热点问题发表意见或与他人交流，表达清楚、有层次、有条理。能经过准备，就与自己专业相关的话题简短地发表个人见解
语用能力	能理解常见社交场合中对方表达的观点、情感、态度、意图等。 能就共同关心的话题与他人交流，根据社交场合的正式程度，选择恰当的语言形式，得体地表达自己的观点、情感、态度，注意到文化习俗差异，体现对交际对象应有的尊重，实现有效沟通
语言能力	能理解不同场合中一般性话题的语言材料，把握主旨，抓住重点，明晰事实、观点与细节，领悟他人的意图和态度。 能在较为熟悉的场合就学习、工作等话题进行交流、讨论、协商，表明观点和态度，就一般性话题进行较有效的描述、说明或阐述，表达准确、连贯、得体

2. 功能设计与能力关联

在英语游戏化体验融合性设计中的自主探究式智能性的虚拟语境空间设计、英语配音体验空间设计、游戏化情景漫游导航、游戏化漫游双语体验空间设计、游戏化叙事空间设计、格式塔情节完形填空设计、蒙太奇积木搭建情景设计等各体验设计和实现有效地提升了英语视听说中的语言视听说总能力、听力理解能力、口头表达能力、语用能力、语言能力，根据后期关联性数据计算找出了它们的关联关系（图 2-42）。

3. 视听说游戏与体验融合交替能力外延扩展模式

视听说游戏与体验融合交替能力外延扩展模式是英语视听说能力提升为核心的由内向外的外延扩展设计模式，是体验与游戏循序渐进的、相互依托的设计思想，是教学形态和能力逐步提升的过程，相互之间存在着理念渗透、行为影响、条件激发、气氛感染、思维导向等潜移默化的关系，其目的就是要通过游戏化设计在英语视听说几个体验层次方面达到不同层级的能力提升（图 2-43）。

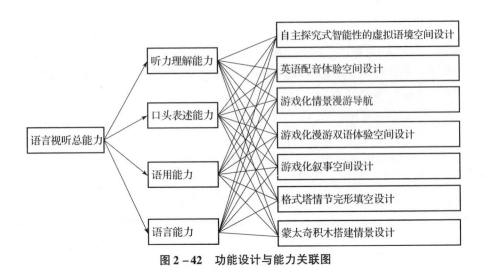

图 2-42 功能设计与能力关联图

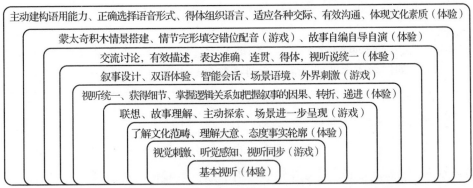

图 2-43 视听说游戏与体验融合交替能力外延扩展示意图

总的来说，英语游戏化体验融合性设计宗旨是通过游戏化影视设计应用来伴随英语视听说的体验，让体验者用影视玩家的心理体验英语，构造自己游戏影视化的英语语境，感受艺术和创意的体验，尝试全新的英语视听说能力的转意和表达思维，并取得良好的应用效果。

2.8 工科视角下的创新机理与创新模型研究——以游戏化教学创新实践为例[1]

创新是人类特有的认识能力和实践能力，是人类主观能动性的高级表现，它是引领发展的第一动力,是推动民族进步和社会发展的不竭动力。创新发展是实现当前科学发展、内涵式发展的动力所在,是当前创新驱动发展战略的直接体现,健康、有效的教育理念会对创新教育的推进产生正向的推动作用[2]。2014年,杨勇教授在教育技术国际会议报告中介绍,美国一个实验数据显示,人的创新力与年龄之间的关系(图2-44)呈U字形,2岁儿童的创新力是98%,小学三年级学生的创新力为44%,博士研究生创新力更加低下,仅为6%~7%,但退休之后人的创新力又开始逐步上升。该实验由此得出的结论是:人与生俱来具有创新力,但后天的各种

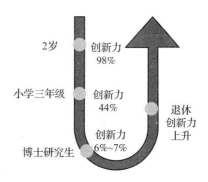

图2-44 美国创新力统计结果

应试教育和学科划分是扼杀创新力的重要因素,只是各个国家扼杀的程度不同而已。

因此,如何最大限度地把教育对创新力的扼杀程度降到最低,如何保护创新意识,如何营造激发创新思维的环境,如何挖掘有科学潜质的人才是当今教育亟待关注的重要问题,本节从教育技术学学科的角度对创新的内涵、学科角度的创新理念、创新机理与创新环境问题的研究以及基于游戏的创新模型建构方面进行讨论,提出了保护、激发创新思维的教学理念和实践方法。

2.8.1 创新的内涵

英文中 innovation(创新)一词起源于拉丁语,它原有三层含义:第一,更新;第二,创造新的东西;第三,改变。1912年,美国经济学家、管理学家、哈佛大学教授约瑟夫·熊彼特的著作《经济发展理论》以德文形式出版[2],其把创新理论引入了经济学领域,标志着"创新"首次作为严谨的理论命题进入学术领域[3]。认知心理学家认为直觉认知系统是驱动所有人类认知的本质发动机,是创新的源泉。人类认知的运作依赖于两种独立的认知方式,直觉思维与理性意识,它们互为竞争又相互协作,支持着人类认知。

1. 创新意识

创新意识是一种无意识的、模糊的知识结构,也被称作创新潜质,它一部分来源于天生,另一部分来源于个人经历。

来源于天生的创新意识是一种天然的意识,它是一种幼儿的认知,具有无任何干扰、无任何引导、无任何概念、无畏惧、无心理压力、充满童真、充满善意、无任何攻击欲望以及与世无争等特征。来源于个人经历的创新意识是一个界限不清的概念符号,可能是形态符号、烙印符号、事件影响符号、名言符号、成长挫折符号、人物形象符号、人物影响符号等,这种符号具有潜质性和模糊性,需要通过外界环境激活其潜质结构。

此外,创新意识特性还包括对外界事物的吸收度、转化为符号的有效度、对新事物的敏感度、对外界刺激的反应度、思维的频度、语意形象化的程度、对事物之间关联度判断以及与潜在符号的匹配度。

2. 创新思维

创新思维是指以新颖独创的方法解决问题的思维过程,是产生新知识、新概念等的思维[4]。这种思维能突破常规界限,以超常规甚至反常规的方法、视角去思考问题,提出与众不同的解决方案,从而产生新颖的、独到的、有社会意义的思维成果。创新思维通常是在外界条件环境刺激下,激发起创新意识内部结构与外界事物的关联产生的。创新思维的形成需要思维人的创新潜质和胆略,它是在某个知识潜在域或意识被激活的前提下发生的,可以用式(2-12)表示为

$$创新思维 = 创新意识 + 环境激发 + 内外部事物属性吻合 \qquad (2-12)$$

3. 创新能力

创新能力是在创新思维的基础上,在一定的创新环境激发下,在一定的技术实现基础的前提下,创新者利用自身的知识结构并发挥自己的能力完成创新思维,其组成可以用式(2-13)表示为

$$创新能力 = 创新思维 + 自身知识结构 + 创新环境 \qquad (2-13)$$

创新能力是在创新思维的基础上,通过利用各种科研生产能力、集体的知识结构能力以及个人解决问题的能力来完成创造性的成果发明。它是指能产生新设想的创新思维能力与能制造新产品的创新实践能力的总和[5]。与创新思维对接的

能力是可以培养的，创新能力的培养包含识别创新能力的培养、捕捉创新能力的培养和析取创新内容精华能力的培养。

4. 创新者

创新者是指提出创新的人，创新者对创新的提出是限定在他自身潜在知识意识领域内、特定的时间域内以及在一定的认同观点的环境下，提出的是一种对现实完全崭新的思想。创新是可以得到承认的，是可以转换成相应的成果的，或者成为一个思维形式出现并被采纳的。

创新者分为两类，一类是进行原创或对原创进行改造的人，另一类是识别创新、辨识创新内涵、分解创新内容、析取创新精华的人。创新者可以是具有科学研究行为的个人、团队、机构、公司、研究所等，也可以是基础学科、应用学科、专业学科中较强的人，他们有能力让其成果获得国家或行业承认，并有一定的平台进行实践、应用。

5. 创新思维的表现形式

创新思维的表现形式极其不确定，观察的角度不同，创新思维具有不同的表现形式。

1）显含性和隐含性

有的创新思维观点明确直接，不需要其他知识再进行解释，思路清晰，很容易转换为创新成果，这种创新思维具有显含性。另一种创新思维属于观点的表述，需要其他知识进行解释，或是需要其他知识支撑或转意理解之后方可使用，这种创新思维具有隐含性。

2）直接性和间接性

创新思维从涉足知识的表述程度上分为直接表述和间接表述两类。

3）可描述性

创新思维从概念上存在可描述的创新思维和不可描述的创新思维两种形式。由于创新者本身知识结构等原因，可能无法对其思维进行非常准确的描述，这就需要借助其他人或其他手段对其加以描述。

4）形态性

创新思维具有多种展现形态，可以是实体模型、示意模型、示意图、设计图、文字、正式的发言或者不经意的表述等。

5）达意性

创新思维具有达意性，它所具有的含义可以是联想的、启示的、形象的、转义的、线索的或者诱导的。

6）效力性

创新思维从实现效果上可以是直接有效的、与能力对接的、间接有效的、暂时无效的、无效的或负面的。

6. 创新思维的特性

有效的创新思维应该具备如下特性。

1）易辨识性

由于思维的表征形式不确定因素较强，感知因素较弱，个体和周边知识结构层次欠缺、对新鲜事物敏感度过低以及与工业技术的联想度不高，人们甚至包括创新者自己也很难觉察到创新思维的提出。

2）易懂性

创新思维的产生是第六感的反应，首次的提出可能是无逻辑的、无结构的、无学科概念支撑的、语言表达不准确的，因此创新思维的提出是否能被理解和接受主要取决于提出人的素质、知识结构及创新思维的表述方式。

3）可行性

思维的提出可能有一定的创新，但如果与现实过于脱节，或者没有方法可以实现，尤其在工科上没有任何技术路线可完成其发明，这样的创新思维是不可行的。

4）可析取性

在创新思维易辨识、易懂、可行的基础上，才可能对思维进行析取，是否有正确的方法对其进行描述和记载是析取的关键。

5）自我性

自我性是指提出思维的人自我提升和自我认识性，即提出人对所提出的思维有很高的感知度、强烈的提出欲望和旗帜鲜明的态度，在第一次提出后不断地校正、提炼、析取、升华自己的观点，不断地组织文字、结构化的表述，从而对其形成文字或者其他的表述形式。

通过以上特性分析发现，在实际中，不易辨识的创新思维所占比例最大，其次分别是不可行创新思维和不易懂创新思维，能够被析取出来的创新思维数量很少，而真正能被采纳并被转换为成果的创新思维就更加微乎其微了（图2-45）。

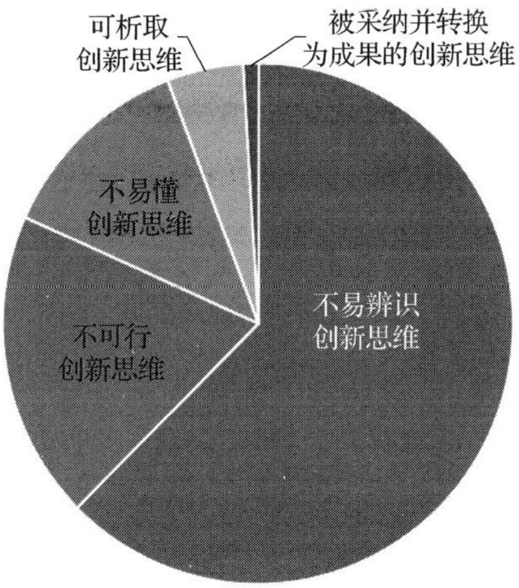

7. 创新的影响度及有效性

创新的影响度及有效性受众多因素的影响，其中最主要的因素包括创新环境以及创新者自身因素。

图2-45 创新思维有效性比例

1）创新环境

提出创新思维时，场合越正规、能够辨识创新的人越多、提出的思维与场合主题越吻合，而且是在所有人没有意识到的前提下，其创新思维的影响度就会越高，将会大大提升创新思维被公共采纳的概率和有效性。

2）创新者自身因素

如果创新者具有很强的掌控能力，可以是学科的掌控能力，也可以是制造设计的掌控能力，同时他还具有高度机敏的科技创新意识和高度的科学洞察力，善于创造机会、制造环境，善于在他人思路中寻找创新点，不放过任何创新和突破的机会，那么他的创新将更具有影响度、有效性和传播性。创新的级别与创新者所处的平台有关，创新成果传播的速度与创新者的社会地位有关，创新被人认可或被采纳的程度与思维产生及提出的环境以及受众者的社会地位有关，创新的有效实施程度、可信度、认可度将决定创新成果的生命周期。如果创新成果没有实际应用于行业或者国家重大研究就很难证明其创新的成功。

2.8.2 学科角度的创新理念

1. 文科、工科角度的创新理念

原创、推翻原创、改进原创、某个方法或技术在某领域中首次实现均视为创新。文科和工科的创新具有不同的特点和创新方式。

文科的创新偏重于思维创新，强调用案例或实证支持自己的理论和提出的观点。文科偏重于解释社会，其研究的成果和它的研究对象非常接近，属于形态化的创新。工科的创新更偏重于实践性创新和研究性创新，工科的创新成果要求包含具体的思想、方法、分析和结论，结论的形式要非常明确。工科偏重于解释自然，成果是可见的。技术的可行性是工科创新的基础，没有技术平台和技术能力，创新只能停留在思维层面，无法将其转换为创新成果。同样，如果工科创新思维与实验现象不符就意味着工科创新的失败。工科创新充满着偶然性、间接性、多重性、直觉性、环境逼迫性、现象启发性、融化性、联想性、突发性、逆向性、对抗排他性和实验归纳性。

2. 基础学科、应用学科的创新理念

1）原发性创新

笔者在对工科国家级重大科研成果分析中发现，绝大部分重大成果是在基础科学发明的前提下完成的，取得的成果属于人类科学文明和发展的首次，但这样的成果占整体创新的极少部分，它们是在基础学科的理论框架下，在最原始基础原理或发明的基础上产生的创新，这种创新称为原发性创新。在科学条件和试验条件成立的前提下产生的创新思维称为原发性创新思维，在此基础上产生的成果称为原发性创新成果，原发性创新思维的成果转化如图2-46所示。

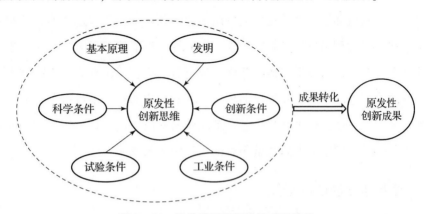

图2-46 原发性创新思维的成果转化

原发性创新在科学界是顶级创新，具有颠覆人类的、改造人类的应用成果。原发性创新具有很强的前导性、探索性和颠覆性。例如，量子通信中利用了粒子的量子状态的无法复制性这一基本原理,使得利用量子加密通信无法被破解,实现了绝对的安全通信。战争引发的高科技创新思维绝大多数属于原发性创新思维,如隐形飞机的出现、虚拟现实技术在直升机控制系统中的应用以及单兵作战系统等。

(1) 原发性创新意识。原发性创新意识的特征主要包括以下几点。

①具有潜在的对新事物和新问题的敏感度。

②具有对新技术和新现象的质疑度。

③具有不受其他定义和定理等知识体系影响的抗干扰度。

④具有很强的联想性和对问题的想象空间。

⑤能很快找出事物之间或者学科之间的关联性。

⑥具有坚持不懈、打破砂锅探究到底的探究意志。

⑦能在复杂事件或自然现象当中找出变化的规律。

⑧具有非常宽泛的发散思维环境和意识。

(2) 原发性创新思维。原发性创新思维的特征主要包括以下几点。

①具有非常强的逆向思维,在假设问题的基础上进行反思维设计。

②具有很强的博弈思维。

③具有很强的形象思维,可以在自己学科体系的基础上构建问题的想象空间。

④具有非正常的、触及底线的思维。

⑤具有将现实问题与虚拟问题对接和联想的思维。

(3) 原发性创新能力。原发性创新能力的特征主要包括以下几点。

①具有很强的计算思维能力。

②具有很强的协作性集体创新能力。

③具有很强的工业设计思维和能力。

④具有还原问题、重新构造问题的能力。

⑤对问题有极强的逻辑描述能力。

⑥能通过现有的技术手段、方法、平台对问题进行模拟、培育、观察、测试和仿造。

⑦具有很强的基础科学思维能力。

⑧具有较强的预研研究能力。

⑨具有与创新思维对接的能力。

2）应用性创新

目前创新性的工科成果绝大部分属于应用性范畴的单一创新、融合式创新，不是从无到有，而是在已有的基础上让其在不同的形态和领域中再次以另一种形态出现，它不光强调解决问题的新思维，更加强调创新的成果及形式，这种创新被称为应用性创新。应用性创新与原发性创新的关系如图2-47所示。应用性创新是在原创的基础上和现有技术体系框架下，运用其理念、思想、方法和技术，结合实际应用问题，构造新的应用性框架，并产生应用性的创新。大多数工程创新、改造性创新和融合性创新都是应用性创新。

（1）应用性创新意识。应用性创新意识的特征包括以下几点。

①具有潜在的对新事物、新技术、新概念的敏感度。

②具有对周边事物与技术的关联度。

③具有不受知识体系和固有思路影响的抗干扰度。

④具有非常强的举一反三意识和很强的融合意识。

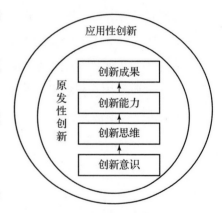

图2-47 应用性创新与原发性创新的关系

⑤能很快找出事物之间或者学科之间的关联性。

⑥没有自然学科和社会学科的界限。

⑦能在复杂事件或自然现象当中找出变化的规律。

⑧具有非常宽泛的发散思维环境和意识。

⑨具有潜在的应用创新的思想、方法、理念的传承环境和熏陶。

⑩在应用上具有相当宽的视野和技术胸襟。

（2）应用性创新思维。应用性创新思维的特征包括以下几点。

①具有非常强的逆向、正向思维创新,在假设问题的基础上既具备反思维设计意识,同样也具备正向思维创新的意识。

②具有很强的再造思维,提出系列化的应用思维和理念。

③具有很强的形象思维,可以在自己技术体系的基础上构建解决问题的空间。

④具有在技术框架下触及应用底线的思维。

(3) 应用性创新能力。应用性创新能力的特征包括以下几点。

①具有很强的应用思维能力。

②具有应用开发协作性能力。

③可将自己的创新思维与应用技术、应用平台、应用生产环境对接,通过现有的技术手段、方法、平台对问题进行模拟、培育、观察、测试和仿造。

④能有效地通过创新思维+知识构造+应用环境产生应用创新效果。

⑤对周边问题具有一定逻辑描述能力。

创新是一个状态激发和系列转换活动的过程,如图 2-48 所示,它由多种因素构成,在教育中要想达到创新的提升,必须对以上分量进行不同程度的提升,即在素质形成、激发环境构造、能力培养、知识结构等方面进行提升。

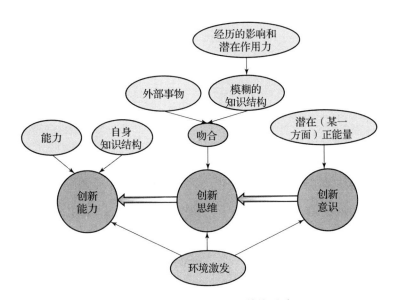

图 2-48　创新状态激发及转换活动

2.8.3 创新机理与创新环境问题的研究

1. 创新机理

1) 创新意识和潜在意识因素分析

（1）创新意识和潜在意识负面因素分析。

①压抑型：丧失了创新的先天空间、不擅长创新思维的人，他们普遍具有恐惧、胆小、循规蹈矩等特征，家庭教育过于严厉，成长环境过于闭塞，对新鲜事物敏锐性差、敏感度低，对眼前的创新无感觉，不能举一反三，无其他爱好等。

从成长环境分析，造成一个人不善于创新的主要因素包括心理挫败、连续挫败、专业挫败、重大比赛挫败、重大科研挫败、重大事故挫败、医疗事故恐惧、幼儿某一方面恐吓、一直生长在压抑环境中、成长过程中对某一类学科的恐惧、偏执逼迫教育环境、受严重攻击的恐惧以及受学术围攻等，这些都会造成心理的阴影和潜在的恐惧，直接造成创新潜质区域被激发状态低下，再碰到此类问题就会表现出绝对抵触、回避、冷漠、不反应，失去了自由状态下的灵感和创新应有的环境。这部分人的创新意识潜质区域非常有限，必须由强大的外界因素进行激发，方有可能唤醒一定的创新意识。

②缺乏型：这类人在成长过程中虽然没有受到过打击或毁灭，但是后天环境缺乏激发创新的因素和条件，其主要原因在于成长过程过于传统、专业划分过碎过窄、与外界科研无缘、长期在正统教育下考试取得高分却没有实践经验、没有具有创新思维交谈的对象、没有团队意识、文科班理科班特有环境、文体环境差、任课教师对新事物不敏感、无欲望无刺激的环境、在工作中充满不信任、长期依赖他人、教学环境和实验环境中规中矩、常年无想象和联想的成长过程和环境、缺乏在逆境中成长的经历以及常年从事执行性单一工作和任务。

（2）创新意识和潜在意识正面因素分析。创新意识和潜在意识的形成与创新者的经历非常相关，这些意识不是培养出来的，而是一种潜移默化的模糊知识结构。笔者通过对中国科协青少年科技中心主办的"明天小小科学家"的获奖选手成长经历进行分析发现，这些选手具有的共同特点是他们从小未必是好学生，争强好胜，但事实上总是取胜；成长环境约束力较差，在自由的环境中生长，有过逆境中生活或工作的经历，永不言败；不愿意照本宣科，有自己的观点和主见，不随波逐流；经常在竞技场或公开比赛中获得奖励，偶尔在某些学科上崭露头角；文体很好，没有明显的偏科，不一定具备坚实的理论基础和数学功底，但是跨学科能力、跨专业能力非常强，了解各种知识运用的范畴、发明的用途和所具备的功能等；普遍兴趣广泛，对书本以外的知识非常感兴趣，文理兼学；属于知足者常乐的人，正面能量非常强，不在乎其他人对自己的看法，愿意展示自己，通过各种形式和场合展现自己的观点，能够较为理性地提出问题，能够客观地看待问题；性格上无缺陷，讨论问题一针见血，形象思维和联想能力强，具有举一反三的能力，能讲出与众不同的思路和方法，尤其对新现象、新方法、新知识、新技术敏感，并不断地问为什么，不迷信结论。

具有这些特点的人不断地获得心理满足，他们自信、坚定、膨胀，因此具备了许多潜在创新意识的正面条件。这种具有正能量的创新意识和潜在意识一旦被环境激发，潜质知识和勇气会与现实问题碰撞产生火花，就有可能在某个方面产生不同程度的创新思维。

（3）创新意识和潜在意识正面因素案例分析。由中国科协青少年科技中心主办的"明天小小科学家"奖励活动是全国性青少年科技创新和科学研究项目的竞赛和展示活动，竞赛的宗旨在于培养青少年的创新精神和实践能力，提高青少年的科技素质，鼓励优秀人才的涌现，挖掘具有未来科学家潜质的人才，鼓励他们投身于自然科学研究事业，为我国创新性科技人才队伍培养后备力量。本赛事按所研究的领域分为数学、计算机科学与技术、物理学、地球与空间科学、工程学、动物学、植物学、微生物学、生物医学、生物化学、化学、环境科学共 12 个学科，提交的文档包括申报表、项目研究报告、学习成绩证明材料等。作品经过资格审查、初评和终评三个阶段的评审，进入终评的作品需要参加现场评审，包括研究项目问辩、综合素质考察、知识水平测试三个环节。现场评审主要考查学生的研究萌发，和他聊人生中的大事和对其最有影响的人物、作品的研发带给他的启示和灵感以及所依据的科学理论。重点考查学生综合科学能力、创新的意识、逻辑思维和形象思维的融合、对突发问题的应对心理、对新技术的敏感、对创新发明事件的看法和认识，同时，考查其能否基于已有的产品设计和发明进行新的自我超越或二次创新，能否提出一个推翻性的建议等。笔者作为该项赛事多届评审专家，对2014年至2018年近150名计算机科学与技术学科的参赛学生进行了全面细致的研究发现，进入终评的选题都是目前科学技术界尚未解决的问题或者是有待改造的问题，实现上具有很高的难度；参赛选手创新的潜质非常高，综合性能力非常强，均为德智体优秀学生；几乎大多数人爱好体育、文艺，有的学生甚至达到专业级水平，他们兴趣广泛，有自己的主见和思想；许多学生的成果已经被授权专利；有一定数量的家长是教师和科技人员，指导教师实力非常强；参赛选手中很多曾经获得过重要奖项，获奖选手地区分布特征非常明显，主要集中在中国的东部地区，尤其是北上广和香港地区，这一分布反映出他们的视野广阔、思维敏捷、能很快抓住问题的重点、回答问题的策略性和反攻击意识非常强、有很强的知识综合运用能力，他们的挑战意识和自我表现能力很强，在面试当中不断地产生新的理念并进行思维的创新，自我提升意识非常强，能够在接连不断的面试官问题激发环境中挖掘出自我潜在意识，并构造发明创造问题的知识结构。表2-11～表2-18为以上分析结论的数据分布表。

表2-11 获奖选手家长从事工作性质分布表

家长从事工作性质	科研人员	教师	行政人员	其他
百分比/%	25.7	38.3	20.8	15.2

表2-12 一等奖选手地区分布表

单位:%

分布地区	北京	上海	广东	港澳地区	东部地区	西部地区
2018年百分比	53.3	13.3	6.7	0	100	0
2017年百分比	60.0	6.7	0	0	86.7	13.3
2016年百分比	40.0	6.7	6.7	0	86.7	13.3
2015年百分比	66.7	13.3	0	6.7	80	13.3
2014年百分比	40.0	20.0	13.3	13.3	86.7	0

表 2-13 二等奖选手地区分布表

单位:%

分布地区	北京	上海	广东	港澳地区	东部地区	西部地区
2018 年百分比	45.7	5.7	0	5.7	85.7	8.6
2017 年百分比	51.4	11.4	2.9	5.7	74.3	20.0
2016 年百分比	28.6	11.4	2.9	0	77.1	22.9
2015 年百分比	45.7	17.1	2.9	2.9	85.7	11.4
2014 年百分比	28.6	8.6	8.6	2.9	88.5	8.6

表 2-14 指导教师分布表

指导教师分布	科研人员	本校教师	校外机构	其他
百分比/%	25.4	57.5	12.8	4.3

表 2-15 获奖学生兴趣爱好分布表

兴趣爱好	体育	文艺	文学	游戏	其他
百分比/%	82.7	53.1	62.3	30.8	48.4

表 2-16 获奖选手授权专利分布表

授权专利分布	东部	西部
百分比/%	100	0

表 2-17 获奖选手学习成绩分布表

学习成绩	全优	不全优
百分比/%	98.9	1.1

表 2-18 获奖选手男女生比例

性别	男生	女生
百分比/%	64.6	35.4

以上数据表明，创新与多种因素相关，如图 2-49 所示，包括自身的性格特征、学习科研能力以及外部的激发环境。其中正面因素对于选手的成功占有主导地位，每一个正面因素中都包含了多种子影响因素，这些子因素的共同作用，为正面因素对于创新的影响力增加起到了重要的作用。图 2-50 为教育背景的相关子因素。

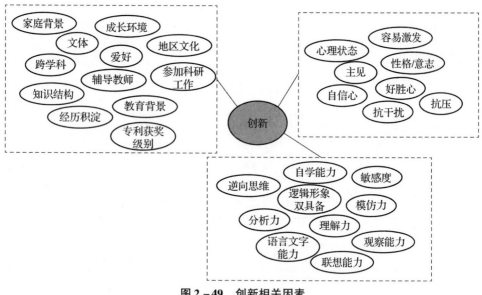

图 2-49 创新相关因素

图 2-50 教育背景的相关子因素

2) 激发潜在知识结构机理问题的研究

(1) 个人知识构造潜质区。创新意识是不可培养的,它随着人的出生和伴随人生的经历而形成。在以上对创新意识和潜在意识正负面因素分析的基础上,笔者提出了潜质区的概念及其构造,如图 2-51 所示。按照 N 个学科类型的知识(暂定 3 个专业某个知识点,分别按不同的颜色标定)和 M 个激发的等级(暂定分成三个等级)进行设计,用来表述每个人的非结构化的、多元潜在知识的、被外界激活不同概率的潜在存储构造,某知识点的激活状态是按照其潜在的活跃度进行划分的,分为抑制态、半抑制态和可激活态,根据个人对知识的兴趣度、兴奋度和烙印程度等因素形成了三类状态激活概率,分别定义为 <20%、20%~80% 和 >80%。

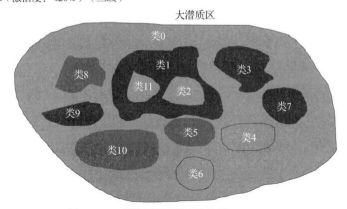

图 2-51 创新意识潜质区构造

(2) 外界激发环境对抑制区中知识点的激发过程。当某个知识点急需的外界创新环境形成,如果此环境能够刺激到潜质区相应知识点产生激发效应,就会激发该问题的创新意识,产生创新思维。图 2-52~图 2-54 为可激活态、半抑制态和抑制态的不同激发过程示意图。实验表明,外界的刺激越强烈,唤醒深度记忆的概率越大,抑制区被激发为活跃区的可能性越大,被挖掘的潜意识中的知识概率越大,而且可同时唤醒多个相关联知识的可能性越大,形成融合性的创新意识就越强,越有可能产生较为明确的创新思维。

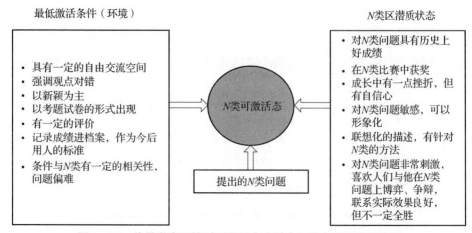

图 2-52　外界激发环境对可激活态中某个知识点的激发示意图

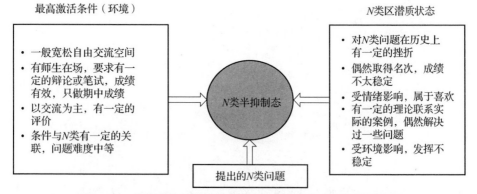

图 2-53　外界激发环境对半抑制态中某个知识点的激发示意图

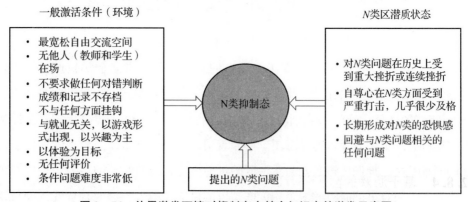

图 2-54　外界激发环境对抑制态中某个知识点的激发示意图

2. 创新环境与创新趋势

1）创新环境

在教育和科研现实中，有创新思维未必有实现的环境和平台，有环境和氛围未必能激发人们的创意思维，有外界创新元素未必能与有创新潜质的人的知识结构产生碰撞，有良好的创新思维未必就能被其他人辨识出来，思维被采纳也未必有机会转为创新成果。为了保护创新意识，有效地将思维转换为成果，必须要有能够识别创新的环境、自我意识的环境、受尊重的环境、自由的环境，通过这些环境来激发个体的创新意识。

创新具有很强的感染性、相互启迪性、相互激发性，每个人都会由于自己的创新而得意，这种情绪也很快感染到他人，形成感染力。其思维和成果很快能启迪他人，很有可能产生类似的创新思维，借鉴思维的创新以及形象思维引发新的创新。

创新需要自由性、独立性、名誉感、回报感、受尊重、自我、无约束，正确的环境将给予思维的鼓励，激发和保护创新意识更需要这样的环境，新技术的出现为创新提供了先进的技术环境，将会为创新带来无限前景。

2）创新趋势

人的创新思维和创新能力与年龄相关，如图 2-55 所示，随着人的年龄增长形成了潜在创新思维减弱，而知识结构增长的趋势，在一定知识结构下的创新思维定式开始形成，但是如果没有一定的知识结构和解决问题的基础，所提出的创新可行性也是不稳定的。因此，从技术和哲学的角度来看，不同层面的创新会集中出现在不同的年龄段中。

创新人群与创新级别在现实中表现出了非常明显的关系变化趋势，如图 2-56 所示，随着人群的缩小，创新平台向高精尖方向发展，到国家级创新平台所剩人数寥寥无几，这是一个科学发展的必然之路。其变化趋势进一步说明，潜在创新意识将伴随终身，只是需要激发和保护，而后天培养的知识结构和能力则是提升创新级别的关键。

2.8.4　基于游戏的创新模型建构

教育思想家卡尔·波瑞特指出，教育要积极应对社会对创新人才的需求挑

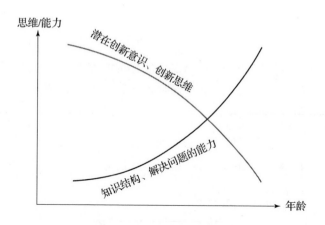

图 2-55　创新与年龄的关系

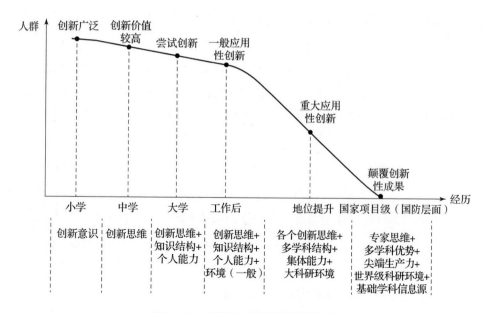

图 2-56　创新人群与创新级别关系

战,要改革传统教育教学方法,要通过设计任务、活动、教学游戏软件等方法,使学生参与真实的、以观点改善为中心的知识建构和持续的创造性工作中,从而建构自己的知识体系,培养创新能力[6]。

游戏的构造理念和创新的理念非常接近,游戏的体验环境非常适合保护创新意识、激发创新思维、营造创新环境、鼓励个性化创作。游戏作为一种实训形态，如图 2-57 所示，与培训形态一起为创新形态提供明确的外界激发环境，通过游戏体验等完成对创新思维的仿真训练和创新能力的提升。

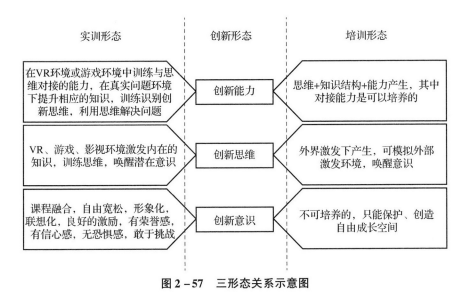

图 2-57　三形态关系示意图

图 2-58 描述了游戏与创新的共性和差异。游戏可以构造教育创新思维的培养空间，游戏的形象思维将引发创新思维和创新意识的产生，游戏通过体验空间使学生挖掘并构建自己的知识体结构。

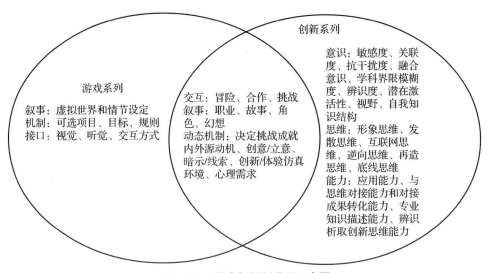

图 2-58　游戏与创新关系示意图

图 2-59 为游戏创新仿真模型,该模型由七部分组成。根据该模型的实现思想,完成了北京理工大学游戏化教学平台的设计和实践,其中包括"汽车发动机故障检测与维修""汽车自动变速器检测与维修""英语视听说"等,实现了汽车发动机创新体验的仿真设计,完成了 2 000 多个三维创新仿真案例。

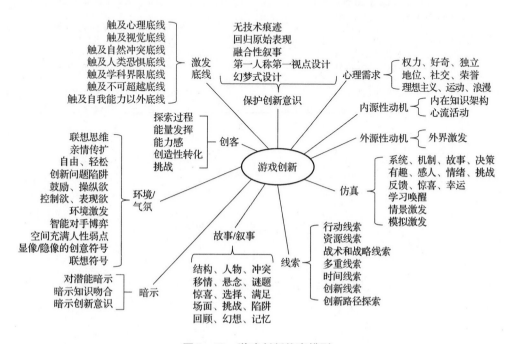

图 2-59 游戏创新仿真模型

1. 游戏与创新的心理需求

Reiss 提出的游戏基本心理需求包括权力、好奇、独立、地位、社交、荣誉、理想主义、运动、浪漫等[7],这些需求与创新的大部分心理需求相吻合,因此,利用游戏环境激发学习者创新意识是提高创新能力的有效途径之一。

2. 游戏与创新内、外源性动机的共性

在创新和游戏中都存在两种激发方式,一种是针对特定行为自身的激发,如导致产生心流的活动,主体希望长久地执行这样的活动;第二种是未来的周围环境及内在状态所含有的激发,即以实现最终结果为目标的行为激发。这两种激发分别被称为内源性动机和外源性动机。受到内源性动机作用的活动更加注重活动

的过程，而受目标和结果激发的、具有外在指向性的活动则是受到外源性动机的作用。

3. 以体验为中心的仿真创新环境

游戏设计是设计体验以引起特定情绪反应的艺术。也就是说，其通过设计系统、机制和故事，为学习者提供机会进行有趣的决策，从而获得有趣、感人、情绪化和有挑战的时刻。例如强大的反馈、惊喜/幸运、学习/精通一项技能和获得胜利等。在这个设计当中将会不断地暗示学习者的潜在意识和唤醒其自身的知识，在游戏的假设当中进行创新性的决策，以达到模拟激发思维、情景激发思维、故事情节勾引思维的效果。

4. 游戏中的线索

游戏中各种不同类型事物的交互是通过玩法线索来提供的。所谓"线索"就是任何需要学习者做出的决策，其中包括行动线索、资源线索、战术和战略线索、时间线索、多重线索等，这些线索在不同类型的游戏中以不同的方式出现，不同类别的游戏和不同类别的行动决定了不同类别的线索和相应的决策。通过线索的环境可以让学习者进行形象思维、逆向思维等多种与创新思维有关的训练，并不断地激发自己的判断和决策，甚至创造出新的思维和线索。

5. 故事/叙事设计

创新的最大动力是唤醒，在外界动力源刺激下对内在处于抑制状态的知识结构予以激发，被激发的最好方式是故事叙事，在叙述的过程中产生互动叙事，不断地进行提示和唤醒。故事的本质要素包括健壮的结构、人物、冲突、谜题、选择和场面，这种互动叙事是一种发生在多个活跃主体之间的循环过程，其中包括悬念、角色、互动与挑战、冲突与障碍等设计，各方在此过程中交替地倾听、思考和发言，形成某种形式的对话，形成直接激发。

挑战往往被描述成游戏的核心特征，学习者在克服挑战的过程中积极参与活动，最后在胜利时获得情感的满足和释放。游戏设计就是设计挑战，设计游戏是在培养创新的素养，善于挑战也是创新素养表现之一，只有具有这样的勇气才敢于调动思维，在潜在意识下主动激发潜质、激发创新。

6. 暗示作用

游戏是一种暗示的过程，不断暗示学习者的各种潜能，不断制造潜能发挥的机会，不断制造在各种冲突中创造性解决问题的机遇，不断地呈现寻找路径中的自己天才的发现，在暗示中最大限度地显示个人创新力和再造力。

7. 鼓励创客

让学习者能够发挥创造力自定义内容，从而增加其学习的投入程度。游戏化教学是一种不是传递所知道的而是探索所不知道的知识的过程，是通过探索，师生共同"清扫疆界"从而既转变疆界也转变自己的过程。在此过程中，师生双方都能够发展自己的能量和能力感，表达自己的创造性和挑战性，促进自身的成长与转化。动态的相互影响促进了转化，实现了表达和接受、收缩和扩张、自我分离和万物一体、自治和关联、意志和开放、创始和允从、控制和流动、结构和自由等方面的辩证与互动。

图2-60为汽车发动机故障检测与维修游戏创新仿真模型，该模型通过创新气氛的营造，在内源动机和外源动机的激发下，构建了创新环境的仿真空间。学习者在此空间中进行能力对接的训练，最终实现能力的提升。这一游戏化创新教学平台最大限度地体现了创新环境的构造，是提升创新素养的最有利的教学环境和创新能力提升中能力对接的最有效方法。

创新的内涵包含创新意识、创新思维和创新能力。创新分为原发性创新和应用性创新，创新的特征决定了影响创新的主要因素，创新的机理描述了创新的产生过程，创新的环境给出了创新的外在因素。从科学角度论证是不存在创新人才的，人的创新意识是天生的，不是后天培养的。后天的各种应试教育和学科划分是扼杀创新力的重要因素。创新中最主要的问题是如何识别创新、如何保护创新意识、如何激发思维产生创新、如何最大限度地给予学生自由的成长空间和开阔的视野。加强多种业余课外活动，将会使创新力的被扼杀程度降到最低，起到保护创新意识的作用。通过对"明天小小科学家"获奖选手的深入分析，有效印证了结论的可靠性，同时，通过未来的游戏创新仿真模型的建构，将有效地解决创新环境的构建和能力仿真训练的提升问题。

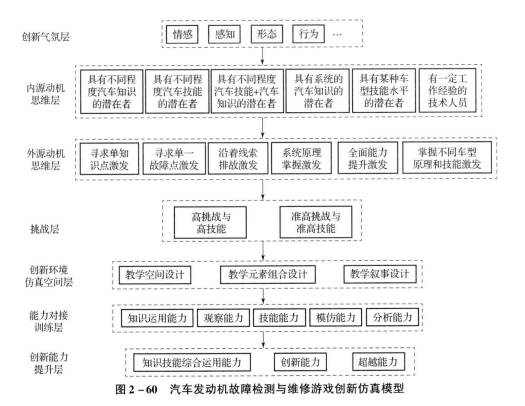

图 2-60 汽车发动机故障检测与维修游戏创新仿真模型

第3章

教育智能化的设计与研究

3.1 教育智能概论

3.1.1 人工智能

人工智能是对人的意识、思维的信息过程的模拟。人工智能不是人的智能,但能像人那样思考。人唯一了解的智能是人本身的智能,但是人对自身智能的理解非常有限,对构成人的智能的必要元素也了解有限。

美国斯坦福大学人工智能研究中心尼尔逊教授对人工智能下了这样一个定义:"人工智能是关于知识的学科——怎样表示知识以及怎样获得知识并使用知识的科学。"而美国麻省理工学院的温斯顿教授则认为:"人工智能就是研究如何使计算机去做过去只有人才能做的智能工作。"这些说法反映了人工智能学科的基本思想和基本内容,即人工智能是研究人类智能活动的规律,构造具有一定智能的人工系统,研究如何让计算机去完成以往需要人的智力才能胜任的工作,也就是研究如何应用计算机的软硬件来模拟人类某些智能行为的基本理论、方法和技术。

人工智能是研究使计算机来模拟人的某些思维过程和智能行为(如学习、推理、思考、规划等)的学科,主要包括计算机实现智能的原理、制造类似于人脑智能的计算机,使计算机能实现更高层次的应用。人工智能将涉及计算机科学、心理学、哲学和语言学等学科，可以说几乎涉及自然科学和社会科学的所有学科，其范围已远远超出了计算机科学的范畴，人工智能与思维科学的关系是实践和理论的关系，人工智能处于思维科学的技术应用层次，是它的一个应用分支。从思维观点看，人工智能不仅仅限于逻辑思维，还要考虑形象思维、灵感思维才能促进人工智能的突破性的发展。

人工智能就其本质而言，是对人的思维的信息过程的模拟。对于人的思维模拟可以从两条道路进行，一是结构模拟，仿照人脑的结构机制，制造出"类人脑"的机器；二是功能模拟，暂时撇开人脑的内部结构，而从其功能过程进行模拟。现代电子计算机的产生便是对人脑思维功能的模拟，是对人脑思维的信息过程的模拟。

3.1.2 教育智能化

智能是教育的一种发展趋势，是实现人类传播思想方法的发展，是人类知识提炼、科学方法、描述自然的进步。我们不应该利用智能去还原传统思想，不应该用新的智能思想为旧的体制服务，我们应该在正确地评价人类教育传播和教育理念发展的基础上展开智能教育。

教育是智慧的延续，教育是人的智能思想的体现，在教育中将进一步挖掘教育工作者的智慧，教育是对知识阐述过程的进一步挖掘，教育本身就是人类智慧的体现，而未来教育将采用以人类智慧为主、人工智能为辅的体现形式。教育技术将为教育智能化充当教师的智慧助手，将提供给教育工作者更多的智慧源泉和知识源泉，将为教师开拓创新提供思路。

教育智能的产出具有自然性、必然性，教育智能化是人的教育思想、技术思想和应用思想自然性的产出和形成。这就如同我们说台词是语境逼出来的一样，很多东西是由自然而产生的。智能的应用和发明就如同很多发明创造一样是在不经意当中发生的，是在一个特定环境下自然而然产生的，你很少能看到一个创新是在行政命令下达下产生的，也没有听说过专门的创新专业户可以随时随地地拿出一个创造性思想。战争环境是个例外，很多武器的创新是来自战争，因为战争直接关系到人们的生命和民族存亡问题，所以在极度逼迫环境下产生创新是有可能的。但是在教育和平年代，我们不应该以这样的思维去考虑问题。

教育技术的发展要与时代同步，教育概念和教育思想发展会引发教育体制和教学方法的改变，会找到与技术的同步点，会在技术发展环境下产生相应的思想和适应环境的内容。而技术的发展很有可能改造或者对教育产生新的发展途径，以及辅助教育发展的途径，甚至是新的、结构改变的途径。就像电子商务无形中改变了人们的工作方式、生活方式一样，其同时也改变了教育方式、教育当中人们的讨论方式和教授方式、渠道传播的方式以及平等对话的方式等。出现了与技术随波逐流的教育的改变，诞生了新的资源，产生了对传统思想的挑战。其教育技术的发展进程远远高于教育思想的发展进程。

这个过程充分体现了人在教育中的智慧，显现出人对新技术的自适应性、教育的可塑性。同样人类也会自适应未来新技术给教育带来的影响，其原因是人们对其应用的评判是理智实际的，是符合人类生存规律的。

人在什么样的环境下将会有什么样的立场，人所在的位置取决于他的思维，同样的道理，在不同的知识条件和技术环境下，人们的观点是在变化的，产生的教学思想是不一致的，给出的教学判断和决定是不一致的，对学生、教师、资源的要求也是不一致的。也就是说，传统时代、信息时代、智能时代人们对同一个问题的观点是会改变的，甚至是颠覆性改变。在当今环境下去设计未来教育就必须以前瞻性的立场去审视问题，不能以现有的教育框架去讨论未来的发展，而是应站在发展观的角度、自然观的角度、辩证的角度去看待问题、分析问题，从人类接受科学和知识的最佳角度去设计问题。

未来的教育将会给人们思想的扩展、思想的捕捉、方法的继承、方法的复制迁移、空间的转换、维度的转变、现象的描述和维度的描述带来新的变化。比如说对电磁场的描述，从高频到低频的描述等问题的出现，会远远超出现有的描述状态。由于未来技术对教育的描述、跟踪、采集干预、控制等手段的出现，人的接受程度、身体感知程度、对自然的感知程度、对知识表现形态接受的程度都将得到改变，会在教学中形成数字教学世界和智能空间，真正形成人机合一的教学社会。

新思想、新知识、新方法、新现象的信息采集如果建立在智能的、可控的、自适应的环境下,将会形成非常好的融合平台,它是人的思想融合,又是人的思想和自然的融合,是理论的进一步阐述,是新思想和旧思想进一步细化和融合的过程,带有推动人类教育前进的重要作用。

作为教育工作者和教育技术的工作者,应该特别注意所有智能应用的各个环节和各个片段,要特别关注能够用于教学当中的某一个细节,要找出细节智能与知识传播的关系。

我们应该在人工智能这个问题上进行融合型问题的研究,并不是将智能生生地插入教育当中,不要求在教育各个环节中都由机器来取代人,也不要求在教育的每个环节中都体现智能化。我们所提倡的教育智能化的目的是优化教育,让教育与智能相互融合,让双方自适应。让智能去迎合教育的发展,在条件构成的情况下,在智能环境和智能大数据构造的前提下,在人们思想可以接受智能的前提下实施教育智能化。切不可为了智能而智能,不可为了教育智能而强行进行智能性教育。我们的教育智能化是在让人们感到舒服、轻松、自然、无觉察、无附加条件、没有限定和制约条件下进行,如果破坏了这样的应用环境则违背了人们对教育智能化的意愿。为教育服务是智能化的前提,切记不可以牺牲教育为代价实现智能化,类似这样的思想观念将导致预测性的失败。教育应该借助第三方产品进行教育智能化的深入、功能拆解、自适应实现,通过多种渠道实现对教育的影响、干预、改变、控制,从不同角度、不同程度进行智能性的渗透。就如同手机输入法一样带来了联想的过程、启发思路的过程、认字的过程,人们在某一个学科里面知识重现的过程、创新思路和方法的过程、学习应用反复过程,教育智能化是在各个领域知识、方法迁移的体现,它是人工智能潜移默化的体现。

智能的思想不是想出来的,是做出来的,是实践出来的,是由许多类似的形态问题引发出来的,是第三方智能产品、第三方应用等案例成功后被借鉴过来的。既然是借鉴,就必须考虑何处可以借鉴、如何借鉴的问题,就必须有一定的思想准备、数据准备、未来工作框架准备,要有对技术的洞察力,能够找到解决问题的厂家和公司,要能找到以点带面的效应的智能开发源头,要找到更具有智能思想应用趋势的平台。

虚拟现实的教学体验首先应该讨论技术的可行性,即虚拟现实技术本身进行传统知识复制、迁移、功能体验转换等方面的可能性。在可行的前提下要对实现成本、应用成本、性价比、普及性等多方面进行评价,实事求是地进行开发推进。VR 和游戏化教学应用的根本点是体验思想、体验方法能否对传统知识的传播、系列知识的教授带有推进性作用、思想扩展性作用,带有感知知识体验启发作用,带有非常强的取代优化作用,带有对其知识发展具重要性的作用,对学生的综合思想建构和知识建构有重要作用,要对其教学体验转换进行评价。比如:值不值得做,做完后的效果如何,要进行小规模的预测和小规模的实验。

3.2 教育智能的认识观点

人工智能是一个学习过程,教育人工智能是一个在学习过程中让计算机智能服务于人的过程,是辅助学习的学习过程,是领悟教学过程的学习过程,是理解教师思想的学习过程,是辅助学生如何学习和如何获取知识的学习过程。人工智能是像人成长一样的训练过程,尤其在教育智能化基础条件不是那么好的情况下,它的训练就要求是从头开始,或者是在原有部分基础上进行,所以教育智能化将伴随着完整的教学过程体系,有针对性地进行训练学习,智能的任务是针对教育中的具体问题和寻找规律性摸索进行的,是对教育的问题和替代思想的诠释,是一个长期的行为过程。所以不能以短期开发行为和立竿见影的设计开发理念去指导智能教学的开发,智能教学开发需在一定技术胸怀、一定能耐、一定忍耐力、一定敏锐度、一定定力的前提下进行。教育智能化要博采众长,不要否定和批评原有的理论、观点、现象和作用,因为教育就是既要有正面资料、也要有争议的资料,是在全面的信息基础上完成训练的。

教育智能化必须在大数据的历史基础上成长,必须在现有的教育信息化的基础上进行,教育智能化涉及的是人与人之间的交互和知识授予,涉及了自然科学和社会科学等多个领域,形成了只要有领域就有相应的教育,只要有产业就会有相应的工程教育和产品专业的局面。所以在许多知识的教育学方面,我们就不得不考虑到这个知识的发源是什么、这个知识被提炼的前期背景是什么、应用的场景是什么等问题。我们假设，如果不通过书本进行知识的提炼、表述和转化，能否通过其他的元素符号形式、其他的现象和感知特征提取，通过形象化操作和实际强化进行知识的概念性的表述和获取呢？这是针对未来技术的，是一个探讨性的问题，我们许多的知识来源于自然，将自然的现象或者规律进行归类，用罗马语言进行高度概括，并产生相应的定义，写在书本上。在教学中又拿这种定义去解释自然当中的万物现象。而当今有了虚拟现实技术，我们就可以直接将问题还原到最原始的环境状态，进行返璞归真，用自然本身解释自然，从书本教学转向形态教学体验，完成教学意识形态的转变，让未来技术延展教育性能。

目前的人工智能对于教育来说属于引导性阶段，也就是说，我们要让人们认识智能在教育中的作用，要让智能公司认识教育，要让智能的产品性能和属性转化为教育性能和属性，认识智能的哪些功能可以在教育当中扩展等问题。严格来说，人工智能也正处在发展的关键时期，正是由于它的发展，教育界才应该积极加入它的发展行列中，去推动智能的发展。因为智能在教育思想的迁移上、在教育知识的迁移上、在教育规律和特征获得上、在机器学习上、在自然语言学习应用上、在人机对话交互上都给教育界的智能化提供了非常好的前景，而且其应用的深度和产生的效益可能会优于其他工业界，其原因是教育界本身就是科学界的一个组成部分，是智能思想之源，是知识图谱诞生之源，是各类顶级专家和各学科专家思想迁移的来源，所以在教育中实施教育智能化将属于自我形成、自我建构、自我智能、自我定义思想框架、自我践行智能的一个过程，学生将作为智能思想和教师传承的反应体，对智能程度进行真实感知的评价。

3.2.1 教育深度学习问题的讨论

在教育问题的挖掘上，在非结构化数据的基础上进行教育规律的寻找，是一个重要的研究方向，即如何把教育教学中非结构化数据作为原始数据，并把它训练成一个统计模型，再把这个模型变成某种知识的表达，就是教育深度学习。这种学习非常适用于我们在 5G 环境下自然语言的学习思想、语义和图像中问题的提取、在教学过程中经验和规律的提取、在学习知识冲突中处理问题方法的提取。教育深度学习的应用将成为教育智能化的重要方向，如何让逻辑推理增加深度学习、如何让训练的结果可解释是教育智能关心的问题。

3.2.2　教育的迁移学习

迁移学习是教育智能不可或缺的研究部分。我们可以用一个形象的例子说明迁移学习，比如一个学生 A 在观察另一个学生 B 学习，学生 A 的目的是学习学生 B 的学习方法，学生 B 不断地学习新领域，每一个领域就为学生 A 提供一个新的数据样本，这个过程即为迁移学习，也称为观察网络，是一个一边学习一边掌握学习方法的算法，可以在机器学习过程中学会迁移的方法，在类似的教育问题学习过程中这种迁移方法非常有效。

3.2.3　自然语言的表示学习

自然语言的表示学习是当数据和任务没有直接相关性时的一种自学方式，我们可以通过监督数据和图像，学到一种最好的表达，比如说给出一段话，让计算机阅读，计算机就可以自动发现一些值得关注的点；又比如给定一篇文章中的实体和一个未知变量关系，用户可以问你这个未知变量是什么、能够达到怎样的效果，是因为深度模型已经具有一种关注。这种关注可以通过学习来表达其结果，就好像我们读一本书，把关键词和它的关系抓取出来，这时只是利用了类似人的一种直觉来进行学习，自我学习可直接用在教育当中的若干问题上。比如我们对已有的课程进行类型转化，把它转化成答疑的课程、转化成问题的课程、转化成意思相反的课程、转化成具有个性化的学习课程的时候，我们就必须在原有课程基础上，对其所讲述的主要论点、主要案例、新思想、核心问题、重要观点、问题的结构进行抽取，对问题的关系进行抽取，在此基础上进行课程问题有目标性的组合，产生相应的目标课程。又如，对一篇文章进行内容缩写就可以抽取出它的关键问题形成文章的摘要。再如，我们根据课程的内容，在网上找相应的案例、相应的支持素材和反对素材，那么就必须对课程相关的关键词和核心思想进行提取抽取，作为关键词进行网上爬虫搜索。

3.3 教育智能化共融思想

教育智能化共融问题的研究是一个关键问题的研究，在人工智能发展的今天，教育界并不是一个智能性非常强的先进应用领域，人们解决智能的行业大多倾向于 IT 和工业行业，像带有相当强的创造力的、由人的意志为转移的、主观性较强行为的教育，经常被看成人工智能高端的研究目标，经常将教育智能化的应用列为工业等领域智能化的融合产品，进行顺势性的研究。在此情况下，我们需要相当长的时间由人和计算机共同来完成教育智能化的工作，即要在人的智慧引领和计算机为人服务的前提的情况下，充分利用计算机的智慧能力，在教育中进行融合性的发展，共进探索，形成教育更加有个性化的、更加深度画像的、临近自然状态的、融合计算下的共同智能演进趋势和形态。

3.3.1 人机共融智能的概念

我们需要重新审视在教育中人与计算机智能的关系，并构建出新型的人机智能混合形态，在已有研究基础上，结合人机物融合系统这一个新的人机共融智能概念。

从学生角度来看，与学生相比，人工智能无比勤奋，记忆力超群，响应极速，可以瞬间将目标明确的学习内容复制记忆、分析处理、整合提炼。

从教师的角度看，与众多普通的教师相比，机器教师是顶尖的商业精英、科技精英、人文精英，无论是在知识储备方面还是在智慧境界方面，都远超前者。

从教材的角度看，人工智能教材包括人的知识与活动信息，以及人工智能自身的知识与活动信息，其教材的数量和难度远超现有教育机构的标准教材。人工智能的算力足以支撑大数据的学习，而人的头脑只能支撑小数据学习。

从学校的角度看，人工智能的学习是顶尖现实和无限信息空间，学生的教育环境、质量和空间维度远不及人工智能。

从教育模式的角度看，人工智能主要是用来进行大数据训练算法，不断演进智能思维软件，具有高度的可复制性，在效率上远超现有教育机构的教育模式。

从教育成果的角度看，经过训练的人工智能同样可以满足企业、政府、社会的特定需求，在特定的岗位工作任务、体力、心理、工作态度的问题上，也不存在家庭和社会的负担。

3.3.2 人机共融智能的定义与特性

人机共融智能的定义：利用人类智能和机器智能的差异性和互补性，通过智能融合群体、智能融合、智能共同演进等，实现人类和机器智能的共融共生，完成复杂的感知和计算任务[1]。

人机共融智能的关键特性包括以下几点。

1. 教育个体智能融合

在教育个体智能融合中，我们并不是强调人的能力和计算机的能力的独立性，而是强调其相互渗透的优势。当今计算机为人的智能化和教育自动化提供了海量的信息和思想案例基础，在计算机高度运算的背景下，利用计算机快速地、低成本地对信息进行存储、比较、排序和检索优势，发挥人的潜能和创造力，进行联想、分析和归纳，针对复杂任务，巧妙地利用人的识别能力，人机协作增强感知与计算两者的互补优势；利用人工智能和虚拟现实技术进行教育思想形态的相互渗透，进行知识返璞归真的现象模拟联想，进行更高级别的自我建构。

2. 群体智能融合和智能共同演进

未来的教育不希望由机器人去统治教育，人类教育的传播智慧出现倒退现象，这样的局面如果出现将意味着人类在消亡。群体智能融合和智能共同演进，人类智能和机器智能互相适应、互相支持、相互促进、智能的共同演化和优化将是教育领域的重要的目标。

在教育群体智能融合上，群体智能就显得尤为重要，它突破了个人的智慧或单个计算机的智慧的概念，形成群体智慧的联想、分析和归纳，群体性多维度的识别能力，人群和机群信息获取、协作增强感知、群体人体感知，对人们的整个教育行为进行群体性的行为挖掘，根据人们在教学答疑专家系统的问答，共同挖掘出教育问题的规律，在教育事件驱动的前提下，完成事件特征抽取，完成辅助决策的智能，借助所有可能对人有用的试听说设备，来提供计算机智能获取信息的敏感度，借助计算机的网络并行分布式的特性，完成思想案例、教学策略等方面的扩容，完成海量信息下的大数据联想，完成不同群体和不同计算机所贡献出来的智慧，在智能共享的前提下实现智能共同演进。

教育隐含智能是教育智能的重要依据内容。我们举一个例子来说明隐含智能问题，比如在显含知识和隐含知识的表述上，1+1=2是显含的表述，而1与2的和则是隐含的表述，实质上表述的是同一个问题，但是第二个问题就属于隐含的表述；这种隐含的表述是建立在人们对中文和语言理解的基础上才能够表述出来或者被人理解的。同样隐含智能也是在显含的基础上，再加上其他领域的知识内涵、更深层次的教育内涵产生出来的。

我们要在教育隐式智能的挖掘和开发的基础上，注意思想性的挖掘、教育形态内涵性的迁移，要在显示教育智能的基础上构建智能、挖掘教育的潜力，挖掘在智能环境下的隐含的创造力，挖掘不易发觉的智慧和思想。真正的教育智慧和人的创造力，大多数属于隐含的，甚至是无法用文字表述出来的，在教育智慧发展和人工智能发展的今天，随着数字化的提升，我们可以在人体感知、行为分析以及教育规律摸索上找出相应的智慧思想、智慧策略、思想传播、内容深度表现方法，完成更深刻的教育内容画像和教育大师深度画像。

教育是一个递进的过程，也是一个循环的过程。教师在获得知识后进行知识传播，学生在传播当中进行问题的理解，并将不明白的问题返还给教师，而教师针对学生的问题进一步学习再给出他所理解的答案，就这样周而复始。实际上是教师在教学的过程中将自己弄明白了，在明白的基础上教出了不同明白程度的学生，教师的知识的深度决定了学生学习的深度和学生构建知识问题的深度，这就形成了一个人与人之间的共进智能演进状态和共融状态。而在教育中计算机的智能化是为人服务的，它接收的信息和指令都是在完成人们需要的内容，所以计算机在不断地训练学习人们教育教学的工作过程、教师知识的传播过程、学生学习的学习过程后，通过交互式遗传等算法，使得其自身的智能通过不断迭代，更加智能和高效，就可以针对人们不同的需求环境进行辅助性的、差异性互补的帮助、辅助性决策等。教育工作者可以利用机器之间相互协作、借助机器提供的反馈，实现机器智能的自我演进，教师在这其中获得积极智能的提升，通过计算机和互联网的反馈而受到启发,丰富了自身的经验和知识、认知能力。通过深度人机智能演进,实现人类智能与机器智能共同学习,实现具备人机相互协作与促进特征的人机智能共同引进方法。形成人的智慧与计算机智能共荣、共融、共同演进、共同发展的状态。

3. 人机混合智能

当前智能程度需要在认识中发展,对 AI 的要求和理解需要在实践中不断地感悟,对 AI 技术性能的利用也要随着 AI 的大趋势进行深入,而在发展的过程中始终是人类智能和机器智能相互补充的,教育中人们也在不断地寻找如何提升教学的质量,寻找如何让知识更加有效地传播,如何让学生理解得更加精准,如何在未来技术环境下提升这些问题的回馈速度,并进行教学上有效干预、影响和控制。实现在教育复杂问题和场景中的协作决策,形成教学控制闭环回路,进行相应的辅助决策建议。在教育职能的发展中同时关注显式智能和隐式智能,实现智能的共同演进。

教育系统本身就是一个知识传播理解和被传播的关系,这关系可能出现在教师和学生之间,可能出现在计算机和学生之间,也可能出现在教师、学生、计算机三者之间,有可能在虚拟现实环境下的体验中出现在体验者和环境之间,还有可能出现在影视与学习之间。所有这些都构成了知识传播、知识感染、知识接收和发送的关系。但是它们的目标没变,都是针对学生,都是围绕着学生接受效果、知识理解效果和自我建构效果而设计的。

在现有的互联网的基础教学环境下,在人体感知技术的支撑下,在 VR 教学体验空间下,教育工作者就自然想起了如何即时有效地测试学生的接受效果,如何量化学生对问题的理解程度等问题,自然会对传统性的考试和测试方法在未来技术环境和信息社会中是否适应提出了质疑,对传统的考试是否能及时地反映学生的状况产生怀疑,对反应的状况是否真实产生怀疑,对试卷的出卷的主观性是否影响试卷的公平性产生怀疑,总之对各种因素是否影响成绩的判定等外界问题产生怀疑。这些自然性疑问和质疑是教育工作者在现实技术感染的环境下产生的,是一个进步的表现。

另外,传统的测试方法产生的结果远远滞后于课堂,在在线教学的环境下无法再根据测试效果去即时地调整教学策略，致使反馈信息利用度大大衰减。在没有现代技术和未来技术的支持下，这样的问题属于正常的问题。但是在有新技术的今天，这些问题显然与高速信息社会是不匹配的。这就从智慧的角度对教育中计算机性能提出更新的要求，更新地提升人工智能的干预和学习效果的要求。

张琳博士在论文中通过对大数据多源异构教学系统设计问题的研究，全面地论述了以上问题，其中心思想就是根据多种信息源的测试，在对各个环节的闭环控制系统设计的前提下，实现教学各环节的控制。多源异构其内涵汇聚来自不同设备、不同数据源以及不同感知实体的信息，通过处理这些多元的数据信息来更加全面地感知教学环境和周边事物，为教育提供精准和智能的服务。多源异构将人作为感知节点，通过融合人机智能来提升传统基于机器设备的感知能力，实现人机的优势互补，从而提高感知的效能。论文中阐述了不同场景的应用方法，比如：考试的效果来源于学生，如果是在线考试，可以根据学生的答案、学生的状况、学生人体的感知来判断学生真正的理解状况；我们根据判断的状况进行相应试卷的调整，其中包括布局的调整、出卷的策略调整、试卷给出的语言表达的调整，甚至是试卷的体力调整；而且可以是在在线的动态情况下进行精准的调整、问题的精准控制、问题的精准捕捉、教学策略精准的定位。

在教学效果控制过程中体现了在教学质量提升过程中 AI 的服务意识，AI 的服务对象是教师和学生。而在服务学生的过程中，如何服务好学生、如何掌握学生真正的想法、如何指导学生是服务学生的关键。为此，我们可以通过抓取图像、理解表情符号、学生私下微信信息、回答问题的状况等建立一个测试反馈模型，及时告诉教师在哪一个知识点上大家的真实反应，并建议如何调整。这就构成了一个教学控制闭环回路，这是一个典型的人机混合智能实例，实质上一些网络学院已经在不同程度上进行人机混合控制了。

在智能环境下，教师起主导性的作用，人们会建议计算机为我做什么，在教师和教学的角度上都希望能够在闭环控制系统支撑下获得最及时的效果和最及时的反馈信息，并根据问题进行调整，这也是一个好教师的愿望。但是如果一个教师讲的是一门新课或者教师没有仔细备课，那么更有必要获得这些内容，尽管他对这个反馈比较恐惧，但是该反馈能直接反映出教师的教学效果，反映出教师对知识的理解程度；如果这种环境下不断地有学生发出各种不赞同的表情，或者具体到对讲课正确性表示质疑，那么应该引起教师高度关注，并及时调整教学策略和方法。

人和环境是人机共融智能的基础，用先进感知技术让机器了解周围的物理环境和环境中的人，为后续高级智能提供具有语义的数据输入。教育中人体的精准感知基于传统接触式感知技术和新型的对人的行为及其周围环境高度精准非接触式感知技术。例如人及环境实物的高精度（厘米级、毫米级）感知，高精度动作行为（手势、指型、唇形、力度等）感知，生理信号（呼吸、心跳、脉搏、血压等）感知，计算机精准感知。

在教学中的人体感知反应是一个非常直接的、毫无隐晦的本能反应，它是隐含智能中的表现，这种对人智力的反应的挖掘和评价是今后重要的研究方向，它回避了许多外界因素和不确定性的因素，比如身体不适，比如说师生关系恶劣，比如说教师考试出冷门问题等，人体感知是对问题的直接反应等。

笔者在其他的论文中给出了这方面研究成果和研究路线，而且在其中也做了部分的实验，虽然实验仪器精度不是非常高，但是绝对反映出了学生对教学的真实敏感度和当下技术环境下的接收状态，总之给出了知识问题的第一反应信号，如关注、冷漠、反感、受刺激等。我们知道一个人在获得并理解知识后，内心是愉悦的，是非常兴奋的，非常有发言的欲望，受外界的刺激后会有许多激发性的表现，而这些心理表现，应该作为我们对知识的第一感觉和回馈，然后再与其回答问题的答案进行同步比对，进一步做出科学的判断和实时的学生状况判断，也就是说，我们在判断这个维度时应该再增加一项人体感知维度，重新考虑知识理解的概念。

有了这样的手段和认识，有了技术的高度和人的智慧进一步的启发，人们会提出更高的对机器的 AI 要求，不断在认识的基础上提出具有前瞻性的计算机隐含智能功能，不断挖掘人的隐含智慧，如新的大数据提示给我们对 VR 体验环境改造的启发等，提示我们在某些知识点上新的认知环境的发现等，这样的相互弥补、相互渐进、相互补充，就形成人机混合智能共进态势。显含智能和隐含发展智能将以共进的态势出现。

4. 教学形态下的智能智慧演进

未来智能技术在教育中最典型的应用会是 VR 化教学。虚拟现实体验与传统的考核不一样，体验的教学目标不是对一个知识进行体验，而是带有综合教学任务的体验，是知识返璞归真的体验，它需要准确地返回体验者的感知、体验者的体会。当然返回的形式是不一样的，有的是通过虚拟现实中的临镜交互来捕捉学习路线、动机以及其创新意念，有的需要对其行为进行跟踪，有的则需要对人体感知进行测试等。综合地对其问题的喜好进行捕捉，对其完成各项任务的兴趣度、冒险度、创新意识、挑战意识进行捕捉，多维度衡量该体验者并对其进行深度画像，并根据画像内容进行 VR 环境的推送和自适应环境的推送，给出他喜欢的资源，给出他喜欢的动作空间，给出他喜欢的联想创新空间，给出他具有启发性的、对知识有更深刻认识的元素，而这些任务都是在高度人机融合计算情况下、情景联动情况下进行的。

人机融合计算是指人与机器通过显式和隐式的融合范式，达到人机智能的协作与增强。显式人机融合计算中能按照任务要求意识的参与、识别、联想、推理能力融入计算机任务中，隐式人机融合计算仅靠行为习惯、无意识参与，将人群无意识表现出的行为规律，作为智能用于求解问题。人机融合计算的挑战在于如何对计算机任务进行分隔，然后给人和机器分配各自擅长的任务，并确定执行此任务的顺序，比如串行或并行，以及如何对计算结果进行融合。

5. 群智感知计算

教育中的群智感知计算是扩大教育行为的一个非常好的方法，我们可以在群体感知环境下去扩大教育实验行为，扩大虚拟与现实技术学生体验行为，可以通过影视课件的方法感知学生获取知识的感知度，可以通过传感和图像分析获取学生社会实践行为、获取学生人才成长过程行为，通过建模找出人们发明创新的感知意识；其研究内容更加侧重于感知过程中人的参与，人机共融智能扩展为感知计算过程，强调智能的共同演进。

通过图像移动技术、传感器技术，实现感知任务分发与数据收集。进行人体建模，并将人体建模迁移到虚拟空间当中，进行互联网协作，完成知识获取、行业跨界等教育行为的捕捉，完成大规模的、复杂的社会与城市感知任务；通过教育群智感知计算突破教育围墙和学校围墙，真正做到"在做中学、学中做，从理论到实践、实践到理论"的教育过程，从传统的考核考量计算，转变为人体感知下的知识获取。

3.4 资源智能环境的建构

智能就是一个学习过程，计算机智能就是机器学习的过程，也是机器训练过程；教育资源智能化同样也是一个学习过程，是在学习者监督下完成的学习过程，是学习者不断在认知过程中通过对问题的疑问、对资源的进一步诉求、对资源的不满、对资源个性化程度的要求等因素促进课程资源智能化进一步提升的过程。

智能就是一个学习过程，这种说法既适用于计算机也适用于人，人就是在不断的熏陶中成长的，是在不断的学习中进行智慧的获得，是在原有的框架中进行知识和经验的填补，要通过学习才能形成较为系统的知识灌输和填充。人的智慧来自学习，同样学习的过程也是一个智慧的过程，而智慧过程的输出表现为对周边问题的看法和建议，以及对周边问题治理的态度和能力。在资源学习的过程中产生双向效应，在资源当中获得知识，同样也反映资源、教师或者是案例等内容的诉求、态度、知识空缺中的疑问等内容，提出自己对知识的认识和对知识资源表达的认识和态度，在资源不断的智能提升上，学生也会产生同样智能的看法、态度意见和建设性的想法，是智能过程中的一种交互和相互提升的现象。

网络空间在不断地对知识资源进行获取，在资源优化和标准化基础上，在师生个性化的表示、个性化的诉求和个性化的建议中逐渐成熟。随着资源和师生共同认知的提升，人工智能环境条件下的智能觉悟共同的提升，创造智能环境中改造想法的提升，课程在知识图谱下精准设计的提升，资源智能化将逐步趋于成熟，将会产生具有智能环境特性的、学生教师资源画像特性的资源属性，教学资源智能化将随着智能水平提升而逐步完善。

3.4.1 教师在智能资源过程中的作用

教育资源不能是自己智能自己，而是人的智慧资源建构思想的体现，是教师教学过程中经验的积淀，是众多教师智慧的结晶，是智慧逐步逼向成熟的过程，是教师对知识进一步认知的过程，是教师将知识问题向知识思想转化和知识内涵提升的过程，是教师将知识系统脉络化、表述分析多元化、理论与实践深入融合、评价理念进一步提升的过程，是教师智能思想贡献的过程。精准智能思想的过程，是问题认识—转变—提升的过程，是教师智慧提升的过程。由于教师是课程资源的提供者和授课者，所以资源的优质程度将决定教师智慧提升的程度。

教师是资源智能的发源，他给出了资源的初始框架，给出知识的认知图谱、情感图谱、问题图谱、考核图谱、反逻辑图谱等，给出在网上内容搜索匹配策略，给出与个体画像相结合的组合式的知识搜索和知识脉络。教师同时也给学生反馈对应搜索调整策略、知识框架调整策略等，教师是资源被智能的真正贡献者。

3.4.2 学生在智能资源过程中的作用

教学资源智能化的过程也是学生适应提升的过程，是学生对资源的反应体和资源的作用体，他们在接受资源的过程中会给出各种各样的诉求，给出对授课的看法，通过学习中关注停留的程度给出他们的态度，通过对教课问题的积极响应和人体感知信息能够反映出课程设计的内容、方式是否符合学生。所以学生是智能对象的传感器，其传感器的品质、灵敏度、真实度将决定教育资源课程的提升度。在学习过程中学生不断被智能所传染，不断通过自我感知辨识，不断通过自己对智能资源的认识，提出有针对性的智能补偿和修正，即在智能资源中获得知识，在学习和智慧增长中体会智能资源带来的感受，提供有参考价值的信息反馈，学生和资源共同构造出一个训练环境。在这个过程中学生是智能的受益者也智能的供给者，从智能资源中获取对知识的认识，同时也在消化和认知过程中产生疑问和问题。

3.4.3　网络环境及加工

网络环境包括资源推荐方、交易方，包括交易标准、资源属性标准、适应智能资源的动态资源属性和框架，并在此基础上存在着国际互通的资源属性和交易属性，如同课程制作 SCORM 标准一样流通。随着资源智能化和精准化的要求和推进，对资源的要求也在不断地提升，要求资源的属性能够适应以下特性。

（1）适应行业特性。

（2）适应学生和教师画像中的重要特性。

（3）适应资源之间的组合性、耦合性。

（4）适应知识图谱搜索脉络特性。

（5）适应深度搜索、横向搜索、启发式搜索等特性。

（6）适应当今搜索策略。

这就要求有能够适应以上特性的资源加工厂，营造智能的环境，提升资源提供者的素质，提升网上人员的信息，如移动设备信息等，提供直接或者间接信息进行资源个性化的完善，如只知道手机号就可以获取个性化信息等，通过全民性意识提升所有的智能环境的条件，这也无形中提升了大数据下的搜索理念和问题有效的聚类和分类理念。在知识传播当中要进行人工自动化或半自动化的资源内容语义分析和定位，如图像、视频、语音等关键词的抽取，要吸收当今淘宝、抖音等客户端的数据思想，嫁接它们的内容和图像定位方式完成搜索工作。

网上的知识内容要具有多个属性可供教育课程组合进行搜索，并不断地扩展属性为智能和行业发展奠定基础。智能资源环境的形成需要所有网络提供商和个体共同营造完成，所有人都将是网络的受益者，也同样是网络的服务者和交易者，资源银行的提出为网络提供责权利的交易环境。

这里又给出了一个新的概念，那就是对资源提供商或个人的画像问题，即所有的人都有自己的画像，画像包括个性化的基本信息，包括个人爱好、研究、方向成果和行业信息等，也包括移动手机所含的内容，这样我们就可以将搜索方和被搜索方进行互联。为了资源的精准化，需要提供方给出资源描述和分类描述，当然也可以通过语义识别进一步完善内容。这样在资源智能化问题研究上就出现了三个重要的智能环节需要研究,即三个环节同时提升的问题。

在资源教学过程中,教学资源的自愈和构成是整个智能化学习的问题,是被智能体反映出精准搜索的过程,形成的课程是知识图谱支持下的一个搜索精准属性所完成的过程,而完成这些精准属性过程的人是教师、学生。

这和我们在移动端如企业微信、钉钉平台上工作一样,由于移动环境的提升,大家在很多的工作理念上和提供的内容上逐渐被完善,通过人们不自觉的行为而进行完备。所以说资源智能的关键在于整体环境的提升,只有整体在智能环境条件下,智能具备条件和智能逻辑实施等方面同时进行,才能产生完备的思想和内容,才能产生资源体自身的反映,才能产生人对问题体直接的受益反映和非受益反映。所以我们认为人工智能下的环境,不是单方面智能的提升,而是整体水平的提升,包括人们的认知,包括人们提供空间以后所产生的标准化的智能条件,它的逼近程度的认知,包括在这个资源自身的精准反馈,以及学生进一步的认知和反映,形成整体在学习过程的智能化的成长。

高新技术的发展对教育性能会有所提升,会在教育技术性能上进行推进和改变,真正体现技术价值的是它为教育人解决的问题,为教育工作者排除的困扰,做到教育人做不到的事情,对教育管理办学起着辅助性的决策作用和启示作用,开拓了教育人的思想。严格来说,不是教育去发现技术,而是技术去适应教育,在教育的应用中衬托出技术的价值。

教育智能化的关键在于对办学思想和办学深度的理解,教育智能化是对教育者经验的挖掘和教学过程的挖掘,通过对被挖掘数据智能语义的理解,会了解到教师想什么、学生想什么、在不同的教学过程时期人们关注什么、校长办学最怕什么、管理人员办学思路从哪里来、从哪里能获得启发、从什么问题上能够得到启示等问题的答案,而这些问题和答案正是智能教育思想和智能教育开发所必须研究的问题,我们要围绕这些问题进行训练,找出适合的解决方法。教学的惯性行为和过程并不是智能管理和智能设计所关心的主体,它关心的是预测和事件突然性、爆发性所带来的综合联想效应等问题。

作为教育工作者,我们不要将希望寄托于技术的万能上,而应该将希望寄托于我们对技术的要求，我们能给技术什么，我们能让技术赋予我们什么，我们能提示技术做到什么，希望它能够提升我们哪些能力，希望它能解脱和解救我们什么等。首先必须要想到我们要做什么才能够提出让技术达到相应的智能水准。只有在人能够智慧地提出和智慧地给出解决这个问题的可能性及相应的途径的前提下，在人们提供大量的应用案例、应用框架下的现象、语言等多种内容前提下，计算机才可能完成问题的训练和评判，在训练中逐渐达到人们能够适应的教学智能化环境和对问题的清晰辨识。智能性的提升是教育智慧的展现，也是人们智慧性格的磨炼；是人们敢于或者勇于为后人做贡献的思想表现和品德表现，所以说人工智能的实践和教育智能化的深入似乎体现的是技术的特征，其实它真正体现的是教育工作者的内涵，是真正了解和掌控教育的人的智慧的体现，是真正吃透知识、运用知识、进行知识的任意分解和形态转变智慧的表现，同时也是教育工作者新的工作起点。

教育智能化不仅是替代人们的工作，更重要的是引领和启发人们的思维，是对人的工作效率和工作思想的提炼。在教学和教育过程中，以下问题是必须探索的。

一是教学思维的智能化问题。我们可以围绕发散思维、高度聚合的思维进行研究，通过对拟合度运算和聚类运算找出关联度不同的内容分布。在引入事实和问题的时候，我们可以以发散的思维对问题进行引入，其发散事实的程度和叙事张力要紧密结合，发散的程度要与讲课之间的逻辑关联、与同类问题关联。比如：讲课需要收敛中心化的时候，我们就可以在逻辑关联较密切的地方和聚合程度较高的地方进行引入。这样的思维案例非常普遍，引入后的效果会非常好，关键是在后面要做大量由计算机去寻找相关事实和案例的基础工作，需要在讲课中不断地积攒、不断地提炼，不断地借助网络进行内容相似度的筛选，以此来提高讲课的效率和知识的认知程度。

二是管理思维问题。我们需要进行总结经典、提取模式，将管理思想进行数字化，将管理的特点进行数字特征化和属性标定化，要对管理的事实和思想进行有效的存储，并给出可以搜索的依据，我们可以将管理的经验和事实范围的引用扩大到历史、军事、经济等重大问题的解决方案上。在用人方面，我们可以借助交互问题推送出相应的用人方法和原则，给出具体的或者原则性的做法和案例。对某人用不用，此人是否忠诚，是否可以给予更大的职责时候，我们可以让计算机和人进行交互，找出迟疑和问题，然后由计算机给出相应的答案，当然，答案也可能是：疑人不用，用人不疑。

3.5 教育智能思想的获取

3.5.1 教育智能思想获取的意义

人工智能的内容将大于技术，内容的思想性和先进性以及功能性将大于技术的先进性。一个没有思想价值和内容价值的教育智能系统是一个无用的系统，一个产生思想偏差引导人们走向企图的智能系统是一个错误的系统，一个不遵循自然规律的智能教学系统将是一个不明辨是非的系统。人工智能的系统是推进人类进步的系统，是从思想上帮助人类进步的系统，绝对不是一个落后倒退的系统。

智能思想的引入将是教育智能化的关键。而智能的构造者、智能思想的聚能者、思想辨识的教育智慧工作者更是教育智慧是否先进的重要把关者，更是教育智能化的关键。思想的获取、思想的辨识、思想的认识、思想的追加和修正是智能发展期间的主要生命来源，而思想的获取方法、获取中的自动化程度、获取当中的自然程度、获取当中的辨识程度、获取后的思想的归类、获取当中对思想的权重性、获取的思想的主干性和分支性分配、获取当中产生的逻辑关联性都是教育智能健全的标识。

3.5.2 教育智能思想获取的对象和内容

在 5G 到来的今天，人工智能渗入教育将会大规模展开，在教育智能化过程中，教育思想、教育方法、教学经验、学科观点、教学的成功案例、教学的失败案例、教学管理者的思想等都将成为教育智慧的主要内容支撑，这个过程将是全民性的，不分年龄的，只讲经历、不讲资历。今天所有人都是教育过程的亲历者，对教育的观点或多或少都是有意义的，这其中也包括学习者，我们也要在他们当中进行智能思想的获取。比如在学习的技能、实验体会、认知思维、创新历程中有启示等问题。

3.5.3 教育智能思想获取的途径

在教育智能化当中，我们需要多角度考量问题，比如说，智慧思想的提供对计算机大脑学习训练过程是一个顺应的过程还是一个同化的过程，是冗余的内容还是无价值的内容，内容中是否产生冲突，内容是否存在传统观念与现代观念继承的关系，内容之间的逻辑关系是什么。在记录和采访智能思想当中，需不需要通过聚类进行问题的归类，在获取思想当中，用什么样的方法和手段等，比如，是用网上自动搜索寻找，还是调查、交谈等；在当中是否对固定目标连续采访；在采访的方式上如何激发被采访人员的主动意识，激发他的追忆和思考等；如何让被采访人员能够道出真谛；如何让采访内容更加有效、真实；尤其是如何为了获得最大收益去营造让对方感到最受尊重、最舒适的环境的问题，这都是智能思想获取的关键问题。

在内容思想的获取中有几个因素我们需要考虑，这其中包括：与人交互的友好性，对人们思维的诱导性，沿着目标逻辑的延续性、交互当中的有效性，交互当中问题的选择性，交互当中适合于对方身份和对方经历的问话内容与方式，接收智慧的各种媒体来源的方式，对问题的可懂性，对问题的理解性，排除问题的二义性等，这一切都是获取内容过程中智慧的体现。在智能思想的获取过程中我们要注意以下问题。

（1）经验往往存在于年长的积累当中，经验持有最高者将是最受尊重的人。

（2）知识和经验所持有的最盛行的人生阶段是在中老年时期。

（3）知识本身的学科类型与知识的翻新程度是非常有关的。

（4）新学科的发展速度与老学科的发展速度有着较大的差异。

（5）新概念的出现和实质性知识的产生是需要辨别的。

（6）不同人对同一个问题产生的观点需要通过人工智能提取辨识出它的共性和特性。

（7）对知识陈述中冗余描述是阻碍智慧采集的一个因素。

(8) 这些思想采集的先进程度和可行性程度，直接决定了人工智能发展的程度。

智能发展如果能在人们不知不觉当中进行现实的和历史的采集，能够从他们所发表的纸质著作当中、历史事件当中进行语义抽取，如果能在问题和事件冲突、国家大事件、国家政治和经济等领域的事件、教学实践、自然科学事件当中进行自动采集，如果能形成全民性的自愿贡献者和大规模的采集，而且采集的方法内容接近于自动化的、轻松的、不经意环境中发生，这将是教育智能化的一大幸事。

能够把人读懂，能够获取人的知识精华，能够在自然当中直接辨识问题和获取问题，这是教育智能化的顶级行为，这种行为将为教育智能化思想发展带来无限的边界。这样的思想获取本身就是一个进步的过程，是一个智慧不断成长的过程，是通过智能手段完成智慧成长的过程。

3.5.4 教育智能思想获取的方法

由于教育大数据和教育智能相关的工作处于初级阶段，很多工作需要从人工做起，由人工找到相应的问题的规律，找出工作和智能思想的框架，找出思想挖掘的规律，逐一地进行有目标的、从小到大的、以问题为引领的获取方法的开发。这是一个漫长且艰苦的工作，需要去除功利心理，实施大规模的、有组织的投入。所获得的思想和内容不仅是为教育服务，而且具有非常大的社会效益、科学研究效益，它将在各专业领域里起到重要的作用。

从技术上来讲，采集几乎用了人工智能所有的获取手段，用了人工智能所有的思想框架支持方法，如知识图谱、深度学习、语义辨识、专家系统等。

从文科的角度看，采集智慧思想充分利用了教育心理学和社会心理学的很多知识。在获取知识的过程中，我们需要给予被采访者最大尊重，在交互和问答当中，给予恰当的提示和不产生反感的引导。

在深度交换问题中体现出问题深度挖掘的过程，就需要智能系统首先自我辨识问题，探索性地构造问题，这种探索应该是以对方内容陈述为主、专家思想引导为辅的原则，将被采访者的情愿性和表现性放在一个重要的位置，宁肯在采访当中有大量的冗余出现，也不放过其中有用的话。

不管是社会学科观点还是自然学科观点，不管是系统化还是非系统化，对构造问题、构造知识图谱进行学习训练来说都很重要。能够辨识问题和有效分割问题，将问题简单化、单元化，并再次进行分类是非常重要的。所以在采访当中，如果能够有效地组织问题，可能问题将会更加单元化和聚焦化。当然通过技术手段也可以完成，但是代价太大了。

3.5.5 教育智能思想获取的环境

智能思想的采集是教育智能化品质和质量的象征，但不是说具有思想就是智能，而是要达到一定的教育思想境界，要具有自然性和运用准确性，具有思想继承、发展思想性和技术内涵性，具有学科哲理性等系列思想，这就要求在获取信息方面有一定的情景和环境。当然这个情景环境可能是虚构的，比如说去营造一个对某个科研发明和试验的回忆，对一个名师的回忆等，通过这样的网上议论或者采访实现获得与其相关的知识和思想观点。当然也有激发和刺激的情景方法，比如给出一个具有争议性的科学观点的问题，你就可以获得相应的正向观点和反向观点。从科学观点的阐述方面，人们经常在争论、辩论、博弈的情况下产生观点，证明观点的正确性，虽然此时的情绪激昂，但是内容真实；我们要制造这样的冲突环境进行知识的获取以及智慧的复现和延续。如果没有相应的博弈，就很难激发出观点，这时候的观点是冷静的、经过思考的、非常缜密的、考虑到关系的方方面面，甚至有一定的哲理性、伪装性的观点。所以说，观点的即时性和随机性非常重要。

捕捉的观点有瞬间性，这与人的情绪和个人性格有关，有人善于现场亮相观点，有人则善于以书面表达和论文著作方式阐述观点。随着社会的前进和人群之间网络交互方式的多样化，如微信等，面对面激发情绪阐述观点的临场机会就减少了，大多是在微信上进行一般性的讨论，很难激发出相应的情绪，但是微信的信息捕捉力加强了，议论环境增多了，网上行为更加明确了，网上许多意想不到的观点就会被较为容易地捕捉到。

3.5.6 教育智能思想获取与个人画像的关系

采访的有效性和人的个性是分不开的，采访人在讲问题过程中不免将个人讲进去，这种类型的内容是非常重要的，我们要在获取思想的同时，获取他的个人画像信息，找出知识提供者和个人画像的关系，找出教师同类的画像和知识的关系，找出教学的发展和教学逻辑思想产生的逻辑关系，我们要在他所谈及的个人事件、成长事件、教学发展过程当中进行分析，找出正确与不正确的问题、有价值和无价值的问题、对教育过程的方方面面是否有支撑力等问题。

在人的采访过程中，我们应该同时构建创新人才的培养模型，尤其要在专家、教育家、某行业成就者、有为的中青年专家的采访思想获取当中进行思想的捕捉、对科学问题敏感度的捕捉、他们的科研成长的关键点的捕捉、他们兴趣点的捕捉、他们在成长过程当中事件的捕捉，追踪记录他们的成长轨迹，做出人才成长画像。画像的信息不光是科研部分，而且还应该包括教学思想、教学理念、思想的传承方法、思想形成理论的过程等。这些陈述的内容很可能会在不经意间流露出来，可能是情绪化、悲哀性、怨恨的、笑话的、悔恨的和炫耀的，这种追踪情绪下的内容是真实的，我们要抓住这样的环境和机会去捕捉心灵的真实想法。

思想的获取要有一定的时代性，如果能够通过个性画像的描述，知道对方所处的年代，了解他所经历的事件，我们将会更接近他的语言、更接近他内心时代的语言、更加人性化地进行引导获取。语言采访者交谈他最擅长的人和事，交谈他成果的意义和你对于其成果的看法，谈及发生在他周边的事实，他就会对你产生好感，就会有从陌生到亲切交谈的转变，就会沿着回顾脉络不断让思绪泉涌，他就能够在交谈中产生自己问题的真谛，在不设防中讲出自己的真实想法和观点。智能思想的采集是一个非常具有技术性、艺术性，而且是有心理学运用的过程。

在经验思想的获取当中，我们一定要抓住人们经验的黄金时期，抓住不同专业、不同人员所处的经验的黄金时期，要抓住许多学科具有现象重复和经验积累的特性，要抓住许多学科发展的过程中经验是以新代旧的特性，要抓住学生所阐述的问题和所关心的问题，从教、学、管等多个角度去寻找教学规律变化的因素，从获得教学利益者的角度去评价知识价值性和经验的有效性。

3.6 智能逼近熵的概念与设计

教育智能化属于教育信息化的研究领域，属于信息论研究领域范畴，同样符合信息熵的规律。为此本节用信息熵理论对教育智能化问题展开研究，研究教育智能的思想、智能的依据、智能的程度、度量智能程度等问题，为教育智能化展开基础理论的探索。

3.6.1 信息熵编码原理

在数据传输系统中，存在着两个最基本的问题：一是应该传输什么信息，二是如何传输这些信息。这两个问题针对两个明显的目的，即只传输所需要的信息，而且以任意小的失真或零失真来接收这些信息。

信息的传输编码原理也可以适合于人工智能在教育中的应用，在教育中也有同样的两个问题存在，一是在教育当中智能什么，二是如何让它智能。这是一个具有针对性的问题，也就是说，我们要实现教育智能化，实现智能替代教师工作，完成智力的引导，辅助提升学生的能力和教学质量等也存在效果不失真、过程不失真、思想内涵不失真的问题。如果教育智能后的内容不符合人的规律、学习的规律，不符合我们未来教育所要创新的规律，这就是一种失真的表现。如果其效果非常差，根本无法替代人的工作，这个教育智能工作就是失败的，就没有必要进行下去。

1. 第一香农信息论

香农信息论认为，信源所含有的信息熵（熵）就是进行无失真编码的理论极限。换句话说，低于此极限的无失真编码方法是找不到的，而只要不低于此极限，那就总能找到某种适宜的编码方法任意的逼近熵。

教育智能化也是信息处理的过程，信息熵理论也非常适应此项问题的研究。熵作为信息的衡量尺度，仍然可以衡量教育智能信息化的工作，可以衡量教学过程、学习过程和学习质量评判过程。对教育智能熵的衡量和评价就像衡量含金量一样，比如说人们评价这个学校专业的含金量、办学类型的含金量等问题。

香农信息论给出了信息熵是无失真编码原理的理论极限，给出了教学事务所逼近的最低极限，给出了对事物描述不走样的极限。香农信息论同时也告诉我们在事物描述中，我们可以找出描述事物的方法，而且低于失真的描述方法是不存在的，任何事物都可以找到不低于此极限的任意逼近的方法，这给出了人工智能用于教育的底线设计，给出了教育智能化的信息熵的原理和方法。香农在多媒体当中描述有损压缩和无损压缩之间的基准线界定问题，在教育智能化的应用当中也存在。

我们要研究如何找出正确的教育智能对象，如何进行教育智能，如何找到智能后高于人或与人相当的处理方法和办学的方法，如何找到效果与人相当的、代替人复杂劳动的方法，如何提升学生获取知识的方法。

这些方法是建立在香农原理基础上的，是一种逼近式的推进寻找方式。教育应用多数情况下并不要求达到百分百的精准，所以教育智能化仿真方法的实现允许在相对准确、不失真、不走样的前提下进行。比如对机器训练问题的研究，只要能够满足大部分的情况的处理和识别就可以在边使用边学习中进行工作。教学管理是一个相对安全的工作，不具有即时性和应急性质，除了危险教学实验以外，智能教学运行和教学质量控制在进行的边学习、边获取、边工作的状态是可以满足教学需求的，并不一定要求教育智能训练结果与传统教学效果所有场景完全保持一致，只能通过训练逐步完善，逐步逼近熵，处于合理的容错状态，达到相对性的熵值指标。

2. 第二香农信息论

香农信息论认为，信源中或多或少地含有自然冗余度，这些冗余度既来自信源本身的相关性，又来自信源概率分布的不均匀性。只要找到去除相关性或改变概率分布不均匀性的方法和手段，也就找到了信息熵编码的方法。例如，在图像中既存在着空间上的相关性，同时还存在着灰度概率分布的不均匀性，对运动图像而言还存在着帧与帧在时间上的相关性。因此如何利用信息熵理论减少数据在传输和存储时的冗余度，就是信息熵编码所要解决的问题。

第二香农信息论指出信息事物处理当中普遍存在的问题，即都存在着冗余度的问题，而教育智能的一大特性就是要通过训练、大数据的挖掘、大数据的过滤，去捕捉特性并除去冗余度、多余事件的干扰和无关信息的存在，找出有用信息以此来抽取和提炼有效的方法。

这种冗余度同样也存在于教学事件的信源、教学过程的信息、获取网上知识的信源和我们对事物进行识别的对象当中，这些冗余度有来自信源本身的相关性，也有来自事物与事物之间的相关性、处理过程的相关性、媒体与媒体之间的相关性、资源与资源之间的相关性，还有可能来自它们的内部。这些冗余度也可能会来自信源概率分布的不均匀性、事物产生的不均匀性等。

为此要找出教育智能的方法来去除信息源等相关性的问题和概率分布不均匀性的问题，去除教学的相关性的问题，去除重复劳动相关性和现象的相关性问题，去除多余的干扰性的信息，抓住特征性的信息问题，压缩掉与智能不相关的问题和方法，为人工智能的替代给出方法依据，找出能够逼近熵值的方法，找出模拟人的思想最好的方法。

利用信息熵的编码方法有多种，比较典型的如著名的哈夫曼编码方法（利用概率分布特性）、游程编码（RLE）方法（利用相关特性）和算术编码（利用概率分布）。我们将着重介绍哈夫曼编码。在教育智能化当中有大数据方法、机器训练方法、拟人训练方法等。

3. 香农–范诺编码算法及 entropy 的概念

（1）熵是信息量的度量方法，它表示某一事件出现的消息越多，事件发生的可能性就越小，也就是数学上所说的概率越小。

（2）某个事件的信息量用 $I_i = -\log_2 p_i$ 表示，其中 p_i 为第 i 个事件的概率，$0 < p_i < 1$。多个事件的信息量通过以下公式进行计算：

$$H(s) = \eta = \sum_i p_i \log_2(1/p_i)$$

例如，要从 64 个数中选定某一个数，我们可以通过二分法来完成，即可以先提问"是否大于 32？"，然后提问"是否大于 16？"，不论回答是或否都消去了半数的可能事件，这样继续问下去，只要提问 6 次这类问题，就能从 64 个数中选定某一个数。这是因为每提问一次都会得到 1 比特的信息量。因此在 64 个数中选定某一个数所需要的信息量是 $\log 64 = 6$ bits。

以上这个例子适合于我们在人工智能中启发问题，适合于在教育通过对话对问题进行定位问题时熵的计算。在学习的过程中，学生经常处于非常模糊的状态，表达不清楚自己想要问的问题，需要与教师或者智能机器人交互几次后方可确定自己的问题，这几次问题的逼近交互问话次数就是此次交互问题获得的熵值。

教育智能对话思想的核心就是理解人的意图、理解人的困境，进行语义判断和问题聚类，去辅助人进行相应的问题探索，通过知识图谱完成问题路径的探索，通过阶段性定位逐步地试探逼近，并将逼近效果好的和问话熵值比较小的方案和解答过程进行存储。

在教育智能化问题解答中直接给出答案是较为简单的一种专家智能形式。但大多数人和学习者是因为讲不出问题的所在而成为问题，帮助把问题梳理清楚就是教育智能的体现，在语义理解下构造最小搜索路径的方法是获得逼近问题答案最小熵值的有效手段。露西机器人的外语对话过程就是引用了这个机制。

交互问话逼近式的阈值可能反映出学生问题的深度，也可能反映出教学资源描述得不清晰造成学生对知识的理解不到位，也可能是学生需要通过交谈帮助来试探性地弄清楚自己的问题，也有可能反映出学生对这方面的前期知识掌握不到位，也可能是教师表达引起曲解，还有可能是解答当中的探索路径和双方误会造成的路径过于漫长等。总之这种交互对话定位问题不仅是问题熵值的计算，更是教与学过程问题的暴露，是教师素养、教学质量、教育资源知识点描述、学生建构能力、学生理解能力的写照，为逼近熵值教学资源知识图谱的设计精准化提供了思路。

交互定位对话路径熵可以进行两种分类，一种属于语义理解和语法表达类，一种属于知识定位类。对话如果通过大数据进行聚类、分析评测将会产生对学习个体、教学个体、教学过程、教学资源质量的评价。

给出问题的精准答案并不重要，而在其中获取对话过程结果或阶段性对话结果更为重要，对其优化搜索路径和评价路径更为重要。

例子：如果有问题的精准表达总共有 40 个分段进行路径的组合，分段路径分成了 5 类，分别用符号 A、B、C、D 和 E 表示，40 个分段中出现分段 A 的类型数有 15 个,出现分段 B 的类型数有 7 个,出现分段度 C 的类型数有 7 个等。

按照香农理论,这个精准表达的熵为

$$H(S) = (15/40) \times \log_2(40/15) + (7/40) \times \log_2(40/7) + \cdots + (5/40) \times \log_2(40/5)$$
$$= 2.196$$

3.6.2 去除相关性算法的研究

1. 去除相关性游程编码 RLE 方法

在多媒体信息论中有一个通过去除游程编码利用相关性达到压缩目的的例子,即一幅灰度图像,第 n 行的像素值如图 3-1 所示。

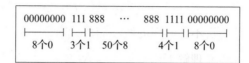

图 3-1 第 n 行的像素值

对以上第 n 行像素通过数字串位数的表示方法,即 RLE 编码方法得到的代码为:80315084180。对比 RLE 编码前后的代码数可以发现,在编码前要用 73 个代码表示这一行的数据,而编码后只要用 11 个代码表示原来的 73 个代码,压缩前后的数据量之比约为 7:1,即压缩比为 7:1。在智能教育应用教学过程的替代过程中,我们可以将这样重复性的工作进行提炼,将其压缩,比如在这个例子中的 50 个 8,可以将 8 看成是一种 50 个同一事件的特征或事件处理流程,用游程编码进行去除相关信息的处理。事件或处理过程连续数目越多,获得的压缩比就越大,反之,压缩比就越小。这样的方法就可以完成教育智能化当中重复现象和重复工作的替代,提炼出特征性的方法。

2. 利用相关性因素创造高效智能替代工作

在教学过程和学习评测中经常会有小概率事件影响重复问题替代的有效性,比如刚才的例子中的 3 个 1,是在大概率中间出现的,它很可能是事物的转折点的诱因,也可能是无关问题的干扰点。

要根据具体问题进行讨论,在教学过程中重复替代问题设计上,如果小概率事件与整体过程几乎无关,比如各个班级学生现状分析,全校就有一个学生偶尔病倒，就可以剔除这个因素，让整个工作过程以班级为单位进行，造成连续工作类型相同的串，造成较大范围内的数据相关性和事件的大面积相关性，完成游程编码对重复性工作的替代和特征抽取。

从另一个角度来看，如果某些小概率事件是引发大概率事件变化的诱因，影响到了整个质量，而且插在两个大概率事件中间，并且造成变化，那么这些小概率事件就要单独编码，将是我们捕捉对象的重点，会作为智能状态变化的判定依据。比如：教学考试考场中所有的成绩都是在某一个时刻发生跳变，有原来低分的变成高分，而事后调查发现考试过程中监考人员因病离开考场一段时间。这就构成了大概率事件发生变化的诱因，是大概率事件的转折点。

3. 概率分布不均匀的去除

哈夫曼（Huffman）有一个典型的概率不均匀的编码理论，我们通过一个例子加以说明。

我们可以将以上这些事件概率表示为在教学过程当中处理方法的应用，教学资源设计当中的策略应用，通过这些代码对处理事件进行编码表示，同样也可以作为处理问题，优先级编码讨论，大概率事件的优先级比小概率事件的优先级要高。在算法设计的复杂度、资源优先级、运行级别上大概率事件也获得相应的优先权。通过去除概率不均匀所造成的问题后，让大概率问题以最小的代价进行存储。

4. 词典编码思想的应用

词典编码：算法的想法是企图从输入的数据中创建一个"短语词典"（dictionary of the phrases），从短词语词典当中获取指导，或者是从内容中提取相应的内容，放到词典当中。如图3-2所示。

这个方法对人工智能在教育中的应用非常有效，也是利用了信息相关性的问题，将人工智能专家思想抽取出来。在语义识别分类的基础上，实施识别检索、资源策略库的分配、教学管理策略库的管理等工作。这种相关性的分类大大减少了人们的工作压力，比如说在出试卷过程中，可以根据试卷的信度、效度、区分度、考核的正态分布、考核的对象、考核的方式等在数据库中进行内容抽取形成试卷。又比如在教育资源自动生成过程中，同样可以通过对其内容进行编码词典

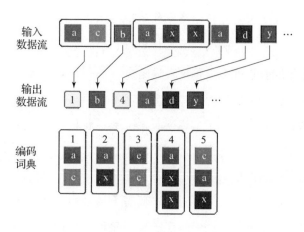

图 3-2 词典编码

的分配、检索等功能，来完成课程形式的内容构建。

从这当中可以看到智能教育的体现，一方面是去除冗余度，另一方面也是根据信息的特征进行分类和有效的管理，让其更加符合人性管理思想。

这种词典精确的内容分类，会带来智能管理过程中的精准管理，也会在资源自动构建中形成较为准确的资源，如果我们根据语义进行近似性的资源分配和资源划分，并以近似性的原则进行资源的存储和管理，其相应的管理过程和资源形成过程的颗粒度变粗。但是由于教育描述的问题并不一定精准，所以允许带有一定轮廓下的容错性。

3.6.3 熵值与熵应用问题的研究

教学智能问题具有一定的"涨落"规律，何克抗教授指出：由于某种内部或外部的原因，系统的状态有可能发生一些小的起伏涨落，有了这种"涨落"，再通过非线性系统的协同作用所引起的相干效应不断放大，就能使系统由不稳定的无序状态跃迁到一个新的稳定有序状态。在系统从无序走向有序的过程中，"涨落"起着杠杆的作用——通过"涨落"导致有序。

就教学智能认知目标而言，系统从无序走向有序，形成新的稳定状态（即耗散结构）的过程，是对某种知识从无知到有知（或知之不多到知之甚多）的意义建构过程。"涨落"是计算机认知训练的"认知冲突"，只要能让计算机抓住这个认知冲突，就能训练学习，就能逐步减少冗余度向熵值逼近，从而顺利完成意义建构过程。

在教育智能化的教学过程中处理事物的过程都有自身的熵，要确定熵首先要确定熵的观察点，这个观察点就是在每个处理事物中的特征或者衡量事物处理评价的指标，能不能找到特征就成为问题的关键，尤其在人工智能仿真问题上以及形态教学设计问题上，需要找到处理过程的特征。在教育问题上这个特征可能是对象的特征，如接受知识学习后学生效果表现的特征等，也就是教学过程中被施加的对象特征。

这个特征也可以从设计目标中去定位寻找，比如进行虚拟现实体验教学设计中，其特征就是体验者体验某个指标，让体验后的特征与设计目标进行比对，考察体验对象的变化和掌握知识的程度能否达到预期的设计效果，不行就重复地修正体验空间设计，让目标逐一逼近设计值，即这个过程的熵值。

在教学状态的仿真当中，也存在着特征值的抽取问题，利用人工智能去完成人思想的改造，去实现资源的构造，并根据优秀的人工传统的资源特征与智能的资源特征进行比对，这种比对的最终结果都反映在对象上，比如说反映在成绩上、反映在创新人才培养上。

我们要尽量地将智能熵的问题进行量化，这种熵值量化必须要根据具体的现象和具体的问题来进行特征值的定位，以这种特征值的接近度和评价来判断逼近熵的能力。教育智能化的应用应该有自己的评价体系，评价体系是如何模仿人处理事物过程的特征、模仿人的思想和替代人工作以后所产生的效应评价等。由于教育资源的对象是学生，所以我们要根据不同的应用场景构造相应的评价内容。不同的场景和不同的应用具有自己的特征，这个特征可能是事物特征，也可能是过程特征，或者是思想对象体现的特征。我们要抓住这样的特征值来进行相应的量化评价，这种量化评价就是在定位和计算熵的值，是在此场景下衡量模仿人工智能的逼近程度。

3.6.4 熵应用教学分类研究

不同教学问题熵的概念和熵值的定位是不一样的，下面我们按照问题应用范围进行讨论。

1. 教学管理过程中的熵值问题

熵在管理当中有的可以进行计算,有的无法计算,但是要尽可能地找到去除事物中的冗余的东西来获得事物规律的真谛、描述方法、事物规律的算法、规律性的思想。

在教学过程中运用工业 ISO（国际标准化组织）管理的思想管理控制教学,实质上也是一个寻找规律的做法。设置许多教学的观察点,这些观察点就是我们所说的特征观察点,可以根据这些观察点的数据完成统计和分析,产生相应的教学规律和教学目标的观测,并以此为依据去控制教学的相应的因素。我们认为熵是一条线,是真实与不真实的分界线,或是问题解决和未解决的分界线,或者是能力达到和未达到的分界线。在教学当中,我们希望通过人工智能来模仿和代替人的工作,模仿人的思想进行工作,能够在教学处理过程中给出与人一样的判断能力和执行力。那么执行得是否正确,用什么尺度来衡量,这就是教育智能熵的问题。

1）教学过程管理熵的定位

对教学过程的仿真管理是一个非常漫长的动作,因为教学管理有没有标准是一个很关键的问题,至今教学管理没有给出一个明确的管理数字化概念,也没有给出量化的概念,但是在管理的内涵中给了很多考评量化的概念,给出了管理对象的各指标的量化概念,给出了成绩考评人事档案的概念,给出了教学管理方法、实施等细则。整个教学过程的有效性,只能通过这些指标、多评估指标间接反映出来,但是高层次人才培养、创新人才的量化培养并没有体现,仍然是停留在论文数量、科研经费上,目前真正提升科研教学能力的量化没能抓取到。在教学管理当中如果要实施人工智能提升教学数字化管理价值,就要挖掘数据的潜在价值,要对学生总体能力提升进行研究,要对构造空间环境以及管理方法问题进行研究,给出人才培养的熵值指标,给出学校专业的熵值指标,给出教学过程管理创新的熵值指标。

2）教学管理熵值的评价

对教学过程的熵值管理思想的评价,必须要通过熵值提炼去除各种冗余和其他教学改进和非教学重叠因素所造成的信息干扰度和冗余度,针对教学的过程设置多个观测点和时间观测点、事件推进的观测点、时间段观测点以及多方维度的议论和评价，提取综合指标，建立熵值量化体系，形成教学过程的优良的标准线。如果这个熵值界限在训练和各方面的实施过程中被突破了的话，就要重新评定熵值的界限值是否科学，就需要再继续在教学过程不断训练、推演、评价，直到找出合理的熵值，这个训练也是一个先知先觉和后知后觉相结合、主观和客观相结合的训练。

3) 决策支持辅助中的熵值问题

决策支持辅助内容的评价和决策辅助内容的仿真，其相应的熵值是比较难以设定的，但是决策所产生的成功程度可以间接地成为评价逼近熵的指标，比如说成功的次数、成功的概率、成功的借鉴概率等。

2. 教学体验中资源熵值的问题

在 VR 和游戏所构造的教学体验中，它的熵值也是由它的预期目标提出的，比如说，希望它通过这个游戏化教学，能完成以下几项指标，能够阐述出所体验知识的内涵、解决问题的方法、闯关的技能，并把这些内容提炼成量化性指标——熵值，体验者通过不断的训练，体验环境不断地调整，达到的体验效果不断向熵值靠近。通过教学形态的变化像游戏化教学和 VR 体验教学，学生体验后的知识建构程度、知识获取程度能否与预期一致，能力是否有所提升都需要通过设定的阈值进行衡量。

在传统的教学评价体系当中，有较为客观的成绩评价体系，能够反映出在学习方面的客观表现，但是对于能力和创新能力、主观评价、自我建构无法评价。尤其在教学形态资源设计当中，我们非常关心训练所达到的目标是否与我们教学要求的目标一致，关心对 VR 形态教学是否有一个知识获取量化的评价标准等，但事实上这种量化的评价体系和熵值迄今为止还没有被提炼出来。在游戏化空间设计、VR 教学空间设计、教学形态的体验设计等教学资源建设上同样存在熵值的问题。

体验教学提升人们通过感知来解决在某一空间当中所认识的问题、提升解决问题的方法、提升掌控和驾驭问题的能力。在训练和体验过程中是自我知识建构的过程，所以对知识的获得是来自自我体验后的感受，自己领悟所体验出的是什么知识。我们设置熵值的目的是针对知识体验目标性的 VR 空间设计，是以体验者为对象，对设计的空间提出熵值的要求，即设计到什么样程度可以满足体验者几方面的提升。对体验教学熵值的界定有以下两种方法。

（1）形态方面的教学体验以体验者体验后或者走向社会后或者走向其他岗位后的能力体现为准，考察他在某一个特定类似情景的社会环境下所表现的解决问题的能力、技能超越能力、创造能力，将其表现与进入 VR 前的能力进行比对，由体验前后指标评价量化指标比对形成熵值。那么熵值的标准是成功解决一个事件的标准，体验者能达到某一级的解决问题的能力就是熵值指标的量化。

（2）在设计 VR 教学体验时进行预期的熵值界定，熵值可以在今后的体验和摸索中不断修正，熵值的预期界定可以通过间接性地预判制定，如体验后问题测试等方法。

3. 训练中的熵值问题

1）机器训练的熵值问题

机器训练存在着诸多问题，比如训练结果的好坏，完全处于黑盒状态，无法对训练结果予以评价，只能通过训练后的实际观察来确定训练效果及结果的正确性。比如在训练人工智能仿真开车这个过程中，经常是撞了车以后才知道缺乏什么样的场景训练，不断地补充完成，这种场景训练使得人们对系统的一些不确定性产生怀疑，但适用于一些教育环境，不具有危险性，所以它可以被用于教学物体识别的训练等场景，这种应用场景的训练，是捕捉特征进行目标逼近的，它的逼近步伐非常细，逼近速度非常慢，熵值会非常高。

2）拟人训练的熵值问题

当今推出了一个先进的训练方法，即拟人训练的方法，它将人的识别思想直接引用其中，比如识别楼房，直接以人的立体思维抓住楼的特征，训练不过两三次，就可以知道是什么样的建筑、什么风格的设计等。计算它的熵值也就是两三次，即两三次就可以达到人的识别效果，逼近人识别正确率的标准线。

3）AR 识别应用中的熵值问题

AR 识别是在定位的前提下进行的，在地理信息参考的前提下 AR 识别综合效果非常好，定位率非常高，逼近程度也非常低，同样可以达到人寻找物体的判断力，所以它的熵值也是相对比较低的，非常适合应用于社会实践、数字化工厂实习等教学环节中。

4. 通过知识图谱自动构建新课程熵值的逼近

在知识图谱下自动建构新课程过程中，对新建构的课程是否能与教师的教学大纲、教学思想、教学内涵、教学风格等内容一致问题和接近问题产生担忧，即存在着内容逼近程度的评价标准问题，也同样存在熵值的问题。它的熵值主要存在于两个方面。

（1）综合评价学生经过这个课程学习以后提升的情况与传统的这门课程提升的情况及将指标进行比对，这种比对不是单从考试成绩上比对，而是从对认识问题、解决问题、发现能力、思维性、创新思维、理论与实践结合等方面进行比对。这个熵值的提取可以以传统的优质课程作为熵值的定位，但是这个熵值在新的教学形态下和智能思想教学的推动下很有可能不适用，这就需要在学习训练中不断地找出学习对象最优秀的指标进行重新定位。

（2）课程熵值的定义可以突破现有的概念，即以学生感知、感受、弄懂知识为衡量标准，可以事先以一个学生接受程度作为熵值，让学生在不同媒介、不同教学形态、不同背景、不同空间进行体验，在不同环境、不同感情因素课程中进行学习，看学习者熵值的逼近度、感觉度等。通过熵值差距不断地调整学习环境、空间、方式的因素，找出不同学习者所适应的空间。目前我们正在研制的用于人体感知的教学就可以测量出学生对知识的感觉和接受程度的体征状态和心理状态。

这种熵值对资源的自我建构非常重要，通过知识图谱+学生画像去科学地自动构造不同的课程和体验空间，可以根据学生的特性、喜好、学习惯性与课程知识图谱进行混合式资源搜索，得到适合该学生的资源。反过来，我们也可以通过成绩+人体感知测量出该课程内容符不符合该学生的状况，并同时通过反馈调整学习空间和体验空间，如果调整作用不明显，就要对学生的学习资源适应性的画像进行调整。

5. 创新人才培养中熵值的问题

创新人才培养的熵值提炼应该是所培养的人在今后的科研过程中和走向社会

过程中所表现的综合能力、综合业绩、专业魄力、学术水平、解决关键技术上的思想和方法的量化。其人才培养熵值的评价体系的另一方面的表现是与成功人士熵值进行比对,通过语义分析等手段采集其他科学家和周边的人士对其人才度量的评价,产生多维度的真实考察,对档案中的成长资料、科研资料以及人们对他的评价进行数字化,去除冗余信息,完成熵值指标的提炼。

未来教育最大的特征就是实现以教育管理者为中心、教师为中心、学生为中心的教育智能化。所以要实现智能化就一定要有相应的熵值和熵值的界定,有了熵值的界定就有了去除冗余度的教育智能目标,有了目标我们就可以通过各种智能手段、各种处理特征方法、各种训练方法去除冗余,达到或接近熵值的目的。目标逼近的过程就是教学过程优化逼近的过程,就是教学资源优化逼近的过程,就是学生自我建构逼近的过程,也就是一个闭环控制的过程(图3-3),是教学智能化中以智能对象(学生等)熵值判断为核心、周边环境为调节因素的闭环控制过程。

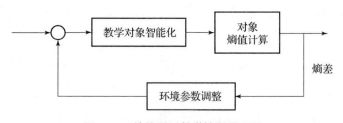

图3-3 熵值逼近教学控制原理图

此次研究,延展了信息熵的思想,通过研究发现,熵的应用适合于未来教育的各种应用场景,有应用就必然会出现冗余,有冗余就会找到去除冗余的办法,达到智能教学的最终目的,这就是未来教育智能化问题的关键所在。

3.7 教育智能化的设计观点

未来科学研究的发展趋势将会随着数据量高速增长,不断地分析建模,不断地提升智能化和仿真度,不断地析取相关理论。这一研究范式将与传统的科学研究有很大的不同。在文科问题上,数据只是经验研究和理论研究的实证者和检验者，强调在已有的应用事实的基础上通过应用数据进行实证性检验，或者检验其模型设计的合理性和必要性。而在工科大数据的研究中，大数据模型是数据的驱动，强调的是建模过程以及模型的可更新性，数据成为构造模型的根基，模型成为理论构造的基础。未来数据驱动的经验模型带来一种新的研究范式。当然，对于这一观点，无论是哲学界还是具体学科领域，都有较大的争议。教育智能化是一个现实问题，智能开发更是一个不可回避的问题。

智能开发的程度取决于专家的认识程度，专家思想的迁移和专家思想对系统的渗入是至关重要的，尤其专家对知识脉络的理解和问题的理解将构成计算机的知识体系网络。但并不是说所有的专家都可以达到贡献智慧的水平，有许多专家只是凭着感性知识和感性经验去做事，无法进行问题的描述，无法找出解决问题的规律和方法，这样的专家可能要通过启发等其他方式进行思想挖掘。

3.7.1 教育智能开发的观点

教育智能化是教育工作者智能创造的过程，是教育工作者创造力的行为，是对教育的进一步升级，是教育向高科技发展的体现，不仅能将教师从繁重的、重复庞杂的劳动力中解救出来，还为教师和学生提供了理解世界、读懂自然、深入自然科学的更高一级的认知。

教育智能化需要一定的专业高度和专业视野，尤其在怎么智能、智能谁、谁被智能、谁是智能的受益者等问题上要具有非常清醒的头脑，要有非常正确的技术价值观和管理价值观。也就是说，在智能的思想理解上要进行问题的权衡，要站在大局的立场上考虑问题，首先要考虑人可替代的工作，智能要站在为广大人民群众利益服务的立场上，让智能的受益面越宽越好、人们的幸福感越强越好，我们需要端正良好的技术态度和开发方向。

智能系统是在人们的帮助下成长起来的，当然是有一定高度的人才能给予帮助。智能的受益点和受益人越多，愿意提供经验和环境的人也就越多，资源和智能的成长也会成正比地发展；相反，如果周边和使用的人态度冷漠、消极，而且不愿意进行有意义的贡献和提供有价值的信息，这样的智能体就很难壮大和成长。

对于教育智能化我们无法用机器人的岁数去衡量计算机相当几岁的智商，我们只能说它在解决某一专业问题上的程度达到了专家水准，当然这指的是一个单方面，如果所有方面都经过智能训练，所有的处理能力都可以达到成人的思想经验，那这个教学管理系统几乎就可以统治一切了。但实际上是不可能的，因为教育工作者也在前进，思想在自然科学和社会科学的推动下也在前进，计算机也处于学习再学习的状态。

3.7.2　教育智能开发的过程

智能思想的获取、开发、应用、再开发是一个非常漫长的学习过程，首先需要有思想才能获得，如果在这方面没有思想，不具备智能的条件，就不能展开相应的教学智能工作。智能开发工作经常出现有头无尾的情况，或者是大开发小智能的情况，或者是有智能平台无数据的情况，或者是具有开发时的少许经验数据而缺乏后续经过机器学习所获得数据等情况。出现这些情况的原因在于有宏伟的志向，但没有真正的思想；有表面的工作视察和工作的经验，没有全面的信息和有可利用价值的内容；有相应的信息数据，又缺乏有规律性的和有相关性的数据理解，就构成了很多系统开发训练不出来，没有数据和经验进行相应的支持，即使有少量的数据支持，也带有一定片面性的和不准确的专家系统的判定。有偏差的系统，甚至误判的系统是不可用的系统，以智能为标榜的、急于求成的、想走捷径的智能系统不是好系统。

在教育智能建设中最重要的问题是经验和思想，如果思想和经验的获取仅停留在个人的经验和思想上，那这个系统是一个落后的系统，教育智能平台只要一天不学习就会低于其他天天学习的智能系统的智能水平。所以要加强内容获取和迁移，要学会向外学习获取，要对外向型的学习环境进行知识迁移，要学会经验借用，要瞄准问题，进行问题的重点数据采集。

在整个智能环境当中，必须要有一个技术和专业方面都明白的人，他知道如何判定系统智能化的条件，知道如何判定在哪里智能、如何判定智能到什么程度、如何界定智能的阶段性、如何计算智能的开发代价、如何指导用什么方法进行教学规律的提取，知道如何进行教学特征的提取，知道哪些规律和特征起到作用等综合问题，而且这个人有一定的地位，能够组织资源、迁移资源、制定指定智能应用点，能够提供智能开发环境，进行智能训练的条件创造，有一定的权利和才能，能够组织资源、人力、物力、财力来进行不间断性的投入，这就是我们不得不站在现实的角度审视智能开发的原因。要进行务实的开发，就要将开发公司和被开发单位的利益结合起来，要充分调动单位领导的积极性，要明确给出人工智能的受益群体是谁、责权如何分配等问题。

教育智能化开发是有代价的，而且是有价值标定的，它的思想可以是有价的，也是可以进行交换的，它的经验是可以进行买卖的，它的工作历程所总结出的教学规律是可以通过工作的奖赏给予体现的，所以我们应该注意智能开发不光是无私奉献，更是价值性的体现。经济基础决定上层建筑，只有在一定的受益和获得情况下，才能够贡献出最有价值的思想和经验，而这些有价值的思想和经验往往是一个人的，一个人一生能贡献出几十条有代表性的经验和思想就非常了不起了，所以要在各种媒体上、网络上获取来自不同领域的思想和经验。

思想的采集是一个立体化的工程，智能思想的出现是所有立体化思想和事实组合过程的结晶，思想的学习过程就是系统成长的过程，而学习就是智能的体现。

目前许多智能开发都聚焦在校长教学管理决策方面，是在大数据的基础上进行建立的，是在全校信息化信息系统的基础上进行思想和内容的抽取，这就要求提出在某些方面的管理智能化的需求问题，比如能否智能化地站在校长的高度辅助校长，在治理学校的过程中能够提出什么方向和建议，让校长能够解决什么，在关键问题上能够决定什么，让校长在大的发展时期能够掌控什么，让校长在责权能力、教学科研等方面如何科学管理等系列的问题，并要从这些指标中获得一种模型，根据模型研发智能管理系统，让它在尊重校长个人的意志前提下辅助校长进行决策，那么这种智能管理系统具有一定的观察力和洞察力，根据校长的意志进行平衡性分析和冲突分析，该系统将具有极高的数据敏感度、管理敏感度、专业敏感度，而这些敏感度将决定学校学科的敏感度，所以在观察和大数据采集的方向上需要有效地把控、定位。

教育智能管理的开发不是突出技术，而是要突出辅助和服务。智能管理一定要站在大的格局和未来目标前提下讨论问题,智能工作是一个无止境的工作,思想和管理要不断更新,它的管理框架也要经得起未来的考验。

3.7.3　教育智能规划与迁移

1. 教育智能规划

教育智能规划和实施前的评价是一个值得考虑的问题,我们要站在使用和解决问题的角度、站在开发的代价角度、站在科学和长期发展角度来进行问题的审视,比如我们前面讲的校长决策辅助系统,任何一点的智能都需要相应的数据大集成和计算,需要多种同种类型和相关类型的案例的训练和计算支持,智能管理问题是一个关联比较广泛的问题,必须考虑清楚我们开发的智能系统智能思想是否通用,是否有行业代表性,是否在管理当中具有协助管理人员创造的空间,思想是否能够普及和迁移,开发思想和框架能否适合今后的发展等。

教育智能问题要突破短时行为,突破点对点的功能行为,突破数据小关联行为,要在考虑智能的基础上打好数据环境基础,智能是有规模较大的数据进行支撑的,那么在考虑数据的构造和数据的属性的时候,能否将多个功能智能的需求考虑进去,数据环境能否为未来其他智能需求留出扩展空间,能否让数据属性产生变化,能否预留与外界接口的能力、与人体感知的接口、与外界思想迁移的接口,能否完成各种思想结构的对接等。我们要实现小智能构造大数据思想的开发理念。

教育将随着整个 IT 的进步而不断地进行技术升级,在技术升级的基础上产生新的教育观点和新的教育技术解决问题的观点,从新的观点上产生新的视角,并提出新的概念和功能,其智能程度是在技术的高度上产生智能的高度,这种高度又给人们提出了智能应该高到什么程度,应该如何利用技术提升整个智能的高度等问题,也就是说有技术没人才仍然没高度,反过来说有智能思想没有技术这个智能也实现不了。智能是分阶段的,智能思想的提出是第一阶段,智能思想的实现是第二阶段,思想能够渗入人们的生活和工作当中是第三阶段,智能思想潜移默化地和人共存是最高阶段。在智能开发的过程中我们要认识自己、审视自己,要审视现在的开发环境和平台,要清楚自己能够提出智能的功能吗、能做到吗等系列问题。

2. 智能思想的数据迁移

智能思想的先进性取决于数据的先进性，数据的先进性取决于人的数据观点，而人的数据观点取决于视野和广度，视野和广度取决于经历和所接触开发的领域。也就是说，人的经验将取决于数据的精度和广度，人的智能取决于数据支持智能的程度，外界的数据应用和数据迁移的观点将决定智能思维的广泛度，智能思想应该是随着人的经验发展和智能的不断需求而产生。比如汽车行业，汽车随着工业的升级而智能化升级，随着传感器的升级而获得数据的可控性升级，汽车 IT 的技术高度驱动了个性化的智能需求。

在智能教育开发问题上，不可能所有的智能思想都要自己在周边采集和训练，需要借助外界的力量，去引进一定的智能思想的迁移和智能成果的迁移，而这种迁移过程中供需方需要有明确的数据交换规则。比如有很明确的迁移规则、迁移接口规范、迁移思想的对接等，要考虑思想的迁移是否符合当前应用的思想、思想数据集是否要进行调整、新的数据集是否要将已有的智能平台进行重复训练等系列问题，这都是智能开发当中的关键问题。

3. 智能功能的迁移

教育智能的开发就是从朦胧中找到开发思想，是在其他智能思想的启发下萌发应用的激情，是在智能某个功能点的应用上找到教育的应用突破点，是在不经意当中发现智能功能对教育的意义。

因为发现智能功能的过程就是一个创新过程，就是创新思想与管理思想融合的过程，所以智能技术的发现是非常关键的一步，是一种技术性的迁移，是技术适应度的评价过程，需要应用者具有高度的技术敏感度，善于先知先觉，善于通过新技术进行创新，善于利用智能手段提升教育管理水平的高度。

智能功能的发现是功能点的发现，如何评价这个功能就是要看他所带来的智能受益面有多少，有多少的管理思想可以借助，引入该功能的代价有多大，是否跨平台，是否需要大量的数据支持，现有数据的成熟度和支持度如何，是否能够拿到这个智能软件功能的核心，功能在教育的嵌入难度如何，所耗费的资源代价有多大，训练的代价有多大等系列问题。比如：腾讯的智能自动语义记录功能的应用，能否和腾讯公司达成核心开发的目的，将智能的语义记录核心嵌套到教育核心上，让其支持多方面的应用。答疑答辩系统的嵌入、论文写作功能的嵌套等系列问题，抓住核心智能推动多方面的功能，让智能产生多效模式。

3.8 基于环境智能的资源自动建构

教育资源自动建构是对人构造资源的行为仿真，是一种全环境和智能条件下的动作过程，是环境下各个元素的智能过程，是人们所期待的，它体现了人们社交中的共同意识和交易意识，体现了人们交易中的共同体。就像人们买东西一样，有强烈的供需表现，有针对性的广告包装，同时又有相应的人群需要这样的产品。而设计这些包装产品的人则在充分分析了人们需求的基础上进行包装，这样就构成了一个想买、一个想卖的过程。

而当今教学资源构造的过程中，教师经常挖空心思、漫无目标地寻找资源，同时又经常无意识地推出资源，就形成了一个极为无序的供需乱象。这些问题的出现就在于人们没有形成认识共同体，没有形成资源集体意识，没有形成资源利益共同体，没有机制和利益的驱使，没有第三方技术的接入搭建交易桥梁，致使资源元素处于孤立、无特征的状态，资源的搜索成为盲目性、无目标行为，造成费时费力和质量低下的现状，智能资源实现就无从谈起。

解决资源智能化、自动建构的根本问题，就是要解决基本元素的智能化和结构智能化的问题。智能是在人们对自己有着充分认识的基础上产生的，是自我行为认识的结果，智能是解释自我行为的过程，是对自己行为细化的过程，是人们找出相互交易、相互行为交互中认识共同体的过程，是相互利益获取捷径的探索。只有弄清楚以上问题才知道如何让计算机模仿有利的动作，去帮助人实现智能。

智能不是神秘的，是支配行为的一种思想，智能一直伴随着社会技术前进，而反映出来的智能能力并没有超越现实技术支撑下的智能思想，因为那种思想是不可行的。当今跨平台技术、媒体技术、传感技术、人体感知技术等多种技术的融合，致使教育资源体具有多变性、多形态性，构成了资源交换、交易的基本属性，构成了任意资源元素搭建课程和其他资源的可能性。

我们提出教育资源智能化，就是实现资源架构的自动化、人性化、科学化、精准化，使其更加符合人们享受资源的习性，即学习中的个性满足，希望即时获取最感兴趣的资源、最能解决问题的课程。这就意味着我们要将生活交易过程和电子商务思想进行深度融合，既要有很明确的资源供需方，又要富有共识特征的资源基本元素，以及元素的属性，要有很明确的需求。

3.8.1 资源元素动态属性

智能资源的所有元素，包括一个知识点或者一个媒体表现元素，都具备它的智能属性，同时形成所有智能元素共同构造的整体环境智能。过去我们并没有发现让其元素被智能的方法，没有元素属性自适应展现出多变性的方法，只是一味地给资源元素赋予固定的技术属性。在当今的技术环境下我们已经获得了语义提取、图像语义提取、语音语义提取等系列方法，完全可以对资源元素内容进行提取作为资源元素内容特征属性之一，即完成自身智能元素属性的自动赋予，将根据语义内容、媒体表现内容展现"动态属性"，而这种属性和传统技术固定属性是不一样的，是一种概念上的扩展，是一种带有动态的、可发展的资源元素属性。

除自身内部表现出动态属性外，这个动态属性还可能受到外界刺激增加相关属性。第一个就是资源元素推送者或制造者个人特性，传染给资源元素，资源元素的属性就成为携带者。比如：个人画像中所表现的性格、爱好、专业倾向、意识形态等特性都会反映在资源元素动态属性上。

还有就是这个资源元素被不同领域的人进行交易和使用，就体现行业价值的动态属性等，其中还包括这个资源元素升华、改造属性、学科属性和行业属性、产品属性等。这种动态属性的动态发展将促使资源体自身对智能属性的武装，它既可获取别人赋予它的属性，也可以自动给予自己属性，只有这种智能的、包装特征显著的、供需方交换特征明确的动态属性，才能使得我们获取元素的过程简便可操作，使得资源自动生成平台更加可行。

3.8.2 动态智能存储框架

这种特征的组合和不同领域的组合无形中产生资源存储框架动态的概念。资源存储框架将会有着更加动态性的结构变化，不断随着人们的访问、人们的认知、人们的改造、人们对问题的升华、人们对元素的不断分解、人们对元素的需求而发生存储结构的变化。有可能是一个被冷落的小结构，有可能被称为热带性结构，有可能被多种行业共享，有可能为少数人所贡献。这种资源结构的产生就形成了一种智能体的结构，只有智能体的结构和智能体的元素的交换、共享，以及资源的动态的聚合分类，才能使得我们获取资源不断地在这种优化型的结构当中获取属性，获取结构内容，快速找到所需要的内容和所有具备条件下的资源。

3.8.3 资源智能环境

资源元素的动态属性通过多次智能繁衍，就成为一个资源元素的智能体，承载资源元素的结构就成为一个资源承载智能框架结构，而这种框架结构与推送机制获取机制联合，就形成了"资源智能环境"。在这个环境下可实施智能推送和获取机制，就会实现有目标性的获取和课程的自动化组合。

智能化课程组合思想和框架是教师思想下知识图谱的行为反映，而人的思想和提供资源元素的人的思想是平衡的，每个提供资源的人和获取资源的人一般都是同行，都是有相近专业水平的教师。这样就构成了一种供需平衡的生态局面，就会产生思想和思想的对接，产生平衡的推送和获取。

智能资源思想本身的形成就是一个模仿交易过程，是大家共同推荐资源特征的过程，一种共同认可的过程。实质上它就是人类交换物品行为当中的一种，并没有神秘感，它只不过是将人们没有意识到目标的问题标识了，将寻找目标问题和提供目标问题进行有机的结合，找出它们的共同体来完成行为的共同协调和所需的供需交换。

3.9 资源智能体课程自育/自愈系统设计[1]

网络课程资源的生命不在于它的诞生,而是在于它的成长,各门课程的网络资源不光继承和传扬传统课程资源的教学思想、教学内容、教师的教学风格、教学策略和教学改革特性,更应该在课程的长期使用中不断地吸收更加丰富的新知识、新观点、新方法、不同的教学思想和风格[2]。而课程资源在创建、发布、使用、维护的过程中出现种种问题,比如:课程一次性制作后,相对于较长的使用周期,缺少后续的维护与更迭;教师及其他资源生产者无法从课程开发的繁重劳动中解脱;计算机的主要作用仍然处于课程资源开发中的收集、拼装等静态过程,缺乏人工智能技术的辅助,人们对课程资源的智能化生成、专家指导等期望越来越高。为此,本研究从"大课程资源"角度上,提出扩充课程资源视野、教学内容保持与时代同步、吸收不同思想理念、汲取不同表现形式和不同类别资源的课程资源吸收框架,开辟以课程知识图谱为基础结构、以智能手段自动获取资源、以课程资源本体为自育成长的资源智能体课程自育系统。

本次设计融入了"智能"这一概念,针对课程资源建设及应用过程中的种种问题,提出了自育体、智能资源体等概念,借助知识图谱的拓扑结构,扩展智能体的效用,围绕上述研究对象,展开对自育智能的理念、结构、策略的研究,并进行实证开发。

3.9.1 智能体的构成与功能分布

智能体属于人工智能的范畴,是具有人的某些智慧和能力的实体,即具有智能的实体。针对本课题网络课程资源本体的研究,可以将智能体进一步描述为:拥有一定的知识积累,并具有部分推理能力的实体,即网络课程智能体[3],它由智能主体、智能客体和信息源体这三部分构成,其信息加工及功能分布如图 3 - 4 所示。

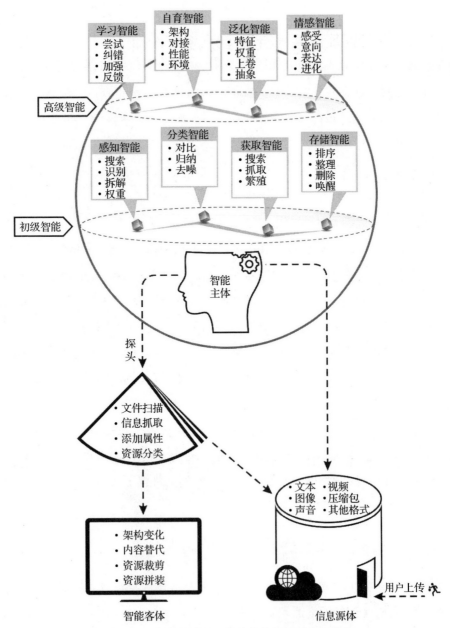

图 3-4 网络课程智能体的信息加工及功能分布

智能主体是智能体的大脑,是知识推理和思维的核心,整个资源系统稳步而有序地运行,主要依赖于主系统内大脑的操控。智能主体通过探头,以文件扫描、信息抓取、添加属性、资源分类等操作,对信息源体和智能客体进行扫描和信息化处理[4]。

每一项智能包含不同目的的行为,依据智能功能的分类和处理信息的智能程度,将智能主体分为初级智能和高级智能。初级智能包括感知智能、分类智能、获取智能、存储智能,可以通过现有的面向对象的编程思想、关系型数据库架构、低廉的服务器存储,实现智能主体的初级智能。高级智能包括学习智能、自育智能、泛化智能、情感智能,可以通过数据挖掘、机器学习、NLP(neurolinguistic programming,神经语言程序学)、情感分析等技术完成高级智能的功能。

智能客体是更高一级的资源对象,具有架构变化、内容替代、资源裁剪、资源拼装等资源功能行为,是被加工的对象,也是智能主体加工的对象,即网络课程资源体,含有多学科的多媒体教育教学资源文件。

自育是事物维持自我生存、促进自我发展的过程[5],具有自育特征的事物就是自育体。自育体具有一定的反应性,可以感知外界环境的变化,通过自身的感知能力主动或被动地接收外部的刺激,将信息传送至主体,通过对多种刺激的不同反应特征,表现出一定的变化,使外部环境察觉到自育体的回馈,这种对外部刺激的敏感性强弱决定了自育体的反馈性的强弱,自育体在外部环境的多重刺激下,会做出被动式的响应,凭借本身先前的经验,对外部环境的变化做出主动式的预测性判定,在或大或小的正负反馈中,不断修改自身的行为,以更好地适应新环境。自育体对外部环境的变化所做出的反应是被动和主动相结合的,既可以在感觉到外部环境的刺激之后做出被动的响应,又可以根据先前的经验做出有预测性的判定,进行主动性的响应。在这样往复循环中不断地变化、不断地适应、不断地成长、不断地进化、不断地自我完善。带有经验性的预测将会使自育体性能逐渐趋向于稳定化、成熟化和系统化发展,事实上,自育体形成了形似闭环的控制系统。图3-4中的智能主体和智能客体均具有较强的自育功能,也可称为智能化的自育体。

信息源体是由用户上传的网络课程资源、Web互联网获取的资源信息共同组成的信息源实体,该实体是静态的,不具有智能化和自育的特征。

3.9.2 资源智能体的设计

以信息源体为基础载体,通过智能主体和智能客体的辅助,三个实体共同组成一个整体,称为资源智能体。其中除信息源体外,智能主体和智能客体都具有一定的智能化,同时,又拥有自育功能,所以这两个实体既是智能体,又是自育体,可以看作是具有智能化属性的自育体、具有自育能力的智能体,而自育又可以作为从属于智能的一种能力,即自育智能。三个实体相互协调组成整体,融入人工智能技术,形成以资源为载体,同时拥有自生成、自修复、自我发展等自育能力,以知识图谱为网格结构的智能体。

1. 以问题解决为导向的自顶向下的设计

本系统设计遵循了人工智能的设计方法,本着以问题解决为导向的自顶向下的设计原则,采用滚雪球的渐进式推进方法进行设计。在资源智能体的设计中,以保持资源内容连贯性、结构性、同步性、内容整体结构一致性资源特性为准则,以智能需求为第一要义,设计具有自我成长的、自动获取相关内容的自育功能系统[6],实现在不需要人的干预下,完成资源课程本体自身生命周期内的自建、自育、平衡、变异等阶段。本研究将按照以下五个步骤展开设计。

(1) 在智能体设计中取代的对象是人,即让教师如何从繁重的课程内容开发中解脱出来[7]。智能体设计首先要明确以下几个问题:什么是智能?谁要被智能?为什么要智能?智能会解决什么样的人工问题?如何使网络课程内容不断地自动更新、替换、同步新知识?如何实现新的内容与原有系统的嫁接?根据什么去嫁接?嫁接到何处?这些都是智能体作为研究对象的焦点,也是后续研究的重点。

(2) 进行自顶向下、由浅入深的总体框架设计,包括资源体结构自育智能设计、资源体课程内容自育智能设计、资源体环境自育智能设计、资源体功能自育智能设计、资源体外链接网站自育智能设计、资源体感知自育智能设计、资源体媒体类型变化自育智能设计、资源体共享策略变化自育智能设计。在此基础上,完成自育体对知识陈旧度的感知,进行内容和结构上的调整,根据自身的感知能力与同类内容的比对,来衡量内容是被替换,还是作为外衍学习进行挂接。替换、融合、挂接的对象、时机等操作都属于自育系统资源设计策略范畴。

（3）在总体框架的基础上，进一步深化设计的研究，内容包括：智能感知探头设计、智能感知信源设计、自育体感知分布结构设计、自育体结构设计、自育评判设计、自育策略设计、自育专家系统设计、自育体存储结构设计。具体来说，从什么地方获得知识，如何判定哪些知识是相关的，怎样获取知识，如何对知识进行加工与评价，在何时、何地把某个知识嫁接到某个原有知识上，自育体的感知信号从何而来以及对其智能评判和策略研究，均是在此框架基础上的设计。

（4）在内容设计的基础上，完成自育体内容分类、自育信息结构对接、自育功能结构裁剪对接、自育课程内容指针对接、自育评测、自育补丁管理等。为了使自育体平稳有序地发展，对其内容的加工和系统的修改，均应保障其内容的完整性、统一性、延续性，包括其内容在风格上的统一性、在媒体类型上的统一性，还包括在结构衔接上的统一，比如：在结构差异过大时，自育系统是否允许外链接的挂接、融合等功能的实现。

（5）对知识内容进行分类，完成从知识内容中提取作业内容和考试内容等相关的操作，进行细致的调整，所有这些内容都采用半结构化的标记技术来完成。同时，完成整套系统配套化设计，其中包括作业内容设计、考试内容设计、风格等系列设计。

2. 教学资源智能体的信息加工流程模型设计

具有自育能力的资源智能体，如果用于教学，便是教学资源智能体。此类智能体将计算机技术、人工智能技术融入教学资源的研发和使用过程中，通过上传和智能挖掘手段，获得源源不断的教学资源，以及通过教育工作者和专家系统的协作，生成可用于教育教学的资源。

教学资源智能体的信息加工流程模型是一个拥有自育能力的智能体的加工资源流向结构图，也是一个具体的智能体功能图，如图3-5所示。

1）教学资源智能体内部的资源获取路径

教学多媒体资源是由用户根据自身的需求与权限上传的各种类型的资源所组

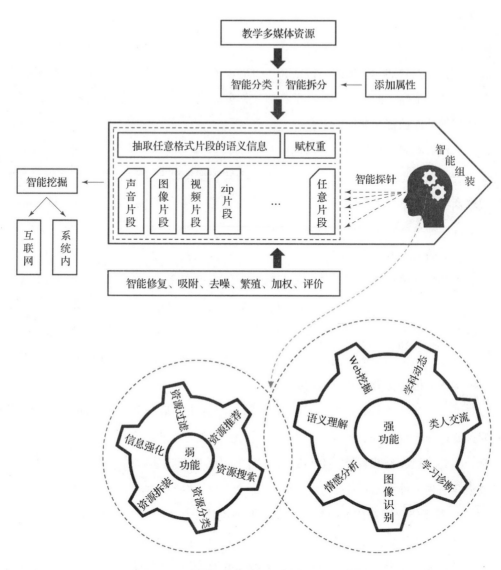

图 3-5 教学资源智能体的信息加工流程模型

成（如教师上传的教学课件、学生上传的作业、教学设计人员上传的大纲、管理人员上传的教学录像等），为了组成以单个知识单元为单位的细粒度资源，进行了对知识单元重新认识、再加工、重组及知识属性标定，教学媒体资源通过资源智能体平台的智能化分类与拆分功能进行资源拆分重组，构建了智能体内部的资源获取路径。

2）教学资源智能体外部的资源获取路径

智能体资源获取的另一条路径是由智能探针来完成的，智能探针完成系统外自动查找相关联的知识单元，包括：从万维网上寻找相关联的知识单元，追踪下载用户点击率高、阅读时间长、下载量大的网上关联知识，并进行智能组装，构建智能体外部的资源获取路径。

3）教学资源智能体的资源加工

智能体资源加工根据操作流程功能和技术实现的复杂度，分为弱功能与强功能。弱功能包括资源搜索、资源过滤、资源分类、资源推荐、资源拆装、信息强化等，所涉及的技术包括面向对象编程语言、可扩展标记语言、关系型数据库设计、全网数据抓取等技术；强功能包括 Web 挖掘、语义理解、情感分析、图像识别、学习诊断、学科动态、类人交流等技术，完成对教学资源智能化的修复、吸附、去噪、繁殖、加权、评价等工作。

3.9.3 基于知识图谱的智能体的设计

知识图谱是拥有自育能力的智能体设计的核心基础，自育的根据是基于图谱结构而形成的[8]。自育体设计的核心是：感知什么样的知识、从何处感知所需知识、哪些知识单元可以组成一个完整的新知识单元、在资源设计与获取过程中资源产生的途径和方式有哪些等问题。该部分设计的核心问题犹如人脑思考问题的过程，就像大脑缜密地指挥各个部件有序地实施动作，具体内容如下。

1. 基于知识图谱的智能体设计理念

如图 3-6 所示，拥有自育能力的基于知识图谱的智能体是一个由大脑细胞抽象出来的原理图，该图由各种不同类型的元素组成，每个元素均有各自的属性结构，该结构是由不同的属性组合而成的属性集。在属性集中，某个属性包括这些元素所承载内容的存在形式、更换方式，其内容要么是连接型的，要么是可替代型的。属性集中有一个属性标志，其在表现层中对章节起映射作用，兼具 Web 搜索关键词的作用；另一个属性标记了资源的主体内容、作业内容、考试内容。

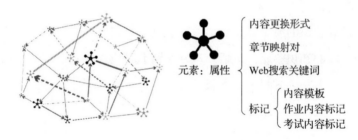

图 3-6　基于知识图谱的智能体设计

每一个元素都需要创建一个属性集合来对自身进行标记。本资源体的教育元素在最初构成之后，逐渐像滚雪球一样，不断地学习、探索、凝聚融合。根据资源体中知识单元的关联，进行扩展、删除等维护操作，资源体是全部资源来源的元知识，本身具有可吸收性，像人体汲取营养一样维持着生命力。属性集的不同决定了资源体中知识单元的不同，从而造就了结构复杂的自育体。在资源智能体当中，要解决如何完成指针性连接、如何关联内容并连接知识单元、如何在资源内容中抽取出标记等问题，这些问题都可以在基于知识图谱的智能体中解决。图谱是元知识的整体表达形式，以图谱为基础，才能有资源体后续研究的延展[9]。

2. 基于知识图谱的智能体的自育框架

智能体的自育框架如图 3-7 所示，从左到右包括对信息源体、智能客体、智能主体三个部分的研究。智能体框架的四个层次，即智能主体、智能客体及信息源体从上到下的四个层次都是一一对应的，构成了横向三体结构、纵向四层架构的框架形式。

信息源体由知识单元、图谱元素、章节段落、盒形或流体构成，在内容上不断地延展、在形式上不断地变化、在内涵上不断地深化。智能客体由最基本的知识元素组成，各种知识元素又通过关联关系构成图谱，在图谱结构基础上将章节段落的表现层与可视化层进行映射，最终将可视化层呈现出来。智能主体是对知识的元素组成、知识的图谱结构、章节段落的串联方式进行可视化修正；进行内容取代和修正、图谱内容感知判定；进行知识获取和内容修正等。完成这四个不同层次内涵式设计，在从底向上的设计流程中一直秉承着智能体被修正的原则，给出了智能化的资源体框架结构。智能体的智能探头从 Web 环境中获取更多的

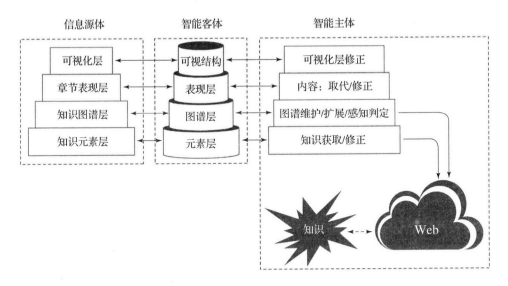

图 3-7 智能体的自育框架

知识,在图谱维护、扩展、感知判定上起着重要的作用。总之,随着自育框架中各部分不断智能化地修正、完善,智能体内逐渐形成茁壮的自育结构。

3. 智能主/客体功能关系

智能主/客体功能关系(图 3-8)是在智能体框架研究的基础上设计的,其思想是先遵循映射策略将资源定制为智能客体,智能客体在以知识图谱为核心的基础框架上,不断地获取新的内容,对资源的内容进行映射和更新,资源界定包括内容体、挂接/链接体、作业体、考试体、章节框架体、时间版本体等。以最简单的形式,以图谱属性为基础,嫁接所获得的知识单元,形成新的知识体系,并相应地与需要取代的内容进行融合、替代、升华,完成一个个知识单元的拼接组装,使整个资源体处于与时俱进的状态。同时,还对资源体中的知识单元进行时间版本的统筹规划与限定,使知识单元不仅仅具有知识关联的横向维度、知识难易递进的纵向维度,还具有多用户、多结构体之间协同创作的时间维度。

4. 基于知识图谱的智能体自育策略

新创建的基于知识图谱的智能体的内容不够丰富,需要教育从业人员、教育专家等遵循内容获取和更新策略,按照计算机的人机界面提示人为地上传资源。待资源足够丰富以及平台学习到更多、更加成熟的资源识别与获取的策略和算

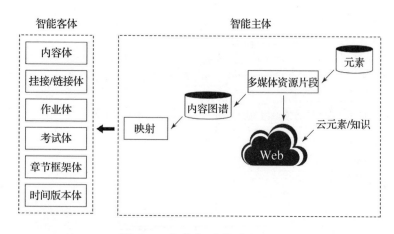

图3-8 智能主/客体功能关系

法,在平台接入互联网时,便可以获取源源不断的资源,然后在知识图谱思想的指导下,自动查找资源并填充到已有资源的从属节点上,在自育策略的支配下,达到自我生长、自我发展、自我进化的自育程度。

1) 内容获取和更新策略

整个资源体的内容获取与更新策略是基于文本分析、语义理解、图像识别、人工智能、机器学习等技术来实现的。该策略围绕整个图谱结构进行展开,整个资源体的组织、获取与更新均以图谱元素为核心,通过以图谱节点自身内容为关键词,在系统内或者 Web 搜索过程中进行模式匹配,进而获取资源内容。这涉及图谱中的节点元素的生成,遍历图谱所有元素时对知识单元的补充和更新。根据资源体所缺内容与搜索结果进行匹配会出现以下几种情况:①资源内容从未被访问过,而且 Web 搜索的结果条目也较少,那么资源的等级就要相应地调低;②对获取的内容进行文本分析、语义理解、图像识别等分析,对所包含的知识单元进行分类加工,并判定该知识单元是否为新理论,如果是新理论,就要更新其内容并进行标记,包括考试标记和作业标记等;③对获取的内容进行文本分析、语义理解、图像识别等分析,对所包含的知识单元进行分类加工,并判定其是否新的案例,如果是新案例,则要进行连接;④对获取的内容进行文本分析、语义理解、图像识别等分析,对所包含的知识单元进行分类加工,并判定其是否规定的其他新项目,如果是则同样地要进行连接。在该知识单元的结构得以完整后,就要开始对下一个元素进行讨论。如此循环往复，就完成了整个资源体内容的替换。内容获取策略和更新策略如图3-9所示。

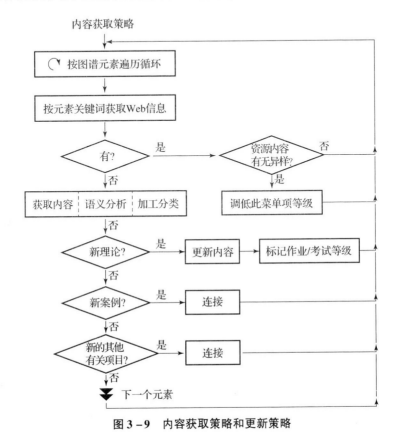

图3-9 内容获取策略和更新策略

这个过程很像细胞生存过程，拥有自身的生命周期，在自育策略的支配下，进入重组生成、成长、变异、融合、串联、裁剪（分裂）、过时、沉寂、消亡等阶段，维持在一个平衡状态[10]。

2) 基于知识图谱的智能体的自育策略

基于知识图谱的智能体的自育策略是针对图谱自身成长自育提出的策略，即在资源体中的图谱拓扑中，智能探头在Web搜索中找到了本体资源知识图谱中没有的知识单元，经语义提取，发现与原有资源存在着密切的关联关系，并由专家来确认知识图谱中的元素是否有增加的必要性，倘若需要增加，便对图谱元素的属性进行完整性填写、章节映射结构的补充，以及正文作业和考试内容的增补。在原有资源体结构的基础上,知识图谱在自育策略的支配下,进行知识结构的发散性扩展(图3-10)。

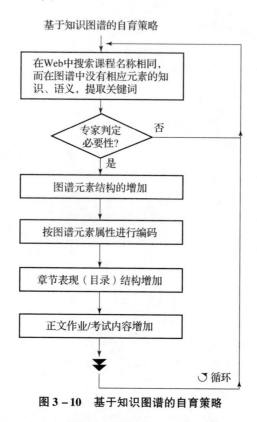

图3-10 基于知识图谱的自育策略

3.9.4 基于答辩评语知识图谱的智能体自育系统设计

基于答辩评语知识图谱的智能体自育系统研究的核心是以图谱为智能体框架而设计的,其主要设计功能是在半人工干预情况下完成毕业设计答辩评语的自动生成[11-12]。系统设计是针对学生毕业答辩中教师所出示的评语过于通用化而提出的,其中包括:评语学科、专业不明确,工作量测度质量不清晰,专业指标无区分,成绩与评语两张皮等问题[13]。通过开发以图谱为核心的专门的评语库,完成了评语资源智能化生成的框架研究,并予以实现。

基于答辩评语知识图谱的智能体自育系统是以图谱为核心设计开发的专业评语库系统,以一级学科、二级学科进行层次分布,包括文学、农学、工学等组成的学科群。此处以文学门类下的"古代诗词常识"中"修辞手段"中的倒装、借代、双关、排比等知识点的研究为例进行详细说明（图3-11）。以知识为单元的专家系统作为一种人工智能程序，储存相关领域的知识并根据这些知识自动进行推理，以便找出正确答案。依据知识图谱策略，在系统内以及Web中获取评语，并根据NLP、机器学习技术对评语进行拆装，组成庞大的评语库系统，对评语进行分类。在专家系统的辅助下，给出了多个专业评语的模板，通过对知识单元的属性进行智能化提取，从而可以与不同的专业评语模板中的各个宏标记进行映射，最终生成不同的评语。

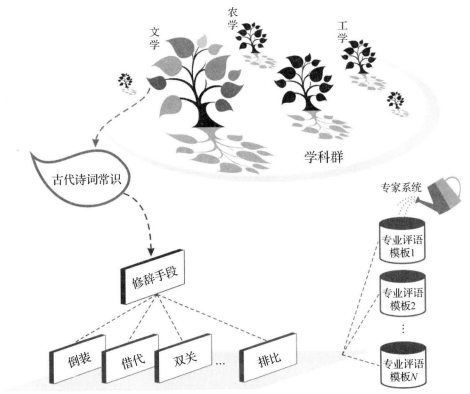

图3-11 "古代诗词常识"基于图谱架构的专业评语库

该部分的设计与图3-7拥有自育能力的智能体的自育结构相对应。此处评阅的评语扮演着智能客体的角色。

评语智能客体由任务书信息、专家系统专业定向评语、答辩专家量化评语三部分组成（图 3-12）。其中任务书信息是半结构化的文本，包含作者信息、课题名称、课题性质等内容[14]。而专家系统专业定向评语是由专家系统根据将要完成的信息所属专业，从基于图谱架构的专业评语模板库中提取而完成。例如：对图 3-11 中的"修辞手段"，给出有关修辞手段的评语，如"比喻说理浅显易懂""文笔简洁精练，语言富于变化和幽默""升华主题，点明中心"等系列有指向的评语。而它自身的评语又可以不断完善，通过评语库的成长、演进，使该评语系统更加智能化。一般来说，不同层次（如专科、本科、研究生等）的评语不大相同，尤其在专业评语上，由于学科的细分，要求评语更加专业化、具体化。

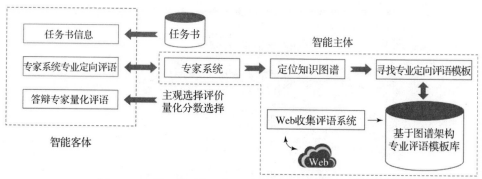

图 3-12　基于答辩评语知识图谱的智能体自育系统设计

评语智能主体由专业定向评语模板、基于图谱架构的专业评语模板库、Web 收集评语系统、专家系统及定位知识图谱等五部分构成，完成获取任务、评语的分类、评语的生成、评语与所评价对象的对应、评语的量化、根据内容抽取评语等系列操作，既可以在系统评语库中提取，也可以从 Web 当中获取，可以不断地进行评语翻新、重装，逐步完成专业评语方面的建设，达到评语专业化、任务指向化，完成任务的分数与量化评语统一化。

基于答辩评语知识图谱的智能体自育系统另一部分功能是由答辩专家量化评语完成。系统通过对论文资料是否齐全、答辩现场效果是否良好、工作量是否饱满等进行客观性评语量化评价，完成主观内容评价与客观内容评价的统一，从而杜绝主观评语和客观分数存在较大差异的现象。

该平台在实现并上线后，经过上百名师生的试用体验，研究人员以访谈和问卷的方式收集师生的感受与意见，进而得出基于知识图谱且具有自育智能的答辩评语撰写系统相较于传统的答辩评语写作过程的优势：①评语文本候选项集较为丰富，教师可以从多个候选项中挑选满意的评语文本，不会出现以往词穷的窘境；②待教师使用一段时间后，自育智能趋于稳定，基本可以从候选项集的前三项中找到满意的评语词组和语句；③平台从互联网上抓取到更多的评语文本，充实到系统内的模板库中，教师可以从中找到合适的个性化评语，杜绝千篇一律的通用性评语；④教师撰写评语的效率和质量明显提高，教师对通过平台生成的评语的认同度更高；⑤对于专业性极强的任务，平台可以实时从互联网上搜集相关的评语，避免评语库的稀疏；⑥平台能够源源不断地自我充实评语库，并对评语进行分类拆装，后期无须系统管理员的人工干预，减轻了教师和系统管理员的负担。

有关资源智能体课程自育系统设计的研究，将会引发教育技术领域关于智能化问题的探讨，包括教育资源的自动化生成，尤其是客观性与主观性相结合的自育化和系统化，将促进课程本身发展更加科学、应用前景更加广泛，更加体现出与时俱进的特性。资源的自生自灭、自我淘汰和更换，更加激励资源建设者对本系统进行干预和维护，增强资源建设者和资源管理者的信心，形成人工智能下新的资源生态平衡，使得网络课程资源建设更加智能化、自动化、系统化，使资源从本体建设向资源外延方向发展，促进资源的共享和交换，更加有利于不同资源间的互补，使资源建设的导向朝着资源特征型建设的方向转变。资源建设者、使用者将会把注意力从课程内容建设逐步转移到课程资源图谱架构上和资源的特性建设上来，产生网络教学重心位移，使课程更加趣味化、个性化，进一步提升资源的关注度和生命力。此项研究也将会为未来的交互式资源银行、各种系统完整的智能资源体平台架构研究和未来课程资源体系的架构提供理论支撑和实证依据。

3.10 基于教育大数据环境的拟人机器学习系统[1]

教育教学的智能化是相对而言的，智能只能辅助教育发现问题、找出教学规律、辅助发现教学应力问题，有相当的行业的数据问题呈现出的是非准确的、非感知的、非捕捉的、非规律的、非人类遇到的问题，这种无规律的现象只能通过拟人的方法解决，并要通过人的干预和认识配合，找出潜在的事物规律。

而当今技术的发展彻底改变我们寻找教育教学潜在事物规律的方法和概念的问题，这些进步主要是基于数据的量、复杂度和来源的指数级别的增长。由于这些技术极大地影响了我们应对具有丰富数量的环境的能力，输入数据日益变成非线性的、非固定的、多模态/异构流的混合了各种物理变量和信号以及图像、视频和文字，多源异构的大数据出现了[2]。教育大数据是大数据在教育领域的具体表现形式，它为新时代的教育教学创新提供了新的思路和方法，教育大数据思维研究如何站在人类教育的角度上从海量的教育大数据中提炼少量教学本质的信息，如何将其从大变小，如何将人类教育自己的机体带上我们人的特征或使之具有人的思维，这必须从分析教育大数据问题下手。

要让教育具有人的思维和人的智力，首先要完成对各种教育教学形态的辨识，只有在辨识的前提下才能够提出问题的决策。教育智能化概要如图 3-13 所示。

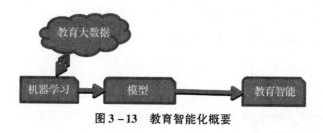

图 3-13　教育智能化概要

3.10.1　教学大数据特性研究

要研究人工智能，首先就要对数据来源和数据性质进行研究，找出数据事件的性质和类型，为下一步机器学习提取模型做准备。随着 IT 的发展，国内的教育数据，由于教学办公自动化的推进、教育技术的兴起、教育技术地区差异化的普及应用、教学管理意志的不统一、数据化标准化建设程度不健全、教学政策变化过快导致政策不连续等原因，呈现出内涵和外延两大特性，如表 3-1 所示。

表 3-1 教学数据的自身特性

特性	定义	内涵数据	外延数据
活动特性	数据随着时间和周期的变化而显现出来的变化频率	内涵数据本身是校园中记载和管理的传统数据,除了学习者的成绩数据、作业数据变化比较大之外,教学管理的内涵数据变化不多,如教学大纲、教学内容和授课教师等变化频率低,如果按照学期或月定义变化频率的话,这样的内涵数据变化相对较小	外延数据变化相对较大,如学习者的网上议论数据、企业招聘数据等,但部分外延数据变化不大,如人事档案数据等
关系构造特性	内涵数据和外延数据之间关系的构造	校园内部各种教学数据之间关系的构造	校园外的各种管理数据或获取的数据之间关系的构造
数据结构特性	数据结构特性分为结构化、半结构化和非结构化三种形式	内涵数据以结构化数据为主	外延数据结构形式多样,可以是结构化、半结构化或非结构化数据
关联关系特性	根据管理视点和数据视点人为对数据关联关系进行的定义	仅限于内涵数据的关联和缺陷数据关联,实现的是字段之间的关联和表之间的关联,从数据管理的角度给出了数据的新组合	外延数据的关联程度低于内涵数据的关联,外延数据的来源和表征决定了它们之间的关联需要经过转化才能获得,所以关联度低

1. 教学大数据时间轴问题研究

教学大数据时间轴描述的是多个事件发生的过程中所产生的事件之间的顺序以及关系问题,它反映的是事件的特性。我们通过数据机器学习可以找出对应的教学策略和教学结果,还可以完成对事件的预测[3]。在时间轴上寻找事件之间的规律和关系是数据挖掘重要的研究方向,时间轴反映了事件密度和数据密度。

(1) 事件密度。事件密度包括事件的惯性、事件的强弱、事件的稀疏、事件的叠加、事件影响力的持续、几个数据源对一个事件反映的错位以及突发事件的出现等。

(2) 数据密度。数据密度与学习的惯性有关,如学习者在业余时间上网集中等,这些都是教学惯性所反映的密度,属于正常密度。而那些不是预期范围的、突发的问题则是非正常密度,如校园出现的突发冲突等。

2. 教学大数据对象问题研究

教学大数据研究的对象是指那些在教学研究过程中起关键作用的、能被激活的数据。站在不同的教学者角度其所关心的数据各不相同,因此需要在进行数据挖掘研究之前首先确定所要研究的数据对象,其确定流程如图3-14所示。这个过程是在经验的基础上实现的,依据教学经验可以确定不同角色所关心的问题,由于关心的问题不同,需要获取的数据就会不同,在此基础之上展开大数据的处理。

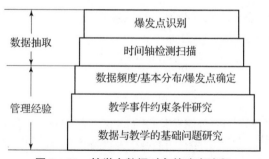

图3-14 教学大数据对象的确定流程

3. 教学大数据变化规律问题研究

教学过程是一个动态的过程,教学记录数据会随着教学过程的推进而不断发生变化,并且呈现出明显的特性,其中包括以下几点。

(1) 惯性特性。教育是一直延续着它的政策和惯性向前推进的,这种推进是要符合教学规律的。教学数据同样常年存在着稳定性,在没有政策跳变的情况下,这些数据将维持着自己的变化规律,保持着一定的惯性特性。

(2) 突发特性。教学过程中突发事件的产生将会导致教学数据的突变,这将对教学规律的挖掘产生一定的影响,但同时它也会从另一个角度反映出教学中存在的问题，为全面了解教学情况提供一定的依据。

（3）无规律特性。教学数据的变化虽然长期呈现一种变化的态势，但针对某些具体类型的数据，尤其是一些主观教学活动产生的数据，它的变化却是无规律的，这就需要进一步对其分析来获取这些数据变化的原因。

（4）叠加特性。影响教学过程数据的因素很多，这些因素有时候会单一地作用于教学数据，但绝大多数情况下会出现多因素共同作用于同一教学数据的情形，于是就会产生叠加效应。叠加效应的出现会加剧问题的复杂化，为数据的分析带来很多困难，如一个政策产生影响的过程中又出现另一个新的政策，就会产生相互叠加和相互影响的问题，往往会打破教学规律。

（5）因果规律特性。数据的因果关系反映了数据之间的联系，通过对数据联系的分析，就可以挖掘出教学现象的原因。数据的因果规律可以根据影响因素的多少分为单因素因果关系和多因素因果关系，根据影响的结果还可以分为线性因果关系和非线性因果关系两种。

4. 教学大数据衍生问题研究

教学中除了常规的内涵数据和外延数据之外，还存在很多衍生数据。通过衍生形成的新数据其本身的特性和作用点都将发生变化，衍生改变了数据的性质，对于数据挖掘起到了辅助作用，它可以作为参考源，但不是挖掘的主流数据源。例如，在对学习者进行困难补助评选中，学习者在食堂的消费数据可以作为参考数据，但不能作为主要依据，它本身具有片面性，不能准确反映事实[4]。

5. 教育大数据的分析结论研究

通过以上对教育数据的分析找出了教育数据的运行规律，找出了事件与事件之间的数据的对应规律，找出了事件和事件干扰所带来的影响因子。但是由于历史原因和管理的因素的不系统性，主体数据和相关数据都不系统，整体数据结构混乱，虽然出现了多源异构，但是逻辑规律非常不清晰，无法界定某一个事件集的数据是相对独立或完整的。如果按照抽样比对分析的方法，数据抽样明显不具备规律采集的条件。如果按照所有大数据进行训练并进行相应的聚类分析等，则明显出现数据的缺陷现象。如果按照单一事件去寻求教学教育的规律，明显不符合当今教学形式。怎样才能够对教学教育的事件进行有针对性的捕捉；如何在庞杂无章的教育大数据中识别事物的真相;如何进行区分和判别分类,并通过规则完成对事件的定位分类,完成人工智能模型的形成,这是当今研究的重大课题。

3.10.2 神经网络机器学习方法的应用分析

在实施国家自然科学基金"考试作弊行为分析与研究"的研究课题当中,对 BP(反向传播)神经网络学习在考场动作行为分析进行了研究,对作弊行为进行训练,采集无限个样本场景,对作弊图像进行学习,试图找到中间结果,试图解释出决策的原因,我们采用了神经网络机器学习的 BP 神经网络进行训练分析,从图像中提取高级抽象进行处理。

使用了 135 幅图像共 195 个人脸进行实验,其中包括正脸 80 个、侧脸 65 个、俯视姿态 50 个,实验结果统计如表 3-2 所示。

表 3-2 基于 AdaBoost 算法的头部检测结果统计

姿态	图像数	人头数	漏检数	误检数	正确数	漏检率/%	误检率/%	检测率/%
正面	50	80	4	14	76	5.0	17.5	95.0
侧面	40	65	11	12	54	16.9	18.4	83.1
俯视	45	50	5	7	45	10.0	14.0	90.0

在考试实际应用过程中,获得的二维考试现场往往是不确定的,试卷图像的大小、光线、角度、干扰、遮盖程度都直接影响其学习效果,必须完成严格的图像预处理,才可进行图像对象定位、特征学习训练。仅从训练字母数字相似度问题分析,我们为了减少机器学习次数,采用了基于级联分组网络将每次分类任务简单化的思想,将神经网络的任务简单化以提高其辨别能力。整个系统分成两级,第一级进行粗分类,即将相似的字符分为同一类别;第二级再对每个类别进行细分类,即将相似的字符区分开来。这样,每个子网络分类的数目就会减少很多,特别是第二级子网络,就是区分几个类似的字符。其整个框架如图 3-15 所示。

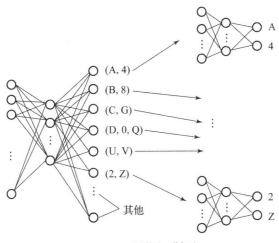

图 3 – 15　网络级联框架

在机器学习训练输入层、隐含层和输出层节点数上,通常隐含层节点数越多越慢,可达到更小的误差值,特别是训练样本误差,但超过一定的数目后,再增加则对降低误差几乎没有帮助,却陡然增加执行时间[5]。这主要是因为网络变得更加复杂,收敛更慢。因此,隐含层节点数目应当通过试验选取与其应用相吻合的个数。式(3 – 1)为确定隐含层节点数的经验公式:

$$s = \sqrt{0.43mn + 0.12n^2 + 2.54mn + 0.77n + 0.35} + 0.51 \qquad (3-1)$$

式中,s 为隐含层节点数;m 为输入层节点数;n 为输出层节点数;计算值需经四舍五入取整。经多个实例验证,用式(3 – 1)确定隐含层节点数比较可靠,一般能满足训练要求,有时也需略微调整。通常隐含层的层数为一层到两层时有最好的收敛性质,太多层或太少层其收敛效果均比较差。为此,我们在算法上进行了改造,有效地限定了中间层级,在 BP 算法性能上取得了一些进展。

但是,整体训练量非常大,需要采集无限个样本场景,对作弊图像进行学习,几乎对中间结果无可解释,内部结构不清晰,无法清楚地解释做出某些决策的原因,自身也不理解正在处理的问题。BP 神经网络能从图像中提取高级抽象,但无法以人类可理解的分析方式与所处理的问题相关联,没有明确的内部模型、语义结构,其隐藏层数量和许多其他参数都是临时决定的,无法在不确定的情景中工作。用结果进行实时捕捉作弊,经常出现误判、漏判等致命性错误。

3.10.3 拟人机器学习问题的研究

要认识事物和分清事物类型,就要对海量的教育数据进行机器训练,而训练是一个非常庞大的工作,训练生成和处理的数据越多,计算就越复杂,耗时就越多,安全隐患就越大,风险就越高。由于教育大数据具有很多的不确定因素,如:训练样本有限,数据不连续,数据呈现简短特征的、带有趋势数据变化,事件个性化特征明显,事件作用相互叠加干扰度过高等因素,如果采用传统的深度学习,无法构成训练环境及条件,训练出来的决策缺乏透明度,其结果也无法进行解释,呈现出中间运算"黑箱"状态,人们很难断定它训练的结果是不是百分之百的可靠准确,如果按照传统深度学习方法去训练,并将其训练结果直接用于汽车自动无人驾驶的项目,很难保证在驾驶中不出事故[6]。

1. 拟人机器学习问题的研究

究竟什么样的训练方法能够让教育决策者知道训练的中间结果意味着什么;所训练出的结果是否可靠科学合理;教育数据能否通过机器学习训练完成智力思维的提升,且不带来致命的灾难,不会给人类带来负面的决策、判断性危险性,这是未来教育人工智能解决问题的关键。针对传统机器学习训练种种不足,各国都展开了这方面的基础研究,美国国防部高级研究计划局(DARPA)推出了拟人机器学习方法,即机器可以像人类那样进行学习的方法。

拟人的机器学习训练环境更加具有人的因素,需要训练的结果更加接近人的意志,不给人带来复杂的过多的工作量,在拟人的情感、拟人的视点、立体构造空间上进行自由思维;拟人可以找出问题,可以对问题进行操控,可以进行自我建构。拟人机器学习方法是基于引入的基于深度规则的系统进行的,从极小训练数据开始逐步建立起模型,通过原型来描述或注释学到的观察结果,解释系统为何做出些决定以及学习一件事。我们将通过拟人的解决方法去解决数据教育问题,用拟人思维考虑人的智能参与度问题和教育自身的智能化问题。

拟人机器学习的方法对训练样本有限,数据不连续,数据呈现简短特征的、带有趋势数据变化的行业非常适合,这种研究思路对于非精准的、趋势性的、允许有一定的延迟的、允许一定干扰的、允许一定的影响因子出现与目标偏差的出现的数据训练更加有效，非常符合教育数据特性，人类学习与拟人机器学习比较问题如表3-3所示。

表3-3 人类学习与拟人机器学习比较问题

人类从数据中学习	拟人机器学习
1. 人可以轻松地从单个和少数例子中学习； 2. 能投入终身学习，而不是"训练并纠正我们的认识法则"； 3. 我们的认识法则（分类器）是发展演变的（新的规则和/或类别会出现，或者一些规则和/或类别在我们成长时被合并，规则和/或类别的数量并非一经确定就永久固定）； 4. 人可以"实时"添加新的类别和规则； 5. 人能解释为何识别特定的图像（指定某个类别），如发色、耳朵和鼻子（面部识别）或者汽车和房子的细节等； 6. 人会协作学习	1. 从一个或者几个例子中学习； 2. 终身从新观察到的例子中学习； 3. 解释它已知的内容，知其所不知，以及为何发生某个错误； 4. 识别与先前观察明显不同的数据样本，并在必要时形成新的规则和/或类别，实现自学和自组织； 5. 以精益高效计算的方式学习； 6. 与其他拟人机器学习系统合作

拟人化学习将会使未来的教育智能机器和机器智能更好地为人类服务，也更与人类相像，同时大幅提高其处理量和自动化水平，更加准确透明，适应性强，自学习和计算效率高，更加增强了教育智能化的能力。拟人机器学习比起传统的神经网络学习更进一步地识别出未知情景，不仅可以识别此前已知的模式，还可以识别意外模式，能够意识到自身局限，能在面对未知和不可预测的情况时，启动安全程序，并从中自主学习，可高度自治，对人类友好的、透明的、符合人性[7]。拟人的机器学习方法非常适合教育智能研究方向，教育的数据特点与拟人的分类研究非常拟合。

2. 主流机器学习和拟人学习的内容比较

目前计算机界推出了三种实现可解释人工智能（XAI）的方法和基于模糊逻辑方法，试图通过近似而非精确或量化的连续过程模仿人类思维，并在模糊规则系统（FRBS）上取得了进步，能够生成更短也更少条件（if then）规则（与数量无关），保持系统获得清晰度和可解释性的答案，与传统FRBS形成鲜明的对比；这是本部分重点要推出的方法——拟人机器学习方法，即机器可以像人类那样进行学习。下面给出几个主流机器学习和拟人机器学习的内容比较，如表3-4所示。

表 3-4　几个主流机器学习和拟人机器学习的内容比较

项目	传统统计机器学习模型	计算智能模型	最成功的分类器深度学习神经网络（DLNN）	拟人机器学习
平台	经典的概率论和迭代优化算法	人工神经网络（ANN）	支持向量机（SVM）卷积神经网络（CNN）递归神经网络（RNN）	可解释人工智能的方法，4个模糊规则系统
可解释性	一般	较差	差	非常好
透明度	一般	较差	差	非常好
耗费资源（时间、训练样本、计算资源）	一般	较大，需要训练样本大	极大，需要训练样本极大	高效节能，需要训练样本极小
缺陷	强烈依赖假设的先验数据生成模型。在数据生成模型上，强加的假定随机性质和已知分布，太过强大而不切合实际，无法在真实情景中保持成立	机器学习算法的预定义参数通常需要对问题具有一定的先验知识，而在现实情景中常常不具备这种知识	无法展开实施训练和适应，无法应对数据的演变特性（它们具有固定的结构和设置，如类别数量），无法从零开始学习	缺乏情景感知能力，不能适应新场景，能够对带有熟悉模式的数据执行高度准确的分类，但当遇到不熟悉的数据时，会完全失败
性能	性能稳定，所有数据都来自已知分布	不具备先验知识，性能不稳定	结果不可靠，在决策应用中存在高风险	性能可靠，基于人类能基于单个或少数样本就做出关联，推理分类或异常检测，从单个或极少训练样本（即"从0开始"）构建模型的能力

3. 拟人机器学习在未来教育当中的应用研究

拟人机器学习能识别未知情景，并从中学习、自主学习，最关键的是基于深度规则（DRB）系统。DRB 是一个自组织、自适应、高透明、收敛性好、并行化基于规则的架构和学习算法，一种通用的新的机器学习方法，可以通过简单的修改。用于图像分类的 DRB 系统的结构示意图，如图 3 – 16 所示。

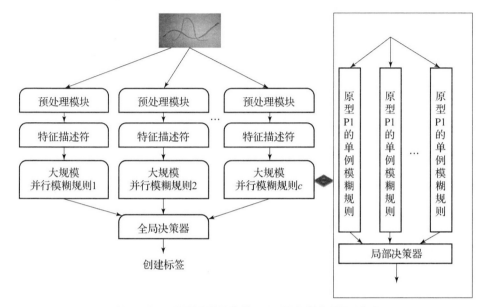

图 3 – 16　用于图像分类的 DRB 系统的结构示意图

从图 3 – 16 中可以看出，该分类器由以下组件组成。

（1）预处理模块。它涉及在计算机视觉领域中广泛使用的预处理技术，包括归一化、缩放、旋转和分割。

（2）特征描述符。它将原始图像投影到一个特征空间，使不同类别的图像分离系，$I = >X$。

（3）大规模并行模糊规则库。它是一种复杂的非线性预测模型，充当系统的"学习引擎"。每个大规模并行模糊规则由从训练集内特定类型的样本中识别的大量原型组成。因此，对于包含 c 个不同类型的数据样本，如图像的训练集：

$$if\cdots or\cdots or\cdots then\cdots$$

识别出三个并行模糊规则（既一个类别一个规则）。

（4）决策器。一个类别带有一个局部/子决策器，给出一个局部建议。根据这些大量并行的局部建议的置信度，来决定胜出的类别标签。

基于识别出的原型 RDB，从数据中自组织和自我演化一个完全透明且可由人类解释的条件逻辑（if…then），大规模并行 FRBS。每个大规模并行的模糊规则是围绕（大量）原型确定的。这些原型是从特定类型的训练数据样本中识别出来的。RDB 方法不是黑盒，它是基于原型的特质提供内部结构的透明度和解释性。大多数现有机器学习方法都需要大量训练数据，而 RDB 系统甚至可以从单个例子中学习，也就是从零开始。非迭代在线自主学习算法进一步使得 RDB 系统即使是在完成训练/部署之后也能终身不断地学习新观察到的样本。因此它是不断演化的。其对于普通的问题场景与特殊场景补充性学习相结合非常有作用[8]。

例如：使用拟人机器学习的训练方法识别教育数据冲突事件发生于事件叠加的图形，如图 3-17 所示。

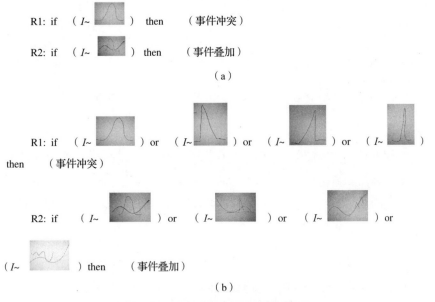

图 3-17　大规模并行模糊规则的样例

(a) 各有一个原型的二个模糊规则；(b) 大规模并行的模糊规则

使用拟人的思想，不是识别一个二维图形，而是以人的立体化思维学习和认识，如果识别的原型有错误，可以随时替换正确的图形，每一个问题都非常透明，每一步骤都有解释；没见过的场景可以随时随地添加，这对于面对问题出发的教育事件识别可操控性非常强，能有目标、无风险地进行智能判断，为教学教育进一步智能化给出了有利的先决条件。

拟人的机器学习，可以边实践边学习，如果给出的规则有错误，可以修改，如果碰见没有见过的场景和问题，可以加到规则中，仅需要一两个案例学习就可以进行人机互通的交互式学习。不像神经网络对弈物体要多角度、不同光线、不同场合的采样，而且对其训练的结果还没有把握。

教育人工智能是一个庞大的系统工程，能否对事件、事物数据进行正确的定位、找出数据的特性将是教育智能的基础，能否找到辨识事件和事物的关系和类型的机器学习的方法是提取有效模型的技术关键，能否进行透明的、可解释的、可调控的、陌生场景的机器学习是第五代移动通信技术时代下的教育人工智能的技术标志。盲目的数据挖掘将会带来劳民伤财的效果，科学的机器学习，按人的意志去提取教育所需要的东西，才是教育智能化的本质。脱离人的意志的人工智能是盲目的、无前途的。

3.11 教育智能化中机器学习与应用

在人工智能化即将到来的时候，我们应该要实事求是地承认一个现实，那就是我们离全面的人工智能时代还很远，目前国家仍然关注工业智能化大规模的实施，而并非教育界。另外，教育是一个人类成长、认识的重要工程，是直接体现人类智慧和智慧传递的工程，是授予计算机智能的智慧来源，是具有创造性思想的承载，是反映人类文明顶级的工程。人工智能永远不可能超越教育智慧，也不可能解决教育界可以完成的全部任务，但是人工智能可以与人类教育共进共融，辅助人类文明发展。如何挖掘人工智能的能力去解决教育问题？让我们先分析人工智能机器学习的能力。

人工智能主要由算法、算力、大数据三部分构成，对于人工智能而言算法是大脑，算力是肌体，大数据是其成长的养分。围棋是最复杂，而且最能体现人类智能的一流游戏，阿尔法狗是 DeepMind 开发的围棋人工智能，可以将其看成是最新深度学习方法（算法）、最新超算体系（算力）和棋谱大数据的总合，在战胜韩国围棋九段高手李世石的阿尔法狗人工智能体系中，深度学习能够发挥巨大威力的前提是有大量的数据用来训练深度结构。深度学习涉及了上亿的参数，如果数据不够，容易造成过拟合、性能降低的问题，而要进行大规模的训练就要有超强的计算能力。

深度学习的概念和方法在1998年提出，当时只能解决简单手写体字符识别问题，而现在却可以战胜李世石，其使用的深度学习结构基本没变，主要是用了更强的CPU（中央处理器）和以前没有过的GPU（图形处理器），并且用了千万倍的海量数据。

人工智能只有被应用、解决了人类最需要的问题才是具有价值的，但是开发人工智能是需要大量的人力和财力的，需要一定成熟的技术环境，需要一定的数据环境和内容获取环境。就机器学习而言，当机器能够自动完成特定作业或流程中的机器学习任务时，写的机器学习任务就可能变得更有价值。在其他情况下，机器将增强人的能力、使全新的产品和流程诞生，因此，即使在部分自动化工作岗位上，动力需求的影响也可能是积极或消极的。

在人工智能机器学习发展的今天，对劳动力的需求更有可能落在与机器学习的能力接近的任务上，这些系统做的辅助性任务则可能相应地增加，每当机器学习系统在某项任务上比人工更具有成本效益时，企业家和管理者就会更多地使用机器来替代人工，达到利润最大化，对经济产生影响，提高生产力，降低价格、劳动力需求，重组行业等[1]。在考虑人工智能经济问题上，工业领域与教育领域的观点不太一样，教育不能过分考虑经济的代价，它是一个高端的工作，不能过度依赖计算机。

识别人脸、骑自行车和理解自然语言是人与生俱来的能力，但是我们却不知道自己是如何做到和学习的，我们不能轻易地将一些工作完整地整理成一套正式的规则。因此，在机器学习出现之前，波兰尼悖论给出了计算机可以通过编程自动完成任务集合。目前机器学习算法已经可以将计算机系统训练得更精确有力，部分烦琐的手工编码正在被更多的机器学习算法所取代，它们用适当的训练数据来学习，自动化程度更高，这种转变的重要性是双重的。

首先，越来越多的应用中可以产生比人类手工编写更精确更好的程序（如人脸识别和信用卡欺诈检测等）；其次，模式可以大大降低创建和维护新软件的成本，从而减少实验阻碍，探索潜在的计算机任务，促使计算机系统在很少或根本没有人为干预情况下自动实现许多类型的常规工作流程。在过去的6~8年里，其学习研究进展尤其迅速，这很大程度上得益于某些任务的海量训练数据，这些海量数据中蕴含一些非常有价值和值得被注意到的规律。

在教育中我们可以不关心机器如何计算，但是我们要站在发展的角度重新审视和理解教育中的所有数据和相关数据，关心数据，让机器学习算法对我们的目标数据进行处理，我们要在教育需要智能的地方准备数据、创造数据、挖掘数据，为数据的获取和产生创造条件，形成智能所需的数据空间，保证有足够多的训练数据集可用，让通过数据学习的计算机争取比教育工作者技高一等。

各种改进算法的结合，对机器学习的进展也至关重要，比如深度神经网络（DNN）模型的提出、硬件设备算力的迅速提高。例如，脸书从短语机器翻译模式转换到深度神经网络后，每天翻译次数可以超过40亿次，一个ImageNet包含一万多个标记图像的大型数据集，用于图像识别的DNN把ImageNet上的识别错误率从2010年的30%多降到现在的不到3%，同样2016年7月以来，DNN将语音识别错误率从8.4%降低到4.9%，众所周知，图像和语音识别领域，5%是非常重要的临界值，因为这几乎是人类在识别类似数据时的错误率。

2017年，国内人工智能首次参加高考，为高考增添了科技的色彩，6月7日下午，国家863超脑计划项目研制的AI-MATHS高考机器人参加了2017年高考数学的测试，在切断题库、断网、无人干涉的情况下，其通过综合逻辑推理平台解题，10 min交卷，分数达到了105分。高考机器人的出现预示着被诟病多年的应试教育和高考人才遴选方式真正遇到了重大危机，人工智能在应试教育上具有人类学生望尘莫及的优势。

3.11.1 教育智能化中机器适应什么样的工作

机器学习的系统能力并不适合于所有任务。当前机器学习的成功主要依赖于监督学习，通常使用DNN来完成。在教育领域中部分工作适合这种方法，而且决策能力还相对较弱，在某些情况下效率低下。区分教育问题是否适合机器学习，我们可以考虑以下几点因素。

1. 特征性强问题的方法

这里提到的特征性强的、目标明确的问题是指学习定义明确的输入输出匹配的函数问题，机器学习可以学习预测任意 X 相关的 y 值。

这一准则适用于分类（例如，在图像中标记狗的品种，根据患癌症的可能性标记医疗记录）和预测（例如分析贷款申请，以预测未来违约的可能性）。

在教育问题中存在非常多的具有规律性、特征性非常强的内容，如：启发形象思维的教具、模具，许多有规律的教学过程数据，甚至有意进行夸大的、夸张的教学实物等，非常满足机器学习的要求。教学训练的多样本为加强学习的准确性提供了有力的训练保障。DNN 的一个显著特征就是在样本数量达到足够多后，性能趋于稳定的算法，因而在训练数据中获取所有相关输入特征尤为重要。在教学当中的图片、图案、文字、文章、三维模型、三维物体的识别，像这种有规律的、带有特征性的、短期内不变的内容是可以进行机器学习训练的。所以在机械制图、机械原理、物流、虚拟现实操作等课程上非常适合用机器训练的方法完成对其目标的识别。

就拿 VR/AR 的识别问题来说，它们可以完成目标（比如：物体和楼房）特征的捕捉训练，可以形成带有数字化博物馆的识别能力、浏览能力，甚至可以形成导游能力。

对于常规的教学过程（比如：网络教育的选课、注册、缴费等过程），适合于机器训练，可以通过数据变化曲线找出相应的输入函数和输出函数，找出事物的规律，在掌握规律的基础上给出针对过程的相应管理措施。

机器学习是一个数据量非常大的工作，笔者曾经参加过车牌识别的项目，训练车牌的各种情形后才能投入最基本的使用，这其中包括车牌字的提取、伪造识别、字的识别、字的伪造等系列识别工作，机器学习在投入使用后还在不断更新，逐渐趋于稳定，识别率趋于正常化。目前拟人机器学习训练方法在图像识别上、数据变化曲线中可以很快完成训练，只要进行有限次数的训练就可以达到投入使用的应用标准，比如：给几幅不同角度的照片，就可以识别出房子的建筑风格，这是因为加入了人识别的思维。

2. 规律性不强问题的方法

在教育问题上，并不是所有的问题都可以通过训练来完成。很多教育事件呈现突发性，尤其在新的教育模式下（比如：网络教育）将呈现出不规则性，部分过程学问题没有规律性，还有许多带有人为因素和感情因素，尽管 DNN 原则上可以表示任意函数，计算机很容易模仿和延续训练数据中的偏差，但会错过一些难以观测到的相关数据间的规律性，用训练的方法可能达不到相应的效果，找不到相应的规律和行为规则，像这样的问题和事件可以考虑以下方法处理。

数据通常可以通过监测现有流程和用户交互来创建。通过聘用人员来明确标记部分数据，创建全新的数据集，或通过模拟相关问题设置来创建。

训练的模型样本越多，处理的问题就越成熟，处理的问题就会越准确，在许多突发事件的训练当中，这种情况极为罕见但又特别重要。所以当样本非常少、不满足训练条件、明显就有些强求时，就必须进行人工标记特征或作为特殊指标进行专家知识库的存储，甚至进行拟合性的训练。

许多特别事件和突发事件有必要进行人为的特征标定，有必要进行识别的干预，有必要自定义它的特征、内容和识别的标记。

3. 明确目标的方法

教学当中有一个非常头疼的问题，就是这个教师讲课非常好，但是什么地方什么样的人群说好，哪些人群不喜欢他，在什么样的知识点讲得好，我们如何建立这种模型等，成为黑盒问题，经常是处于无解状态。像这种无解的问题，我们倒不妨用机器训练的方法进行批次的、人群分类型的、各个知识点的、有针对性的训练。同时训练的输入参数还应该包括教师类型、教师的即时状态、教师讲课风格等，找出相应的讲课模型。当然，我们并不指望训练出所有的讲课模型，但是我们能训练出有代表性的讲课模型，而模型的建立，将对判断测试教师讲课是否受到欢迎、什么样类型受众期待有很大的帮助，其模型的建立将会给出相应的模型参数，这是我们最期待的目标，即建立一组函数。

我们训练的目标其实是在找出内部的关系，可能是学生与教学资源的关系，可能是学生听课效果与教师讲课艺术的关系，也可能是讲课效果与知识点讲课技巧的关系，所以在机器训练当中一定要明确目标，知道测试的人是谁、训练的人是谁、我们期望的目标是什么、谁是输入参数、谁是输出参数等。

为了达到机器学习展现出强大的能力和极佳的性能表现，我们可以明确界定系统级的性能指标，为机器学习系统提供一个黄金标准，当训练数据按照这个黄金标准进行标记时，就可以训练出性能优秀的函数。比如：给出讲课效果最好的输入参数等。

3.11.2 关于依赖于不同背景知识或常识的处理方法

人工智能的专家系统和机器训练是有一定区别的，机器学习系统擅长学习数据中的经验关联，但是当任务需要依赖计算机未知的常识或背景知识来进行推理长链或复杂规划时，机器学习系统的效率很低。围棋和象棋这类游戏例外，欧美这些非物理游戏可以被快速地精确模拟，自动收集数百万个完全自我标记的训练样本。

出卷考试非常类似围棋和象棋这类游戏，对于像出卷考试这样可以进行量化的工作和具有经验性的工作，我们可以在完成试题库的基础上，建立专家系统，对考试效果较好的试卷和案例进行整体方案的存储，形成专家库。在答疑答辩过程中，对专家回答的答案和学生提问的经典问题进行存储和标记，而好与坏的判定和知识库是否吸收可以由专家来判定，由题库人员进行干预存储，这种智能方案的建立相应比较容易，而且非常直观。但是我们用机器去训练这些问题就不适合，因为它需要相应的考试知识和其他的教育思想进行支持、判定、存储，而这些都是机器学习的弱项，是不能训练出来的，也不适合于这方面的训练。在具体领域中我们缺乏这样完美的模拟。

1. 不需要对决策进行解释的问题

大型神经网络通过巧妙调整以亿计的权重来学习做出决策，这就是权重互联的人造神经元。人类难以理解这一过程，因为 DNN 通常不会使用与人类相同的中间抽象。教育的问题有许多是无法解释的，它可以识别，但是我们不知道它的神经网络是如何构造的，所以训练效果的好与坏，正确与否都无法进行解释，出了问题判断有误都不知道错在何处，这是目前机器学习的一个弊病。但是作为教育来说这倒不是一个致命性的错误，不至于有生命危险，教育只知道它的结果和利用这个结果去做相应的应用，就足以完成教育的需求了。许多问题并不需要进行解释，比如，我们是怎么训练出并识别字体的，我们是怎么将文字转换成语音的，或者说我们是如何将语音转换成文字的，我们是怎么进行图像和图形的识别的，是怎么抓出物体特征的，内部是怎样解决的，我们可以不去讨论，但是经过训练以后的神经网络可以让我们完成相应的识别，建立函数就达到教的目的。我们只要能够训练出函数，能够完成问题、事件、物体等问题的识别，做出识别的判定就不需要解释了。

2. 容错的处理

教育智能化是一个逼近人类智慧的过程，是模仿人类教育的过程，而在教育问题的解决上将会有不同的解决方法，在不同时间地点人们对同一个问题的看法不一样，我们追求的是智能的大同小异，追求的是相对目标。比如说，教育质量提升的问题不是对绝对高度进行评价，而是对相对高度进行评价，可以有一定范围的界定。教育系统相对是一个非常宽容的和非常有容错能力的系统，而容错也将成为教育智能化应用的重要指标。在教学中，我们不可能要求所有的教师上课都采用一种标准和一种表达问题的方式，不可能要求机器能够完全不差地与学生和教师的思想同步，也不可能要求相应的语音图像识别感知设备100%的正确率，我们应该原谅智慧和智能系统的合理性的偏差，这才与人的思维接近，反倒更让人们接受教育智能和机器的智慧。容错能力是限制系统应用的重要指标。几乎所有的机器学习算法都是根据统计和概率推导出解决方案，是很难将其训练到具有100%的准确率。

但是对容错的程度可能要进行限定，比如：对很多关键问题的容错，是否能够采用一些安全的算法进行保证呢？比如：对一个非常重大的问题，产生几种完全不同的结果是否要进行预警呢？这都是值得讨论的问题。

3. 时间函数变化问题的处理

教育系统相对来说大部分过程是比较稳定的，至少是带有相对阶段性的稳定，而且其稳定的现象会按照教育的周期重复出现，具有一定程度的稳定的训练数据集，而这种训练数据集对机器学习将起到一个至关重要的作用。首先，它的训练数据集训练出的函数是有意义的，可以在今后的应用中对问题进行耦合、发现和定位。所以在教育过程的训练中，用机器训练大部分问题是可行的。但是不排除不稳定的问题，比如说，经常不间断的、无规律的教学改革所带来的教学现象将是一个不稳定的训练数据集，是一个无规律的训练数据集，是一个随机的训练数据集，这种数据的训练是没有作用的，因为它重复出现的现象非常少。除非我们将其进行其他教学领域的迁移，去拿这个特殊事件的数据去寻找历史上或者其他教学领域中的事件，这才会有意义。但是往往这种偶然的、样本过少的训练是不可靠的。所以我们提倡训练数据集要相对稳定，训练是一个很有代价的工作，可以要求这种训练后的函数有应用价值性的体现。一般来说，只有当未来测试样例的分布类似于训练样例时，学习算法才能起到有效作用，如果这些分布随着时间而改变，则需要重新训练，即成功与否取决于新的训练数据的变化程度。

4. 灵活机动性问题处理方法

在教育当中对临时处理的问题，对决策者临时做出的决定，不适合在机器学习中应用。因为它不构成规律性，更没有任何可以学习的过程数据集进行训练。

在教育智能化非结构化处理环境和任务物理操作当中，机器训练明显不如人类。比如在 VR 等人体行为捕捉上，在人体传感器传感后的人体建模上，如果是一个常规性的物理动作发生在结构型的空间里，不断做一些重复性动作，就非常适合用图像或者传感器进行动作捕捉完成机器学习训练，建立行为模型函数。但是如果在一个非结构化环境中，动作又非常没有规则，甚至是随机的并有很强的机动灵活性，这样的动作捕捉后是无法建模的，是无法通过机器训练完成的。在处理非结构化环境和任务中的物理操作时，机器与人类相比还是相当笨拙的，这不是机器学习的缺点，而是现有机械技术的缺陷。

5. 发生频繁的、多信源事件的方法

很多经常发生的事件是来自多信源、多媒体、多平台的综合事件，如果进行同步处理较为适合于综合机器学习训练，通过训练找到常规事件的规律和特征，并在今后的应用中自动识别该事件。比如：对考试完出现作弊，我们要捕捉学生在微信的内容，要捕捉在考场的图像内容，要捕捉事件判定的成绩内容，进行综合模型的建立。在今后考试再出现作弊事件时就可以通过多个渠道抓捕相应的特征，这种问题我们就可以交给机器学习训练和拟人学习训练完成。

3.11.3 机器学习任务和步骤

在教育智能化当中必须要明确让计算机做什么，让计算机训练什么，要明确学习任务，充分说明所训练的内容和要完成的任务以及输入的相应的其他参数，如相应的指标和训练数据等。要在应用中进行任务分类，将任务与某个目标函数进行针对性的学习，我们最常见的训练数据类型大多是由目标函数的输入—输出组成的成对数据。

要训练就要获得相应的数据集，在教育智能化当中，训练是一个完整的动作，需要有相应的数据支持，如：传感器数据、图像理解数据、事件语音、微信内容、相对的教学文档数据、相关数据库数据、相应专家系统的数据等的获得，而这些数据获得的方法只能依赖于未来技术应用的普及性。

教学智能化的机器训练步骤应该遵循其他行业的步骤，即第一步，明确学习的函数；第二步，收集和清洗数据，使其可用于训练机器学习算法；第三步，设计数据特征，选择其中有助于预测目标输出的特征；第四步，收集新的数据以弥补原始数据的不足，尝试不同的算法和参数设置，优化分类器的准确性；第五步，训练好的系统迁入教育教学运营中，并可能持续获取额外的训练样本。

机器训练贵在坚持，机器训练的对象非常重要，如果是一个非常有水平的团队将智慧决策作为它的数据集进行训练，那么所训练出来的计算机将有较强的智慧性和决策正确性。但是在训练当中，我们应该采纳各种潜在智慧的人以及他们的决策，因为许多非常有建树的思想和决策是来自偶然性，数据的代表性和数据集的大小取决于整个机器训练的效果、整个机器训练的性能的稳定性和机器超越人智慧的程度。

我们用机器学习主要是解决教育自动化的问题，即让机器代替人进行重复的工作，代替人做出辅助性的决定，教育智能作为协助工作者，将不断地观测并获取人类决策，并以此做出额外的训练样本，产生其他的教学智能模式。

3.12 教育智能会话设计

3.12.1 国内外会话问题的研究

2011 年以来,人工智能领域发生了革命性的变革,语音对话体现为语音技术的巨大进步。在全世界语音系统识别和对话领域出现了许多著名的产品,比如:2011 年,苹果公司推出了 Siri 对话系统,实现了在智能手机上语音助手的全部功能,用户可以通过语音与系统进行语音交互,获得各种信息;2014 年,亚马逊公司推出了 Alexa 对话系统,实现了在智能音箱上的对话功能,用户可以通过语音与系统进行对话获得各种信息;2016 年,微软公司推出了小冰对话系统,推出了聊天机器人代表,用户可以与系统进行开放式的对话。整个语音对话系统从发展到复杂问题的理解和语音识别,其精准度越来越高,准确率超过了 95%。

自然语言对话系统分为语音对话系统与文字对话系统,有 C 端(面向消费者)应用和 B 端(面向企业)应用,适于语言的对话系统,主要有手机、电视、车载的语音助手,智能音箱等。

据国内市场调查,在使用云对话系统的用户中,有 33% 的用户每天使用,42.5% 用户每周使用 3~4 次,16% 的用户每周使用 1 次;据专业人士估计,手机、车载、电视、智能音箱的语音对话系统日使用率分别为 5%、45%、30%、25%。

现有的对话机器人(语音识别与合成+自然语言处理)通过建立字、词、语法的计算模型能理解短句、语境造句,有的甚至还能做出几句颇有缥缈感的诗,开几个无厘头的玩笑,在自主设计场景、想象情景、推理论证、构筑文章框架等方面,机器人仍不可能做出与人类思维相比的构建型自命题写作,不大可能做现场的长篇演讲,描写出像样的小说。

从技术的角度来讲,单轮对话和简单多轮对话技术,特别是命令型和问答型对话技术,在一定程度上已经比较实用。当前的自然语言对话已趋于成熟,相比之下,基于深度学习的语音技术进展并没有那么显著,自然语言处理是人工智能最具挑战的领域，对话方面主要体现在语言的表示与理解以及任务的表示与完成上，我们还不知道如何让计算机像人一样表示与处理具有多义性和多样性的语言，还不知道在计算机上如何有效地表示和处理复杂的各种任务。

人工智能突破在于对自然语言的理解，懂语言者得天下，人工智能对人类影响最为深刻的就是自然语言，语言理解分为表述、化合、意境三个不同层次，积极理解自然语言的三个层次是机器学习、机器智能和机器意识[1]。

笔者始终非常相信对话即智能，从回答问题到提出问题，从一问一答到连续对话，前是机器理解，后是文化对话生成。阅读文本及提问，首先要深度理解语言，不仅能回答问题，而且还要能够找出关键点，围绕关键点提出问题。

这需要有一个记忆机制，而且需要端对端对话生成模型，如图 3－18 所示，同时，要在回复生成的过程中提炼主要的观点，综合对话情感，用户画像以及记忆。一段对话往往会发生多次话题转换，对话的时间越长，越有机会被自然地引入期望的话题。

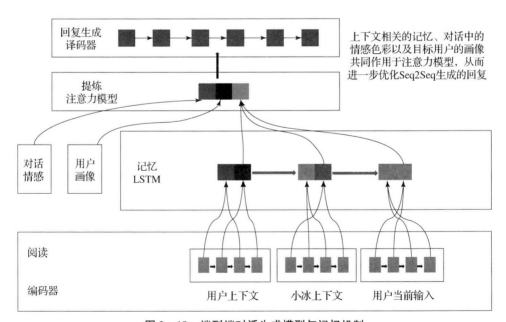

图 3－18　端到端对话生成模型与记忆机制

当我们从机器表述发展到机器对话，智能到底体现在哪里？就是机器可以根据理解和意境，实现有意境的"脑补"，到目前为止，人工智能的研究是人做了一些事情，再加上环境有一个表征，机器把这些输入的信息翻译成机器语言，再进行深度学习，绝大多数人工智能的研究都停留在这一步，而真正有意义的是对结果进行反向推理，如图 3-19 所示。

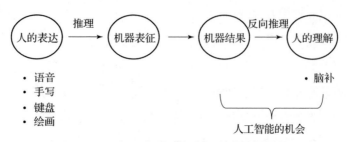

图 3-19　理解和表达意境：有意识的"脑补"

笔者曾经完成一个科技部的项目，即通过网上调查完成拍摄季片的工作，也就是说，在拍电视剧的过程中，下一集将拍摄什么，可以根据网络观众和电视观众的问题的反映，如对主人公的追求情况、对问题共同的期盼等系列问题，再决定，而相关的观众意见内容我们可以通过网上会话进行提取，进行关联词的提取，找出众多人的观点性倾向来决定电视剧下一集的拍摄方向和人物发展方向、剧情发展方向等。

在北京理工大学人工智能研究院所开发的关幼波中医智能诊断系统中，诊断过程的开发仿真体现了中医的"望、闻、问、切"四种诊断方法，尤其是在计算机上"问"这个过程中，体现了医患之间的对话思想，将针对病情的问话过程以知识库（当年还没有知识图谱）的形式收集下来。当计算机诊断病人的时候，按照其专业知识推理进行问话。

3.12.2　教育教学会话过程

教育教学会话过程是一个启迪的过程，是一个思想和知识的体现过程，是教与学的智慧交融过程，是一个批评与自我批评的过程，是思想倾听者吸收对方内容的过程。严格来说，在教育和科学过程中有许多原发思想是来自会话中的交换，经常是由于在会话中的某个环节引起人们在这一时刻思维的兴奋、启发、联想后不经意产生的灵感，就知识的传授效率而言，会话将具有非常强的智慧性、推进性和博弈性，不同气氛下的交谈会具有不同的接受效果和产出效果，会具有不同角度的看法，会在不同的角度弥补教师的缺陷，会增加对知识的理解度。而且这样的交互会话过程会产生许多创新的效应，会对知识和内涵进一步挖掘和推进。人们对知识的理解有各自的主见，尤其在培训应用层面上，这些未必就是教师能统治的，未必教学就是教师的长项。

在课堂以外的教学会话交谈和教学辅导是课堂教学的补充，更是对教学问题进一步的内容延展和细化。一个教师的难点并不是讲课，而是对问题的方方面面的理解，教师一直处在面对学生各种问题的局面，而不解的许多因素就是教师教学中带来的。比如：教师对某些问题表达得不够深刻，对某些问题不能面面俱到，对一些应用场合不能进行——举例等，或者是教师将问题在课堂中引出后把学生带进了坑里，却没有把问题解给学生，致使学生不能够自拔等。这就是学生产生各种问题的起源，学生是知识的追求者和知识的好奇者，如果他想弄明白的话，他的问题会超出教师的知识范畴，甚至是教师没有想到的问题。教师在学生这种轮番问题下会有深入的体会，会在交谈当中获取一定的经验和智慧。严格来说，一个教师如果碰到爱追问问题、爱刨根问底的学生，其教学水平会进步得非常快。如果要获得较好会话效果，最好是一对一地交谈，使问题发生在两个人当中，这样才能保证在非常轻松愉快的环境下，完成问题的解释和讨论，完成知识传授的目的。这与课堂上当场进行交谈不是一个概念，如果教师碰见非常有挑战性的问题，而且又是自己的短项，教师多多少少要顾及自己在课堂上的威望，可能会以非常强势的方法或者别的躲闪的方法去躲避锋芒；如果教师对这个问题胸有成竹，那么回答了会非常令人满意。

3.12.3 训练机器会话的要素

会话给知识的获取和理解将带给教师和学生双方效应，同样它也会带来机器学习的效应，为了让计算机能够获得大量的不同的对知识点的理解和知识点详细建构，除了通过语义系统对专家辅导中的各个片段进行语义提取、问题提取、交谈内容的提取和问题分类外，我们可以另外对指定的问题制造不同的环境，给出不同的交谈对象，给出应用背景不同的学生和教师组合，让其畅所欲言，去制造问题、制造矛盾，在其中进行多种形式交谈情景的演绎。

教育的对话既有问题的专业性，又有情感的交流性；既有严谨的学科性，又有体现生活的用语性。所以，教育的语言运用不仅基于语言本身，还涉及知识推理，涉及情感常识推理，要实现对用户有价值的对话系统不仅需要考虑功能要素，还需要考虑知识和情感要素。在当前技术还不够完善的情况下，这一点就更加重要了，我们需要将技术和设计结合起来创造便于用户使用的对话系统。对话技术开发的要素如图 3-20 所示。

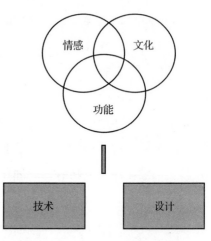

图 3-20　对话技术开发的要素

3.12.4　机器智能会话的知识图谱的采集和准备研究

智能会话的实现最关键的是建立会话的知识图谱，准备和收集知识的环境、对象的制定，针对教育智能化的对话我们认为系统应该有以下几个方面的准备。

1. 采集会话过程的人数问题

在多人的讨论环境当中，对问题的定位未必准确。在多人交谈环境下，人们带有一定的博弈心理，每个人都要维护自己的观点和自己的权益，这时候的观点表述未必就是正确的，有可能是真理，还有可能是诡辩。即使是诡辩也是一种知识的翻转说法，也可以将其进行获取，进行问题的知识图谱中反逻辑问题的处理。在众目睽睽的人群当中的讲话和与对方的争论，会带有一定的群体效应，几个人在某一个观点上相同，就会形成两个以上的观点群体，这种内容的捕捉比起一对一的问题的捕捉更有难度，本来是一对一的对话，结果就演变成 N 对 N 的现象，就会将一个问题、一个人的态度的焦点变成 N 的组合，这时候会出现观点的开放度，但问题的加权性也会产生，像这样获取知识的方法，不求谁对谁错，而是关心对整个知识图谱性的形成是否有利，当然，这种知识图谱的形成要通过后期专家的整理和裁剪方可使用。

2. 采集会话过程的环境问题

前面讨论的是会话人数因素对会话知识和观点提取产生重要的影响,而会话环境的影响更为重要。比如在什么环境下、什么气氛下进行交谈等问题。就以上影响因素我们举例说明:笔者遇到过一位优秀的数学教师,他非常善于析取学生的问题,每次答疑先让学生问问题,他默默地听着,然后用最后的 10 min 直接进行解答,把所有的问题高度精准地概括解答,效果极好。这位教师具有很强的与学生智慧交融能力,有非常强的组织问题和归类问题的能力。这样优秀的教师非常适合作为知识图谱的规划者和被采集者,如果能够以这样的教师作为交谈采集对象,并将采集内容作为专业机器学习训练的对象,这将是一件幸事。当然有一个前提是问问题的学生也应该是一个相对一般学生来说敢于思索、敢于问答、敢于暴露自己弱点的学生。又比如有很会组织问题的教师,通过命题提出问题后,让学生分成两组进行博弈辩论、互相争斗,争论到一个阶段的时候又产生另一种分歧,然后再站队再争论,让学生自我建构、自我探索,用一个问题带动其他问题的联想和解答,最后教师给出评判,这样的做法让学生记忆深刻,产生了良好的效应,在掌握知识的同时,学生的能力也得到了很多的训练和很大的提升,而且问题讨论非常透彻。在争论辨析过程中,遍历了许多课堂上无法遍历的问题。而这种问题的解惑过程其实是一个问题的挖掘过程,是知识图谱展现的过程,是显含知识和隐含知识交叉出现的时候,在问题挖掘和搜索当中,在第一层解答的基础上,会组合产生更高一级的隐含命题,自然出现更高一层的会话,用这样的对话方法,就可能会出现多层次的会话和联想,呈现出逐级提升的现象,就会产生将这个知识由一个知识点演绎到相关的知识点的现象[2],这对构建知识图谱多层次化是非常有帮助的。

就环境制造而言,有的教师非常善于获取学生的智慧,或者是在非教学环境下获取属下的智慧,笔者碰到过一个人,经常以非常不尊重对方的方式去获取对方的想法。她的做法是故意激怒对方,当对方被激怒后滔滔不绝地讲述自己的观点的时候,这个人则默默听着,把所有的观点学下来弥补自己的不足,然后到其他场合去兜售。我们知道人在大怒的情况下说出来的观点是非常有价值的,内容往往含金量较高,虽然我不赞成这种为了获取内容去伤害对方的方法,但是也不得不承认其方法确实有效，不过只能用一次。通过这个例子我想说明一个问题，气氛的制造会对获取观点有帮助。

在社交当中获取知识、观点、消息会有多种形式，比如说在饭桌上、在打球中、在茶座上闲聊等，都是一种放松警惕、放下立场、友好、诚恳环境的营造。同样在教学当中的交谈更需要构造良好的、相互尊重的、坦诚相见的环境，这样才能使得知识的输出处于自然和流畅的状态，接受知识的人也会以正常的思维进行接受，这是一种获取知识的艺术。知识交谈是一个注意力相对集中的、有一定效度的谈话，只有对方对知识理解后才能够提出更加深刻或者在另一个方面不理解的问题，所以每一句话的效力效应是非常重要的，而这种效力和效应往往在课堂中未必能体现出来，因为讲课是教师在统治课堂，在进行单方面说教，如果没有交流的过程，那么就成为教师自我认识坦白的过程，就产生不出知识的气场，产生不出知识的共鸣，产生不出师生在知识面前的平等性，体现不出以学生为中心的教学理念。所以交谈的艺术性是教育智能化知识获取的关键问题。

培训课程是非常有针对性的，问题的交互是非常频繁的，而且问题的当下性非常强，也非常明了，交谈是非常有意义的。职业教育是按照功能和产品进行授课的，问题非常形象、直接、明了，其交互形式仅仅是交谈，而且是手把手的交谈，是知识图谱非常需要的，它记录操作流程、操作规范、错误操作流程、关键技术等。针对这种现象交谈和教学频繁交互是非常有必要的。

交谈就像电影一样告诉人们："你应该做什么，如何去做。"让机器学习在交谈中获取知识是必要的，交谈中人为的干预获取方法或者用 VR 制造获取的方法更有必要，如组织交谈、制造交谈、交谈方式、交谈环境、确立交谈题目等。以同情心的方式进行交谈会使交谈更加融合，在融合当中更能产生真实的观点和知识，学习记录归纳出更有价值的知识图谱。

3.12.5　教育智能会话设计研究

并不是说使用了成熟的会话工具平台就能够有很好的教学会话的设计，除了以上的会话知识图谱采集工作外，还要针对教育智能化的对话进行以下方面的研究。

1. 复杂问题简单化

在教学对话中最关键的问题是将复杂问题简单化，把一个带有构造型的问题结构单一化。传统的教材都愿意将简单问题复杂化，即简单结构复杂化的处理。而讲课和答疑应该是逆向的过程，应该将复杂的问题简单化，即结构问题单一结构化处理，将带有专业化的表述向通俗易懂性表述转化。

我们首先要注意的是智能会话的对象是对问题不懂的学生，由于他们对问题弄不明白才来与教师沟通，所以问的问题是以简单表述提问为主，回答问题也应该是进行简单明了的回答，切不可在回答问题时有意地炫耀专家的水平，有意地进行知识的悬念，又有意对问题进行额外的构造或者额外的复杂化。

2. 加强同一问题的不同表述

实现对话系统的同一问题的不同表述的建立，每一个意图无论用户用什么说法，尽量让系统都能够正确理解，能够正确理解最基本的说法。另外，自然语言最大的特点就是表达自由，不要给会话者过多的限制和附加要求。

3. 加强问题的引导

有的问题是找不到方向的对话，可能是找不到问题的对话，也可能是带有一种表述矛盾的对话，还可能是带有一种心情紧张的对话。对于这样的对话，在系统上切记不要给任何的限定，比如说你不能这样表述、你也不能那样表述等，系统应该在引导对话的时候就开始进行智能性的启发，引导学生对问题的正确表述，找出问题所在，引导学生进行问题的定位。

4. 会话过程的探索

会话过程的探索是一个很重要的过程，在会话过程中机器会理解有误，可能是语音理解不正确，也可能是学生的表述语无伦次，还有可能很难进行问题的界定等，这会导致会话无法进行，在教师和学生的实际问答中也经常发生此类情况。还有一种就是问的问题与整个专业偏差过大，甚至超出了知识的范畴；还有的学生调侃机器、刁难机器恶作剧等。对于机器来说会有听不懂的时候，一种场合下的语言一般符合幂律分布，不论是使用规则还是使用机器学习模型，都会遇到难以覆盖语言尾部的挑战，这是一种正常现象。

如何将这种不良现象的影响降到最低，如何让这样的现象不影响会话的思路,如何将打击或者影响学生的情绪现象降到最少等问题是值得我们关注的问题。如果系统碰到这样的情况会回答"我没听懂你说的是什么"或者回答"你说的是什么呀"等。不礼貌的回答方式以及生冷的机器语言都会挫伤对方的自尊心。所以在处理这样的问题的时候,我们希望对话系统的发音者最好是异性,系统设计的时候应该有一个修复对话错误的能力,需要赋予对话系统类似的修复和对问题重复反问的功能,确认用户的意思,这样就会使得系统从被动变为主动,也会使学生用最简短的方式定位自己的问题。

机器还无法拥有和人一样的语言理解及机制,对话中会出现错误理解人的语言或者不能理解人的语言的情况,但经过不断的学习,机器将会具有引导、校正学生的问话的可能性。

5. 营造拟人环境的会话机制

在教学会话当中能够理解并正确回答问题的才是有价值的智能型会话,才能够体现出智能的真正用意。会话的目的是让学生道出问题的原委,表达出真实的内容。对学生来说需要一个良好的倾听者和和蔼的指导者,需要良好的氛围。在机器回答时,出现异性美好的声音、清晰的回答、平稳的情绪、惯用的日常用语、学生喜欢的网络语言等都会增加整个对话的同情心和幽默感。这种环境下对话,学生会感到轻松,只有在轻松和熟悉的语言环境下,才能流露出自己的真实问题和想法,被机器的热情和情感所打动,甚至学生也会以同样的语言进行交流,这样就形成了机器和人之间的情感教学对话和人机融合。目前在这方面的研究也非常多,而且非常成功,可以用到实际教学当中,在教学知识图谱的支持下,微软的小冰就非常适用于教学过程的情景会话。

6. 制造需要的会话

人没有必要去制造矛盾和没话找话,但是如果要展开对某一个知识点的知识图谱的获取,就有必要进行有目标的会话,会话需要有主题、有立意、有矛盾点、有兴趣点,更重要的是要制造共同点。通常知识图谱的获取是在教室中,但是如果有目标、有想法、有构造地获取,就需要精心地策划与相关人员的交谈方式和方法,而且交谈的对象要与知识的多方面展开相关,不光是要有正面知识图谱的阐述,也要展开负面知识图谱的采访、疑问知识图谱的采访、反问知识图谱的采访、不同观点的知识图谱的采访。这种采访和交谈可以是面对面的，也可以是网上进行的，像这样带有针对性和知识点业务性的展开和讨论是有相当难度的，首先你要能把话题引到这个方向，你要能找到对这个问题有激烈看法的人，提到这个知识点能让他感到荣耀的人，或者对这个问题有反对观点的人进行采访。能找到这个知识点的人数多少与这个理论或者这个知识点受关注、受爱戴程度有关，与知识点的争议程度有关，如果这个知识点很偏，或者这个知识点无人问津，或者这个知识点完全没有任何使用价值或者理论价值，估计这种被采访者非常难找，只能找专门的知识点讲授教师或从事这方面研究的学者。

当然营造和制造这样的知识点的采访环境可能需要一定的经费和资金支持，需要列入一定的国家任务或者是教学任务，需要有一定的利益驱动，因为挖掘知识和记录知识图谱是有难度的。当然，并不是所有的知识图谱都必须经过人的采访获得，可以通过第三方知识图谱进行获取或者融合，也可以根据语义运用现有的知识图谱推理出疑问的知识图谱，推理出反义话的知识图谱，在它们当中完成翻转设计。

7. 制造会话矛盾的准确性

获取知识最大的技巧是把握采访的准确性。关于采访我们应该多向记者和节目主持人学习，学习他们的采访方法。比如如何巧妙地围绕问题的核心制造矛盾、制造问题；比如如何从多个角度对问题进行包装，对问题进行潜移默化的问话，逐步向问题核心靠拢，最后给出结论等；比如如何从应用问题的采访过渡到理论讨论的方法，这绝对是知识图谱获取的技巧问题。

在知识图谱的采访过程中我们要允许对方以自己的话语形式对观点展开陈述，要不断地引导采访路线，不断纠正采访路线偏差，不断按照主题思路对命题进行响应，不断让对方产生火花，不断让对方浮想联翩，不断制造各种与问题相关的陷阱，还要不断地将被采访者从陷阱中解放出来，让他自己去填平陷阱。我们要让被采访者在采访中始终处于主人公的地位，处于永不言败的地位，处于自我反省、自我发挥、自我超越的地位，不断地表扬、激励、肯定被采访者去建立对问题的信心。绝对不要指导被采访者。采访者没有必要指出被采访者的错误，但是对其正确和优点绝对不要放过，绝对要高度专注对方，让他感到极大的尊重、产生亲近感,不断地提到对方在这个领域的贡献和理论,不断地制造兴奋点,示意自己听懂了,表示理解和赞同对方。只要采访逻辑上符合对方的思路、能够会意对方就是成功,当然成功的标志是获得知识图谱。我们要知道知识图谱的采访人不是万能的,这样的采访仅次于水均益总统级的高端采访,有相当的难度。

以上会话非常适合专家级的单独采访。但是有些知识观点我们需要得到观点的印证、反面观点的印证和案例,其采访必须有意地将讨论靶子进行设定,有意地制造两个阵营,要进行两名以上的采访者的交谈,甚至有意地设置正方和反方,事前通知采访者就这些问题进行准备,要在相互尊重的前提下,制造最大矛盾的冲突,当然要适可而止,不要产生不愉快的局面,不能像制造影视节目那样在剧情里增添唯恐天下不乱的做法,我们不能让双方打得不可开交,但是可以让双方非常有理智地提出对知识不同的看法,让它既有戏剧感又不是戏剧,既有理论家的风范,但又与实际相结合,只有这样才能够获取更加有用的内容,但是这一切都与主持人对矛盾方向的掌控、对制造矛盾的掌握程度有关。

3.13 教育智能界面设计

人工智能在教育中的应用,最重要的是适合于人的习惯、尊重人的行为、符合人的思维。目前的人工智能系统能获得用户的喜爱和满意,是因为它的前台表现非常清晰、明了、轻快,所见即所得,其后台的支撑能力和数据完备能力、数据支持下的大数据的关联能力、智能思想下的网状知识结构能力超过人的能力。如果我们要让功能界面含有智能的思想,可以根据工作流程和状态、根据人们的困惑给出智能推送界面,这样就更加贴近用户的需求了。

智能界面主要指的是对人的习惯、人的工作流程和人感兴趣的重点所弹出的界面,就如同中文联想输入一样,对经常所用的词汇向前推送,根据人对专业兴趣程度将相关词语进行推送,智能界面可以基于这方面的因素进行设计。

我们可以根据用户的观察点、用户的热点、用户长年观测和感兴趣的问题对其功能排序和功能层次布局,随机热点关注等问题进行界面调整。当然这种调整不能过于频繁，要有一定的稳定性，使用户感受到使用的方便性和稳定性。而这种界面功能的布局同样也可以作为大数据对象进行统计挖掘，产生更加人性化的、公共性的功能界面，功能界面的使用可以间接地挖掘出一个人的素养、喜好、工作习惯、作息时间、职业特性等系列内容，根据他点评和感兴趣的热点，可以产生相应的推送，而这种推送的内容和布局相关。

界面功能的内容应该是优化软件当中的一个很重要的问题，要根据人们的专业特点进行功能的拆解组合，对不需要的功能进行合并，根据人的知识层次对多余的功能进行隐藏，对与专业无关的内容和长期不使用的功能进行隐藏，对功能需要进一步细化给予分离，也就是说，允许用户对界面问题提出自己的诉求，从而对后台的程序做出功能模块设计，引入功能组合性的设计方法，如组态设计和区块链设计，进行问题的串接和分类。

人工智能中用户可以对界面进行自定义，给出自己关心的功能，可以通过问话陈述自己的观点产生所需要的界面，这种智能形式是在用户自己选择功能组合的框架下设计的，其界面的友好性将会随着人们对系统的提升不断地进行升级加入，不断地沿着人们对问题的探索进行深入的分解或者组合。

人工智能的功能在教育当中最大的一个特点是减轻人们的烦恼，减轻人们对功能的费解，减轻技术因素所带来的不快。我们要将界面设计得符合工作惯性路径，符合教育规律路径，符合行业惯性路径，符合人们生活习惯路径，那么这些路径和分支路径的设置就需要建立在大数据和人工智能会话的基础上。

当前许多不成功的、不受欢迎的、使用不顺手的系统，都会引起人们对界面和不符合需求的设置的反感。系统通过智能分析找到用户习惯，寻找问题的思维、问题的规律和使用的经验，进行对话型的、有建议性的协作布局，让学习者将精力更多放到自己专业学习习惯上。

界面的语言、字体、风格、艺术布局、功能提示、媒体表现、提示语音、语言表达方式等都应该作为用户友好设计中的重要指标。

界面内容的推送是引导研究、引导学习、引导教学、引导思维、引导创新的重要的途径，界面功能设置和内容推送在某些方面是可以融合的。比如说，新的教学知识出现一般设计都是将其内容进行向前推送，对新知识的内容进行逻辑布局、进行人们感兴趣的布局等,那么这就要求后台的内容进行智能的分类检索和结构化内容分配来完成智能界面的设计推送需求。这种带有专业性的、带有人们关心特性的界面将会开拓人们的思路,这种思路会引发联想界面、新思维理念下的推送界面设计理念的推出;这不光是内容的推送,而且是惯性化和内容关注下界面理念的推出。

许多智能搜索的功能可以借鉴到功能界面推送的设计思想中,界面的推送一定要符合人们的性格、人们的喜好、人们的研究重点等。比如,对于从事论文和写作平台界面的研究,就要考虑人的创新思维、批判思维、逆向思维、联想思维等问题,根据所讨论的主题自动生成一些与其相关的论点界面进行推送。又比如教学资源的组合的问题,目前做的教学资源都是通过专门的技术人员对教师的素材和教师的讲课进行组合,是教师讲课统治思想的代入,带有一定的思路限定,有一定的课堂搬家的嫌疑,讲课只讲"主我",不讲"客我"和"第三方我",没有启发和引导作用。在培养学生当中,尤其在后期的大学专业素养的培养当中,在职业学校职业能力提升的培养当中,更需要开阔性的、启发性的、联想性的、基于不同角度的观点的教学资源,需要找到适合自己、感兴趣的素材和感兴趣的案例,需要提升原有自我知识结构基础上的认识,那么用智能的界面去组合你所需要的课程结构是非常重要的。教学资源应该含相应的课程结构和思想结构的融合性设计问题、经验库以及知识图谱下的设计问题。学生可以通过对话来产生所关心的界面,比如,研究疫情的问题,包括疫情的发源地、变异的传染源、史上疫情的最大破坏力等界面的推送。

这和百度搜索不一样,推送界面是在过程中产生出来的,带有一定问题的准确性,由于学习者知识的限定很难找出准确的词语,很难找出与教学相关的词语,很难找出近似的词语,所以这些词语的问题必须通过问话反复几次后方可定位。比如说关于疫情的发源地,可能刚开始会不断地进行问话,进行问题的聚焦,最后定位问题,以此来产生一个你所需要的课程界面,那这个课程界面会给出相关知识结构以及相关的内容变化,也会根据学习者的年龄、职业特点、阅读习惯推送出相应的界面、课程内容、相关案例等;会推送与你相同观点的群体为讨论组作为界面的一部分,也会推送一个与你观点相悖的讨论组,还会给出一个

PK（对决）讨论组，你可以在讨论中不断地将问题聚焦和不断地认识问题，提出自己增设界面的观点，或者是由系统自动推出建议型的界面功能，这样就形成了由学习者自我建构的资源界面、资源功能、资源内容等，进行与其相关的交流，给学习者留有一定的自我学习能力提升空间，学习者会将界面和功能不断完善，最后给出对这个问题的认识的设计界面和相应的功能。

资源的构造可以是讲课形式的，也可以是问题型的或问题解答型的；可以是问题对立型的，也可以是观点性争议的，这种构造的思想均反映在界面的自我智能建构上，智能建构的界面将会引发教学多种问题的产生，会组织问题，会构成自我索引和自我界面知识图谱。也就是说，课程的框架和课程框架下的界面设计，将会随着资源构造的不同而不同，将会随着课程主题思想的不同而不同，将会随着课程特性的不同而不同。这里给出了课程设计架构自适应化和界面设计智能化新的命题。

在教学过程管理当中，贯彻校长、上级领导部门的意志经常成为管理的首要任务。每个学校都有自己管理的特点和自己管理的思想，所以，学校管理系统的功能布局也会与此相关。在管理过程当中，校园管理信息系统经常是由第三方厂家进行定制修改、维护完成，系统功能只满足一届领导和常规问题的处理，不能与时俱进，不能够体现管理人员的改革思想、创新思想和综合管理能力。会出现许多新的过程性的问题和突发问题，尤其会出现许多管理人员独特有效的管理方法，而这些独特方法无法在校园管理系统中个性化功能实现，甚至这些做法与已有的校园管理系统功能相矛盾，致使工作不能顺利进行。除智能化的流程设计以外，智能化界面设计也是非常有效的。

智能性的灵活界面布局将会打开这种局面，我们将会通过底层大数据对学校的教学状况进行分析，建议智能产生新的功能布局。比如，进入考试阶段就应该自动地将试卷的准备、平时作业的完成情况、实践成绩、监考的布局情况、考场的分配情况等系列内容向前推送，并给出相应的推送界面，根据历次考试的作弊情况，在界面和内容推送上给出重点监考的标识，给出每一个教师所负责职能的功能标识。

教育的最大特性就是能够产生启发，能够在启发当中让学生自己沿着路径去学习，构造自己的观点，去试图通过对课程的认识、反思维、问题提出等设计提升自我。教育不是给出一个绝对值，质量评测也不是一个绝对高度的评测，而是相对高度评测，所以最好的启发和认识来自界面，以及界面引发下的功能、内容、案例、数据等。

界面是设计的代表，界面引导人思维的第一感觉。现在的界面给人以一种非常强势的感觉，是一个笼统的教学思想，或者是唯一的教学思想、教学方法和过程管理的体现，具有和教师课堂授课一样的霸道性、不允许人们对平台产生怀疑的独权性，不适合当今IT迅速发展形势下的教学。工业发展思路的提升带给了职业学校思路，以专业和产品为特征的职业学校管理思想不应该千篇一律，教学管理也不应该只停留在学籍和一般流程上，应该体现在自己的教学思想内涵上，体现在管理思想内涵、教师能力挖掘、学生学习能力提升、学生综合能力培养、创新理念提升、与社会交融设计等方面。而不同特性的学校和专业在这方面的功能设置应该是不一样的，应该在数据挖掘和问题的基础上进行界面的推送、功能层次布局的建议和推送，要将以上思想作为系统设计的引领，进行规律性的引领、融合性的讨论和分析、组合性的应用。

界面是人们对知识点的第一认识，在资源课程当中，以什么教学方法、以什么观点为开头成为界面功能名称是非常重要的。开头将注定这个课程的第一特性和第一认识度，有很强的观点引导性，这种引导性并不是唯一的，但是有相当权重的。我们可以从每个人的特性和个人学习画像入手，从不同的理解角度给出启发。比如在讲课的时候人们愿意以案例为引导，或者以历史事件为引导，或者以哲学思想为引导，或者以直接、间接的理论为引导等，体现不同人和不同观点认识与启发来的界面设计理念。

3.14 教育培训智能化设计

培训教学智能管理过程就是系统从无序走向有序，形成新的稳定状态（即耗散结构）的过程，是对某种知识从无知到有知（或知之不多到知之甚多）的意义建构过程。是计算机认知训练的"认知冲突"过程，只要能让计算机抓住这个认知冲突,就能训练学习,就可以完成计算机深化管理。我们要通过人工智能挖掘培训教学的认知规律,从人体感知、教学行为、学习行为和教师行为方面提取计算机的认知,通过从无序的教学现象提取出有序的状态和认知模型,提炼出新的稳定状态的过程和规律性的内容,实现对某种知识从无知到有知(或知之不多到知之甚多)的意义建构过程。在计算机的认知过程中,只要能引起教育工作者的认知冲突,就能激发他的学习动机去完成建构过程。

3.14.1 培训带来的技术问题的思考

培训是一个常态的教学形式,具有与时俱进的特征,要随时跟踪反映现实的问题,要给人一种非常贴近生活、贴近现实、贴近现实技术的氛围和环境,课程的叙事张力和平台技术形象更需要亲和力,需要在培训思想和培训主题的笼罩下衬托问题的核心。

在培训中技术的隐含性、教学技术无感知性是培训平台的最高境界。一个以技术平台为主要特征的培训系统不是一个好系统,能把技术隐藏在其中、能让技术在人感知不到的情况下为人服务,能让不懂技术的人以为是专人服务、是量身定制的,那将是我们所期待的平台。而现实中很多平台为了展现自己的实力,为了技术而技术,为了媒体而媒体,呈现的是技术思想,与培训服务性能脱节,就和许多大软件小服务的概念一样,失去了教育与技术的平衡。比如声称用了大数据、云计算等,但既没有与培训问题切合,更没有通过技术的引用启发思维、深化概念、案例清晰化,甚至运算的意义和实际效果还赶不上 SPSS 的问题指向和数据意义。有的培训功能对外说是以关联为主,实际只完成了一般计算性能,比如在高技术支撑下的报表做得五花八门,但是有用的数据没几个,造成性价比失调;又比如综合多种技术和多种语义进行分析,但却无法正确定位人们的表达思维等。这不光是教学平台中出现的问题,许多应用领域里都出现了类似的问题。

由于培训所需要的平台是一个切合实际的平台,所以要求引入的工具要现实,切不可停留在空中楼阁之中,也就是说,在新技术的引用上要进行性价比评价,比如说:值不值得用,与教育问题相关度有多大,应用代价有多大,用户接受的程度有多高，技术的实施环境和计算机耗资情况，培训平台架构表现形式以及技术平台和平台之间的跨界难度等系列问题。更重要的是它所表现的培训思想、培训意志、培训要表达的技术含义能否与大的技术挂钩，如果是非常牵强的，而且是问题核心以外的，甚至非常边缘化的效应，就没有必要以大的代价进行开发和实施。

培训平台的阶段特性非常强，有过去时的培训、现在时的培训、常态性的培训，使得我们在技术引领问题上首先要考虑的是如何让培训目标更加清晰、学习效果更加凸显、接受效果达到最大化；如何减轻学习者的负担，提升学习者的问题、个性化服务的精准性等，并在个人喜好和性格的基础上，给出适应学习者的具有一定情景化的授课方式，具有一定倾向性的案例培训等。看似这些要求非常简单，但是这个简单背后蕴藏着巨大的技术支撑，这种技术的蕴藏必须是合理的、常态化的、共性的，是解决教学的通识问题，是提升所有使用者的关键所在，就如同我们在写作当中要选择 Word 软件工具一样。

对过去时和现在进行时的叙述，我们需要对过去事实和现在事实的联想，需要对过去问题所发生的知识图谱、案例图谱、问题关系图谱等进行描述，需要在实践和平台交互过程中、培训交互当中不断地积累各方面的图谱元素和知识点内容，为正确地理解培训问题、正确地陈述和回答培训问题、建立相应的专家库和智能性的个性服务做准备。

在培训当中最致命的问题是培训问题教师定位不准、表达不清晰、与实际脱节或者较大的偏差引发系列问题出现。培训经常面对的是在职人员和有经验的人员，在许多场合下，教师的能力和综合认知水平有可能会在学员之下，教师的实践水平有可能低于学员的认知水平，教师的工作经验有可能远远少于学员的经验，教师对问题处理的过程的亲历性可能远远不如学员，这是一个很正常的问题。所以在培训当中将会出现许多暗流性的冲突、思想性的冲突、技术形态上的冲突，实践与理论的冲突，甚至达到课堂语言冲突和讨论的焦灼状态，经常出现教师在培训过程中不断修正自我的现象，而这种现象和过程是培训智能化过程中的一个基础训练素材，是问题的特征，是数据挖掘的重要捕捉对象，是培训当中的修正闭环系统的基础问题。我们应该面对现实，只要我们站在客观角度看问题，承认教师授课的过程是一个把自己弄明白的过程，教师培训他人的过程是交互和纠正自己的过程，我们就能够获得对培训智能化工作的理解，就有可能让计算机将这些冲突现象训练，将学生的冲突状态和相关的冲突信息进行特征抽取，自动析取问题，并输送进专家系统库中。整个过程将是一个非常有意义的智能仿真工作，它将为教师发现问题、纠正问题、培训问题、给出问题的解答、给出更开阔和创新的思想提供源泉和帮助。

这给教育智能化培训运用带来一个非常重要的启示，就是说我们要替教师分担相应的冲突，要将问题作为训练的素材让计算机去训练捕捉，而这种捕捉最重要的一点就是要引入讯飞软件所具备的语音语义、文字理解、多语言翻译等功能，首先完成人们最基础的表述性的理解，并将其记录进行问题特征的抽取，引入智能分析系统去完成冲突的特征抽取，完成冲突应对的过程抽取，完成正确处理过程的特征抽取，抽取出正确答案，也抽取反面教材和反面处理意见的特征和答案，同时抽取冲突当中所带来的问题库，并通过问题建立相应的作业库和常见问题解答库等，即用滚雪球的人工智能开发方法，在问题当中求得解答，在问题当中训练成长，在问题当中获得智慧，在问题当中求得培训的合理性和正确性。

培训是针对某个知识或某方面知识的教学，非常注重实效性、有效性、案例引用的准确性、敏感度的回避性以及反面案例引用带来的人为冲突、技术冲突、形态冲突和培训引发的间接冲突，但作为教学策略所引用的必要的教学讨论、教学比赛、讨论等教学策略设计所带来的冲突是不包括在内的。

3.14.2　培训元素的提取

由人工智能提取和分解出培训所需要的重要元素和必需元素是比较可行的。这就需要自动化和半自动化的人工智能提取特征来完成这项工作，我们需要对教师讲课的要点进行提取，比如说核心概念、核心理论、核心案例支持的提取，主辅叙事线的提取，包括叙事线的人物、事件、时间、地点、突发事件、案例、标志性的内容、主要失败点、主要获益点、主要的学术意义和观点、主要的理论与实践相结合的部分等。通过标记进行这些方面的特征记忆，并按照这种特征的记忆讲课叙事的不同形式进行定位，在网上进一步引入其他相关联案例的补充和类似理论的补充，让讲课更加充满活力，甚至可以根据问题制造学生问题，制造学生回答问题的情景，以学生问题作为后续叙事的引发。

通过元素的抽取我们可以将已有的大知识点进行拆解，即将大知识点分解成若干的最小知识点，然后我们通过简单叙事结构完成对最小知识点的描述和嵌入，可以通过若干个简单的叙事结构进行不同的组合，构造不同的大知识点的描述，同样也可以通过其他叙事的描述，将小知识点描述嵌入组合构成生动大知识点的描述。在知识描述中将元素作为网上搜索关键词引入互联网上相应的事件和案例，就可以非常生动地给出网上培训课程的组合，这种组合是非常有针对性的。

3.14.3　培训叙事张力的设计

在培训教学中我们应该非常注意引发启发联想、鼓励发散思维，引导自主探究等认知冲突策略的引用，给出良好的教师培训平台、备课系统和相应的案例系统，正确地引导教师，自动地引入案例，做到自动地对教师所陈述的案例予以提示和纠正。根据教师讲课的起伏跌落、情感叙述，进行情绪性的案例引入，课程转移的案例引入，提高兴奋点的案例引入，也就是说情感设计在培训当中是非常必要的。

情感、态度是从比较缺乏到逐渐形成心理内化的过程，"涨落"在教学场合中，相当于"情感冲突"，只要能引起学习者的情感冲突，就能激发他的学习动机，从而逐步完成心理内化过程。能够有效地引起学生情感冲突的常用策略有：创设真实、生动的情境；鼓励学生联系实际进行反思；倡导"知行合一"，引导学生将情感、态度付诸实践。

培训课程是一个短期的教学过程，是单元式的教学方法，要求其叙述在 2 min 一个兴奋点、15 min 一个转折点的基础上进行，要根据人的叙事定律进行问题的交互和定位。

讲课要承上启下、迭起跌落，要有一定的叙事张力、艺术渲染力。这些都是教师长期地训练或者具有一定的艺术造诣才能达到的效果，我们能否在教师讲课当中给予这样的支持呢？能否在教学讲课资源构造时给予这样的帮助呢？根据人工智能的辅助教学的概念，应该是能够做到的。

笔者在论文中叙述了通过智能思想和知识图谱来构造课程资源的做法，该做法可以给出各种情感、各种叙事张力、各种表现形态的设计的知识框架图谱。比如，在以案例为出发点的倒叙授课方法的表述框架下，对讲授知识的元素进行分配。再比如，我们可以通过离散悬念的方法，用真实的案例进行叙事，通过一些可能诱发的因素产生悬念，然后180度突发逆转给出结论。又比如：在叙事和移情设计上，始终让学习者有一个为古人担忧的心理。又比如：制造教学陷阱，进行3W（who、where、when）的设计，制造问题，制造冲突，让人们通过不同的角度分析问题、解决问题，产生影视教学形态下的认知。又比如：在叙事中打破心理定式等，从心理上完成教学策略目标的实现。

这样的框架性的描述，让教师按照这种规程去安排讲课，当然，这是属于非在线形式下讲课引导性的方法。

但是人们更加关心能否将已有的正序课程改编成几种叙事张力形式的课程，将许多非在线的课程和已有的在线课程进一步升华加工，将传统章节课程转换成以知识点为单元的培训课程，提升在单元时间内的关注度，提高网络的关联度，提高精准度，提高教学与生活问题的关联度，让教学与艺术融合，将教学和生活融为一体。这是一个非常现实的事情，也是可以做到的事情。这项转换工作的关键问题就是如何从已有的课程中提取和分解出培训所需要的重要元素和必需元素。

3.14.4 代入感的设计

在课程中所引用的案例如果是授课对象自身的事情，或者是周边刚刚发生的问题事件，或者发生在同班、同事之间，大家会感到非常可信。笔者在讲授"网络影视课程编导论"课中，让学生进行课程编导摄影实验，让学生自导、自演、自评、自己讲课、自己引入案例，然后几个小组相互PK，学生的积极性空前高涨，愿意听取意见，积极创作，真正达到了"做中学、学中做"的教学目的，在批判思维中激发灵感，在创造思维中建立信心。理论联系实际，应用实践水平获得显著的提升。用学生作品做案例教学，让各组上台相互评判，并要求换位思考，即如果是你设计这门课程你会怎么做等。这样课程的代入感非常强烈，因为在网络课程中呈现了"有你、有我、也有他"的生动局面，呈现出"与我有关"的教学，呈现出"与周边"有关的案例。教学从原来的"与我无关"的第三视角和第三人称的教学观察转为虚实结合、情景内外结合的第一人称和第一视点，呈现出学生既是知识的说教者又是学习者的局面，在这个过程中学生自己学习自己、自己批判自己、自己帮助自己；同时也在批评别人的基础上检查自己，寻找问题的共同点，在批评和创作中找出同盟者和对立者，在博弈和争论辩护的同时，学习和体会他人的优点，取长补短，求大同存小异，最后大家达成问题的共识，通过这样刺激性的、具有创造性和批判性的、陷入式的、教学换位的教学方式，学生会对知识有自己的理解，会在自我认知的基础上进行新的知识建构。

同样讲课最投入的时候是把自己讲进去，甚至在讲自己，学生听后在内容当中对号入座，就如同看电视剧一样，在电视剧中人们经常对号入座，找到自己的影子，找出自己的同情者，找出自己的仇恨者，找出自己的青睐者，讲课也是一样，课程代入感越深，学生就越有感觉，知识的内容和知识背景内容融入感就越强烈，环境刺激和内容的戏剧性就越有烙印。

而这些引入自己、引入周边的案例能否即时进入培训教学，产生第一人称效应，产生自我教育效应，产生自我建构效应呢？答案是可以的。现在这样的环境已经形成，基础设施基本完备，尤其在监控工作环境下的银行系统、城市交通系统、课堂录播讲课系统、监控系统下的实验室等都可以有意或者无意地捕捉到事故、事件、冲突的整个过程。比如在金融银行交易过程中录像行为分析系统可以捕捉到银行前台职员与客户冲突的案例，同时计算机所处的银行记账过程与客户冲突过程同步记录。如果我们进一步推动其智能化，让其进一步完成事件特征的抽取、分类组合，事件单元最小化与其他记录单元（比如银行的前台流程记录）一起封装成为培训案例单元，并作为绩效考核资料进行存储。同时将事件的分类（比如冲突分类）与知识理论挂钩，就会生成带有案例式的讲课课件、问题分析课程、问题启发课程等。通过VR技术对其进行改头换面，通过大数据对有此类问题的人进行画像，并将此课程自动推送给这个群体完成现场培训和即时培训，形成绩效考核、业务培训、质量监督、素质提升等系列工作的融合，达到培训的多重意义。

3.14.5 培训中的画像

课程培训的针对性问题是一个非常敏感的问题，如果对号入座不妥当可能会造成感情伤害或者是自尊心伤害，如果指向不明，那么这个培训课程可信度就不高，而且大家会逐渐疏远这些课程。为了满足这样的指标，要有目的地进行案例推送，这就要求我们在培训体系中对教师进行画像，对学生进行画像，对资源进行画像，有针对性地根据问题进行传播，有针对性地给学生传播，具有情景指向的传播，具有个性化的传播，具有问题指向人群的逻辑传播，带有逻辑运算条件的传播。学生可以获得他们喜欢的教师课程，获得有针对性的、现实性的和特有性的资源，这将会获得带有前瞻性的、市场竞争性的、带有决策意识的、带有某种大趋势倾向性的课程。

按照责任分类进行课程的自动分配是一个智能化程度较高的工作。不同的级别所获得的资料级别是有相当大差异的，比如：高级别获得的一定是高知识、高资源、案例非常有代表性、问题严谨性更强、不定性、争议大、决策理念更强的课程。所以画像要有多方面问题的考虑。

在培训时段上，前面讲的是过去时问题的培训和现在进行时问题的培训，同时又讲了对现代进行时的事件的捕捉，案例性的培训。对过去时的培训的案例可以进行语义爬虫的捕捉，那么这也要求相应的案例提供者给予进一步的说明和详尽的背景性的交代，让智能化的搜索更加全面，让案例变得更为有用。

3.14.6 具有前瞻性的培训

我们应该将部分前瞻性的培训课程从"后知后觉"的培训中转变为"先知先觉"的培训，即对高管的培训、决策者的培训不仅通过已经发生的事件和案例进行经验预测性的培训，而且应该通过大数据分析进行现实的预测和现实性的分析，通过建模对高层决策者进行培训，尤其应该通过大数据拓宽国际视野，加强危机意识的培训，从后期预测转变为先期预测。

由于思想和技术等原因，目前大多数培训属于已有的基础培训，即对已发生问题进行讨论和分析，在总结经验和教训的基础上，对常规问题和成熟问题进行培训，起到帮助和推进今后工作的目的。

在现有智能技术的情况下，培训可不可以考虑还未发生的问题，这是一个观念转换问题，是技术应用中的新课题。具有前瞻性的培训要解决人们的根本问题，就是要告诉人们"能否想得到？能否做得到？怎么做？"三个问题，我们要通过具有前瞻性的培训启示人们，要从思想上、理念上改变人们对培训的认识，首先培训不是孤独的，它是解决问题的联合体的一部分，培训是教育的属性，但它更具有自然规律认知的属性和社会认知的属性，具有广泛的思想基础、信息基础，需要多种技术的支撑，具有前瞻性的培训是代价较高的培训。

具有前瞻性的培训中最重要的问题就是预测，就是人工智能对发展规律性的预测、问题发展过程中危险度的预测、发展程度性的预测。这是一个代表 5G 时代的教育技术理念，它在教育市场预测方面、在人才发展预测方面、在培训方向和培训重点预测方面、在行业发展中重要关注点的预测方面、在大的趋势下对国际认识方面、在领导高瞻远瞩的定位培训方面，都具有非常重要的意义和现实价值。

培训和教育市场的预测不是单方的教育问题，它涉及多个领域，所有的预测都要依据领域的专家思想进行捕捉，也就是说，我们需要进行大规模的关联和大规模的知识捕捉来协作完成。比如在网上我们捕捉热点的、热议的新技术，我们就必须将其热点信息进行知识归类，进行知识核心理论的捕捉，进行相应的案例捕捉，进行相关人员对它评价的捕捉以及多维的、具有前瞻性的培训情报预测等。

除了上面的网络热点信息捕捉外，人们也更加关注非热点信息，因为有价值的信息多数停留在非热点上。那么重要价值信息捕捉的关键在于人们必须能认识到它的重要性，认识它的关键所在。要做到这一点，我们就必须借助人工智能的力量，借助我们长年的智慧积淀、知识结构和知识图谱的力量，借助知识科学突破的力量，对从未发生的信息的捕捉要在知识图谱结构当中寻找其缺陷，寻找其和知识图谱当中的哪些知识点更加聚合、更加具有相关性等,并提高人们的判断力,通过分析去推测是不是有新知识、新概念的出现,这在一定程度上和舆情工作相似。

3.14.7 行业动态趋势培训

非常关注的领域、行业趋势变化的信息和经济情报是培训重要知识支撑材料的来源,这些信息的获得需要信息工作者去构造一个关注的内容搜索图谱,对网上内容进行爬虫式的在线分析和获取,分类和检索,给出相应事件的内容聚合,形成培训评价情报提交使用,培训高管人员的决策意志、决策理念,提高其对数据的敏感度、国际竞争意识等。

重大关注问题和变化趋势问题,除了可以通过建立观测的内容图谱分析外,还可以通过大数据统计捕捉和计算找出大数据下的各种有意义的信息,进行自动诠释。而这些信息对决策者、生产者、学习者都有同样重要的作用,我们可以将这些信息按照历史事件发生的前后、按照事件的重要性级别分门别类进行存储,进行知识图谱的分类、建构,在学习和鉴别问题的过程中,不断根据知识图谱去寻找变化的脉络,找出评判点和趋势变化评价内容,从现实和历史中找出趋势和规律,找出问题的原因。对于培训来说,它的关注要有代表性的、有经验教训的、有成功秘诀的、有问题解密的内容,所以除关心趋势外,培训更关心拐点数据、断崖数据、脉冲数据、突发性数据等伴随的事件和因素。也就是说,趋势变化来自多个问题,要在正常的数据规律基础上,同步或异步找出引发因素所在。培训和舆情一样,关心同步变化的所有问题,数据采集是一个多源异构的同步采集。

3.14.8 培训仿真

在趋势预测和问题预测培训方面可以引入仿真系统设计,即对其关键要素进行仿真性的调整,通过仿真控制下的作用观察其发展变化效果和趋势。当今的物联网课程实验已经达到了仿真教学水平,实现了学生模拟控制到现场实施调度的关联训练。

培训是在事实的基础上进行理论和实践相结合的产物，培训的最大优势就是面对现实、直视问题、给出解决问题的观点方法、立场、条件、手段和预测结果，以及从未来现实到将来的立体化的分析剖析。培训是行业和领域某种形态的支撑，我们要将技术恰当地用在它们当中。在培训与先进技术的关联分析中发现，绝对不能将培训进行孤立的看待，一定要将培训看作某领域的重要组成部分，而且培训实施的技术的代价绝对不能算在培训上，因为培训所带来的潜力的提升、能力的挖掘、领域人素质的增长、与时俱进的理念的思想认识、问题预测能力的改变是远远无法通过金钱衡量的。生产的智能化和信息基础决定了培训的智能化程度，大数据的来源决定了智慧的集合程度和预测程度。另一方面来说，借助企业行业智慧的培训将提升智慧的思维，让企业的发展更加智慧。

3.14.9　培训语义理解与交互式对话

培训的语义对话是一个目标明确的行为，它体现了培训过程的有效性和问题的进行时，体现了智能替代人思考的能力，它的过程引导和问题辨识就是解决和回答问题的重要阶段。任何培训给出的都是非常简单的问题，但是弄清楚问题再结合自己的现实得到答案是有难度的。从不会描述问题、说不清问题，到逐步通过交互定位问题，在定位当中找出解决问题的途径，提出自己培训诉求的过程是一个真正的智慧引导过程，是一个智慧体现的过程，是一个富有经验的教师所能解决的过程。如果要实现智能培训，智能解决学生所提出的模糊问题，就必须解决培训语义理解的问题和交互式对话中的定位问题。这是5G环境下摆在我们面前的现实培训问题。智能对话可以建立在知识图谱上，可以建立在学习训练系统上，可以根据人的对话析取相应的对话知识图谱进行补充完善。

这个问题引发了培训形态的改变，将培训从原来有明确目标的定制状态拓展为问题引导性的培训，这是一种被动式的对话型培训，是一种更加具有个性和指向性的培训。这种对话除了可以以问题为核心定位外，还能定位个人情况、前期知识掌握情况等系列问题。也可以通过对话找出教学中的问题，同时还可以完善相应的问题知识图谱和知识对话图谱。

3.15 应试教育向智能化转变的设计

教学是教与学的过程,而机器学习过程也是教与学的过程,教学知识的分布与知识图谱的逻辑是一样的,当今大量的知识与实践的融合无形中增加了知识图谱和机器训练与其他应用领域的衔接,我们完全有可能将其他领域训练出来的知识图谱进行教学的联想对接、教学实践图谱的对接,甚至进行雷同问题的管理,如财务管理、认识管理、人才管理等思想。虽然我国现行的学科教育模式在很大程度上是接近于人工智能训练模式的,不利于发挥人类自身特质,但是我们可以转变这样的局面,目前国家在教育的各个环节布局人工智能的学科教育,从人工智能的角度来讲是必要的,也非常具有前瞻性。下面我们就应试教育模式智能化问题展开讨论。

3.15.1 应试教育智能应用问题

学科教育目前大多为人工智能训练的应试教育模式,应试教育的刷题训练与人工智能的大数据训练在训练模式上具有高度相似性,但在算力和大数据的处理上,人脑则无法与人工智能匹配。因此,在教育中人工智能正逐渐替代流程化和重复性的工作岗位,人工智能将从重复劳动的应用倒逼教育转型发展,进而从各个环节挤压应试教育的空间[1]。

既然应试教育的刷题与人工智能训练模式高度相似,我们为什么不可以利用这样的方法来解决和转化考试方法呢。比如说,在考试方式上给出开放性的综合题目,让学生在网络上进行综合性问题的论述。又比如我们在教育当中以解决问题的方法入手,具体知识点的记忆和具体手段的详细内容可以通过学生借助计算机来完成。充分将计算机作为学生解决问题和走向工作的助手,作为学生已经武装好的知识存储的记忆助手,甚至是应用问题的助手,这样就有可能进一步增强教育和人工智能的优势互补。在应试问题上我们不能贪多,但要精准,利用所有计算机给予支持和服务的思想、存储、高速、感知、回馈等特点,为学生和教师服务,同时进一步模糊人与机器的融合概念。

3.15.2　学科智能化问题的研究

我国学科教育主流方式的特点以及人工智能在各个学科的特点如下。

1. 语言教学智能化问题

语言学习（中文和英文）过分强调字、词、语法，取材碎片化，大量的课文缺乏时代感，忽略语言所承载的思维方式，有些课程看似优美，实则空洞，甚至违背逻辑。背诵了大量经典作文模板的孩子，并没有形成真正的写作能力，谈不上自我思考的准确表达。

在人工智能的今天，英语机器人、网络同步翻译、机器英语写作、英语 VR/AR 导游都已经非常成熟，在一个成熟的智能英语应用社会当中，如何对语言的学习进行定位，这个问题值得我们思考。现在很多高等院校不将英语四六级作为毕业的必备条件，而是从人才培养的实际角度和学校的定位出发，重新审视英语在学校教学的定位，它们在教学上加强有目的的工程英语学习和有目的的工科英语学习，这是一个非常理智的办学方式。

英语已经走向整个社会，人们可以利用手机完成同步的翻译。手机讯飞软件可以以中文进行陈述，然后自动翻译出英文，解决了双语会话的沟通问题。在英语要求不是很专业的场合中，如果能用简单语言表述专业问题的话，就可以通过这样的方法来完成翻译。目前许多硕士生的毕业论文英语摘要大多是用计算机翻译出来的，而且许多翻译的效果绝对不比本科生或者研究生本人翻译的效果差。在当今的情况下，如何定位英语教学，人工智能和相应的英语教学成果如何在未来的英语教学中融合，如何利用这些智能条件进行学习是我们应该关注的问题。

语言需要语境和环境，需要在平等和放松的情况下进行学习，笔者制作了一部"英语视听说"国家精品课程，该课程利用虚拟现实技术、影视课程编导技术、电影配音技术和虚拟对话技术，将现有的技术非常自然和舒服地运用到英语的几个方面，解决英语当中的一些问题；并同时在写作练习上允许学生借助目前先进的软件进行翻译训练、文字训练。我们可以把学生自己翻译的作品与机器翻译的作品比对，进行人机的对话。我们不回避各种先进工具的介入，只关心学生相对能力的提升，关心学生对英语兴趣程度的提升。

有关国家精品课程的实现在这本书的其他部分有相关的描述,其主要思想是通过影视课件技术完成对英语教学陷阱、教学冲突、教学悬念的设计。通过虚拟对话调动学生的主动性,如果英语的发言主动权和主动意识在学生一方,学生和系统很快就会同步,系统会沿着学生自我思维带领计算机去进行会话,即从会话语言思维等逻辑上产生语境。如果有环境支持,对话就显得非常自然,很快从听力、理解、意识上产生同步的进步,印证了"对话是语境逼出来"的说法。另外我们进行了相应影片的英语配音的实践工作,让学生根据无声影片进行问题的理解、情景的理解、内容的理解、语气语调的理解,并进行全面训练,让学生感到非常愉快。我们也通过英语进行问题的完形填空,有意地将英语的视频分成几个片段,然后打乱,让学生根据问题进行对位拼接,这样就能够让学生发挥主观能动性,当然,拼接的顺序和拼接的组合会产生不同意思,如果学生拼接错了,也可以有其他组合的解释或者加工后的进一步解释。在拼接过程中同时完成对学生问题思维的训练和英语用语习惯思维的训练。利用虚拟现实构造一些故事空间,让学生在其中进行故事的贯穿。我们在英语的视听说中给出了出国英语的场景移动的应对方法,给出了在国外看病与医生的沟通对话,在同步翻译和同步文字以及场景上同时实现,给出了用餐的整个同步翻译和解答过程,这套软件可以让学生在国外直接进行日常生活和工作。也就是说,这套软件不光定位于教学,而且定位于教学实践和社会助手。

总之,我们让学生在"做中学,学中做",在故事中讲自己,在陈述中讲故事,这种自然的教学打破了英语应试的状态,学生学习程度提高显著,但是这种教学方法必须在破除应试的前提下才敢实施。

在虚拟现实、5G通信环境发展到一定程度的今天,与国外进行虚拟对话、虚拟同步翻译已经不是问题了,英语和中文都是属于语言性的教学范畴,所以其应用环节和实践环节应多于课堂环节才对,自然渗透的程度应该比其他学科渗透程度更高才对,人工智能仿真程度和两地空间现实度更高才对。那么在人工智能和5G高速感知环境下,跨国文化相互渗透的网络应该在教育界大规模地展开,形成VR街道、VR工厂、VR游乐园、VR办公室和VR课堂等交互环境,应该在国家与国家之间建立国际级的VR/AR不同语种的教育协作和实践贸易协作,将教育作为国际贸易中的一部分。

2. 数学教学智能化问题的研究

数学强调计算题型和公式套用、逻辑推理训练、原理背景介绍和知识点之间的逻辑关系介绍。在高校，数学基础课程也往往是碎片化、片面化的，只是在学习简单公式应付考试，不懂具体数学分支的背景和内涵，不能掌握数学分支之间的联系。

目前，MATLAB、Mathematica、R 语言和数学统计软件工具非常强大，同时，现有的人工智能计算能力通常远超人类。因此，对大部分非数学专业的大学生而言，关键在于具备一定的数学抽象思维能力，具备将现实问题用数学语言表达、建立数学模型的能力。

数学是一个基础学科，在教育和智能发展的今天，数学的哪些问题能被智能是一个值得讨论的问题。就笔者个人而言，笔者是从事图像小波技术计算的，这是一种数学思想的应用，笔者关心的是图像中细节部分和多分辨率部分的处理，而压缩方面追求图像内容不受损。一般的傅里叶变换达不到笔者的设计指标，所以选择小波函数完成计算。通过这个例子笔者想说明数学应用与人需求之间是否能够建立一个接口，即根据用户的需求推送出最适合开发的数学算法和应用模块。进一步说就是能否像 MATLAB 一样建立分类应用的数学模型和运用数学的模块，同时又有一个智能的接口去理解用户的诉求，根据用户的诉求完成算法的推荐和相应的接口的匹配。例如，我们看到一块石头，并将石头图像传送给系统，要求计算出它的体积，让系统自动推出相应的计算功能和接口功能。

我们希望各个数学专业的学生，将注意力放在他们的专业设计上，而把相关的数学算法、算力接口等问题交给人工智能的需求推送来完成，这样是可能的。让计算机完成公式的推演等教学过程是可能的，对过去相应案例的教学的推导的迁移也是可能的。

而以上经验和智能思想是在日常数学教学过程中产生的，公式推导、教师对模型和算法的应用讲解都是人工智能思想的重要来源，是教学知识图谱、授课知识图谱的重要来源，是不同门派思想的重要来源，是数学应用教学智能推荐的依据。如果建立这样的自动化或半自动化模型，进行知识获取和积累，就会对数学公式的推导过程演练进行各种类型的对接和集合，就可以找出建立算法与应用的需求接口智能性的思想。

3. 理工科教学智能化问题的研究

理工科强调结论性，忽视问题的提出、过程的探索和实验设计的原始思路。理科教育不仅要让学生认识自然，更要让学生思考和探索自然。近现代的发展，使得人类对很多自然现象具备了结论性的认识，但世界是未知无限的，无数的自然现象还有待于人类去思考和探索。关于自然问题和工程问题的提出、探究、实验，主要还是靠人类智能，人工智能起辅助作用。

我们目前的教育方式与人工智能的学习特点高度重合，在工科的教学当中，智能的应用是相当普遍的，在教学形象化、扩大化的描述上，用 VR 仿真是一件普遍的事，而真正智能行为的体现反映在 VR 环境的行为捕捉上，反映在问题理解的感知上，反映在一个学生优秀动作的描述建模和深度画像上，这是人工智能和大数据在教育中的长项。由于很多自然科学的研究本身就是科研教学的体现，所以将智能科研开发中的仿真技术引用到教学中也是常见的，尤其大学的专业教学就是在陈述科学研究和社会研究的问题。经典、新颖、反映出新的科学思想的知识和教授过程以及教师对其理论进行总结归类的思想可以被专家库所记载或者由知识图谱进行描述。这些过程和记载都将会为智能教学提供知识的推荐和实践范例的推荐，也可以作为写作论文的案例推荐。我们要珍惜新科学课程，重视重大科学的讲述，追踪相应的学术活动，不要放过教育者、科研工作者的智慧，不要忽视他们的思想内容。他们的思想不仅是教学思想的反映，更重要的是学科发展潜能的体现和学科内涵的延展。我们要对其思想建立智慧库，像美国蓝盾公司一样，对其内容进行分类、筛选、规划、存储。

传感器和 5G 大规模的、高速的、高密度的连接，构成了人们对虚拟现实教学的控制研究，构成了在线远距离的教学实验控制和演练模拟环境。比如浙江大学实现了远程控制的车床加工系统，远程学院的学生可以通过远端的机械零件操作完成零件的加工实验等。

在教学智能化的基础应用方面，如人脸识别、物体识别、现象识别等都将作为感知效应进行问题反馈，根据这些现象建立相应的观测模型，分析人与事件的关系模型等。自然科学的工科体现，就使得许多问题是落地的、可行的、摸得到的、所见即所得的、有现实意义的。许多研究可以进行模型化、特征化、数据化，相对来说是具象的研究，是具备智能研究数据条件的、有前景的、值得资金投入的项目，是教学和工业领域双向互利的项目。

工科和理科的论文表现形式可能会从现在的纯文本转移到以案例和过程为支撑，会出现以实际效果评价为主的形式。论文中研究过程的体现、研究环境的直接连接、实验过程的真实现象、算法过程的演算、社会调查的真实案例、大数据统计可视动态图像更加凸显，进一步突出论文的真实性，进一步体现理论与实践的结合性，进一步体现学生科研进取精神。当然这些转变可以是多种形式的，如VR、游戏、视频、软件过程界面等方面的体现。

4. 人文社科教学智能化问题的研究

人文科学是以人类精神世界及其沉淀的精神文化为对象的科学，仅靠知识点而不联系生活、不反省自身，则无法真切感受人的主体地位与人的观念、精神、情感和价值，也无法真正提升思想境界。社会科学则是一种以人类社会为研究对象的科学，不能将知识融汇在一起就无法认知人类社会的发展历程。人文社科是关于人类自身的科学，人文社科的问题很难转化为具备可计算性的具体任务。尽管人工智能可以轻松存储人文社科的主要典籍和知识点，但人工智能很难真正具备人文社科思考的能力。

教育智能化的应用是相当广泛的，文科思想的表达也是非常广泛的，而且其内容有时候很难被界定为计算机的表现形式，它的问题不像计算机二进制数值表象形态那么明确，文科在思想和内容形态量化上有一定的难度，但是其产生的思想传播性、思想的发展趋势性、内容传播的正负互抵性、传播的效应仍然可以通过智能的手段进行相应的影响、干预、控制。意识形态、思想形态、文科学术形态的表现和过程是可以被智能思想进行干预和控制的，笔者在文科思想传播的问题上完了一个国家重点课题项目，本书记载了相应的描述。

我们应该重点关心文科思想的传播问题，重点关心人群的受众问题，重点关心人群对其助力传播的问题，重点关心人们对其观点和议论的问题，重点关心在网络碎片知识传输当中形成的问题，重点关心传播的变异问题，重点关注有利于人类和国家的传播效应和群体效应，更加关心传播和政策经济的关系问题。传播多层面的问题包括政治、经济、战争等多个领域问题，而这些问题都可以通过人群画像、人的画像和事件画像进行综合评判。

目前很多问题的推送是对人物画像的总结，比如人们喜欢什么样的艺术、喜欢什么样的节目、如何投其所好地推送。为了使教育中的智能化体现得更加充分，要特别注意对推送的课程、推送的事物和推送的作品进行多属性的精准描述。比如：属于哪个派别的、属于哪个学派的、属于哪个流派的、主要陈述观点等可以进行标记，同时要记录我们上传的这些对象课程有哪些人点播、哪些人发表意见、哪些人修改意见、哪些人对其进行否定、哪些人提出了修改并发送等。我们应该充分运用网络表情符号，进行问题的统计，往往这种人群的出现和事物的发生能进一步说明事物在当下的属性和作用。文科的很多问题我们很难进行具体的描述，但是可以根据受众人群的喜好和关注度，给出相应的性质和计算机间接的表达形式。

如果文科的内容可以进行间接性的标定，就可以完成很多智能性的工作。比如智能推荐、智能写作、论文写作的智能支撑、工科思想下的文科支撑理念描述，这些在文科知识结构过程中起到重要作用。

其在讲课的思想获取方面与工科的获取方法基本类同，这里就不再陈述了。教育智能化就是学习的过程，是一个巨大的工程，是一个与教育学同步建设、全面展开的工作。国家应对教育资源智能化建设予以资金投入，建立课程思想库、知识图谱库和专家库，加强这方面的交流以及知识图谱和专家库的交易，尤其是教育领域中的交易，国家应该将人才培养与行业发展对接，将知识图谱和专家思想的交易作为其中的一部分，实现行业与教育智能同步建设。

3.16 基于人体感知的精准虚拟教学体验空间设计

随着技术的发展与进步，人们的学习需要寻求一个更加有效的、真实的、更加自然态的学习环境，追求获取知识的真实感和自然态，这种真实感和自然态主要来源于人们对知识的感知和获取技术的实现。而对知识的感知是一个认定的知识进行自然态转化的过程，如仿真学习、虚拟现实化学习、游戏化学习等，这些学习环境具有返璞归真的意境，同时在原始学习并维持知识保真度的基础上，对知识的获取过程、理解过程进行科学的有效性设计，在媒体技术和人机技术允许的范围内，实现感知的自然获取，这其中包括：听觉、视觉、触觉的获取和计算，情感计算与分析[1]。

在第五代通信个体及群体多连接、多传感器信息的获取环境的基础上，笔者试图找到知识获取的多通道的设计方法，去逼近真实的理解感知过程，构造以教学为目标的仿真环境，让环境中的知识获取元素和体验过程向知识"熵"逼近，让学习者在完成自我建构的过程中体验向知识"熵"逼近的过程。完成逼近过程的关键就是要研究 VR 学习空间每一个分目标是否都能与体验者人体体验效果相一致，是否符合人性化的设计，换句话说，体验者对内涵知识 VR 学习空间的体验效果决定于体验者感知的舒服和享受程度，感知越舒服证明这个部分空间设计和元素设计就越成功，反之亦然。从研究中我们发现人体感知与 VR 学习空间设计是密切相关的，从体验上它们是一一对应的。人体感知系统如图 3-21 所示。

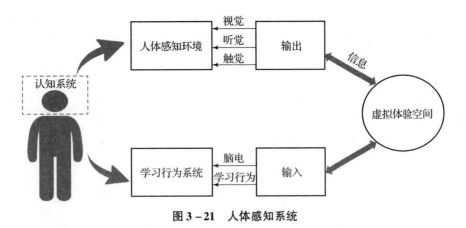

图 3-21　人体感知系统

要想获得在 VR 体验过程中最佳的知识获取方法，最直接、最有效的方法就是以人体对知识元素和知识表达环境的感知为研究重点，即通过测量获取人体生理信号，实时计算用户心理状态，提取并计算生理信号的相应特征，推测用户在 VR 体验的心理状态，判断其对当前的知识元素的感知，找到在 VR 环境中知识传递和获取的最佳设计，而人体感知效应与环境感知问题研究将成为本问题研究的基础。

3.16.1 人体感知效应与环境感知问题的研究

1. 人体感知与环境感知的关系

人体感知即人的意识对内外界信息的觉察、感觉、注意、知觉的一系列过程，分为感觉过程和知觉过程。感觉过程中被感觉的信息包含有机体内部的生理状态、心理活动，也包含外部环境的存在以及存在关系信息。感觉不仅接受信息，也受到心理作用影响。知觉过程中对感觉信息进行有组织的处理，对事物存在形式进行理解认识。环境感知是文化地理学借心理学新的研究或成果来分析人地关系。对人与自然环境关系中的各种可能性进行选择不是任意的、随机的和毫无规律的，而是有一定的客观规律可循的。它受一种思想意识的支配，这种思想意识就是环境感知。每个人总是生活在一定的环境中，由于受环境及其文化的影响，人们头脑中必然形成一种印象，这种由环境影响而形成的印象，就称为环境感知。因此，要对知识获取的各种方法进行科学过程的研究，就要掌握人们在这些环境下获取内容的手段和对知识反应的感知度。要想了解人们对知识的感知，也就必须了解人们碰到外界环境条件刺激到产生记忆意识转化的过程。这个过程大致如下，人体在周边环境刺激下，将会在人体内部产生相应的感知现象，同时引起人体外在相应的情绪变化；根据刺激所带来的变化程度，大脑将产生不同程度的记忆、意识状态（图3-22），进而形成外界刺激到记忆的转换。

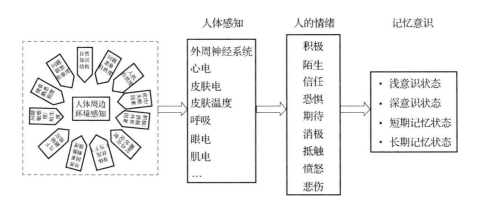

图 3-22 外界环境刺激到记忆意识转换过程

VR 教学空间体验是一种瞬间的感觉，也是一系列感知过程的综合，触摸和视觉在感知过程中起到重要的主导、直接、刺激的作用；不同的视觉强度会产生不同程度的感知效应[2]，不同的触摸强度会产生不同程度的刺激神经的感知效应。体验者对知识的认知和理解与体验者当时所获得的磁场位置和磁场强度有关，与体验者即时心理状态和外界的刺激状态有关，与此体验者对这方面知识的陌生程度非常有关；但以上这些不定性因素我们无法辨别或同步获取，其对研究教学问题也是意义不大的，真正有意义的是要同步获取在外界环境的刺激条件下视听触觉表象信息和人体感知效应信息。

同步确认感知效应的真实性和准确性。这个感知获取过程是一种在生理机理基础上建立起来的形态感知过程[3]；这个过程可能映射的是特定环境因素，而这个特定环境可能映射的是人的情绪积累因素，可能映射的是当下环境磁场的作用，也可能是人们在对某种知识状态和知识领域的理解的基础上产生的感觉和体会；这种生理机理所获得的反应是客观的、有效的、自然的和真实的，是人们在复杂综合环境下获取知识时的真实生理反应。

2. 人体感知的信息获取

人体感知的信息主要包括脑电信号、心电信号、皮肤电信号、皮肤温度、呼吸、眼电信号和肌电信号等[4]。

（1）脑电信号：从生物物理角度来看，脑电信号与人的记忆、知觉情绪、语言、行为等认知过程具有一定的关系，当大脑处于深度睡眠和无意识状态时，主要产生 δ 波；当大脑处于深度、放松无压力、潜意识状态时主要产生 θ 波；α 波通常产生于身体放松、思维活跃的状态；β 波通常产生于紧张、充满压力的状态；当人注意力高度集中、紧张时，会产生频率更高的 γ 波。

（2）心电信号：可显示人心理状态的变化，在时域上主要检测心率和心率变异性，计算其均值和标准差。

（3）皮肤电信号：用来衡量皮肤和阻抗。当人感到压力、觉得紧张时会流汗，导致皮肤电发生变化。也就是说，皮肤电可以反映一个人的心理状态。

（4）皮肤温度：通过测量皮肤温度来检测人的心理状态是放松还是较为紧张。

(5) 呼吸：与人的心理状况关系密切，当人较为放松的时候，呼吸会较为缓慢；当人的心理状态比较紧张的时候，呼吸会处于不平稳状态。

(6) 眼电信号：眨眼的频率与学习和体验紧张及焦虑的状态有关，当人处于高负荷疲惫状态时，眨眼的时间会变短，频率下降。人眨眼时，眼部肌肉会放出一个电信号。

(7) 肌电信号：人在学习和体验时会产生不同的心理状态，愉快时微笑，忧郁时皱眉，受到惊吓时打哆嗦，此时面部和颈部相应部位的肌肉收缩，导致肌肉表面的电压发生变化，即可检测到肌电信号的波动。

目前人体感知信息获取均可以通过时域或者频域信号获取技术来完成[5]，以上生理信号的分析、采样、计算对于工业是一个较为成熟的技术，从技术实现的角度分析，将其技术应用在VR教学体验中，嵌入学习体验穿戴系统设计，是完全可行的。

人体机理感知的信息是交互行为的物质基础，是心理状态最直接的体现。在交互感知上，我们可以通过VR穿戴系统完成人际交互，实现更加自然的、协调的、相容的、适用的交互形态和生理感知信息的获取方法；可以通过生理感知信息获取用户在VR环境下与知识元素交互的行为意图，获取其在VR体验过程中的心理变化，评测用户认知状态以及交互自然性的客观评价指标。

3.16.2 人机交互感知与输入机理的研究

1. 感知觉与记忆的关系

人机交互情景是通过影响人的心理状态来影响人的整个信息加工过程和交互行为的，交互行为当中感觉器官感受到的信息会被短暂地存储，会有一小部分信息被进一步加工，视觉感觉图像记忆保持容量为7~17个字母之间，保持的时间为200 ms；听觉感觉记忆保持容量为4.4~6.2个字母之间，保持的时间为1 500 ms，如果不及时加工，就会被很快遗忘。

知觉是对感觉信息的组织识别和理解，只有通过注意筛选，信息才能从感觉阶段进入知觉阶段[6]。人的记忆是经过感知觉加工后的信息，如果人有意将这些内容记住，就会将其转移到长期记忆中，人们需要这些内容的时候，就从长期记忆中进行检索,并将其转移到短期记忆中进行处理。人在长期记忆里存储信息和知识时,新的内容和已有的内容联系到一起,规模不断扩大,这就是长期记忆的特点,人脑记忆模型如图 3-23 所示。以上这些视觉听觉感知指标为我们 VR 教学空间设计和记忆空间设计提供了设计依据,反过来也可以由感知记忆效果反馈评价证明 VR 空间相应的设计是否成功。

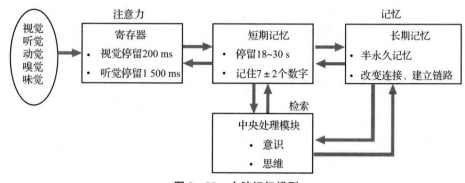

图 3-23 人脑记忆模型

在 VR 空间设计和元素设计当中,要有意地增加感知认知过程的自然度,保持人体最为习惯的知识感知获取方式,把握好获取的最佳时间,对重点现象和最富有特征的知识现象进行描述,达到人机现象、感知反馈的自然,达到展示个体状态和规律的自然,构造出适合不同人的体验空间[7]。

VR 体验设计的主要目的是在短期记忆和原有知识加工的基础上实现长期记忆,而虚拟现实环境下的刺激、VR 元素的交互以及交互时的触觉等短期记忆为 VR 教学长期记忆奠定了基础。在 VR 体验过程中,人们通过元素瞬时听觉、触觉和视觉等感知信息的捕捉完成内容的记忆,而这些瞬间感知、短期记忆和长期记忆的有效性和正确性,将对知识内容体验效果正确评测起重要作用。瞬间感知、短期记忆和长期记忆的关系如图 3-24 所示。

2. 人体感知信息获取与虚拟输入

为了高效的 VR 信息获取,就应该在人体感知的特性上进行研究,让信息接收部件、显示设计、触摸感知设计、音频视频设计符合人体生理机理规律,实现对内容元素知识关联的设计,为瞬时感知、短期记忆向长期记忆的"精准"转化创造条件。

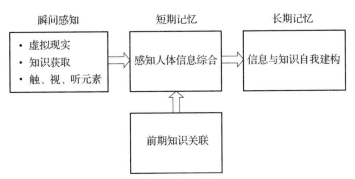

图 3-24 瞬间感知、短期记忆和长期记忆的关系

如果 VR 教学体验空间人机输入方式和界面设计得好，在 VR 学习空间中减少多余的操作，提供加强记忆的元素，就能够帮助体验者对信息进行快速的结构化加工，缩短体验者的学习时间，减轻交互时的心理负荷，减轻体验者的记忆负荷，加强长时间记忆的效果，在无意识记忆的基础上完成体验者对知识的自我个性化建构[8]。

VR 教学体验空间的输入方式主要体现在虚拟空间进行虚拟指向、眼神定位、虚拟空间键盘、语义输入、人体传感信息、图像传感信息、触摸压力传感信息等获取，信息获取的手段和设置与教学体验反馈有关，与体验效果评测有关。VR 教学体验输入以自然的、不经意的信息获取为主，以故事叙事转折方式为主线，以解决问题为目标进行设计，其输入方式充满着非准确位置性、联想性、无意识性、友好性、自然性、宽泛性、环境融合性以及界面与故事引发性和随机输入性。目前出现了许多这样的 VR/AR 交互系统，其中包括语音输入、手势控制输入、眼动输入、脑电输入等；并推出了相应的 AR 眼镜，如 Leap Motion（厉动）等设备；还有头动输入、空中打字、单位手势输入等。其中眼动输入就是通过捕捉眼球的运动来计算出视点，并配合眨眼动作来实现眼动交互，实现对设备的操控。以上这些人体感知信息获取设备的实现为 VR/AR 交互输入奠定了输入心理模型基础。

人体感知机理的信息获取必须建立在人可接受的、无任何干扰和命令前提下、无任何行为障碍和干扰思维的环境基础上，必须具备多性能、高密集型的设备集成，应具有包括 VR 知识手套、隐形眼镜、心电传感器、肌电传感器、温度传感器等设备的集合,并在此基础上形成可穿戴学习体验系统。

3.16.3 可穿戴学习体验系统模型设计

1. 设计准则

VR 教学体验是为学习者获取知识、体验知识、自我建构知识体系服务,突出体验个性化服务。所以 VR 教学体验系统模型设计的宗旨是以学习者的需求和感受、以逼近知识熵的最大限度为指标进行设计,以 VR 环境、体验空间等系列设计元素为控制对象,以人体感知作为修正控制量进行闭环式控制模型的设计,形成可穿戴学习体验系统。

这种可穿戴学习体验系统在获得人体生理机理和行为动作信息的过程中,形成系列的感知获取过程,为 VR 教学空间与体验者之间的平衡和综合评价提供了必要的技术支撑,是实践、探索、效仿、环境自适应、方法的探索、知识的灵活应用、多种途径解决问题的试探,是对体验者心理素质、技术素质、知识水准、抗压能力、创新力、辨识力、解决问题能力等的测试,是设计适应体验者逐级挑战问题空间的探索,是逐渐引导体验者向优秀解决途径方面逼近的过程[9]。

虚拟现实的体验性学习是以第一视点、第一人称进行的,是对现象的观察、操作的感知、环境的联想、记忆的触发、冲突中的认识、搏击当中的意识、多种感知综合下的知识环境渲染和领悟。VR 化学习体验空间既需要心流理论指导下的沉浸体验设计,又需要人体感知下的测试反馈自适应设计,需要在人体正确的感受下,正常的生理状态和心理状态达到最优的条件下,在 VR 的自我建构设计原则基础上完成体验。要达到最好的体验效果,设计当中就需要有明确的、"精准的"感知元素,有可产生短期记忆的视听触感知,有能转为长期记忆的联想空间、背景元素和音乐配音等"精准"元素,要有让其产生能力输出和创造力的知识运用元素;同时要给出虚拟环境下的人体的承受力的评价、技能能力的评价、心理承受能力的评价、对环境恐惧度的评价、对问题敏感度的评价、对所设元素反应的评价、对对抗元素心理的评价、对过程进程紧张性的评价、对空间友好性和兴趣度等"精准"评价,以此来实现捕捉真实的、"精准的"感知效果[10]。

感知获得的效果和质量将决定 VR 体验设计的效果和质量、VR 问题认知的效果和个性化设计的效果。我们要在虚拟空间行动感知中不断地测试人机环境、人机因素，不断地精准调整 VR 环境对人的适应度，让 VR 体验空间与体验者形成闭环控制的回路，达到精准控制的 VR 体验学习过程，达到有依据性的个性化体验控制调整。

2. 可穿戴 VR 教学体验系统控制因素的设计

VR 教学体验设计的控制目标是围绕着体验者对周边元素的感知进行控制和调整，以此来达到知识接受程度和自我建构程度最佳化的目的。那么在设计中具体如何控制、控制什么，以什么依据进行控制成为系统设计的核心，下面我们就可穿戴 VR 教学体验系统模型设计中主要涉及的控制元素设计展开研究。

1）周边环境的控制元素设计

在 VR 可穿戴学习体验系统设计中，认知状态对交互过程起着一定的关联作用，人体机理感知信息的大规模获取与在线 VR 过程信息的同步采集比对、关联分析，将为 VR 学习体验提供较为完整的控制闭环系统。我们要在反馈、分析当中找到交互行为过程中行为与生理结构的适合度，增强接口界面与心理模型协调相容性，提升积极情绪的体验，减轻体验当中的工作负荷，提升注意水平认知状态。情绪状态的变化是 VR 体验中多个生理信号维度的体现（图 3-25）。情绪状态变化的测量是一种多模态的生理测量，可为人机交互体验提供更加精细的评价指标[11]以及工作负荷和注意水平的测量指标。我们将在可穿戴学习体验系统人体感知信号获取中关注情景中特定事件中的生理响应，找出情绪引发的原因，也就是我们所要找的引发控制的因素对象，我们的目的就是对因素对象进行自适应的优化、升级。

2）体验沉浸控制元素设计

体验沉浸控制元素设计是 VR 体验学习中最重要的一个环节，即通过人体感知给出每一个体验者适应的体验程度和体验级别，根据人体感知信号捕捉的人体特征，结合人体感知与沉浸式体验的关系[12]进行体验级别的定位，为 VR 智能型自适应控制提供判别条件，同时作为闭环体验控制分量对 VR 级别进行调整和控制。人体感知与沉浸式体验的控制元素对应关系如图 3-26 所示。

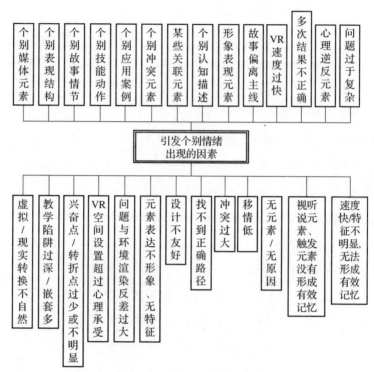

图 3-25　周边环境的控制元素

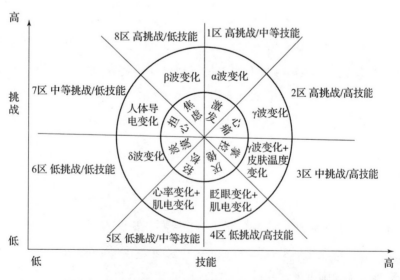

图 3-26　人体感知与沉浸式体验的控制元素对应关系

3. 可穿戴学习体验闭环可反馈控制系统模型

可穿戴学习体验系统本质上是一个闭环可反馈的控制系统，是一个可调节的 VR 学习体验空间自适应、个性化建模系统，是具有人工智能、5G 环境技术特征和生理特征的系统，体现了强烈的输入感知和输出感知，吸收了空间描述形态的外界因素，融合了情景化、故事编导化的人类自然态的落地描述，给出挑战与技能的体验沉浸控制模块，提供了以知识和问题为核心的、综合的人体机理感知效应的学习体验客观评价，采用了控制系统的回馈多通道的调节与建议，学习体验科学化构架，为体验者自我知识建构、设计中信息"熵"的优化逼近，提供了良好的设计模型[13-14]。我们在"大学英语视听说"设计、"汽车发动机" VR 化教学课程、"汽车变速箱" VR 化教学课程等设计和实现的基础上，提出了可穿戴学习体验闭环可反馈控制系统模型（图 3-27）。

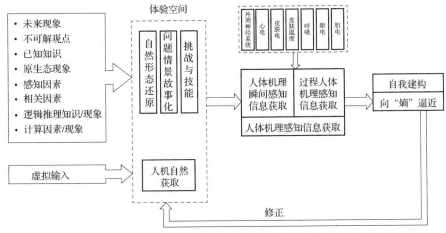

图 3-27　可穿戴学习体验闭环可反馈控制系统模型

3.16.4　人体感知环境下沉浸式体验课程设计尝试

1. 设计内容

本团队进行了"大学英语视听说" VR 化教学课程的设计，以人体感知环境下的沉浸式体验为设计理念，进行英语教学与 VR 体验融合性问题的研究，将视听说英语教学形态融入 VR 化体验交流的形态当中，通过体验行为的人体感知提升整体环境和元素的有效性，将英语语言知识完美地融合于跨文化交际中，突出生动、活泼、感知、刺激的视觉特性,通过对各种情景下语言和交际知识的理解、运用,使体验者在提高英语运用能力的同时掌握跨文化的基本知识和技能、熟悉不同的文化环境并通晓交际规范。在 VR 设计中,以自我设计行为为主导,引用了大量的 VR 化设计元素,其中包括:享受(乐趣、享乐和放松)、心流(集中、吸入)、想象沉浸(故事、同理心)、感官沉浸(在场感)、悬念(挑战、紧张和压力)、负面情绪(失望和挫败感)、控制(自主、力量)、社会存在感(与他人的联结、同理心)以及胜任力(骄傲、精神欢快)等[15]元素,利用 VR 沉浸式体验手法,来达到自我提升英语视听说能力的目的。

此次人体感知环境下沉浸式体验课程设计尝试,实现了自主探究式智能性虚拟语境空间设计、英语配音体验空间设计、VR 化情景漫游导航、VR 化漫游双语体验空间设计、VR 化叙事空间设计等体验设计,将网络漫游、虚拟人物智能对话、影视配音、网上出国实践、视频填空组合、故事讲解、虚实教学单元等进行组合,体现出英语体验空间的独有特性,在语言体验的基础上尝试了游戏化形态与语言形态的融合,体现出探索式学习的应用框架。

在控制设计方面提炼出了游戏化英语体验的控制因素和成分,即技巧/技能、挑战、情绪、控制/自由度、专注/集中、实体呈现、参与感/好奇度、故事/戏剧性、社交属性、互动/可操控性等。并尝试人体感应测试和自适应 VR 沉浸式级别的调整,实现部分功能。

同时完成了对虚拟对话的闭环控制,控制发音、语气、语速、语调、语感以及对话内容,并按照体验者的叙事线内容进行回复,根据体验者的生理信号特征给出不同级别的挑战(图 3-28)。

2. 实施效果分析

英语视听说学习一直是教学的难点,尤其在生师比较大的网络教育中,无法完成一对一的训练,致使学生的视听说能力明显低于课堂教学的水平。使用了这套系统以来,学生的教学环境得到了改善,主要体现在主动学习意识、循序渐进的学习方法、学生的自我定制学习能力提升、个性化学习的满足上;学生克服语言学习的心理压力,逐级递进,提升了兴趣度、语境度。尤其在发音方面,在自尊心得到充分满足的前提下,学生能够不断地得到机器耐心的指导、示范、引

图 3-28 人体感知下虚拟语境对话空间会话设计

领、更正、顺应,进行快乐的、多种形式的训练和调整,不断地向标准语音靠近;在会话方面,学生愿意自己构造故事,建构自己的知识空间,以自己的生活和工作目标进行相应的会话、填空、主动式的交谈,积极引发自己对问题的看法,成绩及格率提升了 30%。

人体感知环境下沉浸式体验课程设计的关键在于完成了英语视听说模型的建构,能够抓住学生的语意感知,建立出学生英语视听说心理模型;能够给出学习体验的评价、适应学生当前能力的会话、环境多种因素控制量;能够在完成语义问题分析、语音问题分析、正确率判断等问题处理的基础上,通过部分心率、血压、脑电波等信号完成对学生当前状态的精准判定,实施事先制定好的英语教学控制策略,在英语的实践能力、英语社交能力、学生自信心、创新能力等提升上起到了重要的作用。

但由于人体穿戴感知设备还不能达到非常精准的设计,所以建议教学体验设计要适中,要以人体感知为基础,并融合其他教学控制因素完成综合的精准判断与控制,完成更有利于学生的个性化教学环境设计,在一定范围内,有方向性、目的性地实现问题的专业化设计,逐一完成系统的各方面自信设计能力的提升,从局部精准向全局精准转化。

第4章
教育大数据及方法问题研究

4.1 系统整合视角下大数据挖掘与智能应用[1]

大数据与教育的融合推动了教育系统的创新。教育大数据研究经过井喷式发展之后逐渐趋于平稳,研究内容基本涵盖了教育大数据内涵、教育大数据体系框架、教育大数据来源等[2-3];也有学者研究了大数据下教学模式转变、学习方式的变革,还有学者探讨了大数据下的学习分析技术、教育数据挖掘等[4]。

教育大数据研究的目的在于透过数据挖掘深层次的教育问题,关注的焦点不能局限于算法和数据本身,而是数据之上的应用问题[5]。当前,教育大数据的应用研究主要集中在通过数据发现影响问题的关键要素,研究的切入点较小,且关注的焦点停留在元素层面,未能深入探究教育结构及元素之间的关联关系。为此,本研究着重讨论以多视点构造锥体网络结构,并在锥体网络结构的基础上讨论各节点之间的多路径关联。通过挖掘节点之间的关联关系,构建节点之间的思维路径和路径结构,重构不同视点下的节点关联关系图,有利于构造数据公平的、信息平衡的、相关性科学的、自然规律完整的网状图,促进教育数据的挖掘和教育大数据的综合利用。

4.1.1 教育大数据的结构嬗变

教育大数据包含了隐含在不同信息载体中与教育相关的全部数据,如体量数据、资源数据、活动数据等。教育数据与教育现象之间存在着密切的关联,这种关联将各种教育行为、现象连接成互联互通的网状结构[6]。教育活动中任何独立的数据都没有意义,数据的价值在于体现事件的相关关系和诱导机制。囿于教学行为的独立性和以往教育数据的不完整性,以"点"为基础的教育大数据结构不能完整地反映各教学要素之间的关系。为适应和满足教育研究的需要,教育大数据结构逐渐完成了从单点到局部关联再到大型网络的演变。

1. 教育大数据演变之源:从单点到多点数据来源演变

在教育大数据理念提出之前,教育数据信息同样存在。以往教育研究中的数据主要关注具体问题数据和精细数据。问题数据和精细数据确保了研究的针对性和专一性,却存在研究视野局限、不能全面分析问题的现象。教育大数据理念扩展了教育数据的来源和教育信息的范围。多类型、超大量的数据扩大了教育数据的外延,从观念意识层面扩展了人们对大数据的认识,多维度数据被引入教育分析中来,数据的来源结构从单点演变成多点。

2. 教育大数据演变之网:从散点到网状数据结构演变

教育大数据不仅包含节点数据,还包括节点间的关系数据。分散的、未建立完整逻辑关联的教育数据价值密度很低。大数据理念的发展促进节点关联关系的构建,多节点互通的网状结构构建完善了教育元素的互通关系。多节点互通的网状结构也避免了研究具体问题时元素关系的偏向和路径权重的失衡。构建节点关系稳定的、均衡的、统一的、公平的网络开阔了教育数据的视野,教育数据从关注具体事件扩展到关注全体教育活动上来。

教育大数据研究从独立的散点结构扩展到相互关联的网状结构,促进了研究视角从一个节点到多个节点的扩散,视点的转移带来了新的研究视野。网状结构重构了教育大数据的体系结构和系统框架。网状教育数据结构首次探讨了教育大数据的任意原点性、数据重心的偏移性和重构视点的原发性。多视点关联的教育大数据结构扩展了教育的研究路径和分支,同时给出了教学资源、学生学习、教学管理等多元素的关联关系,为构造简约平台提供了新的思路。多元素的关联使网状结构更均衡、更稳定。

3. 教育大数据演变之体：从平面到立体数据层次演变

多节点网状关联极大扩展了数据规模，元素之间的关联关系也日趋复杂，多元素的潜在关联增加了数据量和结构的复杂性。复杂网状结构增加了数据分析和统计的难度，不规则、非结构化的数据让教育统计很难达到预期效果。根据网络结构的复杂性，将教育活动按照对象和内容等不同维度划分成多种数据层次，这种层次关系厘清了元素之间的关系。构建高内聚低耦合的层次模型能清晰地反映教学体系结构和元素关联关系，促进数据体系的规范化。在这种层次网状结构中，可以对任何一个节点进行数据挖掘、统计，也可以进行两点间的相关性的分析，促进教学结构和体系的完善。层次立体网状结构如图4-1所示。

4.1.2　教育大数据中的锥体视点结构

视点是指观察问题的角度，教育大数据自身具有数据量大、类型多、高效性和价值性的特征[7]。大数据环境下教学视点来源多、范围广、类型多，多视点的教育大数据应用归纳了教学结构，构建了新的教学思维形态，这种结构和思维形态便于厘清各元素之间的关联关系，利于通过关联关系构造教育数据挖掘的路径。在层次化网状教育数据结构中，视点元素层次明确，关联关系清晰，能直观地反映教育本身的体系架构。这种层次化网状结构固定地反映了教育体系架构，却也影响了不同层次的元素相关关系研究。层级跨度较大的元素在研究过程中容易出现结构复杂、关联路径不清、数据冗余等问题。为进行任意点之间的关联关系和相关性问题、属性问题的研究，本书首次提出了锥体网状结构模型，利用锥体网络能厘清复杂网络中元素的关联关系，重新打造动态平衡的层次化网状教学数据结构。

1. 锥体视点结构的提出

锥体视点结构以现行层次化网状结构为基础，突破现行层次结构的固态僵硬的弊端，根据研究需要灵活组织不同层次教学元素，动态打造立体化教学框架体系。锥体视点结构即将出发视点提升到最高层次，与其直接相关的位于第二层次，其他相关的以此向下递推，由此构建以出发视点为顶点的锥体。锥体视点结构打破了现行以问题和以数据为导向的数据库构建模式，引发了以大数据思维为

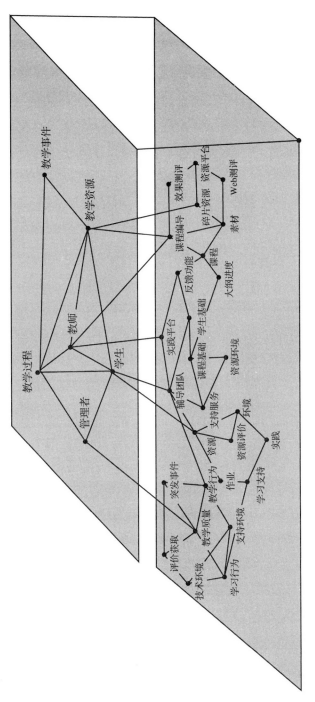

图 4-1 层次立体网状结构

核心的新型数据结构设计。锥体视点结构使元素层级关系设计更灵活，满足相关元素层次关系的自由组合，也易于构建以数据推动的逐级递进的数据挖掘体系。锥体视点结构可以动态调整各相关元素的层次和逻辑关系，为挖掘各元素之间的关系、发现教育规律、探索人才培养的关键路径提供了方便。

锥体视点网状结构利用各元素相互连通、层次结构动态变化的特性，为不同元素关联提供多种路径选择，是非邻接元素关联路径研究的新成果。多路径连通的锥体视点结构推动了任意点出发的资源建设和系统设计，为完善教育大数据应用提供了实践依据。如关注教育评价，可以构建以教育评价为顶点、以邻接元素为第二层、其他元素逐渐向下扩展的锥体结构，直观反映出与教育评价相关的主要元素及各元素之间的层次关系。

2. 锥体视点结构的优势

教育大数据下的视点是层次性的，是逐层递进的，是逐步精细化的。网状数据结构中，各元素都可以作为新的视点开展研究。与层次网状结构相比，锥体视点结构可以动态调整，按照元素与视点的邻接关系及元素关联性强弱，锥体视点结构能直观呈现元素的层次关系。

锥体视点具有明确的层次性、动态性。从关注教育大数据整体的角度来看，大数据视点主要包括教师、学生、管理者、教学资源和教学环境[8]。各个独立视点都可以通过相关元素构建逐级关联的锥体层次体系结构。锥体视点结构可以随着关注点的转变而重构，如以管理者视点分析教育问题，主要关注内容为教师质量提升、学生学习能力的培养、教学资源的优化、教学环境建设、教学效果的提升等；以教师视点分析教育问题则主要关注教学内容、教学环境、学习者特征等。教师视点下单锥体层次视点结构如图4-2所示。

锥体视点具有可伸缩性，既可以关注教育整体，也可以关注教育活动中的某个具体问题。单锥体是单视点下的教学体系结构，若关注教育整体，可以通过将相同维度的所有视点锥体结构对接，构建完整的教学视点网络。教学视点是研究教育大数据的基本起点，只有通过不同教学视点下的锥体结构分析才能获得系统的教学数据，依据教学视点的教育数据才有意义。锥体结构是教育数据的可视化显示，是关联关系伸缩性的表现。透过不同教育视点构建的锥体结构能反映出系

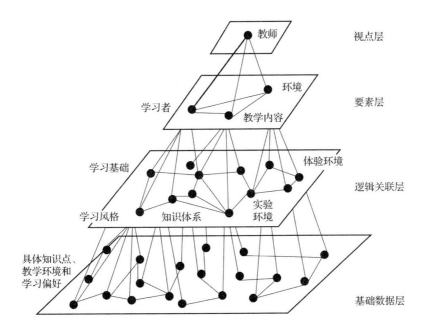

图 4-2 教师视点下单锥体层次视点结构

统中不同元素的关联关系和相互影响，数据的类型、规模和内容等都将反映不同元素之间的隐含关系。

3. 锥体视点结构的应用

教育大数据研究的重点在于通过不同的视点探寻数据挖掘的路径和方向，锥体视点为研究提供了动态的多类型选择。根据研究需要，研究者可以从任意一点或多点出发构建锥体结构。从学习者、管理者、教师等不同人员的角度去挖掘教育数据能全面地反映教育结构。教育大数据下的数据挖掘有明确的顶层设计，能根据经验、需求和期待从不同视点提出应用方法。

锥体视点结构可以明确节点的关联和层次关系，为规划数据挖掘路径提供方便。锥体视点结构便于明确元素的立体层次关系，基于多视点锥体网状结构的数据挖掘能够适当扩展挖掘的深度和广度，通过深层次的挖掘将多种要素添加到锥体结构中来。如研究学习者的学习情况可以将家庭背景、教师备课情况等看似相关性不大的因素关联到同一结构中来。

锥体视点结构可以扩大视点的范围，突破传统单视点的局限。教育大数据下视点结构是动态的，网状结构中，任意一点都可以作为研究的出发点，但出发点仅能为其中一个，对于多视点研究有明显的局限性。锥体视点结构能够在网络中选择任意两点或多点提高到同一层次构成不同类型的锥体，展开研究。视点结构的动态性要求多视点下的网状结构体节点之间关联紧密，保证网状结构达到动态的平衡。锥体视点网状结构保证了结构的稳固，避免了关联路径构建中有人为偏重，锥体视点下的平衡状态才能全面地反映各点之间真实的关联关系。

4.1.3 多锥体网络结构的构建及数据挖掘

教育数据挖掘的基础是明确的挖掘目的和挖掘对象以及从具体对象中针对性地获取数据，从挖掘内容的角度看，非结构化的数据往往蕴含着比结构化数据更深层次的信息[9]。在教育数据挖掘中，专业人员比挖掘技术起着更重要的作用。教育数据挖掘的目的在于研究各元素之间的关联和因果关系，在挖掘之前必须明确挖什么、在哪里挖、为什么挖和怎么挖。为此，构建多视点锥体网状结构是数据挖掘的前提，在锥体网状结构的基础上能制定明确数据挖掘路径和挖掘方案。

1. 锥体网络结构的构建

1）确定相关元素

网状结构中（连通图）任意节点之间都可以通过不同路径关联，教育大数据是以教与学为核心的所有相关元素数据的总和。网状结构中，相互关联教育元素和内容数据较多，其中既有教育数据的核心元素，也有关联性不强的元素。教育大数据研究要根据研究对象，在网络结构中选择最相关的节点元素进行挖掘和研究，由此才能保证研究的准确性和针对性。

根据研究对象和研究问题，教学活动中不同视点间存在很大差异，通常单视点研究选择以该视点为出发节点，以路径长度不超过5的所有节点元素作为数据的来源；多视点研究通常选择与两视点相关联，从中间节点数不超过3的关联路径元素中获取数据。确定相关元素是对研究内容和范围的初步界定，在此范围内研究内容的针对性更强，结果的可信度更高。比如研究某学科的教学资源，针对同一学科有不同的教材供选择，不同教材的编著者、教材配套资源（电子资源、课件、教学视频等）、出版社等都是与教材相关的元素。确定相关元素有利于帮助研究者明确研究维度，确定研究对象及扩展对象。

2)研究相关关系

网状结构中,各联通元素之间都有关联关系,其中关联路径的权重即为相关系数。在锥体网状结构中,邻接元素的相关系数与元素性质相关,不同类型元素之间可能存在一定差异,通常元素的关联关系以元素的相似度或不同类型元素之间的数据交流频度来计算,相似度越高、交流越频繁的元素之间相关系数越高。非邻接节点之间的相关系数通过路径关系计算,通过找出两个节点之间的所有连接路径,计算各路径权值关系得出。

网络结构中各节点之间的权重通过逐级推断得出,对于非邻接节点的关联度通过所有路径权重来计算。在网络结构中,相互邻接的节点之间关联关系基本稳定不变,这种保持不变的相关关系称为绝对权重。若两节点非邻接,它们之间的相关关系可能会因为路径不同而存在较大的差异,这种不同路径下的相关系数称为相对权重。通常路径越短,节点之间相关性越强,反之则越弱。连接节点之间的层次越多,节点相关性越弱,路径权重也就越小。

3)构建权重网络

权重网络即根据整体网络环境下各元素相关系数构建的权重均衡的网络结构,构建权重均衡的网络结构是教育大数据挖掘的前提。在权重均衡的网状结构上,研究者可以根据研究需要自主抽取相关内容组成针对性更强的、更精细化的子网络结构。综合多路径、计算节点间的相关关系是复杂网络中节点分析的关键。节点元素之间的逐层递进关系按照递归函数关系模型构造出有明确量化关系的、连续驱动的数据结构。通过完整的教学要素网络结构,可以提炼出从教学期望到教学效果之间的符合逻辑关系的逻辑序列,并逐渐细化到教学要素和教学方法。构建权重网络为研究教学现象和行为提供了依据,也有利于探讨不同教学要素对教学的影响,并以此优化教学路径。

4)确定研究视点

教育大数据研究的目的在于透过外在现象研究教育内在的关联。教育研究必须有明确的研究目的和研究对象,即有明确的研究出发点。如研究教学方法与作业评价之间关系需要在网状结构中选择教学方法和作业评价两个视点作为出发点,并由此逐渐向外扩散,延伸到其他关联节点,通过中间节点组成连通路径。

研究视点之间构建的路径结构和关联关系能反映出视点之间的隐含信息。

网状关联结构让多视点选择成为可能，以往研究节点的存储多以树状结构为主，若研究内容属于不同分支，相关研究只能回归到根节点再去查找关联路径。这种单路径长度大并且忽略了很多其他关联元素，研究结果不能完全反映相互之间的关系。如教学方法与资源类型分属教师类和资源类，在树形结构中只能通过根节点将教师与资源建立连接。网状结构提供了多视点、多路径的选择，这种多选择性更符合教学实际。网状结构下视点的选择是单视点结构的升级，升级后的结构模型，能将出发视点调整，形成结构明确可视的教学结构模型。

5）构建锥体结构

锥体结构是网状结构的动态调整，利用系统结构的动态调整性，以出发视点为锥点，相关元素构成逐级分化的层次体系结构。对于多视点问题研究，教育大数据可以根据研究问题选择所有与研究问题相关的节点，以研究视点为锥体的顶点，邻接节点作为锥体下层节点递推地构造锥体结构。锥体结构的独立互联性明确了各元素之间的相关关系，也对不同锥体元素之间的关联路径做了初步探索。锥体结构的构建促进了多视点路径的选择，也为经典网状结构的升级提供了新的理论思路，有利于促进新型智能锥体的构建。如研究学习者学习成绩与教师、学生之间的关联关系可以选择学生视点、教师视点和学习成绩视点分别构建锥体结构，借助锥体层次性和关联性，分析其中的关联路径。学生、教师、学习成绩三视点锥体网状结构如图4-3所示。

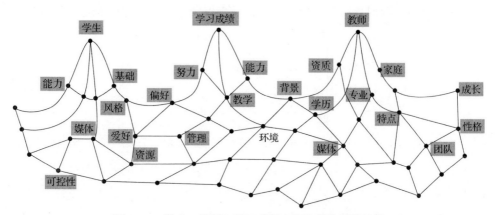

图4-3　学生、教师、学习成绩三视点锥体网状结构

2. 多锥体网络结构下的数据挖掘

1) 分析视点特征及关系

锥体网状结构是在多元素网络结构的基础上提出的新型结构，它克服了多层次网状结构构造复杂、研究视点间的关联关系不清的问题。锥体网状结构利用网状结构体系的层次性，将研究节点调整到其他节点之上，视点层次和结构更明显。

锥体网络结构下的数据挖掘首先要根据研究视点构造成的锥体，分析相关元素之间关联关系，从视点的特征出发，根据研究目的将相关联元素划分成不同类型，深化分析各元素之间的相互关联关系。多视点锥体网络下数据元素关联研究以两视点元素间关联路径作为分析对象，分析多路径中各元素的关联关系。锥体思维让各元素的关联关系更明确，多锥体方法模型的提出产生了新的关联关系，这种新型关联关系将教学现象和教学问题放在数据的基础上研究，为构建新型教学系统和教学结构提供了依据。

2) 制定挖掘路径

教育大数据挖掘是多来源、多类型数据的统计分析，挖掘对象包括结构数据和非结构数据[10]。结构化数据的统计也是数据挖掘的一部分，通常教育数据统计仅限于与视点直接相关或路径中间元素的数据统计，对于隐含数据的处理存在较大难度。锥体网络环境下的数据挖掘根据研究视点选择研究对象，通过锥体结构能明确与锥点直接关联的元素。多视点元素之间的关联路径的构建以路径权重为基础。多锥体模型通过多元素互联的网状结构将一些看似不相关的内容连接到一起，扩展了数据挖掘的维度，有利于获得更多的数据支持研究结果。锥体网络结构的层次性让不同节点之间的关联关系和权重更明确，挖掘路径的构建即从一节点按照强关联关系找到另一节点的过程。锥体网络结构不同节点之间的层次性和互联互通性扭转了单纯数据统计的被动局面。如研究教师与学生学习成绩之间的关联关系路径如图 4 – 4 所示。

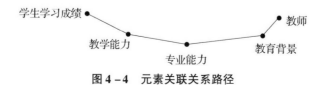

图 4 – 4　元素关联关系路径

从教师与学生学习成绩的关联路径来看，影响学生学习成绩的关键因素是教师教学能力，教师拥有良好教学能力的前提是有过硬的专业能力，而教师的教育背景成为影响教师专业能力的主因。为此，从教师角度，影响学生学习成绩的主要路径为：教育背景→专业能力→教学能力→学生学习成绩。锥体网状结构下大数据挖掘路径问题，在数据和锥体层次的基础上，从人理解自然的角度将一个节点到另一个节点之间的关系数据挖掘出来形成特有的数据挖掘路径，重构了教育数据框架体系。

3）数据挖掘及结果分析

教育大数据应用的目的在于通过数据反映教育现象之间的关联关系，找出提升教学效率或优秀人才的培养路径。教育大数据为教育评价提供了一种新的方法，也为新技术和新教学模式的推广提供了理论依据。通过关系路径的研究能找出教学效果和教学方式、教师特征等之间的联系。教育大数据的研究可以通过对具体某成功人士的分析找出影响个人成长的多方面因素，并迁移到其他人才的培养中去。教学活动应当以人才培养为研究对象，围绕人才培养问题讨论。人才培养是人与外界元素之间不断磨合的过程，调整学习者外在的学习环境能促进学习者实现自主创新、提升个人能力。

教师教学质量是原点，学生学习结果是终点，通过对其中路径的研究，能设计产生新的教学结构。参照路径中涉及的关键元素构建以质量为核心、以评测为手段的教学系统，能打造出让学生受益的教学结构。通过数据挖掘寻找节点之间最强关联关系，有助于选择从起点到终点的最优路径。

4.1.4 教育大数据下系统的升级再造

教育大数据的研究在新资源架构体系的基础上，首次提出了锥体网状教育体系结构，并在此结构上进行教育数据挖掘。锥体网状结构扩展了教育数据挖掘的方向和维度，产生了新的教育数据挖掘的体系架构，产生了新的资源和管理结构，打通了原本相对独立的资源体系，构架了多元素互通的系统框架。锥体网状结构对现行资源和管理体系提出了新的挑战，它将更多元素加入系统中来，众多相关元素组成多个相对独立的小的模块，最终系统对多模块整合，完成了整体教学系统框架。

教育大数据的应用促进了教学系统的整合。传统课堂教学和网络远程教学资源系统都是结合已有教学资源数据库构建 LMS（learning management system，学习管理系统），这是一种根据资源产生的递推式的体系结构。教育大数据下的教学系统通过研究关联关系，明确系统需要什么、要解决什么问题，将更多相关的元素加入教学系统中来，构造多个具有明确功能的小型系统。大数据下的教学系统构建从总体视角观察学生系统、资源系统、教师系统、管理系统的关系，找到其中系统的关联路径，从教师、学生、资源、管理等多视角将众多小系统关联到一起连接成一个完整的系统。从教师维度构建的教师信息系统结构如图 4－5 所示。

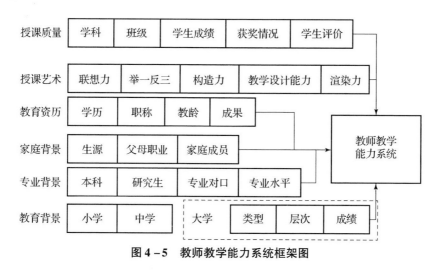

图 4－5　教师教学能力系统框架图

教育大数据应用促进了简约系统的构建。教育大数据理念扩展了教育数据的来源和类型。在经典教育数据中，具体某个元素在教育大数据理念下也包含了大量的其他信息。数据量的激增促进相关元素的聚合，众多属于同一类的元素构成了实现某一功能的小模块。这些功能模块以相对独立的内容根据具体需要构建简约的教学系统结构。简约化系统在初级阶段数据量较少、功能不够完善，在后续使用的过程中，可以通过不断完善数据和系统结构完善系统功能。由于新教学体系结构数据基础的局限性，简约教学系统在功能上可能存在一定局限，在使用的过程中可以通过人工干预完成系统的修复和升级。简约教学系统结构的构建可以借鉴模块设计组态原理，将相应的内容向内整合，完成相应的功能。这种模式便于根据具体教学需要快速搭建教学支持系统。简约教学系统根据数据库支持、相关问题支持、基本功能支持等，综合完善系统的主要功能，提升了系统搭建的速度，也保证了系统的针对性。随着人工智能技术的应用，基于数据构造简约教学系统成为新的研究趋势。搭建简约教学系统主要考虑教学资源、方法、规则和教学案例，其他相关元素不在系统中涉及，基本框架如图 4-6 所示。

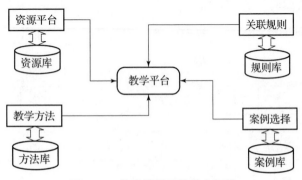

图 4-6　简约教学系统基本框架

教育大数据的应用不局限于挖掘数据及其数据之间的关系，更是为重构教学结构、升级教学系统和系统控制提供一种新的控制模型。教育大数据研究构造了锥体网状结构，为教育关联关系研究和数据挖掘提供了新的思路，促进了多视角出发的平台建设和以路径为基础的模型构建。这种模型和平台的建设既关注内部模块，也关注系统整体；既保证了平台建设的开放性和融合性，也防止了冗余和不合理的建设。

教育大数据的研究有助于明确教育目标与教学设计和教学结构之间的关系，并根据相关元素之间的关系，创设新的解决问题的思路。教育大数据的应用，重整了教学系统，在具体任务上，实现了通过现象推导问题并将问题递推给教师、教材、学习环境的研究路径。以数据挖掘视点形成的新的逻辑思维，有助于促进新的教学架构思维、新的资源体思维和新的教学系统管理思维的建构。

4.2 教育智能化下的表情符号的挖掘

4.2.1 表情符号在教育中的作用

Emoji（表情符号）是一种图像符号，是将表意符号抽象成符号表征，Emoji 是通过图像符号来传达思想和情感，表情符号中含有松散的语法结构和语法规则。2018 年 6 月 5 日公布的 Emoji 11.0 版本中 1 644 个符号被标准化，表情符号再次被提出，表明表情符号很有可能会成为新的网络通用语言，成为马希尔·麦克卢汉口中的"地球村"的全新通用语言，成为一种新的表达形式。表情符号设定的标准统一码，为进一步巩固其普遍性、流行方式、社交媒体交流、数码媒体内容压缩奠定基础。尤其在人工智能和大数据的今天，表情符号为智能思想的特征抽取、感情提取、智慧表达、学习行为表述提供了有利的帮助。表情符号打开了不同领域的创造性大门，比如已经有人用表情符号改编一部小说，甚至创作了一部小说，而且全部翻译成了表情符号版。表情符号表示法是应用网络科学技术最先进的表示方法和感情分析的 NLP 的表示方法。

以课本为基础的教学似乎不能满足当今网络时代学习者的要求，正规教育也在不断地寻求线上教育方式的语言，随着网络教学信任度的不断提升，表情符号也变得必不可少。正面情绪的表情符号占了整个网络上的主流，表情符号令人信服地描绘隐藏的现实。书本知识逐步向线上网络通用知识转换，新数码文化将成为未来机遇的先决条件，表情符号的创新研究有助于研究新的教育载体，使用表情符号成为一种日益重要的技能。这样的转变可能对未来的教育策略产生深远影响，不仅是对数据科学家而言，而且涉及了几乎所有交织在一起的人类知识领域。

如果没有表情符号，我们很难用文字准确地表达我们的情感，语言的简短交流加上表情符号情感语气的交流将会更准确地描述问题，也将会有效避免理解问题的二义性和没有必要的误会，尤其在科学严谨问题的表述和教育观点问题上都非常需要表情符号的协助。在对话中，人们的发音、声调、语音经过大脑综合后才能理解对方的意思,而表情符号则简化了这个理解过程,填补了文字表达的空白。在另外一个交流系统中,文字没有口语那样富有生机,文字说一不二,无法真正了解每句话的深意,不容易洞察感情。表情符号的出现促进了信息交流。它可以表达我们对对方的同感心,告诉对方我们的处境。表情符号是对我们交流系统的一种补充,让我们变成更好的交流者。

表情符号的跨语言的特性对世界教育、文化、科技交流起到了促进作用,虽然表情符号与各国的文化有关,同一个动作表达可能不同,但是在科学、技术、教育的表述上是相同的,我们关心的是各国科技观点的交互,关心的是对方的观点和态度,通过表情能够减少语言和文化障碍,准确地表达科学问题和思想观点,会对问题有更深刻的理解。

表情符号下的内容表述带有内容压缩性,而且为我们提供了问题的相关性运算的帮助,可以在态度区分的前提下,进行相关性和聚类运算,将运算目标集中减少,为整个性能和计算速度的提升提供帮助。

4.2.2 表情符号与画像

1. 画像

表情符号本身不是一门科学,但是它可以完成科学性的表述,如果我们将这些表情符号进行规定性的组合,就可以得到一个我们长期表述的科学表述方式和压缩性表示方式,会出现一种符号形式的叙事方式,而这种表情符号的叙事方式实质上是一种情景下的叙事方式,给出了对问题的态度、怀疑、肯定和否定等系列的表述形式,这种表述形式的参与让科学表达的语言更加准确,更接近于人的思想,更加使人能够对某人的观点进行画像。如果我们将这些符号与资源属性标定进行联合使用,就可以将资源的属性和个性化属性一起构成带有情景性的资源属性。

我们可以通过表情符号对学生进行画像,比如我们瞄准在同一个问题上讨论学生的不同反应的问题、测试学生对知识掌握的程度问题、学习的态度问题、对知识的兴趣度问题、个人的学习状态问题、个性问题等信息提供画像。

表情符号时序的变化过程记录对我们在大数据分析下的行为过程分析非常有

效，我们可以掌握一个人在吸收知识时的情绪变化、在什么环境下吸收效果最好以及在什么环境下对知识进行排斥等。我们可以分析出每个人的长项和短项、每个人对这个知识的喜好，可以统计出人成长过程当中的因素，比如说他对个别表情符号表现出的强烈反应，将会成为他成长过程当中的事件因素，这些因素也为学生画像提供了依据。

我们可以通过表情符号来判断一个人掌握知识的程度以及熟练程度，可以通过表情符号差异分析和变化分析看出这个学生自身对知识的态度，比如：运用自如、模糊等系列问题，我们可以根据这些信息对其学习进行个人画像。

2. 表情符号与画像的结合

表情符号有很强的语意概括性，它的情绪的表述和语气语意表述，为内容获取提供了帮助，给出了人们明确的观点，比如：赞同、反对、坚决反对、坚决排斥等方面的表述特征，同样也给出了喜欢、伤心等问题的表述，以表达态度上的认同感和不认同感。表情符号概要性的描述为大数据态度、情感、认同感、概要特征抽取奠定了基础。表情符号可以构成语句以及语句的逻辑关系，所以将大大压缩相应的文字表述。随着文化的发展，网络变得更加简明化、聚焦化，表述问题非常明快清晰，表情符号在其中起到了重要的表述作用、重要的特征记忆作用，表达了重要的关键词下的观点和态度，以及重要表述段落的语气和思想。科学的问题的观点需要进一步的提炼，它的思想表情是复杂的，许多问题处于疑问状态，而且疑问的程度也是不同的，再加上学者、专家们表述问题都非常谨慎、含蓄，不轻易给出反对的态度，所以就需要针对教育和科技领域给出教育、科学的部分表情，这些表情可以分成不同的程度，让问题的表述更加明确。

在教育智能化中，我们可以根据个人画像和每个人对问题的表情表述进一步分析所发表问题的权重，比如此人是这个领域的顶级专家，那么对他的大数据统计就要有别于其他人，要对其观点权重进行值提升的处理，如果是一个外行人应该对其观点权重进行值减小的处理。又比如：目前，在画像中对人的表情进行重点标定，要作为特征进行抽取，作为相应的参考文献进行特征抽取，要进行聚类组合，对其类型进行另类统计。我们有必要建立理论观点库，通过表情符号记录的统计分析、历史表情变化的分析对观点的发展进行判定，对国际理论的观点趋势进行判定，对当下观点进行判定。这些判定在政治、经济、工业、教育、科技等方面将具有很重要的意义和参考价值，而观点态度的细化进一步揭示了科技工作者和教育工作者的心理状态，形成了评价体系中更加细化的层次，比如会出现模棱两可的判定、怀疑的判定等，这正是科学研究和教育研究中的重大需求；尤其在教学评价中更需要通过表情符号的细化引出问题的细化，我们可以根据问题进行颗粒度的定义，比如趋势问题可以使用粗颗粒度处理统计，而特殊的、突发的、产生重大影响的问题就要用小颗粒度进行统计和分析。

4.2.3　表情符号在在线教学中的应用

有了表情符号就可以很容易地定位相应的内容，同时可以通过关键词和表情符号进行联合特征提取，甚至对外文的相应内容也可以进行这样的数据挖掘特征提取。除定位寻找问题之外，表情符号在对整个问题的统计分析上也提供了相应的特征，尤其在对教师讲课问题的统计上，比如对学生课程感兴趣度的调查等问题，都可以通过这样的符号进行统计和分析。

1. 在线学习分析应用

在网络课堂学习过程中我们可以命题，让学生进行讨论，让学生充分发表表情符号意见，对学生讨论时发出的表情符号等内容进行统计，根据趋势变化不断调整教学策略，并将问题逐步引申。这种趋势分析判断对教学认知过程建模、找出更好的认知规律将更有价值。

在教学过程的所有调查问卷建议都应该采取这样不经意的网上表情符号获取方法和手段进行问题的捕捉，进行概要性、趋势性的分析。这样快速、真实有效的获取比调查问卷效果要好。其克服了调查问卷出卷的片面性和导向性，克服了由于考核与被考核之间所造成的不信任感、压力感。网上表情符号与部分文字较为全面地反映问题，是一种多态的表现，更加人性化，从中我们有可能会获得相应的表情感知心理模型、以教学表情为基础的评价模型。其更加科学地给出了学生的诉求、教师渴望的真话、教师教学调整的依据，这些表情如果能与学生本人挂钩，智能教学就可以针对学生对这门课的具体情况给出相应的教学辅助支持。

学生在听课过程中会引发以下情况，比如：内容弄不懂、没听懂、不想听、听不进去、似懂非懂、不懂装懂、半懂不懂、了解、理解、深入理解、可以在理解的基础上提出问题、提出反问、可以理论联系实际或者就是提不出问题、不知道不明白在什么地方进行表述等系列现象，建议在这些问题的描述上给予表情符号的支持与制作，给出适合教学问题的表情符号，让学生熟悉这些表情符号，不加思索地给出问题的第一反应。

能够随时大量地通过数据采集统计出相应的听课效果和知识吸收型效果，这样的做法既安全、速度且表述清晰，而且教师不会受到刺激，形成一种非常文明的符号型的语言交流，教师不断根据表情符号和海量采集的态度进行教学策略调整。从学生角度来说，表情符号表述是一个比较符合其心理状态的自然表述，尤其在讲课过程中，许多学生处在一时不明白的情况，关键是不知道自己不明白在哪儿，如果问题不及时发现、不及时提出，而是让一个不懂再加上若干个不懂，累计下来就会出现非常糟的学习效果。多个问题的叠加很难去判断出不明白问题的所在，这是讲课的大忌、学习当中的大忌，但是如果能够通过表情符号及时地提出问题，教师也第一时间通过相应的辅助系统去获得现象并定位问题，给出问题的文字描述，问题定位智能就成功了。

我们希望通过这种海量采集表情信息数据，对教师的讲课策略进行调整，调整的内容包括速度、语气语言、亲近感、对问题的看法等。

2. 网上调查及定位应用

在网络考试后想获得学生对考试的看法，并根据学生成绩和看法找出网上信度、效度、区分度以及考试的评价模型指标，网上学生表情符号统计调查就是一个较为有效的、真实的手段，而且可以针对非常性的表情符号进行重点抽取、提取文字进行语义分析，可能会找出一些教学问题。

我们可以根据我们要调查的关键词去搜索相应的态度，问题既灵活又反映现实，而且是不经意地获取态度和观点，这种自然的获取具有保真性，有很强的客观性，与问卷调查进行有意的、问题导向的获取有利证据相比起来更加科学和真实。

在网上文字交谈问题定位的做法当中，表情符号仍然起着重要作用。因为在交谈当中速度比较快，而且有时候问题很难用语言精准地表述，如果是在网上进行交互，我们就可以让双方通过语言加表情符号进行讨论，使双方都能够非常准确地明白对方的问题所在、探问的方向所在、问题理解的程度，而且可以对对方的心理状态进行了解。

4.3 教育特性与网络特性的渗透

当前的网络教育形式是属于知识承载式的传播形式，它是利用网络的传播特性进行知识的传播，而本节所讨论的内容是利用音乐特性完成隐含知识的传播、知识理念的传播，属于一种和谐环境下的知识传播形式。

当今的网络承载知识的形式是复杂多变的，是多种媒体形式的融合，是不经意间的，它更加强调的是所见即所得，知识的内容更强调隐含在娱乐和生活中，更加强调"做中学、学中做"的理念，更加凸显的是网络的激励反馈机制，更加强调的是自身的领悟和自身的理解，更加强调的是在学习的过程当中的个人追求学习知识的欲望，更加强调的是在社会交流当中的知识交换，更加主导个人在对知识理解的基础上进行观点发表、观点争论等形式，更加强调的是全民意识的学习，突破了现有的课堂教学模式、培训模式，将高科技内容、教学内容、科研内容的界限模糊化，将专业和生活内容模糊化，将专业与专业之间的界限模糊化，将生活与教学模糊化，更加突出高端内容先于课程和学术，更加突出多方位的教学，更加突出多方位的对知识的表达和理解，突出对知识的应用和可视性，更加突出人们对知识理解后的行为，更加强调每个人对知识理解的状态，更加强调在知识渗透过程当中对人的尊重和理解，更加人性化地进行知识的推送，更加强调自我意识的提升，更加强调对自我知识结构的改变，更加强调在网络特性当中的激励和融合渗透带来的学习的积极性、主动意识的发现、协作、交流。

以上这些表现的趋势和特性大多数不是反映在教育平台，而是反映在许多娱乐平台上，下面我们分析唱吧平台来阐述我们对音乐特性问题的研究。

4.3.1 唱吧的音乐特性

当前流行的唱吧平台，是经过媒体平台技术处理的音效提升的平台，它在不失真的前提下，通过音频技术手段美化人们的歌声，并根据歌唱者的音频的模仿度、节奏的模仿度、音乐气质的模仿度、音效的配比等给予一定的专业评价。唱吧的健康性是不言而喻的，首先它对歌者声音的美化给人带来了愉悦和兴奋，带来了惊喜和满足；从相关文献中我们得出的另一项指标是连续唱两个小时的歌曲就相当速跑 100 m 的锻炼，对增加肺活量来说是个有意义的活动，指标上指出一般人的肺活量是 3 500 mL，而专业歌者的肺活量是 4 000 mL 左右。

但唱吧的艺术特性非常适用于网络教学教育的传播和特性的移植，其许多的优势是当今教育当中没有被吸收的，其艺术网络的特性大大促使了人们对其内容的关注、对其思想的吸收和对问题的热衷。它既有一定的广播传播特性，又有一定的教育特性。唱吧是一个使歌者非常有自信心、敢于歌唱、敢于突破自己、敢于挑战他人、敢于面对社会和家人的自我展现平台。在唱吧歌唱的过程中，歌者的自尊心和对艺术追求的欲望获得了满足，这个满足包括歌者与高手对决的欲望，歌者与专业对手攀比的欲望；唱吧的模式打破了人们演出模式和 KTV（指配有卡拉 OK 和电视设备的包间）的娱乐模式，使人有自己的社交圈、朋友圈、粉丝圈、好友圈，致使在评论、欣赏、内容追求以及品质上具有他们的特有的内涵。

1. 唱吧环境特性

唱吧的歌者大多都经过在中小学时候音乐课程的教育，但是在生活当中缺乏带有专业引领性的学习环境，缺乏人们相互沟通和相互欣赏与认识的艺术环境，缺乏人们相互鼓励和安慰的环境，缺乏在专业评价下的比对提升环境；他们经常处于孤芳自赏的唱歌环境，缺乏优质伴奏独唱的环境，由于声带条件不好缺乏对自己的自信心，缺乏对优秀作品追求仿真的自信心，缺乏相应评价标准和自我提升空间，缺乏鲜花和分数评价激励，缺乏好友的鼓励和捧场。

唱吧弥补了以上的缺失环境。唱吧以尊重歌者为设计理念，珍重各方面的参与者，非常重视专业性的评价和优质推荐，虽然存在一定的商业模式，但不令人讨厌和烦恼，因为其是在自愿前提下享受的增值服务；它充分利用了人们的虚荣心理、学唱心理、娱乐心理，充分挖掘人们对艺术的鉴赏力、艺术的表达力、歌曲的模仿能力、媒体的表达力，充分利用人们社交的能力、人们对作品和文化的理解能力、歌者追求歌唱技能知识的能力进行设计。唱吧设计者在重视娱乐的同时更重视歌者提升空间的设计，如在编辑环境、跟唱环境、合唱环境、对抗环境、专业裁判测试环境、独自开放音乐房间的环境等的设计，更注重专业的分数评价的激励、相互有价的激励和无价的激励的设计，重视展现歌者自身的素质的空间设计，给出了作品发布的多种自我设计和自我包装的手段，比如：歌曲的欣赏范围、合唱的权限、议论的权限、媒体照片的配备、发布留言等，这些音乐平台性能元素非常值得教学资源平台设计者关注。

2. 唱吧资源品质特性

唱吧非常注意资源库的建设，非常注意歌曲的品质和对作品历史、作品的尊重，在歌曲的采集范畴和理解度上非常注重知识的扩展和提升全民的素质，在设计中除关注娱乐型的导向外，更让人们关注歌曲的正能量的价值、优秀门派的继承、作品思想的内涵、艺术的欣赏导向、成功作品的品质。其非常注意音乐的引导效果和主导效应。在作品的筛选上，其非常注重歌者教育提升的空间，提升技术的分辨率、清晰度和可懂性，让歌者在自我能力的基础上培养自信能力、辨识能力，这样的设计宗旨非常值得网络教育学习。

3. 唱吧自我建构特性

在能力提升和自我能力技能提升方面，实施"做中学到学中做"的设计理念，周而复始地进行，并同时对歌者的每一句都进行定量定性的评价，让歌者全面并多次对作品的理解、发音部位的尝试、气息运用的实践、作品关键部分处理方法进行解析；充分利用比对教学法、评价法进行引导性练唱和自我学唱。虽然它引导歌者学习，但是它掩藏了它的教学特性，而展示了它的艺术特性。它以艺术形式渗透了教学的内涵和内容；在教学上它成功地运用了多种比对形式，与其他歌手比对，进行挑战中的分数比对，对单句的数据评价比对，在比对过程中，不断地去提升歌者的听力、辨识力、对问题的发现能力、对作品的理解能力、对所模仿的歌手唱歌特征的捕捉；用激励的方法对其进行 PK 和对决，并给出比赛结果进行激励。

许多歌者在创新心理的驱动下愿意超越自己、挑战自我，实现明星专业的高仿效果，大胆地、尝试性地将自己的风格特性加入作品当中，形成自己的风格和对作品的独特见解，这种不断地追求和升华的空间，使人们在艺术境界上和生活境界上就有了一个质的飞跃，这正是我们想追求的潜移默化的教学效果。

4. 唱吧有价学习和等价交换机制

优秀的作品需要平台，没有平台即使再优秀的作品也不会有人理睬和关注。如果学习没有任何消费代价，或者获得人家的好评时没有任何的回馈，就会失去社交的最初的基础，就会失去交流学习的空间，就享受不到相应的激励和反馈，也就失去了社交交换的基础。如果没有任何社交交换的条件，没有优秀作品，没有品质的作品交换，歌者的学习空间和能力建构环境就不会得到改善。但如果这个歌者付出了一定的有偿代价，他一定会更加努力去做，他会珍惜自己的付出和努力。

如果他只是进行一般的娱乐享受，不顾及别人的感受和想法，自尊心也过得去的话，那么他的唱歌水平相对不会得到较大的提升，他的作品也不会得到关注，社交范围、社交观点和社交的好友都会逐渐减弱，歌曲的同等级或者更高等级的人的交换和欣赏环境会逐步淡化和减少，遇到高级歌手和更好的歌手的机会就会逐渐减少，会失去很多的学习机会。优秀的歌手是环境烘托出来的，优秀的作品也是需要平台共识的，如果只是唱吧评价系统承认，不被大众承认，这个作品仍然算不上优秀作品。唱吧歌者之间在推荐、转发、点赞、评价、送礼的过程中，除了对对方保持必要的平等性的礼节之外，都会对对方有一个最基本的判断，是不是一只潜力股、值不值得对等交流等。推荐、转发、点赞、评价、送礼是一个示好和社交性的表现，是一种有一定诚意的表现，有价性的推荐和有价性的交往将非常有利于一个歌手的提升。而这种有价性的交换和提升往往是处在一种等价的条件下，即消费金额的等价、礼物的等价、网上社交地位平等。这种网上的等价交换行为非常符合在现实当中的社交行为和社交知识交换行为，也是未来网络知识传播交换的特征。这也证实了在当今网络教育中许多无偿贡献的课程资源无人问津的原因，即把有价值的资源课程变成了无价值，从承载有价值的学术平台上下降到公开资源和无版权的资源课程，再好的教学资源无好的平台支撑甚至媒体宣传也会大打折扣；从消费心理，人们买贵不买便宜，争取有价学习的过程，不去看白送的课程资源。

4.3.2 唱吧对教育资源的启示

1. 设计内涵

从唱吧当中我们可以吸取激发人追求的因素、向往的因素、联想的因素、精益求精的因素、内容的模仿因素、创造发挥因素、叙事情感因素，而这些因素正是我们教育资源内涵当中缺乏的。也就是说，我们应该把教育资源看作是一种艺术品，看作是能够挖掘人潜力的平台，不仅仅是告诉什么是知识，还通过这个知识的引导让人联想到更多的知识，联想到更多的应用，联想到更多的表达形式和发挥形式，找到他自我表现的机遇等。我们要以艺术的眼光去欣赏知识的美，将教育资源看成艺术的产物，要在知识的传播中让人们模仿、效仿、调整、逼近作品和学习目标；让学习者可以对知识的细节逐行进行比对、理解，给出对知识理解过程中所获得评价、评判即量化的分数，让学习者有非常强的直观感、刺激感，以及对正确问题的追求和欲望。

也就是说，未来的资源建设应该着重于它的知识内涵的匹配、知识问题的匹配、知识理解过程偏差的比对匹配；在语义理解的基础上，找到问题的定位，找出差值，找出评价量化方法，让学习者不断地进行自我认识的调整和提高，不断地进行知识熵值的逼近。也就是说，我们要把已有的很多教科书的内容进行知识的提炼，让它们能够完成对知识的各种语义的表达、各种知识结构的表达，而不是让知识只停留在一种形式上，就如同歌曲具有很多种演绎形式一样。在对知识理解的过程中，教学资源如果能够对学习者表达的内容进行语义抽取，可以进行形态型的转变，可以对它的内容进行发挥，可以用很多案例进行形式一样的分析和强化的话，平台就能够发挥对知识的理解促进作用，就能够激发学生的积极性和自主性。

未来教学资源建设的重点是资源的内涵，人们将要花费大量的内容进行积累，给出对知识多层次、多结构、多语义、多分辨率、多个颗粒度的理解，多种类型的评分，造就出一个类似于唱吧的知识学习的方法。资源结构智能性的提升是未来题的关键，是解决专家系统完成理解的关键。从技术上看，这里就包括对语义理解量化、问题理解偏差性量化的问题。

虽然唱吧偏重于音视频的媒体表达，学习平台偏重于虚拟现实空间的表达，但唱吧在设计理念上和 VR 学习平台有一定的相似性。歌者在对原创理解的基础上，对歌曲进行创新，突出反映在作品的综合创作表现在自身的歌曲演绎，留言为创作思想的深化，媒体配图为创作形象性的表述；综合凸显了歌者的才智、艺术造诣和素质。

2. 评价借鉴

唱吧评价分数包含歌者对内容感情性的理解、技巧性的理解，精准处理的理解，听力的评价、发音的评价，不同风格理解的评价、不同类型歌曲唱法的评价、发音模型的评价、各种语言唱歌处理的评价、音准的评价、节拍校准的评价，主观上还包括：对音效配备的评价，媒体、个人文字表达融入的评价，综合一体性评价等。而这些指标非常像我们对知识的理解，比如：对知识理解的深度、知识掌握程度、知识与当下问题的接近程度、理论与实践联系的程度、联想的程度、层次理解引申的程度、问题的叙述形式等。其目的是希望构造的资源能让学习者有更大的发挥和提升空间。

唱吧歌曲的理解和评判既来自专家又来自大众，它体现了人们对艺术的不同角度的欣赏力，体现了每个歌者将歌曲融入自身的能力，体现了歌者的理解度，体现了歌者在某种环境下、某种心情下的表演和表达能力，当然也反映出歌者和评判者的对知识理解的差异度、对歌词的理解度、音乐处理的理解度、歌词作者的理解的深度。

那么对知识的理解也可以像唱吧一样进行 PK，在对一个知识的 PK 当中，不断找出自己的同类合并，不断找出自己的同盟者，即使失败了，也知道失败在何处，失败的量化级是多少，具体哪个知识点哪一个问题的表达出现失误。而这种方法一旦实施将会对教育资源自身的学习和自身的测试起到关键性的作用，让系统里内涵了考核、校正。如果知识结构也是以这样的架构出现，那将会废除一些考试，也是未来教育技术里所期望的。

在资源学习评判方面，唱吧有一个可吸取的地方，就是它非常重视他人的评价，它站在不同欣赏角度进行评价，比如：以不同的风格门派进行评价，站在反对和厌恶的角度评价，站在专业的角度评价，站在非常业余的角度评价，系统对所有的评价等给予积极的肯定，在部分的 PK 中给出量化等级，人为的质的评价虽然不直接对评价进行量化，但是其影响力非常强，它直接影响人们对作品的判断，直接影响作品所获礼品的等级，直接影响了粉丝人群数量和转发数量，也就是说，歌者作品所获得的分数是多方面因素决定的。

3. 心理与环境设计

唱吧不仅仅是通过量化等级来驱使歌者进步，更重要的是它通过 PK、社交、赞美性转发、积分、裁判、各个地区范围的得分等手段提升歌者的唱吧受尊重的地位，提升歌者发奋的自觉性和积极性。尤其在带有一定的有偿奖赏当中，将会直接刺激人们的利益、消费心理，刺激歌者和听者的自尊心，他们就会自觉或不自觉地支持这种消费，就会去努力、攀比，努力找出差距，不断地在每一首歌当中获得自我价值的体现和自我欣赏的满足。

而在资源学习中我们也需要寻找这样的环境，让学习成为一种快乐和消遣，成为一种自行激励的环境，而且在这当中不断地受到尊重，不断地受到自己发掘所带来的创新和创造性的尊重，提升自己的美誉度，提升自己对知识理解的创造度，并且自己的成就和创造迎来周边的人们的理解和支持。

教育资源的形成最重要的一点是要让接收者舒服，让学习者有很强的冗余度，有很强的自主性，有一定的娱乐环境和奖励机制，要有能够自我建构的环境，允许有自己的观点和相适应的评价机制。由于网络教育资源是由传统教育资源加互联网而构成，所以许多的观点仍然延续旧的思想观念，在技术实现上也确实达不到实现这些问题的水平；而在人工智能的今天，这些环境将有可能实现；要构造这样的环境，首先要求我们厘清知识未来的表达结构、表达方法、关系结构、关联结构等系列问题。

4. 结构设计

未来的人工智能技术将会辅助人们进行这方面的知识的获取、对知识的理解和知识的分解，知识的分解会有助于人们对知识结构和知识层次完成合理的搭建，会有助于人们向最优目标逼近，会像唱吧一样不断地寻找适合于人类学习的方法。教育资源的知识结构应该从纯知识的承载转为知识内涵结构的发展，比如：从结构中增加潜移默化的鼓励机制规则架构、潜移默化的知识引导架构、潜移默化的知识的多种表达架构、不同类型问题答案的架构，对正确问题的引导和差距评判的架构等。这些架构的形成需要通过人工智能不断地训练学习、语义的专家系统下的大数据的提炼、知识聚类等工作来完成。

未来的资源结构切不可将书本的唯一性的定义作为知识评价标准，我们要认识到知识的人性化、性格化、多面性等。知识会因为人处在不同的磁场而具有不同的解释，不同的时空、不同的环境都会给人们带来对知识解释的差异，而且就一个人来说，他对知识的理解表达，在某一个空间位置、某一个时间段、某个精神状态情况下、当下的身体条件下，所叙述的知识也都不是完全一样的；不同的人对知识的理解也会有差异。也就是说，人们的智力和对知识的认同，将会随着他自身周边环境的不同而产生差异，所以就需要我们对知识有不同的多方面的冗余度、理解容度。

5. 歌者类型分类

歌者分成三个层次：第一个层次是完全处于自我娱乐，没有歌曲标准的概念，完全属于消遣，这就好比我们在社交网络当中，一部分人在知识面前表现出无所谓的、消遣的态度。第二个层次是他要对歌曲外在效果进行模仿、效仿，追求其唱法技巧，这种效仿和模仿至少是在对歌曲旋律和歌词有一定理解的基础上展开的，且歌者具有一定的自信心，出于对这首歌曲的追踪和喜好，具有主动追求和主动学习的意识；在我们学习环境当中，这种追求性的学习和模仿性的体现，在对知识没有很深的理解情况下，也就是说，对歌词理解得不是很深的情况下，它将是一个较为有效的方法，较为注意对分数的获得和外界的一些评价。第三个层次也就是最高境界，是带有创造性的发挥层次，甚至其从风格、技法唱法处理、技能技巧上高于其他歌者，不在乎分数的得失，非常在乎歌曲的品质，在意理解，在意表现自我，带有相当的批判思维去审视原作和他人作品，但是他将拥有唱吧的地位和认同，这种有一定造诣的歌者，追求的是创造性，追求的是对歌词的另一方面的理解，追求的是对问题的另一种的解答和方法，采用的是对歌曲的另一种态度，具有一个歌唱家或者科学家的态度。

4.3.3 资源与歌曲平台的关系

教育思想和艺术思想是分不开的，都是在表达人类的情怀，表达人类对自然界的认识，表达人们情感的认识，只是承载的媒介不一样，教育承载在书本当中，歌曲承载在民间当中。但是它们是相辅相成的，比如音乐旋律将非常有利于人们对知识的理解和辅助知识的记忆，人们会在音乐旋律的帮助下将原有枯燥的记忆转变为环境感知的记忆，将无特征的记忆转变为有特征的记忆，将旋律共鸣的特征转为携有知识歌词的旋律共鸣。这些优点都是在教育中急需的。音乐承载平台和唱吧又进一步体现了教育的特性，体现了自我建构和自我学习的特性，它们是在音乐中获得认识，在音乐中获得学习，在歌曲当中获得对歌词的理解，在旋律的品位中获得诗意的理解、歌的背景的理解以及歌曲历史的理解，是承载在音符上的教科书，是教育教学的辅助支持系统，它们带来的人们身体的信息接受和知识感知，远远大于教学说教。对歌曲的理解将大大提升人们的情怀，提升人们自身的素质，提升人们对知识的更深层次的理解，提升学习者对问题想象、联想、迁移，会产生同化和顺应的催化剂。尤其是带有感情性的理解，这种理解方式，如果被我们平台建设所吸收，就会在人工智能资源发展的角度根据知识的背景进行有效的配音配乐，进行有效的音效下的知识配送组合，而这些音乐配设都可以通过人工智能来自动配置完成，通过学习进行配置完成，这就推出了未来教育技术知识配乐学习推送方式，这种推送方式可以承载以下几种形式。

（1）加强记忆型：通过音乐承载和人们对音乐的反复练习，加强其旋律对知识的携载能力和知识的记忆能力。

（2）加强知识的理解性：通过旋律和感情的抒发，对知识内容和背景进行理解，进行气氛渲染性的学习，进行情绪感知性的学习，进行知识内涵的理解，进行对作者立意的理解。

（3）加强创造性的理解：音乐是一个承载情感非常强的、表现力极为丰富的、涵盖范围非常广的媒体，它的表现力远远超过知识的表达范围，它的深厚的内涵、情感的渲染将给教师和学生无限的想象空间、情绪的激励空间、创意的火花、解决问题的灵感。音乐是一个画面性的知识，给出的是一个问题的空间、启迪的空间、联想的空间，这种音乐的创造将会使你看待问题产生更深入的理解，给你更大的魄力和勇气，让你敢想你曾经不敢想的问题，让你敢尝试你原来不敢尝试的问题，让你敢去跨界思考问题，去设计许多原来认为不可能的问题。在音乐中你找到似乎见过的现象和问题，在联想中你似乎感觉到离成功的距离，如果音乐不适宜也会产生相反的效果。

（4）加强问题的观察度、感知度和敏感度：音乐是一个对世界万千问题的写真，音乐的跨界性、各种事物的伴随性、宏观和微观的描述、人间冷暖都有非常准确的写照；充满了形象化、自然化、艺术化；在音乐声中我们可以培养出对问题的观察度、感知度，更重要的是学习音乐本身对问题的敏感度。学会像音乐一样对周边环境信息的吸收，周边气氛的理解，对描述的事物境界的升华，学会从音乐声中找到自我、看到他人，置身于音乐的历史时刻。所以，在未来培养科学家和教育家的过程中，在培养创新人才的过程中加强音乐艺术的修养，提升他们在科学研究中的观察度、感知度和敏感度。在国家"明天小小科学家"大赛和全国青少年科技创新大赛一等奖和二等奖的获得者当中，70%以上的学生都有音乐方面的特长，这进一步说明音乐修养与科学感知等内涵相关。

（5）加强对其辅助作用：音乐当中人们往往在联想的过程中产生对问题的好奇和灵感，人们会对歌手的唱法和风格敏感，会对作品的旋律产生惊奇和兴奋，会习惯地在某种类型旋律下产生对某个事物、环境、人物的回忆和思考，由此产生对解决某个问题的启迪。如果我们根据不同的人群进行以上问题的统计，我们将会发现这是辅助人类解决问题的方法，是正向推动思维的一个重要手段。

4.3.4 平台借鉴问题的研究

通过唱吧的教学，我们感到了另一个教学市场的出现，也是教育思维的新问题的考虑，那就是在新技术环境下，可以将业余歌手转变为专业歌手。如果我们采纳人工智能替代和个性化学习的思路，就可以进一步挖掘唱吧的歌手定制功能，比如选择了李双江的音质和唱法，那么所唱的歌将会从风格、唱法上出现相应的效果。也就是说，我们能否通过这样的功能和风格借鉴完成教学当中某人教法的替代、某人教学的策略的替代。

另一个对笔者的启示就是，我们普教的音乐课程是否能够掌握在某种唱吧一样的平台的基础上进行教学，着重于对它的风格、唱法等问题的普及，给出最基本的唱法训练教学，给出最基本的合唱技法的教学，给出自娱自乐方法的唱歌教学等，提出新平台下的教学方法，与社会科学和自然科学并行前进，不断地在新平台功能中产生新的教学概念和理念。我们可以借助这样的思想完成实习实训平台升级下的教学内容升级改造问题。

知识和音乐是不能分割的，音乐和歌者也是不能分割的，我们要通过唱吧等平台特性实现知识的承载，进行全民性、多方位的音乐与知识的相互渗透。

我们要让教育资源学习特性中加载音乐特性，让教育平台设计呈现出唱吧等因素，给出学生自觉发挥能力的特性，让学生在资源学习当中反映出品质，勾起学生情绪的发挥，激发他们的情感和主动性。我们要通过人工智能给出有生命、有感情、可以交互的学习资源，让资源不仅仅是一个知识的唯一答案和定义的解释系统，更应该成为在学生认识的基础上通过交互不断探讨问题的、自我认识、自我建构的知识空间系统，不是资源单项输送成为知识传播的主要途径，而是将音乐情感加教育、音乐环境加交互、感知加对问题的敏感度等的认识过程作为主要知识获取途径。

未来的学习资源要能引领学习习惯，未来的学习资源要学会有自己的性格和自己的独立的气质，未来的学习资源要像一只领头羊一样去带动学生进行多方面的探索，而这些特质都将由教育智能来决定，智能的程度将决定资源的优质性，将决定学习资源的可塑性和发展性。作为学习资源给出知识并不是一个很重要的问题，未来的研究目标在于这个知识怎么给、以什么方式给、能否给出由知识图谱产生的知识解释全集、给完后是否能够构造出多种问题、给出后是否能让学生建构问题的自己等。在这方面，VR学习平台和游戏学习做出了典范，展示出了非常强的内涵性、嵌入性知识的表达形式，设计全面的游戏规则图谱、可塑性的知识拓展空间。

参考文献

概述

[1] 余建斌. 互联网走进千家万户 [N]. 人民日报, 2020-10-19.

[2] 沈向洋. 理解自然语言：表述、对话和意境 [J]. 中国计算机学会通讯, 2017 (12): 14-19.

未来教育技术研究基础

[1] 李小平, 许琼, 胡博. 基于影视艺术的教学资源建设新模式——网络影视课件学 [J]. 北京理工大学学报（社会科学版）, 2015 (2): 153-160.

[2] 张琳, 李小平, 张少刚, 等. 基于远程教学视点下的大数据挖掘模式问题研究 [J]. 中国电化教育, 2018 (4): 41-49.

[3] 李小平, 陈建珍, 赵丰年, 等. AR/VR 学习情境设计问题的研究 [J]. 现代教育技术, 2017 (8): 12-17.

[4] 李小平, 赵丰年, 张少刚, 等. VR/AR 教学体验的设计与应用研究 [J]. 中国电化教育, 2018 (3): 10-18.

[5] 李小平, 孙志伟, 张少刚, 等. 影响力视角下虚拟现实教学设计研究 [J]. 中国电化教育, 2018 (12): 120-128.

[6] 李小平, 许梦幻, 赵丰年, 等. "互联网+研究生教育"资源建设生态问题的研究 [J]. 学位与研究生教育, 2017 (4): 26-30.

[7] 李小平, 张琳, 赵丰年, 等. 虚拟现实/增强现实下混合形态教学设计研究 [J]. 电化教育研究, 2017 (7): 20-25.

[8] 李小平,张琳,张少刚,等.智能虚拟现实/增强现实教学系统构造研究[J].中国电化教育,2018(1):97-105.

[9] 李小平,赵德贵,宋晔,等.人体骨架图像颈部分支错移修复方法的研究[C]//全国信号和智能信息处理与应用学术会议会刊,2014.

[10] 李小平.网络影视课程编导论[M].北京:北京理工大学出版社,2016.

[11] 李小平,张会利,张琳,等.基于网络影视课程编导理念的微课教学设计研究[J].中国教育信息化,2017(6):55-59.

[12] 李小平,孙清亮.基于第五代移动通信技术的网络教育应用研究[J].电化教育研究,2019(1):1-6.

[13] 孙志伟,李小平.系统整合视角下的教育大数据应用研究[J].中国电化教育,2018(11):111-117.

1.1

[1] 冯登国,徐静,兰晓.5G 移动通信网络安全研究[J].软件学报,2018,29(6):1813-1825.

[2] 鲁义轩.5G 白皮书发布 直指网络革新痛点[J].通信世界,2016(15):42.

[3] 尤肖虎,潘志文,高西奇,等.5G 移动通信发展趋势与若干关键技术[J].中国科学:信息科学,2014,44(5):551-563.

[4] 高媛,刘德建,黄真真,等.虚拟现实技术促进学习的核心要素及其挑战[J].电化教育研究,2016,37(10):77-87,103.

[5] 刘友华,李雨维.第五代移动通信技术专利情报分析及战略[J].科技管理研究,2016,36(9):155-160.

[6] 罗振东,魏克军,陈晓贝.标准制定即将启动,5G 概念和技术路线逐渐清晰[N].人民邮电报,2015-04-16(5).

[7] 杨进中,张剑平.虚实融合的研究性学习环境设计[J].电化教育研究,2014,35(12):74-80,85.

[8] 本刊讯.IMT-2020(5G)推进组发布 5G 技术白皮书[J].中国无线电,2015(5):6.

[9] 柯和平.精品课程高效开发模式探索[J].电化教育研究,2008(7):9-13.

[10] 杨晓宏，李运福，杜华，等. 高校在线开放课程引入及教学质量认定现状调查研究 [J]. 电化教育研究，2018，39（8）：50-58.

[11] 沈中华，张欣琦，任俊宇. 手机银行业务对商业银行盈利与信用风险影响探析——以中国上市银行为例 [J]. 上海经济，2018（3）：108-121.

1.2

[1] 李小平，孙清亮，张琳，等. 5G的发展历程、特点及其对教育理论的延伸. 电化教育研究，2019（29）：9-11.

[2] 项立刚. 5G的基本特点与关键技术 [J]. 中国工业和信息化，2018（5）：34-41.

[3] 孙莹，吴磊磊，黄照翠. 教育技术与信息技术的比较研究 [J]. 现代教育技术，2007（6）：14-17.

[4] 李世东. 论第六次信息革命 [J]. 中国新通信，2014（14）：3-6.

[5] 立刚科技观察. 第七次信息革命与智能互联网 [EB/OL]. http://www.sohu.com/a/6231857_116443.

[6] 傅力军. 5G技术现状及4K over 5G业务前景 [J]. 广播与电视技术，2018（6）：54-58.

[7] 上海城市创新经济研究中心. 项立刚：5G产业链及未来趋势全解析 [EB/OL]. https://www.sohu.com/a/303782400_748530.

[8] 李青. 移动学习设计 [M]. 北京：中国广播电视大学出版社，2015：47-50.

[9] 赵丽霞. 学习理论流派及其教学设计观 [J]. 天津市教科院学报，2010（2）：8-10.

[10] 孙静. 核心素养视角下高中生英语阅读思维品质培养策略 [J]. 教育理论与实践，2018（32）：51-53.

[11] 邬澜. 高职英语实施体验式教学的理论探索 [J]. 教育现代化，2018（25）：341-342.

2.5

[1] 张琳. 李小平，来林静，等. 基于游戏教学的分层数据挖掘方法研究与应用

[J]．中国电化教育，2019（2）：87-94．

[2] 李小平，张琳，张少刚，等．智能虚拟现实/增强现实教学系统构造研究[J]．中国电化教育，2018（1）：97-105．

[3] 张琳，李小平，张少刚，等．基于远程教学视点下的大数据挖掘模式问题研究[J]．中国电化教育，2018（4）：41-49．

[4] 李小平，张琳，赵丰年，等．虚拟现实/增强现实下混合形态教学设计研究[J]．电化教育研究，2017（7）：20-25．

[5] 李小平．网络影视课件学教程[M]．北京：北京理工大学出版社，2013．

2.6

[1] 李小平，董银银，等．基于知识图谱设计的VR教学资源建构问题研究[J]．中国教育信息化，2020（19）：15-23．

[2] 傅永超．国外虚拟现实（VR）教育研究与启示[J]．中国教育信息化，2019（22）：6-12．

[3] 中国电子技术标准化研究院．知识图谱标准化白皮书：2019版[R]．2019．

[4] 李振，周东岱，王勇．"人工智能+"视域下的教育知识图谱：内涵、技术框架与应用研究[J]．远程教育杂志，2019，37（4）：42-53．

[5] 张迪．基于知识图谱的教学资源推荐方法研究[D]．武汉：华中师范大学，2019．

[6] 中国中文信息学会语言与知识计算专业委员会．知识图谱发展报告：2018[R]．2018．

[7] BURDEA G C, COIFFET P. Virtual reality technology[J]. International journal of e-collaboration, 2006, 2(1): 61-64.

[8] 张国云，杨文正，赵梅．"技术赋能学习"视域下新兴技术在教育APP中的应用前瞻分析[J]．中国电化教育，2018（10）：107-117．

[9] NOVAK J D, GOWIN D B. Learning how to learn[M]. Cambridge: Cambridge University Press, 1984.

[10] ZHU H P, TIAN F, WU K, et al. A multi constraint learning path recommendation algorithm based on knowledge map[J]. Knowledge-based

systems, 2018 (143): 102-114.

[11] 黄奕宇. 虚拟现实（VR）教育应用研究综述 [J]. 中国教育信息化, 2018 (1): 11-16.

[12] ZOU X H. A survey on application of knowledge graph [C] // Asia Pacific Institute of Science and Engineering. Proceedings of 4th International Conference on Control Engineering and Artificial Intelligence (CCEAI 2020). Asia Pacific Institute of Science and Engineering, 2020: 141-151.

[13] 王冬青, 殷红岩. 基于知识图谱的个性化习题推荐系统设计研究 [J]. 中国教育信息化, 2019 (17): 81-86.

[14] VANSTEENKISTE M, MOURATIDIS A. Emerging trends and future directions for the field of motivation psychology: a special issue in honor of prof. Dr. Willy Lens [J]. Psychologica Belgica, 2016, 56 (3): 118-142.

[15] SHIN D H. The role of affordance in the experience of virtual reality learning: technological and affective affordances in virtual reality [J]. Telematics & informatics, 2017, 34 (8): 1826-1836.

[16] MAKRANSKY G, PETERSEN G B. Investigating the process of learning with desktop virtual reality: a structural equation modeling approach [J]. Computers & education, 2019, 134: 1530.

[17] HUANG Y C, BACKMAN S J, BACKMAN K F. Student attitude toward virtual learning in second life: a flow theory approach [J]. Journal of teaching in travel & tourism, 2010, 10 (4): 312-334.

[18] 魏玉良. 互联网人物摘要知识图谱构建方法研究 [D]. 哈尔滨: 哈尔滨工业大学, 2019.

[19] 钟卓, 唐烨伟, 钟绍春, 等. 人工智能支持下教育知识图谱模型构建研究 [J]. 电化教育研究, 2020, 41 (04): 62-70.

2.8

[1] 张琳, 李小平, 毛旭, 等. 工科视角下的创新机理与创新模型研究, 中国建设教育, 2019 (6): 78-82.

[2] 郭建锋,花会娟. 五大发展理念引领下高校创新创业教育路径优化研究 [J]. 思想教育研究, 2018 (9): 114-117.

[3] 熊彼特. 经济发展理论 [M]. 何畏,等译. 北京: 商务印书馆, 2013.

[4] 顾小清,王春丽. 教育创新路径: 延续抑或颠覆 [J]. 电化教育研究, 2015 (12): 5-10.

[5] 张敬威,于伟. 非逻辑思维与学生创造性思维的培养 [J]. 教育研究, 2018 (10): 40-48.

[6] 叶忠海. 提升自主创新能力对高等继续教育改革的启示 [J]. 河北师范大学学报 (教育科学版), 2018 (12): 61-63.

[7] 柴少明. 知识建构引领教育创新: 理论、实践与挑战——访国际知名学习科学专家波瑞特教授和斯卡德玛利亚教授 [J]. 开放教育研究, 2017 (8): 4-11.

3.3

[1] 郭斌,於志文. 人机共融智能 [J]. 中国计算机学会通讯, 2017, 13 (12): 64-67.

3.9

[1] 孙清亮,李小平. 资源智能体课程自育系统设计研究 [J]. 电化教育研究, 2019 (6): 98-104.

[2] 张立新,秦丹. 生态化网络课程中知识转化机制与方法研究 [J]. 电化教育研究, 2014, 35 (5): 70-75.

[3] 大泽博隆,鲁翠. 人与智能体交互: 与人相关的人工智能系统设计 [J]. 装饰, 2016 (11): 14-21.

[4] 洪昆辉. 高等智能与人的思维 [J]. 云南民族学院学报 (哲学社会科学版), 2002 (5): 14-18.

[5] 罗明东,李舜. 从他育到自育: 当代素质教育的必由之路 [J]. 学术探索, 2000 (1): 68-71.

[6] 任洁,冯国文. 自我发展教育的理论与实践 [J]. 教育研究, 2006 (8): 71-75.

[7] 张务农. 大数据应用于教学决策的可能与限度——基于教学认识论的视角

[J]. 中国教育学刊, 2017 (10): 64-69.

[8] 万海鹏, 余胜泉. 基于学习元平台的学习认知地图构建 [J]. 电化教育研究, 2017, 38 (9): 83-88, 107.

[9] 刘哲雨, 尚俊杰, 郝晓鑫. 跨界知识驱动创新教育: 变革机制与实施路径 [J]. 远程教育杂志, 2018, 36 (3): 3-12.

[10] 王陆. 信息化教育软件资源的生态资源观及其成熟度模型 [J]. 电化教育研究, 2007 (9): 50-52, 67.

[11] 马志强, 王靖, 许晓群, 等. 网络同伴互评中反馈评语的类型与效果分析 [J]. 电化教育研究, 2016, 37 (1): 66-71.

[12] 刘清堂, 李允贞. 远程答辩系统研究与开发 [J]. 电化教育研究, 2007 (8): 43-46.

[13] 李占雷, 于泓泉, 李素莲. 基于知识链的研究生学位论文质量保障体系研究 [J]. 高等工程教育研究, 2016 (2): 132-135, 173.

[14] 韩小雷, 季静. 浅谈如何将本科毕业设计与实际工程相结合 [J]. 东南大学学报 (哲学社会科学版), 2012, 14 (S2): 197-198.

3.10

[1] 李小平, 张琳, 孙清亮, 等. 基于教育大数据环境下的拟人机器学习问题的研究 [J]. 中国教育信息化, 2020 (21): 1-6.

[2] ANGELOV P P, GU X, PRINCIPE J. A generalized methodology for data analysis [J]. IEEE transactions on cybernetics, 2017, 48 (10): 2981-2993.

[3] BISHOP C M. Pattern recognition and machine learning [M]. New York: Springer, 2006.

[4] NGUYEN A, YOSINSKI J, CLUNE J. Deep neural networks are easily fooled: high confidence predictions for unrecognizable images [C]//2015 IEEE Conference on Computer Vision and Pattern Recognition (CVPR), Boston, MA, 2015: 427-436.

[5] LECUN Y, BENGIO Y, HINTON G. Deep learning [J]. Nature methods, 2015, 13 (1): 35-35.

[6] ANGELOV P. Autonomous learning systems: from data streams to knowledge in real-time [M]. New York: Wiley, 2012.

[7] ANGELOV P P, GU X. Deep rule base classifier with human-level performance and characteristics [J]. Information sciences, 2018, 463-464: 196-213.

[8] GU X, ANGELOV P. Semi-supervised deep rule-based approach for image classification [J]. Applied soft computing, 2018, 68: 53-68.

3.11

[1] 布林约尔弗森, 米切尔, 潘妍. 机器学习可以做什么？论其对劳动力的影响 [J]. 中国计算机协会通讯, 2018, 14 (3): 86-91.

3.12

[1] 李航. 自然语言对话：未来发展的机遇在哪里 [J]. 中国计算机学会通讯, 2019 (12): 41.

[2] 沈向洋. 理解自然语言：表述、对话和意境 [J]. 中国计算机学会通讯, 2017 (12): 14-19.

3.15

[1] 杨小康. 人工智能堵住了应试教育的华容道 [J]. 中国计算机协会通讯, 2017, 13 (12): 54-57.

3.16

[1] JACCUCCI G, FAIRCLOUGH S, et al. Physiological computing [J]. Computer, 2015, 48 (10): 12-16.

[2] GAO S, WANG Y, et al. Visual and auditory brain-computer interfaces [J]. IEEE transactions on bio-medical engineering, 2014, 61 (5): 1436-1447.

[3] BIN G, GAO X, et al. VEP-based brain-computer interfaces: time, frequency, and modulations [J]. Computational intelligence magazine IEEE, 2009, 4 (4): 22-26.

[4] 赵国联, 宋金晶, 等. 基于生理大数据的情绪识别研究进展 [J]. 计算机研究与发展, 2016, 53 (1): 80-92.

[5] HEALEY J A. Wearable and automotive systems for affect recognition from

physiology [D]. Cambridge: Massachusetts Institute of Technology, 2000.

[6] 杨敏, 刘光元, 等. 两类情感状态下心电与心率变异性信号的非线性分析 [J]. 计算机应用, 2012, 32 (10): 2963-2965.

[7] WANG D, XIAO J, et al. Haptic rendering for simulation of fine manipulation [M]. Berlin: Springer Springer-Verlag GmbH & Co. KG, 2014.

[8] OTADUY M A, GARRE C, et al. Representations and algorithms for force-feedback display [J]. Proceedings of the IEEE, 2013, 101 (9): 2068-2080.

[9] ZHANG Yu. A two-fingered force feedback glove using soft actuators [C] // 2018 IEEE Haptics Symposium (HAPTICS), 2018: 186-191.

[10] MORAY N. Mental workload: Its theory and measurement [M]. Dordrecht: Springer Science & Business Media, 2013.

[11] CHEN X, WANG Y, et al. High-speed spelling with a noninvasive brain-computer interface [J]. Proceedings of the national academy of sciences of the United States of America, 2015, 112 (44): E6058-E6067.

[12] 赵丰年. 游戏化教学设计过程模式研究 [D]. 北京: 北京理工大学, 2018.

[13] LI X P. Application of multi-target pose estimation in wearable monitoring system [C]. Shenzhen China: APWCS 2010, 2010: 94-98.

[14] MIYAWAKI Y, UCHIDA H, et al. Visual image reconstruction from human brain activity using a combination of multiscale local image decoders [J]. Neuron, 2008, 60 (5): 915-929.

[15] 李小平. 网络影视课程编导 [M]. 北京: 北京理工大学出版社, 2016.

4.1

[1] 孙志伟, 李小平. 系统整合视角下教育大数据应用研究 [J]. 中国电化教育, 2018 (11): 111-117.

[2] 杨现民, 唐斯斯, 李冀红. 教育大数据的技术体系框架与发展趋势 [J]. 现代教育技术, 2016 (1): 5-12.

[3] 杨现民, 唐斯斯, 李冀红. 发展教育大数据: 内涵、价值和挑战 [J]. 现代

远程教育研究, 2016 (1): 50-61.

[4] 郭炯, 郑晓俊. 基于大数据的学习分析研究综述[J]. 中国电化教育, 2017 (1): 121-130.

[5] 李婷, 傅钢善. 国内外教育数据挖掘研究现状及趋势分析[J]. 现代教育技术, 2010 (10): 21-25.

[6] 胡天壮. 数据挖掘技术在教育决策支持系统中的应用[D]. 金华: 浙江师范大学, 2005.

[7] 祝智庭, 孙妍妍, 彭红超. 解读教育大数据的文化意蕴[J]. 电化教育研究, 2017 (1): 28-36.

[8] 张琳, 李小平, 张少刚, 等. 基于远程教学视点下的大数据挖掘模式问题研究[J]. 中国电化教育, 2018 (4): 41-49.

[9] 李巍. 半结构化数据挖掘若干问题研究[D]. 长春: 吉林大学, 2013.

[10] Educational date mining [DB/OL]. http://www.educationaldatamining.org.